中宣部"文化名家暨'四个一批'人才自主选题资助计划"项目研究成果

CULTURAL COPYRIGHT
INVESTMENT INNOVATION
THEORY AND PRACTICE

文化版权投资创新
理论与实践

周 玉 ◎ 主编

中国科学技术大学出版社

内容简介

本书是中宣部"文化名家暨'四个一批'人才自主选题资助计划"项目的研究成果。文化版权投资是加速版权创新、转移、转化、应用与价值实现,促进精神财富和物质财富增长的投资行为。本书在文献调查、数据分析、政策研究的基础上,从版权投资历史脉络梳理、版权投资相关概念与性质界定、版权投资生态建设、版权投资策划与实施、版权投资评估、版权投资风险管理、版权投资迭代等方面作了系统阐述。研究成果有利于各界了解我国文化版权投资的现状、成就和不足,进而为推动本领域的创新发展创造良好环境,同时,本书也能为版权投资工作者提供一套有用的分析工具。

本书适合政府相关部门、文化产业投资机构、文化企业经营管理者、文化产业协会(创新协作体)工作人员阅读,可以作为开展文化投(融)资创新、优化、升级活动的业务参考和培训资料,以及高校文化创意方向或有文化创业需求学生的授课教材,也可以作为文化产业研究机构专业人士文化投融资理论创新的基础资料和参考文献。

图书在版编目(CIP)数据

文化版权投资创新:理论与实践/周玉主编. —合肥:中国科学技术大学出版社,2023.10
ISBN 978-7-312-05654-3

Ⅰ. 文⋯　Ⅱ. 周⋯　Ⅲ. 文化产业—著作权—投资—研究—中国　Ⅳ. G124

中国国家版本馆 CIP 数据核字(2023)第 061558 号

文化版权投资创新:理论与实践
WENHUA BANQUAN TOUZI CHUANGXIN: LILUN YU SHIJIAN

出版	中国科学技术大学出版社 安徽省合肥市金寨路96号,230026 http://press.ustc.edu.cn https://zgkxjsdxcbs.tmall.com
印刷	安徽省瑞隆印务有限公司
发行	中国科学技术大学出版社
开本	787 mm×1092 mm　1/16
印张	19.5
字数	424 千
版次	2023 年 10 月第 1 版
印次	2023 年 10 月第 1 次印刷
定价	80.00 元

序

国家版权局《版权工作"十四五"规划》明确提出建设版权强国的宏伟目标任务,加快推进新时代版权强国建设和版权产业高质量发展,这是所有版权人的历史责任。建设中国特色、世界水平版权强国的事业需要一大批有抱负的仁人志士同心协力,需要版权人长期不断地探索前行、砥砺前行、勇毅前行,一步一步干出来。它学不来,因为没有现成的中国特色版权强国模式可以学习;它买不来,因为不存在普世的版权强国发展经验可以借鉴;它更等不来,因为版权强国建设绝没有坐享其成的道理。

我国版权产业和版权投资发展的起点较低,版权经济高质量发展任重道远。理论上的清醒是实践自觉的基础和前提。版权投资理论与实践创新,这不仅是点燃激情的口号,更是脚踏实地的行动;不仅是一时兴起的冲动,更是持之以恒的坚持。在负重前行的道路上,所有版权人都应当有创新发展、奋斗有我的志气,挑战自我、无惧困难的勇气,敢为人先、不甘人后的骨气,自主探索、开放发展的底气,心存高远、豁达洒脱的豪气。

2022年3月,周玉同志和我谈起,准备组织力量撰写一本关于版权投资创新理论与实践的书,我深感此事颇有意义和价值。一是我们版权产业和版权投资领域的实践远远走到了理论的前面,既需要理论的总结归纳,又需要理论的开示引导。二是版权投资企业主持和参与版权投资创新的理论研究课题,更有利理论与实践的深度结合。三是作为版权投资企业的负责人,在繁重的工作之余能够保持理论探索的勇气和兴趣,必将对激发企业发展活力产生积极的影响。短短8个月后,我看到了这本期待中的书稿,这是我国首部系统论述版权投资的著作,很有创见。深感版权投资行业的企业家能有如此勇气和担当,令人欣慰。希望本书的编写和出版可以为版权投资企业深入研究版权产业创新发展开一个好头,未来有更多的企业投身版权产业创新发展的研究。

于慈珂

中国版权协会常务副理事长

中央宣传部版权管理局原局长

前　　言

经过近20年的不断发展,我国文化产业总体上依然保持强势崛起的势头,但是,文化产业的发展方式已经悄然改变。新时代文化产业发展主题就是推动文化产业从高速度发展向高质量发展转换,更好地满足人民群众精神文化生活的需要,更快地提高文化经济贡献度。在文化产业发展的"换挡期",版权投资开始成为文化产业投资最抢眼的"新赛道"。我们欣喜地看到,文化版权投资在激活创意资源、激发创新活力、加速版权转化、推动融合发展等方面都发挥了极其重要的作用。文化版权投资在加速推动文化产业创新驱动发展的同时,也必将成就自身的持续快速增长。

在新一代数字技术的加持之下,文化版权投资获得了前所未有的机遇和条件。版权产业与大数据和云计算、人工智能、5G和物联网、区块链、元宇宙等数字技术系统相互赋能、相互促进。这不仅为版权投资创造了广阔的应用场景和市场空间,更为版权投资的资源管理、效率管理与风险管理带来了全新面貌。

版权经济的需求拉动与数字技术的基础保障必将为版权投资的健康发展开辟新的道路。我们有理由相信,一个全新的文化版权投资时代正向我们走来!

然而,我们也要清醒地看到,我国版权投资理论、实践和政策领域的创新探索刚刚起步。版权投资整体发展不平衡一直困扰着行业健康发展,版权资源盘活存量与做大增量的矛盾、版权开发保护与利用的矛盾、版权转化经济效益与社会效益的矛盾在很大程度上影响着版权投资的创新发展。这些问题和困难制约了版权经济应有作用的充分发挥,文化版权投资行业转型、优化、升级任务依然十分艰巨。

作为文化版权产业领域的实践工作者,我们希望从版权投资理论与实践创新的一个侧面,为版权经济的健康发展尽绵薄之力,为我国版权强国建设添砖加瓦。呈现在各位读者面前的这本书是结合笔者工作实际展开的理论探索,也是我们学习、思考和实践版权投资创新的总结和体会。

文化版权投资是加速版权创新、转移、转化、应用与价值实现,以及促进精神财富和物质财富增长的投资行为,不是文化版权投机或版权概念炒作。

课题组成员在文献研究、数据分析、政策研究方面投入了大量的精力,借鉴了国内外已有的研究成果。我们在版权投资历史脉络梳理、版权投资相关概念与性质界定、版权投资生态建设、版权投资策划与实施、版权投资评估、版权投资风险管理、版权投资迭代等方面做了一次系统考察。我们的工作为分析和认识版权投资理论和实践创新发展提供了一个粗浅的框架。我们认为,这个框架建立得越早,越有助于我们版权投资创新的迭代。我们希望这个研究结果的面世能够有利于各界了解我国文化版权投资取得的成就和存在的不足,进而为继续推动本领域的创新发展创造更好的环境和条件;希望为版权投资工作者提供一套有用的分析工具,不断提高版权投资工作的效率、质量和成效。

同时,我们清醒地认识到,版权投资创新问题是文化产业投资领域一项全新的研究课题。现有理论还很不完善,对于版权投资创新规律的认识还有一个逐步深化的过程,书中难免会有不少缺点、错误。受全球新冠疫情的影响,本课题最初设想的一些实地研究工作未能如愿实施。原计划的国内代表性版权投资项目调研与典型案例分析工作受到严重制约。这在一定程度上影响了本书研究的深度和内容的现实感。我们将在版权投资研究的道路上继续前行,期待不久的将来能有机会补上这个缺憾。

本书的出版是一个文化版权创新研究的起点,仅仅做了开题的工作,远未破题,更不是结题。恳切期望有关领导、专家和同行对我们的工作给予批评指正,期望更多的同行能够关注和投身文化版权投资理论研究,期望在行业主管部门以及社会各界的关心支持下文化版权投资研究工作能够继续开展,期望版权投资理论在与实践结合的过程中不断充实完善,充分发挥出其对实际工作应有的作用。

周　玉

目 录

序	(i)
前言	(iii)

绪论 文化产业投资的优化升级、创新驱动与高质量发展 …………… (1)
  第一节 文化产业投融资行业积极探索谨慎前行 …………………… (1)
  第二节 文化产业投资基金支撑发展能力持续提升 ………………… (3)
  第三节 文化产业投融资公开市场资源整合能力逐步增强 ………… (8)
  第四节 文化产业并购市场加速行业发展资源整合 ………………… (11)
  第五节 文化产业投资的资金投入呈现出四个拓展新态势 ………… (15)
  第六节 文化产业投融资政策实现了行业和领域全覆盖 …………… (18)
  第七节 文化产业投融资发展的问题和障碍 ………………………… (21)
  第八节 文化产业投资发展前景的展望 ……………………………… (23)
  第九节 加快文化版权投资高质量发展的思考 ……………………… (26)

第一章 文化版权投资发展的回顾与前瞻 ………………………………… (31)
  第一节 文化版权投资概述 …………………………………………… (31)
  第二节 文化版权投资的发展阶段 …………………………………… (43)
  第三节 文化版权投资的未来走向 …………………………………… (54)

第二章 文化版权投资的性质、价值与模式 ……………………………… (66)
  第一节 文化版权投资及相关概念界定 ……………………………… (67)
  第二节 文化版权投资成效的影响因素 ……………………………… (80)
  第三节 文化版权投资的核心价值 …………………………………… (90)
  第四节 文化版权投资模式 …………………………………………… (94)

第三章 文化版权投资生态的建构与运行 ………………………………… (102)
  第一节 文化版权投资生态建设的理论基础 ………………………… (102)
  第二节 文化版权投资生态模型 ……………………………………… (109)
  第三节 中外文化版权投资生态的运行机制 ………………………… (118)
  第四节 文化版权投资生态的重构 …………………………………… (129)

第四章 文化版权投资的策划 ……………………………………………… (137)
  第一节 文化版权投资目的的建构 …………………………………… (137)
  第二节 文化版权投资内容的建构 …………………………………… (143)

第三节　文化版权投资路径的建构……………………………………（152）
　　第四节　文化版权投资逻辑的建构……………………………………（162）

第五章　文化版权投资的实施……………………………………………（170）
　　第一节　文化版权投资的计划…………………………………………（170）
　　第二节　文化版权投资的执行…………………………………………（178）
　　第三节　文化版权投资的监测…………………………………………（183）
　　第四节　文化版权投资的控制…………………………………………（189）

第六章　文化版权投资的评估……………………………………………（197）
　　第一节　文化版权投资评估概述………………………………………（197）
　　第二节　文化版权投资事前评估………………………………………（207）
　　第三节　文化版权投资事中评估………………………………………（219）
　　第四节　文化版权投资事后评估………………………………………（224）

第七章　文化版权投资的迭代……………………………………………（232）
　　第一节　概述……………………………………………………………（232）
　　第二节　文化版权投资理念迭代………………………………………（236）
　　第三节　文化版权投资模式迭代………………………………………（242）
　　第四节　文化版权投资人才迭代………………………………………（248）
　　第五节　文化版权投资制度迭代………………………………………（253）
　　第六节　文化版权投资政策迭代………………………………………（256）

第八章　文化版权投资风险管理…………………………………………（261）
　　第一节　文化版权投资风险概述………………………………………（261）
　　第二节　文化版权投资风险识别………………………………………（265）
　　第三节　文化版权投资风险评估………………………………………（270）
　　第四节　文化版权投资风险控制………………………………………（278）

附录　中国版权产业分类…………………………………………………（290）
　　附表 1　核心版权产业分类……………………………………………（290）
　　附表 2　依存版权产业分类……………………………………………（293）
　　附表 3　部分版权产业分类……………………………………………（295）
　　附表 4　边缘支撑产业分类……………………………………………（300）

后记……………………………………………………………………………（301）

绪论　文化产业投资的优化升级、创新驱动与高质量发展

近年来,我国文化产业转型升级步伐不断加快,文化创意领域的新模式、新技术、新业态、新行业赢得了前所未有的发展条件,为文化产业投资的迅速崛起提供了广阔的市场空间,文化产业投资行业不断成长壮大。在文化产业规模化、专业化、集约化发展过程中,文化投融资活动产生了重要推动力量,对文化产业在新历史条件下拓宽发展路径、加快发展速度、提高质量效益产生着日益增强的积极影响。然而,文化产业投资中的文化逻辑、产业逻辑和资本逻辑的内在冲突①仍然在一定程度上制约着文化产业投资的作用发挥和价值实现。加之文化产业与传统金融产品和金融工具之间的对接障碍②,文化产业融资难题一时难以解决。业内开始出现反思与调整投融资理念和发展思路的诉求,文化产业投融资的优化升级、创新驱动和高质量发展逐步进入业界视野。

第一节　文化产业投融资行业积极探索谨慎前行

2012—2019 年,我国文化产业市场融资的发展变化态势整体上表现为以下三个主要特点:

一、文化产业年度融资总额波动明显

我国文化产业年度融资总额从 2012 年的 500.6 亿元起步,在 2015 年达到高点 5224 亿元后,整体回落到 2019 年的 1648.4 亿元。年度融资金额增长率最高达到 160.19%,最低仅为-54.23%,相差 214.42 个百分点,形似"过山车式"增长。尽管 8 年间的融资金额年均增长率达到 40.43%,但是,2019 年的融资金额环比下降明显,降幅达到-54.23%,整体上仍然处于中低水平区间,仅为 2015 年最高点的 31.55%(不足 1/3)和年均融资金额的 61%。到 2020 年下半年,中国文化产业投融资市场开始出现重要拐点,2020 年 10 月,融资金额见底回升,同比增长 106.5%。

---

① 胡潇.论资本逻辑与文化逻辑的价值冲突[J].江海学刊,2014(4):52-58.
② 段桂鉴.加快文化金融服务创新[J].中国党政干部论坛,2011(10):23-26.

二、文化产业年度融资次数变化显著

从2012年的融资641次起步,在2016年达到3790次的高点,回落到2019年的582次。年度融资次数最高增长132.36%,最低增长-69.48%,增长曲线相对振幅也超过了200个百分点(201.84%)。虽然8年融资次数年均增长18.00%,2019年仍然表现欠佳,环比下降-69.48%,幅度最大,其水平仅为2016年高点的22.48%(不足1/4)和年均融资次数的43.01%。2020年10月,文化产业市场融资次数回升,同比增长36.8%(表0-1)。

表0-1　2012—2019年我国文化产业投融资市场发展态势

年份	融资金额（亿元）	融资金额增幅	融资次数（次）	融资次数增长	次均融资（亿元）	次均融资增长
2012	500.6	—	641	—	78.10	—
2013	804.0	60.61%	785	22.46%	106.07	35.81%
2014	2091.9	160.19%	1824	132.36%	114.69	8.13%
2015	5224.0	149.73%	3438	88.49%	151.95	32.49%
2016	4267.5	-18.31%	3790	10.24%	112.60	-25.90%
2017	3481.5	-18.42%	2637	-30.42%	132.03	17.26%
2018	3601.8	3.46%	1907	-27.68%	188.87	43.05%
2019	1648.4	-54.23%	582	-69.48%	193.47	2.44%
平均	2702.46	40.43%	1950.5	18.00%	134.72	16.18%

注:本表根据清华大学国家金融研究院文创研究中心《2012—2020年文化产业投融资报告》①的数据整理。

三、文化产业年度次均融资金额整体上扬

由表0-1可以看出,2012年文化产业次均融资额为78.10亿元,2019年达到高点193.47亿元,基本呈现一路上扬态势。年度次均融资额最高增长43.05%,最低增长-25.9%,增长曲线相对落差为三组数据最低(68.95%)。年度次均融资额平均增长最低,仅为16.18%,但是,2019年次均融资额超出了年均值的近一半(143.61%)。

2012—2019年,我国文化产业的投融资总额两升两降,融资次数先升后降,次均融资震荡攀升的特点整体上反映了文化产业投融资业务向大城市、大企业、大项目集中的总体趋势。② 文化产业投融资市场的这种变化走向既是投融资市场需要和市场选择的自然调整表现,又是文化产业投融资政策取向和政策效用的综合结果。

---

① 赵岑,何颖淳,裴瑞钰,等.2012—2020年文化产业投融资报告[R].清华大学五道口国家金融研究院文创金融研究中心(2020年第17期),2020-12-21.
② 任晖.文化产业投融资呈下滑趋势　政策技术助力[EB/OL].[2019-6-3]. https://finance.eastmoney.com/a/201906031141140711.html

第二节　文化产业投资基金支撑发展能力持续提升

文化产业投融资市场是文化金融的重要组成部分,经过十余年的探索前行,逐步形成了以私募股权市场、并购市场和公开市场为主和日趋多元的基本架构。

文化产业私募股权投资[①]市场是相对于上市公开募集资本的未上市交易资本股权投资市场。它包括文化产业领域里所有非公开发行与上市交易的资本权益经营活动,比如,风险投资、管理层收购、夹层投资[②],以及文化产业基金投资。文化产业投资基金是文化产业私募股权市场的重要支柱,广义上讲,文化产业投资基金涵盖所有投向文化产业领域的投资基金,包括综合股权投资基金,也包括影视基金、艺术品投资基金、部门投资基金等各类专业投资基金。这些投资基金的投资方式既有股权投资,也有项目投资或实物投资,更有文化版权投资。狭义上讲,文化产业投资基金就是投向文化领域的产业投资基金,其本质上是私募股权投资基金的一种主要形式。我国的产业投资基金具有较强的政府主导性,向特定机构投资者以私募方式筹集资金,主要为对未上市企业进行股权投资的集合投资方式。这里的机构投资者包括以国家财政拨款为主要资金来源的企事业单位、国家控股的商业银行、保险公司、信托投资公司、证券公司等金融机构,以及全国社保基金理事会等。政府直接或间接参与对文化产业的私募股权投资基金运营管理,因而其发展状况很大程度上更直接反映了政府文化产业投融资政策变化,以及文化产业创新驱动的走向与成果。

从2009年开始至2020年底,我国近12年新成立的文化产业投资基金总数已经达到630只,年均增加52.5只。总募资达到19610.98亿元,其中首期募资达到4238.58亿元。首期募资占总募资的比重达到21.61%。平均每只基金募资总额达到31.13亿元,平均每只基金首期募资6.73亿元。我国文化产业投资基金在12年的整个演进过程中,出现了三次快速发展周期。

一、第一次快速发展周期出现在2009—2011年

在美国次贷危机后全球经济触底的背景下,文化产业表现出强大的发展潜力。文化产业作为2008年世界金融危机后快速崛起的新兴产业,受到政府有关部门、金融机构

[①] 私募股权投资(PE,Private Equity)一般是指非公开方式面向少数机构投资者或个人募集资金,对非上市企业进行的权益性投资。在投资交易实施过程中,预先考虑了将来的退出机制,即通过并购、上市或管理层回购等方式出售持股获利。通常其投资经营行为由基金管理人代理与投资者进行私下协商,少涉及公开市场操作,无需披露交易细节。

[②] 夹层投资即麦则恩投资(麦则恩,mezzanine意为底楼与二楼之间的半层楼),在风险投资业中特指成长到扩张阶段尚未盈利,但仍然需要大量资金进行扩张的风险企业进行的投资。就投资的风险和回报水平来说,夹层投资是介于传统风险投资和一般债权、股权投资之间的投资行为。

和资本市场的青睐与热捧。数据显示,2009—2011年全国有29只基金成立,募资总额达到空前的844.5亿元,其中首期募资349.5亿元。文化产业投资基金年度成立基金数、募资总额和首期募资分别占12年总量的4.60%、4.31%和0.81%。平均单只基金募资总额、单只基金首期募资两个指标与整个12年的平均水平相比明显偏低,仅为其17.20%和32.86%。

在本次文化产业投资基金的增长周期中,年均新增基金数达到9.67只,为三次快速增长周期中最低。每只基金平均募资总额29.12亿元,低于12年募资总额的平均水平。每只基金平均首期募资12.05亿元,基金首期募资占总募资的比重41.39%,均为三次增长周期中最高,接近12年首期募资平均水平的2倍。

本次增长周期的阶段性特点表现为:首先,文化产业投资基金年均新增基金数低、募资总额低和首期募资数低的"三低"现象反映本轮增长处于发展的初级阶段。其次,这次增长周期的每只基金平均首期募资和首期募资占比很高,反映本次文化产业投资基金发展的快速增长周期整体上呈现出投资行为积极破冰、勇敢试水和探索前行的特点。

二、第二次快速发展周期出现在2014—2017年

2014年9月夏季,李克强总理在达沃斯论坛上提出"大众创业、万众创新",要在960万平方公里土地上掀起"草根创业"的新浪潮,形成"人人创新"的新势态。2015年6月11日,国务院印发《关于大力推进大众创业万众创新若干政策措施的意见》(国发〔2015〕32号),提出了推动资金链引导创业创新链、创业创新链支持产业链、产业链带动就业链的制度框架。在中央和地方"双创"鼓励政策及新兴产业"双创"三年行动计划的强力拉动之下,2014—2017年,373家文化产业投资基金成立,募资总额达到13716.77亿元,其中首期募资2392.89亿元。文化产业投资基金新增数、募资总额和首期募资分别占12年总量的59.21%、69.94%和56.45%。平均单只基金募资总额、单只基金首期募资两个指标与整个12年的平均水平相比大幅提高,达到209.85%和169.41%。

在本次文化产业投资快速增长周期中,年均新增基金数达到93.25只,每只基金平均募资总额36.77亿元,均为三次快速增长周期内最高。每只基金平均首期募资6.42亿元,与总平均相当。然而,基金首期募资占总募资的比重仅有17.44%,为三次增长周期中最低。

本次增长周期的阶段性特点表现为:首先,文化产业投资基金总数、规模井喷式发展。其次,每只基金平均首期募资数额下降反映了基金投资渠道拓宽,投资领域不断扩大,分业发展稀释了每只基金的投资强度。最后,每只基金平均首期募资占募资总额的比重下降,反映投资基金发展专业化和精细化发展的苗头。

三、第三次快速发展周期始于2019年,预计到2024年结束

2018—2019年文化市场乱象的监管措施持续收紧①,电影电视领域的天价片酬、阴阳合同,网络直播领域的导向偏差、低俗媚俗等文化乱象和野蛮生长的势头得到有效遏制。与此同时,引导文化产业健康有序发展的政策扶持力度持续加大。有关部委和广电单位的机构改革完成以后,"文化+旅游"、中华优秀传统文化的创造性转化和创新性发展带来了文化产业发展全新气象,并且成为国内经济发展的重要推动力量。克服全球新冠疫情的不利影响,文化产业投资基金仍然实现了快速增长。2019—2020年,166家文化产业投资基金成立,募资总额达到2591.53亿元,其中首期募资730.18亿元,年度成立基金数、募资总额和首期募资分别占12年总量的26.35%、13.21%、17.23%。两年平均单只基金募资总额、单只基金首期募资两个指标分别为79.25%和103.40%,整体上接近整个12年的平均水平。2020年11月,由中宣部和财政部共同发起设立的中国文化产业投资母基金正式成立。作为我国文化产业投资基金的"国家队",基金计划目标规模达500亿元,首期已募集资金317亿元(表0-2)。

表0-2 2009—2020年我国文化产业投资基金发展情况

	2009	2010	2011	2012	2013	2014	2015	2016	2017	2018	2019	2020
总募资(亿元)	57.5	227.00	560.00	433.00	20.25	662.00	2558.38	3264.59	7231.80	2004.93	1443.64	1147.89
首期募资(亿元)	27.5	81.00	241.00	86.40	5.00	106.04	410.87	391.67	1484.31	674.61	292.78	437.40
基金数量(只)	3	9	17	14	7	47	94	105	127	41	74	92

注:本表数据来源于新元文智文化产业投融资大数据系统(文融通)和《光明日报》,详见 https://new.qq.com/omn/20210406/20210406A0AF5E00.html,以及 https://epaper.gmw.cn/gmrb/html/2013-03/07/nw.D110000gmrb_20130307_1-15.htm。

在本轮文化产业投资基金快速增长周期的前两年,年均新增基金数达到83只,为三次增长周期中次高。每只基金平均募资总额15.61亿元,每只基金平均首期募资4.4亿元,均为三次增长周期中最低。然而,基金首期募资占总募资的比重为28.18%,为三次增长周期中次高,明显高于平均水平(表0-3)。本次增长周期的阶段性特点表现为:第一,文化投资基金数量整体上增速回落,是文化产业投资基金发展的自然回落和理性回归,体现文化产业投资结构优化调整的政策意图和政策效果。第二,每只基金平均募资总额和每只基金平均首期募资额继续回落,反映文化投资分业发展的态势进一步深化。第三,文化产业投资基金"国家队"的面世为文化投融资融合发展创造了前所未有的有

---

① 2018年2月,国家新闻出版广电总局《关于〈加强网络直播答题节目管理〉的通知》提出6方面要求:一要坚持正确导向,二要实施准入管理,三要严格备案审核,四要落实主体责任,五要加强主持人管理,六要加强监管督查。

利条件。

表 0-3　2009—2020 年文化产业投资基金三次快速增长周期发展情况比较

	新增基金数（只）	年均新增基金（只）	募资总额（亿元）	每只基金平均募资总额（亿元）	首期募资（亿元）	每只基金平均首期募资（亿元）	首期募资占比（%）
总量	630	52.5	19610.98	31.13	4238.58	6.73	21.61
第一增长周期	29	9.67	844.5	29.12	349.5	12.05	41.39
第二增长周期	373	93.25	13716.77	36.77	2392.89	6.42	17.44
第三增长周期	166	83.00	2591.53	15.61	730.18	4.40	28.18

《2012 年至 2020 年文化产业投融资报告》①数据显示，2020 年文化产业投融资市场在经历 3 年下行后开始触底回升。其中，数字文化经济投融资市场先于市场整体恢复。这是由于疫情期间社交隔离对于短视频、直播、游戏、动漫、网文等依托线上消费场景的行业冲击较小，并侧面引导了线上文化消费。此外，数字化战略的提出、文化产业政策红利等多重因素，均刺激了数字文化经济投融资的活跃度。文旅融合、电商、社交、垂直领域、整合营销、5G、VR、IP、AI 等成为数字文化投融资市场的新热点，展现出文化与科技融合的强大带动力和发展潜力。受全球新冠疫情背景下的国家纾困政策、国际经济贸易冲突背景下的国内经济发展不确定等因素的影响，预测本轮文化产业投资基金快速发展周期将于 2024 年结束（表 0-4，图 0-1）。

表 0-4　2013—2020 年部分新设文化产业投资基金

基金名称	成立时间	基金规模/首期到位（亿元）	出资（发起）人/运营方	投资方向/投资方式
山东省文化发展投资基金	2013.9	10/—	山东省政府财政厅	影视、娱乐、文化设备、文化体育、演艺经纪、动漫游戏、数字创意等
北京文资华夏影视文化产业投资基金	2014.4	20/—	中国电影基金会、北京市国有文化资产监督管理办公室、中信资产管理有限公司、耀莱集团、北广传媒集团	电影、电视剧项目为主，兼顾影院投资、影视产业链上下游公司股权投资
北京市文化中心建设发展基金	2015.8	1000/200	北京文投集团/北京市文化中心建设发展基金管理有限公司	北京市文化产业功能区配套建设项目、京津冀文化要素市场建设项目、北京市市属国有文化企业并购重组项目及优秀的市场化股权投资项目等

---

① 赵岑，何颖淳，裴瑞钰，等. 2012—2020 年文化产业投融资报告[R]. 清华大学五道口国家金融研究院文创金融研究中心（2020 年第 17 期），2020-12-21.

续表

基金名称	成立时间	基金规模/首期到位（亿元）	出资(发起)人/运营方	投资方向/投资方式
宁波文化产业基金	2016.1	10/2	宁波市政府联合星亿东方/星亿东方	"文化内容"包含影视剧、纪录片、文艺演出活动等；"文化并购"，面向浙江省中小文化企业及成长型企业的股权投资；"文化旅游"面向宁波及浙江重点文化旅游项目投资
芒果文创（上海）股权投资基金	2015.12	10.12/5.1	中南重工同芒果传媒和易泽资本	电影、电视剧、综艺节目、音乐、动漫、体育、移动互联网应用等文化创意类项目
上海双创文化产业投资母基金	2017.6	50/—	上海市委宣传部、闵行区政府、浦发银行、上海双创/上海滨江普惠小额贷款有限公司	艺术、新闻出版、移动多媒体、动漫游戏、网络视听、数字出版等国家文化产业重点发展领域的天使投资基金、创业投资基金、产业投资基金等，并对文化创意产业重点领域的部分项目进行直接股权投资
之江文化旅游产业基金	2018.4	100/—	浙江乐海电影集团、西藏人文投资集团、"一带一路"绿色产业基金、霍尔果斯宝鼎文化公司联合多家金融机构	"一带一路"重大题材影视、世界旅游联盟总部经济、杭州打造全国影视副中心等影视、文化、旅游融合项目，以及培育文化旅游行业的独角兽企业
浙江省文化产业投资基金	2019.4	20/—	联合省市县政府产业基金与社会资本组建定向基金、非定向基金及直接投资等	省内优质文化企业和项目
长三角数字文化产业基金	2019.11	100/50	浙江省文化产业投资集团与建银国际和中国科学院	数字文化产业类上市公司并购重组，文化科技类PE和VC投资项目
芒果马栏山数字文创股权投资基金	2020.1	20/5.6	湖南广电旗下马栏山文化创意投资有限公司、湖南财信金融控股集团有限公司、深圳市达晨创业投资有限公司、长沙市长信投资管理公司等	数字文创股权投资
众源文化产业投资基金	2020.8	60/—	上海报业集团和临港新城片区管委会	配置子基金投资、项目直投和并购整合型投资，专注移动互联网、人工智能等前沿技术在文化、消费、教育等场景下的新业态新模式

注：本表根据中经文化产业数据整理。

单位:(词语出现)次数　　　　数据来源:中经文化产业

图 0-1　2013—2020 年部分新设文化产业投资基金词云图

第三节　文化产业投融资公开市场资源整合能力逐步增强

文化产业投融资公开市场是指文化企业通过证券交易和债券交易上市募集资本的经营系统,它主要包括股票市场、新三板市场的首发融资和再融资。文化创意产业上市公司,基本上代表了文化创意产业中最为先进的生产力主体,同时也是反映文化创意产业发展状况最为灵敏的"晴雨表"[①]。伴随着上交所科创板注册制常态化运行、深交所创业板试点注册制稳步落地、北京证券交易所建立[②],企业上市的通道逐步放开,中小型企业为主体的文化产业,特别是其中专、精、特、新等新型文化企业的投融资活动创造了新的平台、空间和机遇,通过资本市场实现业务整合升级的能力也逐步增强。

近十年来,我国文化产业投融资公开市场实现了快速增长。2010 年是文化产业"上市元年"(齐勇峰,2013),全年上市企业 14 家(主要集中在出版发行、公关广告、影视视频、传统媒体、网络游戏等领域),上市企业数与前一年相比增长近 3 倍,使上市文化企业总数达到 35 家。全年文化上市企业募集资金 157.64 亿元,是前三年总和的 3.88 倍。当年上市文化企业总市值 2143.08 亿元,以同期 A 股市场总市值 265422.59 亿元计算,文化产业上市企业市值占同期 A 股市场总市值的 0.81%。

截至 2020 年 12 月 30 日,中国文化传媒行业有 172 家 A 股上市企业,总市值累计达

[①] 臧志彭,解学芳.全球文化创意产业上市公司发展报告[M].北京:中国社会科学出版社,2019.
[②] 2021 年 9 月,北京证券交易所建立。

1.82万亿元,上市文化企业每企平均市值为105.20亿元。[①] 按照同期沪深A股市场总市值79.72万亿元计算,文化传媒行业A股上市企业市值占总市值比重为2.28%。十年间,文化企业占A股市场市值的比重提高了2.8倍。投融资公开市场对于文化产业发展的支撑作用逐步增强。

与文化产业增加值占同期GDP比重相比,文化类上市企业市值占全部上市企业市值的比重虽然整体偏低,但比重的增速较快。2010年我国文化及相关产业增加值11052亿元,占国内生产总值的比重达2.75%。2020年我国文化及相关产业增加值44945亿元,比上年增长1.3%(未扣除价格因素),占国内生产总值(GDP)的比重为4.43%,比上年下降0.07个百分点。十年间,文化产业增加值占同期GDP比重仅提高了1.6倍(表0-5)。

表0-5 A股市场文化企业市值占比与文化产业增加值占比的比较

	2010年	2020年
A股市场总市值(亿元)	265422.59	797200
A股市场文化企业市值(亿元)	2143	18200
文化企业市值所占比重	0.81%	2.28%
同期GDP总额(亿元)	401512.8	1015986
文化产业增加值(亿元)	11052	44363
文化产业增加值占GDP比重	2.75%	4.43%

随着文化创意产业的规模扩大,投资机构纷纷跻身挖掘文化创意产业金矿行列,一些投资机构创造出骄人的投资业绩和投资案例。动漫、影视、传媒、出版、数字内容产业、演艺、网络视频、文化品牌经营等一批优秀企业也借助于资本的力量快速发展,文化创意企业迎来了发展的春天。

根据中商产业研究院发布的中国文化传媒上市公司排行榜市值数据,截至2021年12月31日,文化传媒上市企业148家,总市值达到15917.43亿元(表0-6)。排名前十位的传媒公司总市值为5496.99亿元,占全部传媒上市公司市值的34.53%。市值排名前十位的企业依次为分众传媒(1182.82亿元,广东)、芒果超媒(1070.43亿元,湖南)、世纪华通(625.27亿元,浙江)、三七互娱(599.27亿元,安徽)、完美世界(394.01亿元,浙江)、光线传媒(376.97亿元,北京)、万达电影(345.32亿元,北京)、东方明珠(322.67亿元,上海)、吉比特(303.16亿元,福建)、昆仑万维(277.09亿元,北京)。

---

① 中商产业研究院.2020年中国文化传媒行业上市企业市值排行榜:TOP100[EB/OL].[2021-01-01]. https://top.askci.com/news/20210101/0947581328615.shtml.

表 0-6　2021 年中国文化传媒行业上市企业市值排行榜 TOP100

排名	证券名称	市值（亿元）	地区	排名	证券名称	市值（亿元）	地区
1	分众传媒	1182.82	广东	34	神州泰岳	124.14	北京
2	芒果超媒	1070.43	湖南	35	新华网	123.32	北京
3	世纪华通	625.27	浙江	36	新国脉	121.34	上海
4	三七互娱	599.27	安徽	37	歌华有线	120.81	北京
5	完美世界	394.01	浙江	38	三人行	117.75	陕西
6	光线传媒	376.97	北京	39	顺网科技	113.24	浙江
7	万达电影	345.32	北京	40	辛阅科技	111.96	北京
8	东方明珠	322.67	上海	41	宝通科技	111.81	江苏
9	吉比特	303.16	福建	42	浙数文化	111.51	浙江
10	昆仑万维	277.09	北京	43	浙文互联	111.48	山东
11	蓝色光标	267.29	北京	44	华谊兄弟	109.87	浙江
12	巨人网络	242.32	重庆	45	中文在线	107.86	北京
13	中国电影	239.16	北京	46	中国出版	106.43	北京
14	天下秀	223.26	广西	47	皖新传媒	103.24	安徽
15	浙版传媒	214	浙江	48	智度股份	99.18	广东
16	凤凰传媒	205.88	江苏	49	天神娱乐	96.91	辽宁
17	联创股份	195.56	山东	50	广电传媒	95.83	湖南
18	汤姆猫	195.13	浙江	51	广电传媒	95.83	湖南
19	星期六	181.6	广东	52	奥飞娱乐	93.6	广东
20	中南传媒	171.88	湖南	53	凯撒文化	92.22	广东
21	中文传媒	167.49	江西	54	姚记科技	91.94	上海
22	视觉中国	167.44	江苏	55	内蒙古新华	91.46	内蒙古
23	利欧股份	166.17	浙江	56	省广集团	89.43	广东
24	江苏有线	164.52	江苏	57	读者文化	87.2	上海
25	捷成股份	163	北京	58	中青宝	85.57	广东
26	人民网	159.44	北京	59	横店影视	83.78	浙江
27	华数传媒	156.76	浙江	60	中南文化	78.93	江苏
28	游族网络	139.58	福建	61	中原传媒	76.94	河南
29	新媒股份	138.63	广东	62	南方传媒	76.69	广东
30	辛趣科技	134.01	北京	63	电视网络	74.02	浙江
31	华策影视	128.7	浙江	64	华扬联众	73.87	北京
32	山东出版	128.7	山东	65	SP瀚叶	73.22	浙江
33	恺英网络	125.28	福建	66	旅天科技	70.19	上海

续表

排名	证券名称	市值(亿元)	地区	排名	证券名称	市值(亿元)	地区
67	吉视传媒	70	吉林	84	粤传媒	52.83	广东
68	中国科传	69.72	北京	85	城市传媒	52.73	山东
69	龙版传媒	65.2	黑龙江	86	川网传媒	51.74	四川
70	长江传媒	64.93	湖北	87	广西广电	50.8	广西
71	值得买	63.67	北京	88	天威视讯	50.56	广东
72	华录百纳	62.94	北京	89	新华传媒	49.32	上海
73	文投控股	61.77	辽宁	90	上海电影	48.5	上海
74	湖北广电	61.56	湖北	91	新经典	47.94	天津
75	电声股份	59.08	广东	92	富春股份	45.69	福建
76	华闻集团	58.72	海南	93	盛讯达	45.56	广东
77	贵广网络	58.58	贵州	94	天舟文化	45.34	湖南
78	美盛文化	58.49	浙江	95	中视传媒	45.34	上海
79	返利科技	56.97	江西	96	星辉娱乐	45.16	广东
80	中信出版	56.32	北京	97	欢瑞世纪	44.24	重庆
81	盛天网络	54.06	湖北	98	广电网络	43.98	陕西
82	华媒控股	54.04	浙江	99	浙江广厦	43.9	浙江
83	紫天科技	53.72	江苏	100	宣亚国际	42.62	北京

注:数据来源于中商产业研究院公布的文化传媒排行榜,市值统计截至2021年12月30日。

第四节 文化产业并购市场加速行业发展资源整合

文化产业并购市场是指通过文化及相关企业间兼并、收购和重组的投融资经营活动,实现文化企业控股权交易的行为和规制体系,其中包括大型文化企业兼并和重组小型公司,也包括非文化企业跨界并购的投融资经营活动。按照文化产业组织特征或业务方向划分,可以将并购分为横向并购、纵向并购和混合并购。参与并购各方在利益矛盾甚至冲突的基础上通过平衡和妥协达成投融资合作目标。文化产业并购市场与其他类型的文化产业投融资市场相比,最明显的特点就是具有与生俱来的市场经济基因和交易博弈属性,这也决定了民营企业必然在文化产业并购市场上出演重头戏中担当主要角色。

公司并购是企业的商业模式、组织形态、竞合关系和产业结构创新发展的重要路径之一,也是典型的企业成长之路。经济学界有一种共识:几乎所有大公司都是通过某种程度的活动和某种方式的兼并成长起来,几乎没有大公司完全依靠内部积累成长起来。

世界经济史上五次并购浪潮造就了一大批产业巨人和跨国公司,也推动了产业变迁、经济转型和持续繁荣。在互联网经营模式创新加速产业融合的大背景下,政策红利和市场红利成为我国文化产业并购的投融资市场持续繁荣的主要推手。①

近年来,影视、游戏、传媒、动漫、新媒体等领域的并购活动异常活跃,兼并重组数量显著增加,一批文化产业龙头企业为满足自身战略发展、产业链布局和产业协同需要迅速扩张,行业整合、优化与集团化加速推进,整个文化产业延伸产业价值增值链和完善产业生态的进程取得前所未有的大步跨越。从2013年开始,我国文化产业投资并购经历了三次上升周期。

一、第一波上升周期(2013—2014年)

数据显示,2013年文化传媒板块发生了55起并购事件,涉及资金近400亿元,因而被称为文化产业的"并购元年"。2014年文化产业共发生并购事件169起,平均6天发生一起并购案,并购总规模达1605亿元,因而被称为文化产业"并购井喷年"。②

本次投资并购周期中的并购主体主要是A股上市公司和BAT等互联网巨头,同时也有少数非上市公司收购上市公司,以及国有文化企业重组的并购事件。并购对象以手游、网游、影视、广告、传媒等传统和新兴内容企业居多。这一轮文化产业并购的跨界特征明显,传统非文化企业并购文化企业、跨文化细分领域的并购,以及文化产业链上下游企业之间的并购成为主流,单纯行业内整合的并购事件较少。并购方式以全额收购和绝对控股为主,战略投资性质的并购事件相对较少。在已经公布数据的并购案例中,交易额所占股份的比重小于或等于相对控股的并购事件仅约占三分之一。并购交易标的物的估值相对比较高,阿尔法工场研究院的分析表明大约两成的并购交易价值达到交易物估值的20—30倍,六成的并购交易在8—20倍。上述文化产业并购特点表明,文化产业,特别是轻资产文化公司因为关涉产业整合升级和提高文化软实力两个国家战略,其经济价值和市场前景开始被资本市场所认可与接受。

二、第二波上升周期(2015—2016年)

2015年文化传媒行业共发生并购事件166起,并购总额超过1499.04亿元。③截至2017年6月,文化传媒板块并购案例和并购资金开始双双下滑,全年发生了120起企业并购,涉及金额906.8亿元。④

---

① 全球文化创意产业联盟世界文化产业创意中心.2015文化产业并购报告[R].中经文化产业网,2016.
② 并购资金规模不含23家未透露金额的企业并购[EB/OL].[2014-12-24].http://finance.ce.cn/rolling/201412/24/t20141224_4188542.shtml.
③ http://finance.ce.cn/rolling/201601/07/t20160107_8112070.shtml.
④ 前瞻产业研究院.2018—2023年中国文化产业发展前景预测与产业链投资机会分析报告[EB/OL].https://www.qianzhan.com/analyst/detail/220/180920-0a042aca.html.

本轮上升周期的主要特点是,文化产业并购主体中除了前一轮上升周期中的非文化产业企业外,出现了文化产业投资基金的身影。并购对象类型的空间分布开始表现出区域化集中的特点,比如,北京传媒业、上海游戏业、杭州动漫业等。资本更多关注大资金量的企业并购,年度并购案例数量维持在较高水平,年度并购金额出现了量级的跃升,平均并购金额明显增加。上述特点表明,文化产业战略投资者和投资对象作为文化产业并购参与各方的主体意识和战略认知能力均有所提升。并购投资融资动力不仅局限于增长乏力的传统行业实现转型、文化企业获取发展资源或摆脱短期发展困境,更是通过并购实现结构优化、业务协同和品牌效应,特别是通过整合不同细分行业将同一文化要素应用在多个领域并获得长期稳定的收益成为共识。然而,为文化产业战略投资者创造更多"想象空间"的意向和操作为文化产业并购市场的健康发展埋下了多种安全隐患。诸如,并购主体过于看重提升并购重组带来的IPO估值,忽视并购本身带来的发展能力提升;过于强调并购带来的所谓战略价值,忽视协同发展和持续发展能力提升;过于看重并购重组"跑马圈地"带来的文化产业政策套利,忽视业务发展创利能力提升①,等等。2017年7月中央金融工作会议释放的信号为文化金融和并购重组投资确定了发展基调,及时将文创领域的"资本运作"拉回正轨,文娱、影视融资并购行为应声"降温"。

三、第三波上升周期(2020—2030年)

在经历了连续出现的高溢价收购、高杠杆撬动、重组爆雷、巨额商誉减值、业绩承诺陷阱,文化产业并购政策收紧,以及全球新冠疫情冲击等对于并购重组的多重因素影响之后,2020年下半年文化产业并购投资开始触底回升,我国文化产业并购投资市场迎来第三波上升周期。2020年,全年并购市场仍然实现较快增长。② 2020年并购市场共发生并购事件1893起,涉及总金额12111.77亿元,分别同比上升3.3%、19.6%。③ 新形势下,促进我国并购市场发展的有利因素包括民营企业"混改"提速、资本市场并购新规、高科技领域并购逐渐活跃等,它们为并购活动提供了有利条件。④ 全球范围内量化宽松的大环境和国内资本市场改革带来的上市公司资金充裕小环境互相叠加,为并购市场带来了充足的"干火药",成为推动并购市场交易规模回暖的重要因素。⑤

有专家认为,鉴于元宇宙(Metaverse)、非同质化代币(NFT,Non-Fungible Token)、非同质化权益(NFR,Non-Fungible Rights)、金融游戏化(GameFi,Game Finance)⑥、虚拟人/虚拟偶像等文化科技赛道的热度持续上升,加之我国消费升级和数字经济发展大

---

① 张玉玲.文创产业:警惕资本套利[N].光明日报,2017-07-22(12).
② 汉能投资.2020年度并购报告[R/OL].https://www.trjcn.com/.
③ 清科研究.2020年中国并购市场研究报告[R].清科研究中心,2021.
④⑤ 全联并购研究中心社会科学文献出版社2021年8月共同发布的研究中心并购蓝皮书:中国并购报告(2021)[M].社会科学文献出版社,2021.
⑥ GameFi,全称Game Finance,是将DeFi、NFT和游戏结合后形成的新概念,即"游戏化金融"。

环境的支撑,预计本轮文化并购投资发展的上升周期或将延续 10 年。① 依据文化产业政策演进和并购重组发展本身的逻辑研判,文化产业投资并购参与方的心态日趋成熟,并购行为将回归理性,文化产业并购重组也将更加健康、快速和稳定发展。

文化产业并购开始转向数字文化产业和文化与科技融合发展领域。文化产业既不属于机械制造、信息技术、生物技术和医疗健康等科创相关实体经济的热门并购领域,又不属于金融、机械制造和能源及矿产等并购市场交易金额集中的行业。但是,以文化与科技融合为核心的 TMT② 行业领域整体开始处于我国企业并购的高光区。2020 年,作为文化和科技等相关产业融合的 TMT 行业的企业并购呈现交易次数减少、单笔交易金额增加、规模交易不减、交易金额总量继续扩大的总体态势。2020 年中国 TMT 并购市场共发生并购交易 485 起,相比 2019 年同期减少 18%;总交易金额为 608 亿美元,相比 2019 年同期增长 6%;单笔交易金额为 1.58 亿美元,相比 2019 年的 1.28 亿美元增长 24%;2020 年大型交易数量与 2019 年持平,10 亿美元以上的交易共计 10 起。③ 虽然受 A 股市场并购重组交易信息披露细化、并购重组注册制改革、退市新规实施等政策变化的影响,A 股 TMT 行业并购交易中借壳上市、跨界并购等交易类型逐渐减少,但是,围绕上市公司进行的大规模产业并购交易仍然明显增多。2020 年以腾讯、阿里、百度、字节跳动等机构为代表的文化产业战略投资者,为将主营业务向产业链上下游延伸、增强自身核心业务竞争力和打造产业生态圈实施的并购十分活跃(表 0-7)。

表 0-7 近年来我国文化娱乐产业并购交易规模趋势

年份	并购案例(起)	并购金额(亿元)	平均金额(亿元)
2011	1	5.20	5.20
2012	4	3.20	0.80
2013	18	131.76	7.32
2014	70	642.61	9.18
2015	53	1064.05	20.08
2016	61	1037.68	17.01
2017	54	6339.22	117.39
2018	49	1404.84	28.67
2019	26	803.12	30.89

注:本表数据来源于前瞻产业研究院。

---

① 付乐,冉学东. 四大赛道热度攀升 文化产业或将迎来"黄金十年"[EB/OL]. [2021-10-12]. www.chinatimes.net.cn.
② TMT 行业是指科技、媒体和通信(Technology,Media,Telecom)行业,其实质是反映新一代信息技术为代表的未来科技、互联网和移动互联网为载体的新媒体和数字化内容与服务为代表的未来通信融合发展的新趋势。
③ 华兴资本. 2020 年新经济市场并购报告[R]. 东方财富网,2021-02-02.

第五节　文化产业投资的资金投入呈现出四个拓展新态势

综合中国经济网中经文化产业①等机构的资料分析，近年来我国政府背景的部分新设文化产业投资基金创新发展，在投资领域、项目安排、合作方式、组织形式等方面取得长足进步和快速增长。与我国传统文化产业投资相比，2013—2020年文化产业投资基金的发展呈现出"四个拓展"的重要结构性变化。

一、文化产业投资呈现从传统文化产业核心层行业向文化与科技、教育、体育、旅游、金融等相关产业融合拓展的新态势

长期以来，文化产业投资比较典型的发展方式是"就文做文""闭门做文"。这种封闭经营的做法难以充分利用社会资源条件，制约了文化产业增长的空间，也限制了文化经济的发展速度。近年来，文化创意产业作为文化与相关产业融合发展的新形态受到文化产业投资基金的青睐。比如，山东省文化发展投资基金（2013）、芒果文创（上海）股权投资基金（2015）、宁波文化产业基金（2016）、上海双创文化产业投资母基金（2017）、北京市文化发展基金（2018）等多只基金在投资方向中新增了数字创意、数字出版、网络视听、文化旅游、文化体育、文化金融、"文化＋金融"，以及文化在移动互联网中的应用等文化与相关产业融合发展的内容。

二、文化产业投资的项目呈现出从单纯内容生产向文化产业链和文化产业生态建设、文化产业结构优化、文化产业空间布局调整等领域拓展的新态势

早先的文化产业投资主要以新闻出版、影视剧、文化演艺、文化装备等内容生产类和文化产业技术改造类项目居多。比如，中国文化产业投资基金②（2011年7月）作为我国第一只国家级文化产业投资基金，主要以股权投资方式，投资新闻出版发行、广播电影电视、文化艺术、网络文化、文化休闲等文化内容生产及相关领域。近年来，文化产业投资逐步新增了文化产业园区建设、文化产业链建设、文化产业产品市场与要素市场建设、文化企业产权并购重组、文化产业功能片区、文化产业带建设、城市文化IP建设等方

---

① 中经文产作者团. 近年来新晋了哪些文化产业政府投资基金？[EB/OL].[2020-08-23]. https://mp.weixin.qq.com/s/nyTuG2uaJJtwDafU6JpLqA.

② 中国文化产业投资基金由财政部、中银国际控股有限公司、中国国际电视总公司和深圳国际文化产业博览交易会有限公司4家共同发起，于2011年7月在北京成立，目标融资规模为200亿元。

向的项目。比如,北京文资华夏影视文化产业投资基金(2014年4月成立)、北京市文化中心建设发展基金(2015年8月成立)、之江文化旅游产业基金(2018年4月成立)、大运河文化旅游发展基金(2018年6月成立)等基金的投资方向中增加了"兼顾影院投资、影视产业链上下游公司股权投资""文化产业功能区配套建设、文化要素市场建设、国有文化企业并购重组""培育文化旅游行业的独角兽企业""杭州打造全国影视副中心"以及国家公园建设等内容。

三、文化产业投资的方向呈现出从行业无差别、内容无主题式扶持向内容主题化、行业细分化扶持方向拓展的新态势

早期的文化产业投资行业尚未细化,甚至文化产业与非文化产业的行业边界也难以界定。这种全面覆盖的投资方式无法实现文化产业投资主体面向特殊行业的市场深耕,导致一些文化产业投资与运营企业的经营方向模糊和投资效果无法保证。今天,越来越多的文化投资运营企业逐步走向专业化和主题化的发展之路。比如,长三角数字文化产业基金(2019年11月成立)、之江文化旅游产业基金(2018年4月成立)、芒果马栏山数字文创股权投资基金(2020年1月成立)、众源文化产业投资基金(2020年8月成立)等专门设置了"数字文化产业类上市公司并购重组,文化科技类PE和VC投资项目""数字文创股权投资""移动互联网、人工智能等前沿技术在文化、消费、教育等场景下的新业态和新模式",以及"一带一路"重大题材影视剧的投资方向。

四、文化产业投资的策略呈现出从文化企业股权投资和物权投资向文化版权(IP)投资拓展的新趋势

很长一段时间以来,文化产业投资就是指文化股权(企业)投资和文化物权(项目)投资,特别是具有国有文化企业和上市双背景的互联网概念企业尤其受到文化产业投资者青睐。近年来,文化版权(品牌)投资开始崭露头角。市场研究者发现,今天,我国文化产业经营的优势大体上包含了行政性优势、资源性优势、技术性优势、品牌性优势四种类型,其中,文化版权性经营优势更具系统带动性和收益的持久性,因而成为文化产业投资的新风口、新赛道和新创富密码。

文化产业的行政性经营优势受政策变化影响较大,难以预测投资前景和投资收益。国家有关部门明确规定了鼓励、允许、限制和禁止非公有资本投入文化产业的领域[①],各省(自治区、直辖市)政府也相继出台实施意见[②]。就总体趋势而言,文化产业的政策取向是放宽准入、简化审批、创新投融资、扶持创新创业和打破阻碍民间投资的"玻璃门"

---

① 参见国务院《关于非公有资本进入文化产业的若干决定》(国发〔2005〕10号)、文化部《关于制定〈文化产业投资指导目录〉的公告》(2009年9月8日)、文化部《关于鼓励和引导民间资本进入文化领域的实施意见》(文产发〔2012〕17号)。
② 比如,2013年14日,北京市发布的《关于进一步鼓励和支持民间资本投资文化创意产业的若干政策》("文创16条")是北京市第一个针对民间资本投资文创产业的支持政策。

"弹簧门"。然而,政策落地与实施过程中的行业差异、地区差异和时间差异仍然让行政性优势的研判充满不确定性。

文化产业的资源性经营优势缺乏健全的文化遗产保护制度体系、保护文化遗产和文化资源的意识和传统,使得这个方向的文化投资前景和收益也具有较大的变数。我们没有像法国那样长期和全面的文化遗产注册登记保护传统①,很多宝贵的中华优秀传统文化资源处于难以保护和无法主张权利的窘境。2018年1月7日,北京市高级人民法院终审认定上海卫普服饰有限公司申请注册的"KUNG FU PANDA 功夫熊猫"商标侵害了美国梦工场动画影片公司"功夫熊猫 KUNG FU PANDA"知名电影名称所享有的民事权益②,让国人警醒。

文化产业的技术性经营优势缺乏绝对领先的意义,掌握一技之长的文化企业必须充分估计技术迭代带来的投融资风险。在当今"大人物时代",大数据与云计算、人工智能、5G与物联网,以及虚拟现实、区块链等为代表的新一代信息技术持续创新,改变了人们的文化生产方式、文化传播方式、文化消费方式和文化生活方式。同时,技术变革带来思维方式的更迭,这些技术在文化产业的应用场景不断出新,基于若干技术进步的文化产业商业模式所能保持的经营优势常变不居。因而,对于投资者来说,在许多具体的投融资实务中文化技术的优势仅仅在名义上和相对意义上,被新技术、新场景、新思维方式和新商业模式超越的可能性时刻存在。

文化产业的版权性经营优势迅速提升,成为文化产业投融资的新热点。作为投资标的的文化版权与文化品牌具有以价值观为灵魂、国民人格和生活方式为核心内涵的文化产业经营优势。当今移动互联网时代,借助手机、平板电脑、掌上电脑等移动新媒体手段,文化版权和文化品牌远远超越了报纸、广播、电视,甚至互联网等传统媒体的传播力和影响力,移动新兴媒体与文化品牌经营的集约效应、反馈效应、粉丝效应、溢出效应、乘数效应让文化产业投资可以实现一次投入、多次产出,一业投入、多业产出,一地投入、多地产出。从微观产品品牌、中观城市特色文化品牌到宏观中华文明层面的大区域文化品牌,从普通文化IP、超级文化IP到国际文化IP,作为具有持续发展能力的经营优势,不同层面的文化品牌先后进入文化产业投资的视野。

文化版权(文化品牌)投资是继文化物权投资、文化股权投资之后又一个新的投资热点。文化产业先发地区已经开启了文化版权为核心的文化IP产业孵化基地建设。2020年8月,江苏省文化产权交易所文化IP产业孵化基地落户苏州太湖旅游度假区。文化IP产业孵化基地建设从IP产权要素交易到IP产业孵化,形成IP研发、沉浸体验、教育培训等文化IP产业链的多功能线下空间,通过IP赋能关联文商旅产业,助力数字化时代的文化工作者,推动地方全面推进文化产业高质量发展。

---

① 郭玉军,王岩.法国文化遗产保护立法的沿革、特点及对中国的启示[J].武大国际法评论,2020(1):27.
② 王国浩.历时七年"功夫熊猫"商标争夺见分晓[N].中国知识产权报,2018-1-19.

第六节　文化产业投融资政策实现了行业和领域全覆盖

我国文化产业的快速发展主要得益于中央和地方文化产业政策的有力支撑,特别是文化金融政策的强力支持作用尤其明显(金巍,2019)①。文化金融政策与文化财政政策、文化税收政策、文化行业管理政策共同构成了文化产业政策的四大支柱。2009年是我国文化金融政策进入专门化和体系化演进的元年。2009—2021年,中央和地方政府出台了多个金融支持文化产业的相关政策文件。其中六个"意见"构成了我国文化产业投融资政策的基本框架。

2009年4月,商务部、文化部、广电总局、新闻出版总署、中国进出口银行五部门联合出台《关于金融支持文化出口的指导意见》(商服贸发〔2009〕191号)。这是我国文化金融政策具有标志意义的独立文件,它是第一次单独就金融支持文化产业发布专门的文件。

2009年7月,中国人民银行营业管理部、中国银行业监督管理委员会北京监管局公布《关于金融支持首都文化创意产业发展的指导意见》(银管发〔2009〕144号)。尽管这仅是地方性文化金融政策文件,然而,由国家金融监管部门主导的这份文件对于全国金融支持文化产业发展产生了重要影响。

2010年3月,中央宣传部、中国人民银行、财政部、文化部、广电总局、新闻出版总署、银监会、证监会、保监会等九部委联合发布《关于金融支持文化产业振兴和发展繁荣的指导意见》(银发〔2010〕94号)。它作为我国第一个国家层面文化金融专门政策文件,明显提升了政策的权威性、全面性、操作性和实效性。

2014年3月,文化部、中国人民银行、财政部三部门出台了《关于深入推进文化金融合作的意见》(文产发〔2014〕14号)。这个政策文件的出台文件旨在落实十八届三中全会关于"鼓励金融资本、社会资本、文化资源相结合"的要求,将文化金融合作纳入全面深化改革的总体布局。文件吸纳了多年来文化金融合作的经验与成果,结合金融改革和文化产业发展的新趋势,突出改革创新精神,发挥市场配置资源的决定性作用。自此,"文化金融"成为一种具有文化产业发展动力特征的新型金融业态和政府政策文件的规范表达方式。

2017年3月,国务院办公厅《关于进一步激发社会领域投资活力的意见》(国办发〔2017〕21号),明确提出推动出台文化等产业专项债券,支持符合条件的文化企业发行公司债券、非金融企业债务融资工具和资产证券化产品,探索发行股债结合型产品进行融资,设立以社会资本为主体、市场化运作的文化产业投资基金,推进文化等领域"投贷

---

① 金巍.文化金融政策体系化十年演进之路[EB/OL].[2019-03-27].中国经济网(http://www.ce.cn/culture/gd/201903/27/t20190327_31749009.shtml).

联动"和以知识产权为基础的股权融资。

2021年3月,文化和旅游部、国家开发银行两部门出台《关于进一步加大开发性金融支持文化产业和旅游产业高质量发展的意见》[①],带动了中央和地方新一轮的文化产业投资政策创新。

此外,北京[②]、上海[③]、浙江[④]、山东[⑤]等地方政府,以及财政部[⑥][⑦]等国家有关部门也在中央政策的指导下出台了大量富有创新精神的文化产业投资政策文件,其中包括专门性文件和综合性文件的文化金融内容。

在中央和地方政府一系列政策文件的加持下,文化产业投融资行业发展的政策环境持续优化。各类投资主体通过信贷产品创新和贷款模式探索,明显增加了文化产业企业发展、文化项目开发和文化品牌形象建设方向有效的信贷投放。这些政策措施主要包括:文化金融产品服务创新、文化金融运营管理体制机制创新、文化金融服务模式创新、文化金融政策实施与保障创新四个方面。

一、文化金融产品服务创新

各级政府在推进文化金融产品服务创意方面逐渐形成了不断丰富和日益完善的扶持措施:① 面向处于成熟期、经营模式稳定、经济效益较好的文化企业,优先给予信贷支持,并针对其上下游企业发展供应链融资,支持优秀文化企业发展并购融资,促进产业链整合。② 面向具有稳定物流和现金流的文化企业,发放应收账款质押、仓单质押贷款。③ 面向租赁文化设备的企业(包括演艺、展览、动漫、游戏,出版内容的采集、加工、制作、存储,以及出版物物流、印刷复制,广播影视节目的制作、传输、集成和电影放映等)发放融资租赁贷款。④ 面向具有优质商标权、专利权、著作权的轻资产型文化企业,通过权利质押贷款等方式,逐步扩大收益权质押贷款的适用范围。同时,建立文化企业无形资产评估体系,为金融机构处置文化类无形资产提供保障。⑤ 面向融资规模较大、项目较多的文化企业,鼓励商业银行以银团贷款等方式提供金融支持,加强金融机构之间的合作,探索完善银团贷款的风险分担机制,降低单个金融机构的信贷风险。

---

① 本意见明确指出,要从支持重大项目建设、支持试点示范工作、支持产业创新发展、支持各类市场主体和支持产业国际合作5个方面加大文旅融合产业,特别是数字文化产业开发性金融和投融资支持。
② 2020年2月,北京市出台《关于加强金融支持文化产业健康发展的若干措施》(京文领办发〔2020〕2号)。
③ 2010年7月,上海市出台《金融支持文化产业发展繁荣的实施意见》(沪金融办通〔2010〕24号)。
④ 2015年1月,浙江省财政厅、中共浙江省委宣传部《关于印发浙江省文化产业发展转移支付资金管理办法的通知》(浙财文资〔2014〕26号)。
⑤ 2020年9月,山东省文化和旅游厅、山东省地方金融监督管理局、中国人民银行济南分行、山东银保监局等五部门联合印发《关于金融促进文化和旅游产业发展的实施意见》(鲁文旅发〔2020〕15号)。
⑥ 2010年4月,财政部发布《关于印发〈文化产业发展专项资金管理暂行办法〉的通知》(财教〔2010〕81号),2012年4月,财政部发布《关于重新修订印发〈文化产业发展专项资金管理暂行办法〉的通知》(财文〔2012〕4号)。
⑦ 2015年11月,财政部发布《关于印发〈政府投资基金暂行管理办法〉的通知》(财预〔2015〕210号)。

二、文化金融运营管理体制机制创新

在文化金融运营管理体制、机制创新方面,形成了包括联保联贷、风险补偿、文创银行在内的多项文化金融创新成果:① 面向处于产业集群或产业链中的中小文化企业,鼓励商业银行探索联保联贷等方式提供金融支持。② 创新利率定价机制、信用评级和业务考核体系、文化消费信贷产品、文化企业外汇管理等文化金融服务。③ 支持文化企业上市融资、债券融资,发展文化产业保险市场,扩大文化企业的直接融资规模。④ 实施文化企业再贴现资金额度支持、文化企业名单制管理、文化企业专项再贴现工具创新、再贴现申请条件流程优化等措施,提升优质文化企业票据融资的便利度。⑤ 建立风险补偿机制,对合作银行、担保、融资租赁机构为小微文化企业提供贷款、担保或融资租赁业务出现不良贷款本金损失或代偿损失给予一定比例的风险补偿。⑥ 支持融资担保公司开发中小企业集合债券、集合信托、短期融资券、票据业务等新型担保产品和服务,更好发挥增信服务作用。完善文化企业股债联动融资服务机制,以投资收益对冲信贷风险,实现对文化企业信贷投放的风险收益匹配。⑦ 设立以文化企业为主要服务对象的文创银行,积极争取创新试点针对文化企业的特殊金融政策,推动文化金融产品和服务创新,增加文化产业金融供给。

三、文化金融服务模式创新

新一轮国家文化产业投融资政策文件明显传递了重点扶持国家文化战略、城乡文化建设、企业文化科技、国际文化合作等四个文化建设重大需求的价值取向和政策意图:

(1) 加强国家文化战略项目的金融支持。重点支持范围包括:国民经济与社会发展规划纲要中的文化产业和旅游产业领域重点重大项目,特别是加大对长城、大运河、长江、黄河等国家文化公园范围内文化产业和旅游产业项目的推介、服务、融资力度。依托常态化、品牌化、精准化的投融资促进活动,引导社会资本和金融资本共同参与重大文化项目工程建设。

(2) 加强国家城乡文化建设示范点的金融支持。重点支持范围包括:国家文化和旅游消费示范城市(试点城市)、文化和旅游消费场所及设施建设;国家文化产业和旅游产业融合发展示范区、国家级夜间文化和旅游消费集聚区建设;全国研学旅行示范基地、国家全域旅游示范区、国家A级旅游景区、国家级旅游度假区、国家级旅游休闲城市和街区、全国红色旅游经典景区建设;国家历史文化名城名镇名村、全国乡村旅游重点村镇建设;国家级文化产业示范园区、国家文化产业示范基地规范发展。通过设立文化产业投资基金等方式,拓宽文化建设示范试点建设的融资渠道。同时,国家还将对于城市更新、老旧小区改造、乡村振兴、区域协调发展等计划中的文化产业和旅游产业项目给予长周期、低成本的资金支持;文化和旅游部与国家开发银行认可的重大项目通过"一事一议"给予差别化信贷支持。

（3）支持文化市场主体发展壮大和技术与产品创新。重点支持范围包括：大数据、云计算、人工智能、5G与物联网等新技术在文化产业中的应用，推进数字文化产业发展；文化、旅游与科技融合发展示范项目和优质、多样的数字文化产品创作生产。通过支持金融机构开发适应数字文化产业特点的融资新产品，提高文化产业发展的质量效益与核心竞争力。

（4）支持文化产业的国际合作交流。重点支持范围包括："一带一路"文化产业和旅游产业国际合作重点项目，以及中外文化和旅游企业在产品开发、技术研发和传播渠道建设的合作；优秀文化和旅游企业"走出去"实施境外投资并购、联合经营、设立分支机构，以及其他开拓海外市场的活动；面向国家对外文化贸易基地及文化和旅游企业拓展国际业务的投融资指导、"融资融智"咨询服务。

四、文化金融政策实施与保障创新

在文化金融政策实施与保障创新方面，出台了模式、机制、平台、服务等多项政策创新成果：① 服务于中小微文化和旅游企业的特色金融产品与服务的创新，依托"国家文化与金融合作示范区"的合作模式和机制创新；② 国家开发银行分支机构与地方文化旅游金融服务机构合作创新金融产品，中小微文化和旅游企业的投融资服务；③ 利用开发性金融工具，推动文化产业和旅游产业恢复重振的金融服务；④ 文化和旅游类政府融资平台市场化转型，以及为文化和旅游项目提供直接投资、证券发行承销、融资租赁等多元化金融服务等。

第七节 文化产业投融资发展的问题和障碍

纵观我国十余年来文化产业投融资发展的实践探索历程，无论是在文化产业投资的私募市场、公开市场还是并购市场都取得了诸多骄人的成就，但是，也出现了不少前进中的问题。这些问题影响了文化产业投融资活动的健康推进，更是威胁和阻碍整个文化产业的高质量、可持续发展。

目前，文化产业投融资发展的主要问题概括起来就是：总量供给不足，投资结构失衡；系统创新不力，管控机制失效；盈利前景不明，金融政策失灵。

一、总量供给不足，投资结构失衡

宏观上看，文化产业快速发展导致整个产业全领域、全链条的资本投入缺口增大，各个层次、各种渠道的资金供给总量不足成为新历史条件下文化产业投融资业发展的主要特征和基本状态。与此同时，面向大型项目的规模资金投融资通道相对畅通，中小微文化企业融资渠道的制度性障碍仍然普遍存在,文化产业投资结构不平衡,影响了富于活力的众多文化产业中小型项目发展。特别是一些低水平重复建设的大型文化产业项目挤占了较大的文化产业投融资资源。这不仅严重影响了当下文化产业良性发展。而且,不断增长的发展总量数据也干扰了人们对于文化产业投融资发展趋势的准确判断,进而影响未来布局。

二、系统创新不力,管控机制失效

文化产业投融资市场的整体创新能力严重不足,文化金融产品和服务发展明显滞后于文化产业高质量发展的实际需要。其一,文化产业投融资政策理论研究严重滞后,难以为文化投融资实践发展提供有力的指导思想和操作工具。其二,文化产业投融资创新生态建设资源整合不足,缺乏成熟有效的技术路线与系统支持。其三,文化产业投融资商业模式创新及推广未受到普遍重视,具有发展潜力的创新成果难以得到充分的应用。其四,文化产业投融资创新系统协同发展水平较低,具有创新价值的文化产业新产品、新服务难以得到有效的金融支持。

文化金融的风险管控机制缺位或失灵,投资风险管理意识和管控能力缺乏有效的机制保障,投资方式不合理,投资行为偏离理性范围,盲目跟风行为导致的投资失败屡见不鲜。比如,文创类的手机游戏、手机App、微信小程序、电视脱口秀栏目、景区文创产品等项目投资,各种模仿和山寨复制比比皆是,造成了大量文化产业投融资中人力、物力和财力资源的严重浪费。

三、盈利前景不明,金融政策失灵

多数文化产业企业和项目,特别是地方大型文化产业项目的投资量级大,回报周期长,盈利前景不确定因素多。遵循市场逻辑的金融机构,其逐利性投资经营行为很难为文化产业提供有效的资金保障。尽管文化产业从主板、创业板到"新三板",上市融资的准入门槛一再降低,然而,文化企业境内上市融资整体规模过小,与有发展资金需求的文化企业相比,能够跻身上市企业行列并实现有效融资的文化企业实属少数。多数文化企业自身创新驱动发展的基本素养和创造企业高质量发展红利的整体能力偏弱,文化项目的集约化发展水平低,难以为战略投资者持续创造有吸引力的回报。

投资者对文化企业上市融资的认同感低,直接影响了文化产业投融资的健康、快速和持续发展。具有政府背景的文化产业投资基金数量有限,通常优先满足相对规范的少数国有文化企业发展要求,难以满足大量民营文化企业的资金需求。通常民营文化企业及其项目规模相对较小,少有能够达到产业投资基金投资规模起点"硬杠子"的标准。加之文化金融政策的落地缺乏有效的制度保障,在一些地方和领域的文化产业投融资的公开市场与私募市场中,文化金融政策的效用会大打折扣,甚至基本失效。

出现上述问题的根本障碍是文化产业投融资创新支撑体系不配套。

第一,文化产业投资融资创新服务支撑体系建设严重不足。在文化产业的行业层面、企业层面、项目层面,较高专业水准的投资发展方向、投资发展策略、投资咨询服务、投资价值评估和认定等机制普遍缺位。文化产业投融资创新支撑与中介服务供给的滞后,直接影响了文化产业投融资创新整体水平提升和高质量发展。

第二,文化产业投融资渠道有限,现有资本供给与资金需求各方不同程度地缺乏有效的对接机制或存在明显的对接障碍。文化产业投融资有限的投资资源难以惠及广大文化企业。

第三,行业治理体系治理能力现代化水平不高,文化创意产业的企业对于行业公共产品少有关注,拖累业内企业生产成本和交易成本高企,产品服务的相对竞争能力和比较优势下降。

第四,文化产业投融资逻辑的路径依赖严重,限制行业投资实践的创新。多年来,文化产业投融资的基本逻辑都是外延型、粗放型增长为主的发展,即借助科学技术进步(比如大数据和云计算、人工智能与机器学习、5G和物联网、区块链等)、应用场景更迭(网购、社交、元宇宙等)、消费需求升级等各种"风口"的盈利前景,推动文化细分行业投资话语热度的提升,带动一波一波文化产业战略投融资活动呈现波段式的周期性发展。

第五,文化龙头骨干企业版权资产管理意识和管理能力严重滞后,影响了版权投资整个行业发展的速度和质量。作为文化版权经济的主力军,国有文化企业还存在影响版权投资发展的严重障碍,比如,版权资产管理意识薄弱、版权资产权归属模糊、版权资产管理效率较低、版权资产运营机制和管理手段落后等。①

第八节 文化产业投资发展前景的展望

文化产业投资的未来在版权经济,其中核心版权产业、依存版权产业和部分版权产业均存在文化产业投资发展的巨大市场空间。版权产品、版权企业和版权产业是三个层级的版权价值载体,都有其可计量的版权价值。创意附加值是版权产品的价值表现,版权资产是版权企业的价值表现,经济贡献(包括版权产业增加值、从业人数和版权商品服务出口额等)是版权产业的价值表现。② 版权正在成为最具有投资价值的热门投资品,同时,数字文化创意产业等新兴领域,以及各领域融合发展也呈现极其强劲的需求。在数字技术赋能之下,一个全新的文化版权投资时代正在加速到来,政产学研金等相关机构都应当提前做好充分的准备。

---

① 段桂鉴.版权资产管理:易被国有文化企业忽视的"宝藏"[J].创意中国,2019(6):111-118.
② 段桂鉴,王行鹏.版权价值层次性的认识与解读[J].创意中国 2019(6):104-110.

一、核心版权产业投资提升企业市场竞争能级

核心版权产业是版权经济创新的源头,是创造性成果服务实体经济的基础与灵魂。它决定着版权产业整体发展质量与经济贡献整体水平,对于整个国家和地区培育市场竞争能力与经济持续发展具有极其重要的意义。核心版权产业是指完全从事创作、制作和制造(生产)、表演、广播、传播(展览)、发行、销售作品和其他依赖版权保护客体的产业。核心版权产业是代表体现版权内容创新、创意成果的版权产业大类,按照世界知识产权组织的规定,其主要类别包括:新闻和文字作品,音乐、戏剧制作、曲艺、舞蹈和杂技,电影和视频,广播和电视,摄影,软件和数据库,美术与建筑设计、图形和模型作品,广告服务,版权集体管理与服务等9个产业组。①

核心版权产业领域的投资增长为加速文化创意成果转化、提高经济的文化科技含量,构筑竞争壁垒都能够提供强劲的动力。在文化经济发展过程中,市场竞争越是激烈,核心版权产业的投资越是重要。目前,核心版权产业正经历着一轮从"野蛮生长"的粗放发展转向"内容为王"的高质量发展深度调整。叠加全球新冠疫情的影响,将进一步挤压那些创意能力薄弱、产品质量低下和市场应变能力不足的文化企业的生存空间,淘汰低效企业的进程将更迅速和更彻底。② 与此同时,核心版权行业的本轮深度调整也将加速创意力量和能力在洗牌的基础上重新整合。资源的整合必将强化文化产业投资方向集中的趋势,特别是促进行业投资的优质资源向优秀企业和优秀项目集中的进程,形成一批注重版权内容创新生产和整合核心创意资源能力强的企业组成的版权产业头部矩阵,进而推动核心版权产业加速走上集约化与高质量发展的道路。

二、依存版权产业投资凸显行业技术优势

依存版权产业与核心版权产业构成了互补性的经济活动,它是生产、流通和消费与核心版权产品共同进入市场的产品的行业。依存版权产业是指那些从事设备的制作、制造、销售、租赁(或出租)的行业,这些设备的功能完全或主要是为了促进作品及其他受保护客体的创作、制作或使用。依存版权产业是代表承载核心版权内容载体的版权产业大类,其主要类别包括:电视机、收音机、录像机、CD播放器、电子游戏机等类似设备,计算机及相关设备,乐器,照相机电影摄影仪器,复印机,空白录音介质,纸张等7个产业组。

在手机媒体出现之前,除非有电视机和游戏机的制造、批发和零售,否则就没有电视节目和游戏产品的消费。然而,近年来手机媒体与移动互联网技术的快速崛起颠覆了依存版权产业发展的格局。依存版权产业技术、产品、消费和市场层面的迭代为文化

---

① 世界知识产权组织. 版权产业的经济贡献调研指南[M]. 北京:人民出版社,2018.
② 赵依芳. 文化消费不会消失,但渠道在变[EB/OL]. [2022-9-30]. https://new.qq.com/rain/a/20220930A03PN800.

创意产业投资带来了新的可能,特别是半导体先进制程工艺以及软件著作权等新技术发展与突破将成为新的行业制高点。依存版权产业投资将推动版权产业发展形成新的市场竞争优势,进而促进社会经济总量的整体跃升。

三、部分版权产业投资推进传统制造业创意赋能

部分版权产业是指其部分活动与版权作品及其他受保护的客体有关的产业。部分版权产业是代表应用核心版权产业创新创意成果的版权产业大类,其主要类别包括:服装纺织品和鞋类,珠宝和硬币,其他工艺品,家具,家居用品、陶瓷和玻璃,墙纸和地毯,玩具和游戏,建筑工程调查,室内设计,博物馆等10个产业组。

理论上讲,部分版权产业的增加值是剥离了原料价值的剩余部分,或者说是属于和作品及其他受版权保护的客体相关的部分。比如,桌椅等家具应当计入版权产业经济贡献的增加值是包括工业设计、实用艺术等受保护的版权价值,而非木材生产和加工的价值。但是,版权产业对制造业的辐射带动作用是实实在在的。截至2021年底,国家版权局和世界知识产权组织共同向全球推荐的版权产业发展优秀案例示范点,比如,南通家纺、德化陶瓷、吴江丝绸等行业优秀案例,以及亿航智能(广州)有限公司、青岛爱博检测科技有限公司和深圳市韶音科技有限公司等企业优秀案例大多属于部分版权产业中的制造业。在以往相当长的经济发展过程中,部分版权产业投资大多来源于所属行业的战略投资者拉动。今天,传统制造业的版权经济优化升级亟须文化产业投资的赋能,它不仅能够带动金融意义的投资,更可以利用文化产业的人才团队、经营管理、市场资源等行业背景为部分版权产业赋能。

四、数字版权产业正在凝聚文化产业投资新能量

展望未来,作为文化产业投资极具前景的领域之一,数字版权产业未来快速发展态势日趋明朗。我们清楚地看到,版权产业数字化与数字经济版权化融合发展正在创造新的经济增长点。一方面,数字版权领域的产业化加速推进。今天数字版权作为文化产业发展最重要的基础性资源[①],其走向现实的步伐正在日益加快,它本身的产业化不断创造出经济发展的新热点。2022年就是元宇宙由虚转实,即从虚幻概念走向客观现实的重要一年。[②] 另一方面,世界范围内数字经济的版权化趋势同样日趋明显。《美国经济中的版权产业(2020)》研究报告指出,版权产业正在成为数字化领域的引领者,它通过流媒体等方式推动了互联网经济的快速发展。在几乎所有实体经济领域已经明显过剩和充分竞争的背景下,作为与现实世界相对的数字平行空间——元宇宙的世界仍然是尚待开发的处女地。2021年,我国数字经济规模达到7.1万亿元,总量全球第二,同比

---

① 阎晓宏.数字版权已成为文化产业发展最重要的基础性资源[EB/OL]. https://www.sohu.com/a/210264007_455313.

② 肖飒等.虚拟数字人行业法律合规报告[R].财经头条,2022-09-16.

增长9.6%,增速位居全球第一,是数字经济发展最快的国家。① 国内资本和科技巨头正在集中优势资源,把攻城略地的主战场转移到数字版权领域,不断推进大数据与云计算、人工智能与机器深度学习、5G与物联网、区块链与元宇宙、NFT数字藏品、虚拟数字人、VR/AR/XR等关键赛道核心技术的重大突破,以期引领未来发展潮流。爆款的数字版权内容转化为用户接入流量,再链接新的消费模式和消费场景,加速了创意内容变现的进程,这种版权产业发展的新模式正在改变人们的文化消费方式。数字版权产业,以及版权产业数字化和数字经济版权化融合的快速发展必将加速数字版权投资的爆发。

五、版权产业融合发展开辟文化产业投资新空间

文化创意产业是文化与相关产业融合发展的产物,也是文化产业投资最具成长性的巨大市场。这种融合发展态势为文化经济的发展和文化产业投资带来了空前的想象空间与巨大的展示舞台。文化产业融合发展方向集中体现在以下几个方面:一是版权产业与实体经济的融合发展;二是核心版权产业与依存版权产业、部分版权产业等产业的融合发展;三是版权与专利、商标等其他知识产权形态的融合发展;四是文字、图像、音乐、影视、动漫、VR、软件等不同版权作品类型之间的融合发展。在文化与相关产业融合发展的整体格局中,版权始终处在核心地位,承担着现代经济催化剂、黏合剂和强心剂的重要作用。② 版权经济代表了文化、艺术与科学创新前沿和最新发展成就,代表了经济发展的文化科技含量,代表了经济发展的新理念、新业态和新动能,也代表了产业结构的转型、优化和升级。版权经济通过金融的加速、放大与整合作用推进和成就了文化经济的高质量发展。文化经济的创新驱动、稳健协调和持续快速发展反过来也为文化产业投资带来新的发展机遇。

第九节 加快文化版权投资高质量发展的思考

文化版权投资领域理念、实践和政策持续不断地优化升级、创新驱动是文化产业投资高质量发展的基础和前提。要提升文化版权对文化产业以至整个社会经济增加值、就业和商品(货物和服务)跨境贸易发展的贡献度,文化产业投资,特别是面向版权产业的投资需要有新理念、新思路和新举措。

---

① 中国信息通信研究院. 全球数字经济白皮书(2022)[R]. 中存储,2022-08-03.
② 段桂鉴. 大力发展版权经济助力现代化经济体系建设[N]. 中国文化报,2019-02-18.

一、推进文化版权投资实践优化升级

文化版权投资实践的优化升级主要包括产品链、产业生态和文化经济三个层面的提升。

第一,突出版权价值链建设在文化产业投资中的核心地位。"就文做文"和"闭门做文"的传统增长方式已经严重制约了文化产业投资的发展。文化产业投资必须走出纯粹文化的限制,迈向文化与相关产业融合发展广阔的市场空间。文化版权投资需要考虑版权或著作权中包含的文学、艺术和科学作品的培育、转化、延伸、融合等的投资方向。要突破单一品类产品(服务)投资的圈层,培育基于文化版权创意的价值增值链条。版权投资的发展应当建立在良好的版权产业生态基础之上,打造一批以版权价值链为核心,产品链、创新链、资金链、政策链五链合一,相互促进、互为补充的版权投资共生系统。突出版权价值链的地位,就是要在版权价值链上下游领域之间形成具有不同特点、不同功能、不同受众的产品服务类型之间的互动效应、协同效应、共生效应和互补效应,使有限的产业投资资源达到最优配置。一个文化创意版权价值链不仅包括文字、音乐、视觉、舞台、影视、动漫、VR等多个版权作品种类,而且包括盲盒、剧本杀、周边产品、联名文创多种新的版权产品服务品类,更包括核心版权作品向依存版权产业和部分版权产业等相关产业的相互促进和拓展延伸形成的产品群。数字文化版权业态的快速发展为打造集众多版权产品服务品类优势于一体的版权产品服务矩阵提供了可能。应当鼓励大型文化产业投资企业面向融合发展的经济发展主题,升级版权产品形态,重新整合版权价值增值链,探索多元化融合版权经济发展模式,在版权价值链投资方面发挥示范带动作用。

第二,突出版权产业生态建设在文化产业投资中的基础价值。在单一版权投资阶段,包括主导性业务和辅助性业务在内的几乎所有经营管理活动均由项目投资主体承担。然而,随着投资业务的不断发展,这种粗放的版权投资经营方式在运营成本、交易成本快速放大的同时,经营效率却越来越慢,形成了版权产业的规模经济悖论。应当在政策引导下,从要素支撑服务入手加速推进版权产业投资生态建设,引导平台企业、行业协会、金融机构、市场中介、研发机构等第三方专业机构共建开放的分工协作体系,加速文化投资企业疏解非核心业务,在专业化分工的基础上实现版权产业投资的集约化经营。审慎地借鉴欧美版权经济和版权产业发展的历史经验,加速版权从资源向资产和资本的转化,催生版权产业新业态。要探索鼓励版权投资有关的金融工具、金融机构、金融服务、金融市场及金融基础设施发展,尝试版权资产质押贷款、版权资产证券化(如"鲍伊债券")和版权投资基金[1]等实践领域的创新,加速推进中国特色版权金融体系和版权金融市场建设。

第三,突出版权经济集聚区建设在文化产业投资中的引领作用。今天的版权经济发展越来越依赖不断更新的信息化、数字化、智能化技术,越来越需要不断升级的平台

---

[1] 金巍.版权金融机制、政策与创新实践简析[J].中国版权,2022(1):39-44.

化、集成化、场景化商业模式创新,也越来越需要不断完善的机制化、常态化、制度化战略协作的加持。产业经济的集聚发展是我国培育优势产业的核心经验与创新模式,也是版权产业投资发展的主导方向。空间聚集和行业集中有利于版权产业形成产业技术创新联盟,有利于实现行业技术的持续升级,有利于加速文化消费场景迭代和市场深耕,有利于培育集群的整体发展优势和提高版权经济综合效益。应当从地方经济的实际出发,明确文化版权产业发展定位,加大针对性的文化版权投资政策供给力度,吸引具有相关业务发展方向的文化产业战略投资者,集中优势资源建设一批版权密集型产业集聚区和版权产业投资高地。

二、促进版权投融资与金融政策创新

版权投资政策与版权金融政策是指版权相关的投资、融资和金融活动及其机制体系,包括债权、股权、保险等版权投融资工具使用,版权投资与版权金融管理的政策工具和相关制度设计,以及相应的机构、市场和基础设施建设。[①] 我国版权投资和版权金融政策比较分散,尚未出台专门的政策文本,现有政策主要分布在知识产权金融服务政策、文化金融政策等文件之中。相较于一般意义的文化产业投资和金融政策,我国版权产业相关的投资和金融政策内容数量相对较少。版权投资和版权金融政策的创新主要包括政策理念、政策工具和政策模式三个层面的创新。

第一,版权投资政策理念创新。版权投资政策与金融政策创新要总结提炼版权产业投资实践和理论发展的最新成果和迫切需求,加速政策理念层面的突破。坚持新发展理念,突出版权投资领域的创新驱动发展;坚持协同发展,着力提升国家和地区版权投资的系统合力;坚持问题导向,着力解决版权投资发展总量不充分、结构不平衡的问题;坚持整体思维,着力在版权投资整体推进中实现重点突破。版权投资政策理念创新的实质是版权投资政策能够激励更加广泛的社会力量投身版权产业创新发展,创造更多的优秀文化产品,以及更多地惠及普通人民群众。

第二,版权投资政策工具创新。版权投资和版权金融政策[②]是政府相关部门通过经济手段干预版权产业和版权产品的创作、生产、流通、传播、消费及其他相关社会生产关系的措施和行为准则。我国鼓励并支持金融机构为版权产业和版权企业提供金融服务,已出台的与版权金融相关政策的主要内容有:鼓励版权质押贷款[③],鼓励版权资产证券化[④],鼓励借助集合信托计划、融资租赁、融资担保等有关政策规定中的金融工具支持版权投融资。这些政策在一定程度上推动了版权金融创新和版权产业的发展,但是仍

---

① 金巍. 版权金融机制、政策与创新实践简析[J]. 中国版权,2022(1):39-44.
② 国家版权局《版权工作"十四五"规划》(2021年12月),首次在国家级政策文件中明确清晰使用了"版权金融"概念。
③ 中央宣传部等九部委《关于金融支持文化产业振兴和发展繁荣的指导意见》(银发〔2010〕94号)、国家版权局《版权工作"十四五"规划》(国版发〔2021〕2号),以及北京市政府《北京市关于加强金融支持文化产业健康发展的若干措施》(京文领办发〔2020〕2号)等国家和地方文件先后提出了完善版权质押融资相关体制机制,推动版权金融试点工作的要求。
④ 国务院《国家技术转移体系建设方案》(2017)明确提出要开展知识产权证券化融资试点。

然存在政策缺失和政策供给不足的情况。应当着力在下列几个方面实现版权投资与版权金融政策创新的突破：① 版权融资企业债券发行、版权项目保险、私募基金版权投资；② 数字藏品投资等新形态版权投融资；③ 版权对外投资；④ 政府主管部门、版权投资企业与版权金融机构合作等。

第三，版权投资政策模式创新。在推进版权投资政策模式创新过程中要借助大量的政策试验。首先，要根据版权投资政策创新发展的实际需要，设立一批版权投融资主题的政策创新试点项目和试点单位。有关版权投资与版权金融政策试验主题包括：版权评估授权与转化①、版权许可与高效利用②、版权数字化投资、数字藏品投资、非同质化代币（NFT, Non Fungible Token）平台建设③、非同质化权益（NFR, Non Fungible Rights）投资④、版权投资＋区块链⑤、元宇宙版权投资、版权金融服务等。其次，要积极探索多方协作的版权政策创新模式，集中推进（"6+1"）政策创新实验。即，联合版权产业主管部门、版权行业头部企业、版权研究有关高校、版权政策研究机构、版权金融部门、版权融资企业等方面的专家，围绕一个具体的版权投融资政策创新主题开展理论、实践和政策多角度的创新探索。有关各方在充分理解版权投融资现实的基础上，共同推动版权政策创新质效提升。再次，版权投资政策取得政策目标、指导原则、体制机制、路径方法、考核评价等点上成果后加快放到面上推广，实现从点上突破到典型示范和辐射带动面上发展的创新扩散效应。

三、加强文化版权投资理论建设

文化版权投资就是版权投资，二者在绝大多数场合可以相互替代。强调文化的意图在于突出版权投资活动的文化价值、历史使命和社会责任。版权投资的创新是一个复杂的价值创造过程，其中包括经济价值、社会价值、文化价值的创造，也包括科学技术价值的挖掘利用。方兴未艾的文化版权投资出现了许多不同于传统投资的新领域、新

---

① 《陕西省文化金融融合发展三年行动计划（2019—2021年）》提出，建立文化资产鉴定评估体系，探索文化资产标准化路径。重点支持开展书画、艺术品、影视、版权类文化资产鉴定、评估，通过建立文化资产分类数据库，形成特有的文化资产鉴定、评估标准，鼓励金融机构采用鉴定评估报告作为信贷审批参考。

② 2022年1月5日，中国政法大学教授刘文杰在中国版权协会举办的短视频版权保护与发展论坛上表示，对于版权作品方来说，利益最大化的方式并不是全面删除，而是许可使用和分享利益。美国视频网站YouTube上，版权方发现视频涉嫌侵权后，可以选择屏蔽视频，也可以选择保留视频，并通过广告投放获利。过去5年，版权方因为选择保留视频而获得的收益达到了20亿美元，不少版权方（尤其是音乐版权方）对该制度表示赞誉，称许可视频保留为音乐产业开辟了新的收入。Facebook允许版权方对用户上传的相关视频进行管理；在读者可以明确知道原创者身份的情况下，有些版权方甚至愿意让用户免费上传。

③ 2022年6月，上海市政府发布《数字经济发展"十四五"规划》，提出支持龙头企业探索NFT（非同质化代币）交易平台建设，研究推动NFT等资产数字化、数字IP全球化流通、数字确权保护等相关业态在上海先行先试。

④ 2021年10月14日，在国务院发展研究中心国际技术经济研究所指导下，北京航空航天大学数字社会与区块链实验室、中国通信联合会等单位联合发布了《非同质化权益（NFR）白皮书：数字权益中的区块链技术应用》。有文章指出，"非同质化权益"可以看作中国特色的NFT，是为解决以艺术品为代表的、多领域数字化交易的国内技术问题和法律问题而提出的数字交易新模式和新路径，国内各品牌和数字平台所发行的数字藏品，本质就是NFR。

⑤ 2022年2月，中央网信办等十六部门联合公布国家区块链创新应用试点名单，其中区块链＋版权是创新应用项目之一。

特点和新趋势。版权投资创新的研究对文化版权投资的高质量发展具有十分重要的意义。

传统的宏观投资理论,包括垄断优势理论、市场内部化理论、周期理论、折中理论、阶段理论、组合理论等国际投资理论和产业投资理论涉及版权的内容很少,特别是少有基于版权产业发展新业态、新场景、新特点和新趋势的研究。经典投资理论对于版权投资理念、实践和政策发展直接的指导与参照价值十分有限。现有的文化产业投资研究仍然处在文化企业投资案例研究阶段,仅有的案例研究也多集中在文化项目(物权)投资和文化企业(股权)投资领域,缺乏文化知识产权(版权)投资视角的理论和方法论述。

版权投资研究迫切需要在经典投资理论成就的基础上,概括案例研究的最新成果,综合版权投资探索的全新实践,建构新的具有现实参照价值和指导意义的理论框架与分析方法。

第一章　文化版权投资发展的回顾与前瞻

本章要点

文化产业投资经历了文化物权投资、文化股权投资和文化版权投资三个主要发展形态。文化物权投资是一种基于物理学思维,以有形文化产品生产和具体文化服务供给为核心目标的文化产业投资。文化股权投资是基于生物学思维,以文化机构培育与企业发展能力提升为核心目标的文化产业投资。文化版权投资是基于生态学思维,以文化创意环境营造和创意设计持续基因扩散为核心目标的文化产业投资。各种文化产业投资形态的发展是一个自然的递归与迭代过程,也是一种自觉的优化和升级过程。

文化版权投资正在从文化产业投资的配角,迅速上升为文化产业投资的主角。文化版权投资经历了单一文化版权投资、复合文化版权投资和数字化文化版权投资等几个发展阶段。在现实的版权投资活动中,每一个新的发展阶段都发挥着整合版权投资资源,引领版权投资未来发展的重要作用。

大数据与云计算、人工智能与机器学习、5G与物联网、区块链与Web 3.0等新兴技术融合发展,催生了建构数字平行空间(元宇宙)的版权投资新形态。作为系统文化版权投资,元宇宙版权投资具有广阔的发展领域和为数众多的应用场景,它代表了文化版权投资的未来方向。加速元宇宙领域的布局就是抢占未来文化版权投资的战略制高点。

第一节　文化版权投资概述

文化产业投资曾经出现过文化物权投资、文化股权投资和文化版权投资三种主要形态,对应投向文化产品和服务供给、文化企业运营和文化创意产业发展环境建设三个层面的文化产业经济活动。认识文化产业投资的发展趋势对于把握发展规律、增强文化产业投资的目的性和计划具有重要意义。

一、文化物权投资的缘起

(一) 物权及其起源

物权是指权利人依法对特定的物享有直接支配和排他的权利,包括所有权、用益物权和担保物权。物权观念自人类诞生后产生,表现为人类通过某种形式确认对物品的占有,占有对象是有实体支撑的产品。直到1900年《德国民法典》从法理上建立完整的"物权"体系。

物权起初是对物品的支配权,表现为对物品的占有、交换、转让。原始人类为抢占食物和住处就要对其占有,这种对物品的支配权利出现于人类诞生之后。原始人类生活于食物极大丰富而人的欲望有限的自然状态,单独个人对物品的占有不妨碍他人利益。随着时间发展和经验积累,人类发现结群的优势,产生了集体意识,出现了以家庭为核心的某种私有形式的占有。但对物品的占有不代表对物品的所有,即占有的物品随时可能被抢夺而不受保护,这种不稳定占有阻碍了生产的持续发展。为获得生产工具和土地的稳定性,就要达成权属约定,获得他人认可。权属约定的出现,明确了物品归属,标志着所有制产生。

人类社会真正的物权观念,大抵肇始于古罗马时代,常见于罗马法史料中的所有权,用益权,占有、永借权等。德意志法系的法学家们最早提出"物权"概念。17世纪,德国法学家们就对物与财产的区别进行了讨论,开始重视物品上的权利。18世纪,《普鲁士普通邦法》在形式上介绍人法、物权、人和物权的共同性规定三部分,但仍未能概括出现代意义上物权的概念,物权的客体仍然包括有体物和债券等无体物[①]。直到1900年,《德国民法典》把财产权区分为物权和债权,并在"物权"(第三编)这一编名下,规定了442个条文的物权内容,"物权"才被立法化,其概念才具有目前学理上公认的意义,独立的物权体系才得以完整建立。我国《物权法》于1998年开始起草,经过多轮审核,直到2007年10月1日才正式实施。2021年《中华人民共和国民法典》开始施行,《中华人民共和国物权法》同时被废止。

物权诞生之初,人类文明尚未萌芽。随着经验的积累,人类脱离弱肉强食的野蛮行径,产生了文明社会。在农业时代,由于社会生产力低下,人类大部分时间忙于劳动生产,文化传承于贵族阶级。春秋时期,孔子创办私学,打破了"学在官府"的局面,促进了文化的传播,推动了文化物权的发展,为中国文化产业留下了宝贵财富。

(二) 文化物权投资的发展

按照文化产业生态学思维,文化物权投资是一种基于物理学思维,以有形文化产品生产和具体文化服务供给为核心目标的文化产业投资。文化物权投资主要表现为

---

① 张清华. 论物权的本质及其意义[D]. 北京:中国政法大学,2001.

对书籍、画作、戏剧表演等文化领域内物品的投资。文化物权投资作为文化产业投资的一部分，伴随着文化产业的发展而兴起。我国文化产业源远流长，文化一词最早出自《周易》，由"人文化成"演化而来。随着人类文明的发展，文化内容不断丰富，"文化产业"也随着时代的发展被提出。20世纪40年代，法兰克福学派的阿多诺（Theodor Adorno）和霍克海默（Max Horkheimer）出版的《启蒙辩证法》就提出了文化工业（文化产业）的概念。我国关于文化产业的学术性文章最早出现在1991年出版的《上海文论》。改革开放后，我国文化产业不断适应经济体制改革要求，在国家政策的推动下，文化产业繁荣发展。

文化观念形成后，文化领域内物品的买卖是文化物权投资的初始形态，表现为对物品的占有、交换、转让。书籍是典型的文化物权买卖对象，印刷术发明以前，文学艺术作品主要靠手抄的方式进行传播，在当时市场环境下，手抄本作为商品在市场上买卖投资的情况十分少见。印刷术发明后，书籍得以大批量印制，印刷商通过印制售卖图书谋取利润。唐朝是中国古代文学鼎盛时期，产生了大量优秀诗词文化，为图书印制提供了丰富的优质内容。图书的批量印制既有利于文学作品的保留，又进一步促进了文学的传播。因此，在优质文学内容生产和图书批量印制的互相促进作用下，图书印制成为市场热门投资行业。

近代，中国内忧外患，经济萧条，文化行业发展缓慢，文化物权投资也在艰难前行。直到1978年，中国实行对内改革、对外开放政策，民众文化需求得到复苏。1980年中央确立文艺工作"百花齐放、百家争鸣"的指导方针。1985年，国务院办公厅转发国家统计局《关于建立第三产业统计的报告》，文化正式列入第三产业。[①] 1992年，中共中央、国务院作出的《关于加快发展第三产业的决定》首次出现"文化产业"概念。这段时期，在文化产业发展缓慢的背景下，文化物品投资处于低谷期。

随着社会主义市场经济的建立，政府开始引导文化事业向文化产业迈进。1998年，国家文化部设置了文化产业司，将"促进文化产业发展"纳入政府职能。2001年3月，第十个五年计划确认了文化产业在国民经济发展中的重要地位。2002年，党的十六大正式提出"文化活动分为文化产业和文化事业两个方向"。2003年，我国开展了文化体制改革试点工作。此后，各种文化产业政策密集出台，政府部门在文化管理方面开始发力，文化产业走上正轨。2012年，我国对文化及相关分类标准进行了修订，首次提出"文化创意和设计服务"分类。"数字＋文化"催生新兴业态，文创产品成为新的消费热点，文化物权投资重点也从传统的书籍、图书馆、影视表演等，转向为文创产品投资，例如汉服、故宫系列口红、蒙古族马头琴U盘等。近年来，文化及相关产业增加值及其占GDP的比重都保持增长态势（图1-1）。

---

① 庄德，蔡秋婷. 中国特色社会主义文化产业发展历程研究[J]. 艺苑，2020(6)：92-94.

图 1-1　2010—2020 年文化及相关产业增加值

数据来源：国家统计局

（三）文化物权投资的特征

春秋战国时期，我国人民就有了对文化产品权利的保护意识，但真正实施的保护举措较少。1910 年，清政府颁布《大清著作权律》，在法律层面进行了保护文化产品的有益尝试，虽未能施行，但在社会上形成了一种重视文化产品的思潮，宣传了文化产品保护理念。1991 年，新中国施行了第一部《著作权法》，标志着我国知识产权法律保护制度开始建立。

文化物权投资伴随着文化产业的发展而兴起，《著作权法》的出台为文化物权投资提供了保障。2009 年，联合国教科文组织发表《文化统计框架》，将有形文化产品定义为"传递思想、符号和生活方式"的产品。[①] 文化产品，有了"产品"二字，就有了商品的一般属性，即文化产品是文化生产的成果，是用一定的物质载体承载着特定精神内容的产品形式。文化产品是具体有形的，能够根据其外形特点来分类。有形文化产品投资对象包括文化消费品、收藏品、工艺品等文化类实物物权及相关权益。

文化服务业是指政府机构、私人机构、半公共机构为社会文化实践提供的各种各样的文化支持，目的在于满足人们的精神文化生活，通常不以具体的货物形式出现。常见的文化支持包括举行各种演出，组织文化活动，推广文化信息以及文化产品的收藏等。[②] 文化服务业本身不代表文化物质产品，但有助于文化物质产品的生产和传播。[③] 具体文化服务包括出版、图书馆、表演等。

二、文化股权投资的成长

文化股权投资是基于生物学思维，以文化机构培育与企业发展能力提升为核心目

[①] 文慧生. 中国已成为文化贸易第一大国[J]. 科技智囊，2016(7)：56-60.
[②] 安彦林. 财政分权对政府公共文化服务供给水平与区域差异的影响研究[D]. 济南：山东大学，2017.
[③] 赵力平. 城市文化建设[M]. 北京：中国社会科学出版社，2005.

标的文化产业投资。我国股份制于19世纪末萌芽,以政府投资为主的文化事业单位形式存在,计划经济向市场经济体制转型后,文化主管部门和学界才开始研究国外文化产业投融资平台。改革开放后,我国确立了以公有制为主体,多种所有制经济共同发展的中国特色社会主义经济制度。[①] 此时,民众文化需求逐渐复苏,以国有文化事业单位为主的文化市场主体逐渐不能满足文化市场需求,国家开始鼓励社会资本流入文化市场,出台一系列文化产业发展政策,推动我国文化产业市场化发展。

(一)我国文化投融资理念的形成

文化产业发展政策决定着文化产业发展,而投融资政策又是相关政策的核心内容,金融成为文化产业升级为国民经济支柱性产业的重要支撑。金融常为有潜力或有偿还能力的实体经济提供资金支持,其本质是资金融通,而国家政策的支持和引导又是资金融通的方向标。因此,国家对文化产业的融资政策宽松程度决定了文化产业的市场化程度[②],在推动产业发展中的地位至关重要。

20世纪90年代,欧美等发达国家就对文化产业进行了一定规模投资,并制定相关政策推动和引导文化产业的发展。我国"文化经济"概念,在1991年国务院批转的《文化部关于文化事业若干经济政策意见的报告》中正式提出,从此"文化经济"观念得以确立,文化逐渐被赋予产业性质。1992年,中共中央、国务院印发的《关于加快发展第三产业的决定》明确提出:"通过发行债券、股票等各种途径、方式筹集资金"加快第三产业发展。这一时期,在经济体制改革和市场经济建设带动下,金融资本进军文化产业领域,文化企业上市融资、文化领域私募股权融资等纷纷起航。

我国文化金融相关政策最早出现在2001年,主要在一些综合性文化产业发展政策中散落分布,并没有出台专门性的指导政策且多以鼓励为主。这一时期在文化体制改革和文化产业综合性政策推动下,境内外上市企业激增,银企合作不断深入,债券融资不断涌入,金融市场与文化企业融合发展的形式不断丰富。企业(或者个人)通过注资、参股、合营等方式对文化企业的直接投资也随之激增。

2010年,中宣部、中国人民银行等部门联合发布了我国首个专门性文化金融发展政策《关于金融支持文化产业振兴和发展繁荣的指导意见》,此后中央及地方政府又接连颁布实施一系列文化金融相关政策(表1-1)。这一时期在专项政策、专营机构和专属产品的推动下,我国信贷融资快速增长、主题投资基金迎来发展热潮、企业上市提速,文化金融市场不断发展壮大。

(二)我国文化产业投资结构

我国文化产业已经形成多元投资结构,主要包括政府部门设立的投资基金、企业主导的商业投资布局、金融机构提供的产品业务和中介机构参与的投资项目四部分。

---

① 庄德,蔡秋婷.中国特色社会主义文化产业发展历程研究[J].艺苑,2020(6):92-94.
② 乐祥海.我国文化产业投资模式研究[D].长沙:中南大学,2013.

表 1-1　2005—2021 年我国文化产业主要投资政策

年份	政策文件名称	颁发部门
2005	《非公有资本进入文化产业的若干决定》	国务院
2005	《关于文化领域引进外资的若干意见》	文化部等五部委
2006	《国家"十一五"时期文化发展规划纲要》	中共中央办公厅、国务院办公厅
2009	《文化产业振兴规划》	国务院
2009	《文化产业投资指导目录》	文化部
2009	《关于金融支持文化出口的指导意见》	商务部
2010	《关于金融支持文化产业振兴和发展繁荣的指导意见》	银监会、证监会等九部委
2010	《关于鼓励和引导民间投资健康发展的若干意见》	国务院
2010	《关于推进文化产业投融资服务巩固部行合作机制的通知》	文化部
2011	《关于推进文化企业境内上市有关工作的通知》	文化部
2011	《关于深化文化体制改革推动社会主义文化大发展大繁荣若干重大问题的决定》	中共中央
2012	《国家"十二五"时期文化改革发展规划纲要》	中共中央办公厅、国务院办公厅
2012	《文化部关于鼓励和引导民间资本进入文化领域的实施意见》	文化部
2012	《"十二五"时期文化产业倍增计划》	文化部
2012	《"十二五"时期文化改革发展规划》	文化部
2014	《关于深入推进文化金融合作的意见》	文化部、中国人民银行、财政部
2017	《文化部"十三五"时期文化产业发展规划》	文化部
2018	《关于在文化领域推广政府和社会资本合作模式的指导意见》	文化和旅游部、财政部
2021	《"十四五"文化产业发展规划》	文化和旅游部

1. 政府部门设立的投资基金

文化产业属于知识密集型产业,是近年来党中央、国务院着重鼓励发展的产业之一。2021 年,为进一步加强文化产业发展专项资金管理,财政部印发了《文化产业发展专项资金管理办法》(以下简称《办法》)。《办法》将文产专项划分为中央本级安排的文产专项和转移支付安排的文产专项。中央本级安排的文产专项主要涉及中央业务主管部门组织实施的文化产业重点项目和中国文化产业投资基金资助的项目。转移支付安排的文产专项主要是用于支持地方文化产业的重点项目。

中国文化产业投资基金的设立,表明政府参与文化产业投资程度相对较高。中国文化产业投资基金主要以母基金的方式进行运作，是中央财政参股，地方以及企业发起设立的地域性、行业性的文化产业投资基金。母基金，简单来说是基金的基金，是专门投资基金产品的一种组合投资方式。从广义的层面来讲，母基金可以购置股权、股票、债券等资产。政府向文化产业注入引导基金，并将财政资金作为该基金资本的一部分，通过专业的管理提高文化企业的投资评估能力，放大社会资本、释放更多文化产业金融供给动能，同时倒逼政府承担引导文化产业创新、实现文化产业经济战略的目标职能。

2. 企业主导的商业投资布局

文化产业投资活动在近年来愈发活跃，由企业主导的文化产业的商业投资往往是由一家或多家在某行业内处于领先地位的企业发起的投资基金。在文化版权投资领域内，企业风险投资自由性更高、风险性更低，加之文化产业内容更新升级速度较快，所以，众多企业选择企业风险投资方式。

在企业主导的商业投资初期，企业风险投资的模式有过一段野蛮生长时期。随着我国经济的不断发展，中国的投资市场也在不断发展。面对竞争愈发激烈的市场格局以及各类不断更新迭代的创新科技，行业间的兼容性提高，许多企业通过直接或间接的方式涌入投资市场。在2015年之前，国内的企业风险投资的规模和并购数量一直呈现上涨的趋势。面对这种现象，中共中央强调文艺要避免被过度的资本化和商业化。因此，在后续由企业主导的在文化版权领域的商业投资布局会向着一个更精细、更专业的方向发展。

3. 金融机构提供的产品业务

在文化产业为金融业的发展开拓更多发展空间的同时，金融业也在为文化产业的发展提供资金支持。在文化版权投资领域内涉及的金融类机构大致可以分为以下三大类：第一类为资金融通类机构。该类机构主要是为有资金需求的文化企业提供股权融资或者是债务融资服务等一系列相关业务。此类别中涉及的金融机构有银行、信托公司、融资租赁公司、商业保险公司、理财子公司、贷款公司、金融资产管理公司、地方资产管理公司、保险资产管理公司、基金公司以及私募基金等。第二类为融资担保类机构。该类型的金融机构可以为版权金融业务提供相应的担保类服务，以融资担保公司和保险公司为主要代表。第三类为业务辅助类机构。此种类型的机构通常会作为一些文化项目的载体来参与版权的证券化，这类机构主要涉及证券公司、基金公司、信托公司等。

4. 中介机构参与的投资项目

中介机构作为连接文化产业生产、流通和消费等一系列活动的桥梁，逐步在文化市场上成为一种较为独立的主体，其往往是帮助政府、文化企业、生产者以及消费者之间进行沟通。中介机构在文化投资领域中主要以交易平台、律师事务所、资产评估机构以及信用评级机构的形式存在。无论是何种中介机构，都要在具备一定盈利能力的同时向社会提供公平公正公开的中介服务，要履行自身的经济责任，遵守相应的法律。

(三) 文化股权投资的发展和作用

融资困难一直是限制我国中小型创新企业发展的瓶颈，而这些企业同样为我国创新活动提供着中坚力量。企业的融资方式有两类，分别是债权融资和股权融资。其中债权融资指的是，企业通过借钱的方式进行融资，企业需承担融资所获资金的利息，并在借款到期后要向债权人偿还资金的本金。股权融资是指，企业股东出让一部分企业所有权，以企业增资的方式引进新的股东融资，同时企业不用对融资所获资金还本付息，新老股东同样享有企业盈利与增值。我国文化产业起步较晚，市场体制不完善，需要融资的文创企业，大多无形资产丰富，而有形资产匮乏。对于债权融资方式而言，并没有过往信用记录可供遵循，且无形资产的价值评估相对困难，在企业破产时有形资产与无形资产混淆，难以区分计价，作为抵押品并不合适。因此，就我国文化产业的轻资产特性与债权融资的特性而言，便增加了债权人的未来投资风险。对于文化股权融资方式而言，股权投资者更关注那些在未来可能会给文创企业带来额外现金流的无形资产。因证券市场信息的高度公开性，融资中可能产生的道德风险被削弱，对于大多数文化企业而言，股权融资是筹资较快且融资数额较大的一种渠道，并且有利于改善企业内部资本结构，提高运作效率，可以增强企业的资信和实力来提升品牌的知名度。因此，相对于债权融资我国文化企业更偏好于股权融资。

文化股权投资，即通过注资、参股、合营等方式对文化企业直接投资。文化股权投资是基于生物学思维，以文化机构培育与发展能力提升为核心目标的文化产业投资。参投方与被投方的资金融合，可以让投资方运用自身的资本运作能力更好地服务于文化产业，提升相关文化产业经营效益，分散资金使用风险，拓宽资金来源，为文化产业提供资金支持。

当前，我国文化产业与全球相比实力较弱，文化产业的建设和发展，一直受资金、人才、管理、服务体系、市场运作等要素的制约。股权投资这种权益性投资行为，对文化产业的支持从根本上大大减轻了企业经营压力，为文化企业的萌芽和壮大提供支撑。同时，作为股权投资的投资方，因手握众多人才资源、服务资源，为文化产业建设的优化管理及交流、交易合作平台营造良好环境，赋能文化产业高效推进，推动文化产业可持续发展。

我国文化产业股权投资的主要模式就是在空间产业组织和资源配置方面发展集群性，从而实现规模经济效应，实现成本节约。股权投资作为纽带，利用权益资本的加入，倒逼企业开拓创新，不断推出新的文化产品，进而提升核心竞争力，为以内容和传媒为主体的文化产业增添动力，从而进一步增强集聚性和整体实力，促进产业整合发展。

三、文化版权投资的发展

文化版权投资是基于生态学思维，以文化创意环境营造和创意设计持续基因扩散为核心目标的文化产业投资。文化版权投资是对文化股权投资的升级，从文化股权投资到文化版权投资,转变的是投资对象。文化版权投资对象为产业,目的是提升文化创意氛围,为版权行业提供良好的外部环境。

(一) 我国版权的起源

我国古籍辨伪活动始于春秋战国时期,到明清时期发展至顶峰,相关考据活动十分兴盛。① 古籍考据活动,一方面能够保护优秀古籍作品的纯洁性,延续圣贤的精神遗产;另一方面保护了作品的版权,在实质上促进了版权文化发展。

印刷术发明以前,文学、艺术和科学作品的传播主要靠手工抄写,抄本作为商品在市场上出售的情况在当时比较少见。印刷术,特别是公元11世纪40年代,毕昇的活字印刷术发明以后,图书成为印刷商谋取利润的商品。为了垄断某些作品的印制与销售,印刷商将待印的作品送请官府审查,请求准许其独家经营。②

在宋朝,我国文化发展进入繁荣时期,社会层面上进行类似文化版权保护的活动层出不穷。具有代表性的有当朝政府对图书专有出版权的控制,图书"牌记"的版权保护以及图书版权的"告示"保护。③ 我国最早类似文化版权保护的声明,出自宋光宗绍熙年间《东都事略》记述道:"眉山程舍人宅刊行,已申上司,不许覆版。"这也是当代"版权所有,不许翻印"最原始的出处②。宋朝两浙转运司曾贴出榜文,内容为:"乞给榜约束所属,不得翻刻上件书版,并同前式,更不在录白。"这是官府出于保护印刷商类似版权的目的,而发布的榜文。

19世纪末,西方版权制度传入我国,部分知识分子意识到版权制度能够保护民族工业的良性发展,开始重视法律移植的必要性,同时翻译了很多关于文化版权保护的文章,为我国版权保护提供了参考。梁启超较早地翻译了日本关于版权保护的文章,并在《清议报》上发表;严复翻译西书在商务印书馆出版,提出版权保护问题;管学大臣张百熙要求政府注重版权保护。④ 我国第一部现代意义上的版权法律,是清政府于1910年颁行的《大清著作权律》,这部法律是我国版权立法上的有益尝试,但还未施行清政府就灭亡了。

新中国成立后,国家出版总署出台了一系列有关版权保护的法规,后来又对作者的稿酬做出了具体规定。"文革"时期,我国版权保护出现了短暂停滞和扭曲。改革开放后,我国版权制度不断适应市场经济的发展需求,进入高速发展的阶段。1990年,我国颁布了第一部《著作权法》。该法的制定借鉴国际惯例,参考了《世界版权公约》《保护文学艺术作品伯尔尼公约》和邻接权公约中的最低保护标准。进入网络时代后,我国相继颁布了《计算机软件保护条例》和公民网络版权保护的相关规定。我国版权文化不断创新发展,与时俱进,越来越具有科技气息。

---

① 马先惠.我国版权制度的历史演进及未来发展[J].攀登,2022,41(1):112-119.
② 廖燕臻.我国古代版权意识的起源与初步发展[J].法制博览,2018(14):231.
③ 徐勇.传统与现代:中国社会中的版权文化[D].武汉:华中师范大学,2017.
④ 王天娇.晚清版权制度的历史考察[D].重庆:西南政法大学,2016.

(二) 版权作品界定

众所周知,著作权法保护的核心是作品,没有作品,版权保护与运用就是无源之水、无本之木。《著作权法》出台的目的是鼓励创作和传播作品,如果作品领域太窄则不利于创作;如果保护太宽泛,虽然保护了创作者的权利,但又不利于作品的传播。所以,如何界定作品?这个问题看似简单,其实非常复杂且重要。在信息化时代,作品种类和数量都在飞速增长,作品不仅涵盖了所有文化领域,而且还包含计算机软件、布艺面料设计、人工智能、体育赛事、节目演出等。随着数字技术的发展,手机拍照可以和专业相机媲美,如果任何照片都被界定为作品,那么摄影作品将是海量的。因此,作品需要实质上的界定。

1991年,《著作权法》对作品的界定是:"本法所称的作品,包括下列形式创作的文学、艺术和自然科学、社会科学、工程技术等作品",并列举了9类作品。在当时,《著作权法》对作品的界定是恰当的,但在今天来看,当时的作品界定只是进行列举概述,没有给出质的界定,不符合现实情况。例如,猴子抢来相机,自拍的照片算不算作品?再比如在战争年代,敦煌第一任院长常书鸿先生,为了保护敦煌瑰宝,对敦煌壁画进行精准临摹,为后期修复壁画做出了巨大贡献①,但是精准临摹是不是作品呢?按照以前的著作权法确实不好界定。

2020年《著作权法》第三次修订稿正式公布,该法规定:"本法所称的作品,是指文学、艺术和科学领域内具有独创性并能以一定形式表现的智力成果。"②本次修订对作品进行了质的界定,即作品要有独创性,作品是一种智力成果。按照《著作权法(2020)》我们就可以明确地界定上述两个例子:① 猴子自拍照不算作品。按照《著作权法》第二条"中国公民、法人或者非法人组织的作品,不论是否发表,依照本法享有著作权。"可知著作权享有者必须是人,再根据《著作权法》第一条"为……促进社会主义文化和科学事业的发展与繁荣,根据宪法制定本法。"可知著作权保护目的是鼓励作品创作,因此根据立法目的可以明确判断作品必须是人的智力成果。而猴子不是人,且不是它的智力成果,因此不算作品。② 临摹也不算作品。根据《著作权法》第三条对作品的界定可知,作品必须具有原创性,不符合原创性要求的就不是作品,临摹只是原版复制,不具有原创性,不属于《著作权法》保护的作品。

因此,著作权法意义上的作品,必须是具有原创性且能够以某种有形形式复制的智力成果。满足以上条件的才是作品,才能受到《著作权法》的保护,否则不算作品。为明确界定版权产品,国务院又颁布了《中华人民共和国著作权法实施条例》对版权作品进行了细化规定。

---

① 王迁. 王迁知识产权演讲录[M]. 上海:上海人民出版社,2022:66-69.
② 全国人大网. 中华人民共和国著作权法[EB/OL]. [2020-11-09]. http://www.npc.gov.cn/npc/c30834/202011/848e73f58d4e4c5b82f69d25d46048c6.shtml.

（三）文化版权投资的现状

1991年《著作权法》开始实施,到2022年《著作权法》已实施31周年。31年来中国版权法律政策日益完善,版权保护不断加强,版权投资力度不断加大,版权贡献日益明显,版权强国战略深入推进。

1. 法律政策日益完善

1991年,《中华人民共和国著作权法》颁布实施,后续又颁布了多个关于版权的法律法规。为与国际接轨,积极履行国际义务,我们相继加入众多国际公约,如《世界版权公约》《伯尔尼保护文学和艺术作品公约》《世界知识产权组织版权条约》《马拉喀什条约》《视听表演北京条约》等。目前,《中华人民共和国著作权法》已经修订三次,版权保护不断加强,版权相关法律政策日益完善(表1-2)。

表1-2 中国现行版权主要法律法规

实施时间	文 件 名 称	颁发部门
1991	《中华人民共和国著作权法》	国务院
2001	《计算机软件保护条例》	国务院
2002	《中华人民共和国著作权法实施条例》	国务院
2004	《著作权集体管理条例》	国务院
2006	《信息网络传播权保护条例》	国务院
2009	《广播电台电视台播放录音制品支付报酬暂行办法》	国务院

为规范和加强文化产业发展专项资金管理,2010年财政部印发了《文化产业发展专项资金管理暂行办法》。2005年,非公有资本开始正式被允许进入文化产业。2012年财政部发布《关于贯彻落实十七届六中全会精神做好财政支持文化改革发展工作的通知》,提出将通过项目补贴等多种措施推动文化产业投资基金的持续投放,金融和文化产业逐渐实现了全面对接。2021年,文化和旅游部颁布的《"十四五"文化产业发展规划》表明,文化产业将深入浸透国民经济体系,提高文化产业自身的质量与效益,进一步赋能经济发展。

2. 版权保护不断加强

2018年10月28日,12家经国家版权局批准的国家版权交易中心(国家版权贸易基地、国际版权交易中心)宣布成立"国家版权交易中心联盟"[①]。截至2022年8月,在建和已建成运行的国家级知识产权保护中心数量已达60家,涉及全国26个省(自治区、直辖市),基本建成覆盖全国主要区域的知识产权保护中心网络。[②]

近年来,我国通过版权宣传周、版权博览会等活动,普及版权知识,提高群众版权意识。持续开展"剑网"专项行动,不断提高版权保护工作法治化水平,开展版权专项整治,

---

[①] 楚越.要闻概览[J].中国版权,2015(6):58-61.
[②] 张维.国家级知识产权保护中心达60家[N].法治日报,2022-08-25.

打击网络侵权盗版行为。在"剑网 2021"专项行动期间,共删除侵权盗版链接 119.7 万条,关闭侵权盗版网站(App)1066 个,查办网络侵权盗版案件 1031 件,其中刑事案件 135 件、涉案金额 7.11 亿元。①

3. 版权投资力度不断加大

市场经济下的文化产业要想寻求发展,需要有系统的、完善的金融体系作为有力的支撑。② 与众多国家不同的是,中国的文化金融最初是由政府所驱动的,因此,政府对于我国文化版权投资的行为在文化产业整体的发展中处在十分重要的位置。在文化版权投资的范围内,中央和地方各级政府设立文化产业专项发展基金,实施文化项目补助,扶持对象包括一些特定的文化产业重点项目、文化企业等。2012—2019 年我国文化产业发展专项资金概况详见图 1-2。

图 1-2　2012—2019 年我国文化产业发展专项资金概况

从图中可以看出,2016 年以后,财政部对于文化产业专项资金的投放量呈现缩水态势,但这并不意味着国家对于文化产业发展重视程度的降低。事实上,2016 年国家对专项资金管理模式作出重大调整,财政资金逐步转变为由补变投,政府加大引入市场化运作模式,通过政府的资金力量去引导撬动社会资本,让市场化配置资金量显著增加,从而更有效地支撑文化产业的发展,这种财政政策上的转变加速了社会资本与文化产业的对接。

4. 版权贡献日益明显

根据中国新闻出版研究院完成的"2020 年中国版权产业经济贡献"调研报告显示:2020 年,中国版权产业的行业增加值为 7.51 万亿元,同比增长 2.58%,占 GDP 的比重为 7.39%,与上年持平。③ "十四五"期间,中国版权产业的行业增加值已从 5.46 万亿元增长至 7.51 万亿元,产业规模增幅 38%;从对国民经济的贡献来看,中国版权产业占

---

① 诸未静,褚陈静. 知识产权保护与营商环境新进展报告:持续开展专项治理 不断加大司法保护[N]. 21 世纪经济报道,2022-04-27(1).
② 蓝轩. 我国文化金融发展的回顾与展望[J]. 文化产业研究,2020(1):2-13.
③ 国家版权局. 2020 年中国版权产业增加值占到 GDP 的 7.39%[EB/OL]. [2021-12-31]. https://www.ncac.gov.cn/chinacopyright/contents/12227/355743.shtml.

GDP 的比重由 2016 年的 7.33% 增长到 2020 年的 7.39%，提高了 0.06 个百分点，占比呈稳步提升的态势；从年均增速来看，"十四五"期间，中国版权产业行业增加值的年均增长率为 8.3%，高于同期 GDP 0.2 个百分点。①

第二节　文化版权投资的发展阶段

在各项政策的引导激励下，我国文化产业固定资产投资规模逐年加大。2017 年，我国文化产业固定资产投资额（不含农户）3.8 万亿元，是 2005 年的 13.7 倍，2013—2017 年年均增长 19.6%，高于同期全社会固定资产投资额年均增速 8.3 个百分点；文化产业固定资产投资占全社会固定资产投资的比重为 6.0%，比 2005 年提高 2.9 个百分点，比 2012 年提高 1.8 个百分点。② 从资金来源看，国家预算资金占 5.1%、国内贷款占 7.2%、利用外资占 0.4%、自筹资金占 81.7%、其他资金占 5.6%，投资主体呈现多元化、社会化格局。③

版权产业作为文化产业的重要一环，已经将科学技术、文化创意和商业运营紧密联系融合在了一起。文化版权投资对于加速文化创意资源和版权产品（服务）的价值变现、推进版权产业市场繁荣、促进版权产业高质量发展，以及加速文化产业投资的优化升级等具有极其重要的意义。文化版权投资正在从文化产业投资的配角，迅速上升为文化产业投资的主角。

根据文化版权投资内容和形式，文化版权投资分为单一型文化版权投资、复合型文化版权投资和数字化文化版权投资三类。

一、单一型文化版权投资

单一型文化版权投资，是对文字、音乐、美术、戏曲表演等单一版权形态进行的投资，是版权产业投资的初始形态，投资对象主要为核心版权产业。文化版权投资兴起之初，由于版权作品种类少、版权制度不完善、市场信息不透明等原因，版权投资主要针对某一类核心版权进行投资，即对单一版权作品的投资。

多年来，我国单一文化版权投资相关的著作权登记总量持续扩大，稳定在环比两位数增长的势头（图 1-3）。从图 1-3 可以看出：全国著作权作品登记数量在 2015—2021 年呈逐年平稳上升态势，其中 2015 年著作权作品登记 134.8 万件，2021 年著作权登记 398.4 万件，增长了 263.6 万件，增长率为 195.55%。单一型文化版权具有投资对象单

---

① 国家版权局. 2020 年中国版权产业增加值占到 GDP 的 7.39%[EB/OL]. [2021-12-31]. https://www.ncac.gov.cn/chinacopyright/contents/12227/355743.shtml.
②③ 国家统计局. 文化事业繁荣兴盛　文化产业繁荣发展[EB/OL]. [2019-07-25]. http://www.stats.gov.cn/tjsj/zxfb/201907/t20190724_1681393.html.

一性、投资价值高等特点,我国版权产业正在从高速增长向高质量增长转变,单一型文化版权投资潜力巨大。

图 1-3　2015—2021 年全国共完成作品著作权登记

从作品类型看,2021 年全国著作权登记量最多的是美术作品 1670092 件,占登记总量的 41.92%;第二是摄影作品 1553318 件,占登记总量的 38.99%;第三是文字作品 295729 件,占登记总量的 7.42%;第四是影视作品 244538 件,占登记总量的 6.14%。以上类型的作品著作权登记量占登记总量的 94.47%。此外,还有录音制品 58048 件,占登记总量的 1.46%;音乐作品 50851 件,占登记总量的 1.28%;图形作品 25152 件,占登记总量的 0.63%;录像制品 21558 件,占登记总量的 0.54%;模型、戏剧、曲艺、建筑作品等共计 64657 件,占登记总量的 1.62%。①（图 1-4）

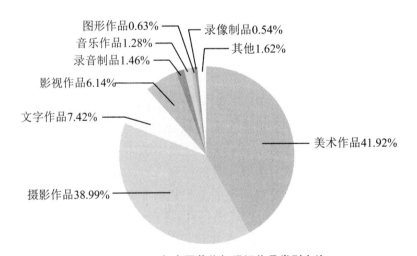

图 1-4　2021 年全国著作权登记作品类别占比

据统计,2015—2021 年按照全国著作权登记类型划分,美术、摄影、文字三类一直位居前三名,占据全国作品登记件数的绝大部分。为深入直观分析单一型文化版权投资情况,

---

① 2021 年全国著作权登记总量达 6264378 件 同比增长 24.30%[N]. 中国新闻出版广电报,2022-03-31(5).

笔者选取美术、摄影、文字这三个规模较大的单一型文化版权投资情况进行详细介绍。

(一) 美术版权投资

美术版权又称美术著作权,美术涉及的有绘画、书法、雕塑等内容。与摄影类似,美术艺术品投资市场在文化版权投资市场上是比较特殊的一个市场,主要是因为对艺术品的估值以及后续其价值变动的趋势都较难掌控,因此这个市场的不确定性比较大。

新世纪以来,艺术市场已经发展成为比较成熟的市场,年均投资回报率在10%以上,每年拍卖额高达上百亿美元。在绘画作品拍卖中,中国著名画家齐白石、徐悲鸿、张大千等,其作品都是价值连城,其中齐白石创作的《山水十二条屏》以9.13亿元的天价被拍走。古代书法遗珍曾在各大拍场出现8件亿元级拍品,2010年黄庭坚的书法《砥柱铭》以4.37亿元的成交价位居书法拍卖榜首;王羲之的《平安帖》以3.08亿元拍出。雕塑作品拍卖中,2015年贾科梅蒂的雕塑作品《指示者》在纽约佳士得拍出1.41亿美元的高价。

随着文化产业的不断发展,美术版权保护领域备受关注。尤其在网络信息时代,越来越多的艺术品采用线上发表、展览的方式,这种方式在扩大传播范围的同时也面临着巨大的侵权和盗版的风险,无疑会对美术文化版权投资产业产生影响。线上发表的美术作品作为一类具有代表性的无形资产,其价值的评估存在很多需要讨论的问题。而美术作品的版权保护与创作主体的创作动力保障、美术作品在交易市场体系上流转的安全性息息相关。① 随着创作主体版权意识的逐步加强,新兴技术例如区块链技术在文化领域的加快应用,这一切都在高速推进整个产业的变革。

(二) 摄影版权投资

在摄影作品版权方面,关于摄影作品的独创性以及作品的保护范围一直存在着争议,摄影作品在版权保护方面的理论困境也一直存在着。这主要是因为在界定版权中的一些概念时,例如独创性原则其本身就存在着很大的弹性空间。这意味着我国的著作权法在摄影作品这一模块存在很多新的领域有待开拓。② 在第五届国际版权博览会上,出现了一种新的版权交易模式,那就是首次参展的限量鉴证摄影作品。摄影作品限量鉴证作为此次博览会上新推出的一个服务项目,将会为摄影家鉴证他们的作品,同时也会为摄影家们的作品提供50年的版权保护。作为中国首次摄影作品版权鉴证,这次活动是推动中国的摄影作品走向市场的一个重要举措。③

提到摄影投资,人们比较熟知的投资模式更多的是收藏与拍卖。2006年,收藏家朱勇在中国第一场影像艺术品拍卖场上,以总金额不到百万元拍下了全场三分之一的藏品,《福布斯》杂志为此对朱勇做了专题采访。2016年,朱勇再次出手,以241.6万元的价格,拍下了红墙摄影师杜修贤先生拍摄、编辑并签名的一套68张摄影原作,创下了我

---

① 许润田. 基于区块链技术的美术作品版权保护探究[J]. 中华手工,2021(3):122-123.
② 梁志文. 摄影作品的独创性及其版权保护[J]. 法学,2014(6):32-41.
③ 著作有版权,照片有价值:访中国摄影著作权协会总干事林涛[J]. 中国摄影家,2014(12):202-203.

国影像艺术品拍卖的新高。

2013年,国家摄影亿元级别的投资计划正式启动,尝试突破传统的摄影产业模式,推动文化、摄影、商业以及金融业融合发展,将打造图片国家摄影银行,搭建全新的摄影平台,让金融资本为摄影产业提供充足的支撑力。① 金融业与摄影产业的深度融合过程中,将激发更多关于版权问题的解决方案,例如基于联盟链的摄影作品数字版权登记方案。② 未来随着新兴科技的不断发展,比如区块链、5G技术等新技术都会助力摄影版权投资行业的前行。

(三) 文字版权投资

文字作品与人们的生活是十分贴近的,比如新闻、论文、小说等都是属于文字作品,文字作品的覆盖范围最为广泛,在某种意义上文字作品是很多其他作品的"母作品"。据国家统计局公布:2018年,我国拥有图书51.9万种、总印数100.1亿册(张),分别是1978年的34.6倍和2.7倍。③ 期刊品种10139种、总印数22.9亿册,报纸品种1871种、总印数337.3亿份。2020年我国共出版图书51.14万部、101.4亿册,比1990年增加43.12万部、45.12亿册,分别增长了5.55倍和80%。出版各类报纸277亿份,各类期刊20亿册,比1990年分别增长70亿册、2亿册。1990年、2000年和2020年书刊出版情况见图1-5。

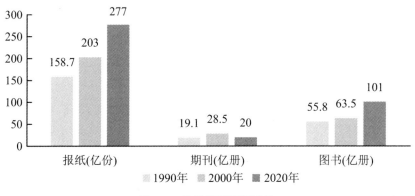

图1-5 书刊出版情况统计

随着互联网技术的快速发展,文字作品在网络上开始大范围地传播起来,与此同时引发了一系列版权问题。《中国新闻出版报》曾对文字作品网络版权的运作模式开展过相应的讨论。无论是数字图书馆还是期刊网那种商业模式,其关于文字作品版权的经营之路都面临着大量作者版权的寻找以及版权签约授权问题,免费绝对不会是互联网

---

① 国家摄影亿元投资计划启动[J]. 数码摄影,2014(1):169.
② 文家,潘恒,斯雪明,姚中原. 一种基于联盟链的摄影作品数字版权登记方案[J]. 中原工学院学报,2021,32(6):44-54,77.
③ 国家统计局. 文化事业繁荣兴盛 文化产业繁荣发展[EB/OL]. [2019-07-25]. http://www.stats.gov.cn/tjsj/zxfb/201907/t20190724_1681393.html.

发展的唯一出路,权利主体的利益最大化趋势正在逐渐显现。① 如今,随着文字版权投资浪潮的兴起和各种运营模式的浮现,文字版权产生了更多新的探讨话题,例如文字虚拟角色的可版权性、有声出版物中的文字有声化版权问题以及互联网环境下的文学作品传播监测以及版权保护应用等。

二、复合型文化版权投资

"版权融资并不只有创作阶段需要融资,版权产业要做大必须要生产多类型产品并能进入多个销售领域,形成一个以版权为核心的复态生产链。我觉得民间资本对版权为主的文化投资挺感兴趣的,但他们更感兴趣的是版权开发或者说变现能力,一旦具备了这种开发模式,投资金额虽然也因此加大,但投资商会更有信心。"②管培说。复合型文化版权,指的是两种或两种以上版权形态相融合,通过跨界合作,实现多平台的版权开发与利用,建立文字、音乐、动漫、影视、美术等多产业领域版权互通、开放的复合型文化版权生态圈。在政策支持以及市场推动下,多领域文化产业走向融合发展道路。多领域文化产业的融合发展又将多业务领域的版权产业链串联,促进了复合型文化版权生态不断形成。而复合文化版权一切业务的核心只有一个,即内容版权的运营,优质文化IP的精细化开发既能进一步推进版权融合发展,又能促进版权价值链条升级。

(一)文化产业的多领域融合

在进行实际投资时,多产业的交叉投资十分常见,文化版权的投资往往并不是投资独立的产业。因此,复合型文化版权投资更像是一个产业的集聚化投资。在文化产业中,从"十二五"规划中强调加强文化遗产保护到"十四五"规划中充分利用传统文化资源,加强文旅结合,实现文化事业与文化产业的完美融合,传统文化领域一直是我国重点保护与支持的对象。为促进文化产业不同领域的发展与融合,中国在国家层面涉及文化版权产业相关的行政法规以及部门规章政策也相对较多(表1-3)。

表1-3 国家层面涉及文化产业知识产权政策汇总表

时间	政策文件名	内容	颁布单位
2006	《国务院办公厅转发财政部等部门关于推动我国动漫产业发展若干意见的通知》	以动漫产业为核心,旨在推动动漫产业,形成动漫产业链的相关指导思想、基本思路以及发展目标等	国务院
2009	《文化产业振兴规划》	我国重要的产业振兴计划,内容聚焦全面推进中国文化创意、影视制作、出版发行、印刷复制、文化会展、数字内容等	国务院

---

① 邹韧.探索文字作品网络版权合作模式[N].中国新闻出版报,2007-08-23(11).
② 郑洁.版权质押.文化金融业新宠[N].中国文化报,2013-04-13(6).

时间	政策文件名	内　　容	颁布单位
2010	《中宣部、中国人民银行、财政部等关于金融支持文化产业振兴和发展繁荣的指导意见》	关于如何进一步改进我国文化产业的金融服务,推动我国文化产业的振兴与繁荣发展的相关指导意见	中宣部、中国人民银行、财政部
2010	《国务院办公厅关于促进电影产业繁荣发展的指导意见》	国务院颁布的对于电影产业发展的相关指导性意见,内容涵盖了文件背景、总体要求、基本原则、发展目标以及主要措施等	国务院
2014	《国务院关于推进文化创意和设计服务与相关产业融合发展的若干意见》	国务院印发的关于文化创意和实际服务相关产业的重点任务以及政策措施报告	国务院
2015	《互联网视听节目服务管理规定》	规定包含了对从事互联网视听节目服务的条件做出的一些限制条款等	国家广播电视总局
2016	《专网及定向传播视听节目服务管理规定》	对专网及定向传播视听节目服务单位传播的节目内容的相关管理规定	国家广播电视总局
2019	《国务院关于文化产业发展工作情况报告》	内容涵盖了推动文化产业发展的一些举措与成效,文化产业发展中存在的突出问题以及下一步的相关推动工作	国务院

(二) 复合型文化版权生态的形成

2011年腾讯集团副总裁程武提出"泛娱乐"一词,随后腾讯互娱在腾讯游戏基础上,相继推出动漫、文学、影业、电竞五大业务平台,2014年"泛娱乐"一词被文化部、新闻出版广电总局等中央部委的行业报告收录并重点提及。程武总结"泛娱乐"概念时这样表述:"泛娱乐,指的是基于互联网与移动互联网的多领域共生,打造明星IP的粉丝经济,其核心是IP,可以是一个故事、一个角色或者其他任何大量用户喜爱的事物。"[①]

"泛娱乐"平台的建立,以版权作为核心要素,通过版权的开发利用和多平台跨界合作方式,建立起游戏、动漫、文学、影视、出版等多业务领域的版权产业链。"泛娱乐"平台的出现,让版权供应端与消费用户端均有所受益,版权供应端从过往的单一产业版权的投入,到融合产业版权开发,实现了多领域版权的互通开发,以此获得更为丰厚的利润。消费用户端亦能在单一品类产品中获得更丰富的服务与更优质的体验。以"泛娱乐"平台为引领,一个多领域版权融合的复合型文化版权生态圈正在形成。

(三) 版权价值链的发展

版权对文化企业而言可以被称为最重的无形资产,近年来,在金融资本对版权市场的助推下,文化产业领域中的IP大热。任何产业的发展均离不开资本的支持,文化产业

---

① WuYaNan. 泛娱乐指的是什么? 2020泛娱乐产业发展前景及趋势分析[EB/OL]. [2020-11-03]. https://www.chinairn.com/scfx/20201103/113536244.Shtml.

亦然。有限的实物资本无法达成时，打造版权集约平台、让参与方共同分账收益为文化产业发展提供了新的盈利机会。IP(intellectual property)在我国被译为"知识产权"，在欧美多被译为"知识财产"。而 IP 中包含的"独占性权利"被称为"知识产权"IPR(intellectual property rights)，包括著作权、商标权和专利权等。将"IP"称为"IPR"，才能更精准表达"知识产权"的真实含义，其中 IP 在文化领域中更多地指代"版权"。

在国外传统的 IP 开发，以经典小说作为入口通过开发周边产品，将其改编成影视剧、漫画等方式完成 IP 开发。在国内，很早以前就有了通过购买文学版权，将其改编成电影、戏剧、动画的形式，只是当时国内没有 IP 的概念。我国各大平台起初对 IP 运营均以粉丝经济为中心，以产业效应为第一任务。[①] 2015 年可称之为文化版权 IP 投资元年，文学艺术领域的版权价值迅速提升，《花千骨》《盗墓笔记》等 IP 大剧受到人们追捧。招商证券公布的数据显示，同年网络文学市场达 96 亿元，"电影+电视剧+网络剧"市场规模近千亿元。百度、阿里、腾讯均斥巨资布局文化产业。2016 年文化 IP 版权成为投资重点，尤其在非物质文化遗产以及影视 IP 层面。重庆等地的版权保护组织成立了版权 IP 孵化与投资机构。除此之外，网络文学 IP 版权价值也在飙升，如大众熟知的 2016 年度大剧清单大多数是由网络文学作品改编而来。此外，全国著作权登记总量突破 200 万件。国家版权局批准腾讯公司设立中国首家"网络版权产业研究基地"，为我国网络版权产业的发展提供支持，这一事件表明版权在互联网产业中处于十分重要的地位。此时的 IP 特点是，已经具有相当的受众基础和一定的知名度且具备再开发潜力。

与起初的 IP 运营不同的是新文创时代的 IP 理念更加系统具体，其着重考量 IP 的文化价值承托力和优质内容的多元创意形态表达。通过规模化链条节点联动，推动文化价值和产业价值彼此赋能。文化版权投资的主流路径依赖于优质的内容。互联网技术与影视、动漫、游戏等多行业快速融合发展，中国核心版权产业实现井喷式发展。如电影票房突破 559 亿元，游戏行业整体营业收入达到 2189.6 亿元；IP 版权的价值开始飙升，上海绘界文化传播有限公司获得腾讯等上亿元投资，该公司每年输出十几个 IP，这也意味着优质内容是当下资本所青睐的对象。目前，依靠优质内容直接向用户收取费用的"多元内容付费"模式成了网络版权产业主要的盈利模式。据《中国网络版权产业发展报告(2020)》统计"2020 年中国网络版权产业盈利模式主要包括用户付费、版权运营和广告收入三类。其中，广告及其他收入为 6079.0 亿元，占比 51.3%；用户付费收入为 5659.2 亿元，占比 47.8%；版权运营收入为 109.1 亿元，占比 0.9%。"[②]同时优质 IP 的变现过程其实也就是贯通文化产业链的全过程，一个优质 IP 在某一领域成功开发后，便可以延伸到其他多个领域进行再开发、再创造，如此迭代创作便会发展成为 IP 体系，从一个产业发展成一个产业集群。此时 IP 的特点是，注重 IP 的文化价值建设与 IP 打造。

---

① 涂俊仪.从泛娱乐到新文创：IP 理念进化与文化价值承载[J].媒介经济,2019(10):3.
② 国家版权局.2020 年中国网络版权产业发展报告[R].北京:国家版权局网络版权产业研究基地,2020.

三、数字化文化版权投资

数字版权是"作者及其他权利人对其文学、艺术、科学作品在数字化复制、传播方面依法所享有的一系列专有性的精神权利和经济权利的总称"[①]。相较于传统版权,数字版权的信息依托于无形载体,除了传统版权人所享有的人身权、财产权和邻接权等,数字版权还包括未经版权人允许不得随意接触作品、传播作品并对作品进行改编、翻译在内的演绎权利。[②] 伴随数字技术与文化产业的深度融合,数字文化版权作品海量信息存储处理、并发访问、几乎无时延传播和零成本无限复制等优势尽显,数字文化版权产业得以加速发展。

2018年10月12日,国家统计局第15次常务会议通过《战略性新兴产业分类(2018)》,并于当年11月公布实施,该分类规定将数字创意产业列为九大战略性新兴产业之一,具体包括:"新一代信息技术产业、高端装备制造产业、新材料产业、生物产业、新能源汽车产业、新能源产业、节能环保产业、数字创意产业、相关服务业等9大领域。"[③] 区别于传统文化产业,文化与科技的融合催生了以网络为载体的数字内容产业,数字内容产业的诞生,塑造了一个大规模、高产值、多受众的新文化业态。而科技与金融的融合,为科技企业的成长提供了巨大的资金支持,为文化与科技的融合奠定基础。数字版权产业体系中,包含了相关政府监督部门、企业、社会组织、内容创作方和技术服务商等,它们以业务运营为核心,构建了整个数字版权产业生态。进入数字经济时代,文化资产在科技和金融的加持下,建立起了以数字文化资产为核心的数字化文化金融体系。

(一)数字版权产业带来文化投资新机遇

"文化版权+"成为新的投资业态。在"文化+科技"方面,清华大学金融研究中心发布的《文化产业投融资报告》指出,"文化+5G技术"是未来文化产业投资市场的新方向。在数字版权方面,中宣部和财政部共同发起的中国文化产业投资母基金在北京正式成立,基金目标规模达500亿元,主要目的在于推动数字化文化产业等核心领域的发展。此外,深圳报业集团与中信出版集团就深圳大湾区数字版权发展投资基金发起正式签订战略合作协议。在"文化+区块链"方面,江苏省文化产权交易所启动了基于区块链技术的中国文化数字版权云平台。

据国家版权局发布的《中国网络版权产业发展报告(2020)》显示:"2020年,中国网络版权产业市场规模达11847.3亿元(图1-6),首次突破1万亿元,同比增长23.6%,相当于同年GDP(101.6万亿元)的0.984%。相比2016年的5003.9亿元,'十三五'期间

---

① 施勇勤,张凤杰.数字版权概念探析[J].中国出版,2012(5):61-63.
② 李月红.数字版权法律问题研究[J].出版广角,2016(8):1.
③ 国家统计局.战略性新兴产业分类(2018)[EB/OL].[2018-11-26].http://www.stats.gov.cn/tjgz/tzgb/201811/t20181126_1635848.html

我国网络版权产业市场规模增长超过一倍,年复合增长率近25%。"①

图 1-6　2013—2020 年中国网络版权产业市场规模

中宣部版权管理局局长于慈珂在 2021 年成都数字版权交易博览会上表示:"网络版权产业已经成为我国最具活力和发展潜力的新兴产业之一。"伴随文化与科技的深入融合,音乐、动漫、影视等版权产业正不断向网络加速迁移。他指出,在政策引导和创新驱动下"十四五"时期网络版权产业的内容生态、商业生态、行业生态将进一步优化,走向开放多元、规范有序的新局面。② 中国网络版权产业细分业态详见表 1-4。

表 1-4　2020 年中国网络版权产业九大细分业态发展概况

中国网络版权细分产业	产 业 概 况
网络文学	网络文学用户规模达 4.6 亿,免费阅读应用的快速发展有效带动用户增长。广告收入在市场营收结构中占比提升,推动市场规模增长至 268.1 亿元
网络长视频	网络长视频用户规模达 8.72 亿,市场规模达 1197.2 亿元,精品内容拉动市场稳定增长,并成为提升会员付费水平的有力杠杆
网络动漫	网络动漫用户规模达 2.97 亿,国产动画高口碑作品涌现,推动网络动漫的文化影响力进一步提升,市场规模增至 238.7 亿元
网络游戏	网络游戏产业用户规模达 5.18 亿,同比略有下降。市场规模达 2401.9 亿元,部分网游精品名列海外游戏收入排行榜前茅,内容出海成绩斐然
网络音乐	网络音乐用户规模持续扩大至 6.58 亿,音乐平台向多业态融合发展,用户付费意愿持续增长,助推市场规模达 333 亿元
网络新闻媒体	网络新闻用户规模稳步增长至 7.43 亿,新增用户主要由手机新闻应用带动。网络新闻市场规模达 645.7 亿元,网络新闻视频化创新加速

---

① 国家版权局.2020 年中国网络版权产业发展报告[R].北京:国家版权局网络版权产业研究基地,2020.
② 郭海瑾.聚焦数字版权新生态[N].人民政协报,2021-10-18(9).

续表

中国网络版权细分产业	产业概况
网络直播	网络直播广泛链接社会各行业,商业空间得到更大拓展,推动产业用户规模增至6.17亿,市场规模增至865.3亿元,后者相比2016年接近翻两番
网络短视频	短视频用户规模达8.73亿人,网民使用率为88.3%。直播带货成为短视频平台的普遍功能,推动短视频市场规模增至1506亿元,同比增长近50%
VR/AR	借助现象级VR游戏作品的拉动,中国VR/AR产业消费级内容市场规模达128.4亿元,同比增长154%。VR消费级应用数量大增,产业生态加速成型

(二)数字版权保护为文化版权投资提供保障

近年来,在多方主体的共同参与下,数字版权的产业链条不断清晰优化,产业模式随业态的不断完善也逐渐稳定。数字文化版权产业生态中的版权管理体系,涉及产业链的多方参与,包括内容创作者、出版机构和其他数字内容资源,媒体平台、咨询平台和社交平台等内容分发商和运营商,终端服务提供商,政府监管部门、版权保护/服务机构等组成的第三方组织。以法律法规为防线,政府监管部门为主的形式,对数字文化内容进行监督管理。

从版权内容数字化、产业链条数字化再到版权保护数字化,数字技术伴随文化科技的融合一直在尝试探索,试图通过创新思维和创新技术等方式持续挖掘数字版权领域价值,并为版权管理保护提供支撑。目前,数字版权保护技术包括区块链技术、数字版权管理DRM、数字水印技术、DCI保护体系和数字DNA技术等。[①]

2020年最新修订的《著作权法》中对视听作品和著作权集体管理组织增加了补充说明和相关规定,一定程度上加大了对数字版权作品的保护力度,规范了集体管理组织。《中华人民共和国著作权法》《出版管理条例》《互联网著作权行政保护办法》《信息网络传播权保护条例》等法律法规的施行,完善了数字版权产业法律保护体系。2019年全国版权执法情况统计详见表1-5。

(三)内容创新赋予文化版权投资新动力

数字版权内容位于文创活动的核心层级,随着数字文化产业战略的深入推进,文化产业及相关产业的企业营收持续拔高。2020年,国家发改委、科技部、工信部、财政部联合发布的《关于扩大战略性新兴产业投资培育壮大新增长点增长极的指导意见》中包含了对聚焦重点产业投资领域的指导意见,其中在加快数字创意产业融合发展中强调,

---

① Muller S, Katzenbeisser S. A new DRM architecture with strong enforcement [J]. Ares 10 International Conference on Availability. IEEE, 2010(43):397-403.

"要鼓励数字创意产业与生产制造、文化教育、旅游体育、健康医疗与养老、智慧农业等领域融合发展,激发市场消费活力。"①根据国家统计局2021年前三季度的数据统计,文化新业态特征较为明显的16行业小类实现营业收入28322亿元,两年平均增长24%,高于全部文化企业平均水平14个百分点,对文化企业营业收入增长的贡献达到近40%。②

表1-5 2019年全国版权执法情况统计

案件查处情况				收缴盗版品情况			
项目	上年度数量	本年度数量	同比增减	项目	上年度数量	本年度数量	同比增减
行政处罚数量(件)	3033	2539	−16.29%	合计	7440122	7303778	−1.83%
案件移送数量(件)	203	186	−8.37%	书刊	4937904	5740610	16.26%
检查经营单位数量(个)	522135	384641	−26.33%	软件	240968	221700	−8.00%
取缔违法经营单位数量(个)	2361	1224	−48.16%	音像制品	1195203	693861	−41.95%
查获地下窝点数量(个)	203	152	−25.12%	电子出版物	197044	149265	−24.25%
其中:地下光盘生产线(条)	2	1	−50.00%	其他	869003	498342	−42.65%
违法经营网站服务器(个)	737	330	−55.22%	未分类项			
罚款金额(人民币元)	16155654	23995277	48.53%				

数据来源:国家版权局。

数字文化版权产业的发展使得数字版权价值不断被挖掘,以版权内容运营为核心要素的数字文化版权产业也不断催生出新的业态和多元消费方式。2020年9月17日,习近平总书记在"中国V谷"马栏山视频文创产业园考察时指出:"文化和科技融合,既催生了新的文化业态、延伸了文化产业链,又集聚了大量创新人才,是朝阳产业,大有前途。谋划'十四五'时期发展,要高度重视发展文化产业。要坚持把社会效益放在首位,牢牢把握正确导向,守正创新,大力弘扬和培育社会主义核心价值观,努力实现社会效益和经济效益有机统一,确保文化产业持续健康发展。"③据《中国网络版权产业发展报告(2020)》统计,用户付费、版权运营和广告收入已经成为2020年网络版权产业的主要营收模式。"十三五"期间,用户付费规模连年扩大,付费模式呈现多元化。用户对

---

① 国家发改委.关于扩大战略性新兴产业投资 培育壮大新增长点增长极的指导意见[EB/OL].[2020-09-25]. https://www.ndrc.gov.cn/xxgk/zcfb/tz/202009/t20200925_1239582.html?code=&state=123.
② 国家统计局.文化企业延续向好发展态势 营业收入保持两位数增长[EB/OL].[2021-10-30].http://www.stats.gov.cn/xxgk/jd/sjjd2020/202110/t20211030_1823985.html.
③ 央视新闻.习近平湖南行丨走进马栏山文创园:中国V谷 腾"云"而飞[EB/OL].[2020-09-18].https://baijiahao.baidu.com/s?id=1678100644734232661&wfr=spider&for=pc.

优质内容和优质体验付费意愿的提升,也为投资市场营造了良好环境。2020年中国网络版权产业营收结构详见图1-7,2016—2020年中国网络版权产业用户付费规模详见图1-8。

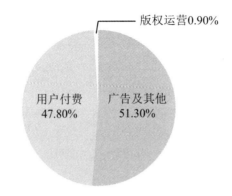

图1-7　2020年中国网络版权产业营收结构

图1-8　2016—2020年中国网络版权产业用户付费规模

第三节　文化版权投资的未来走向

一、元宇宙版权投资兴起

(一)当前版权保护面临的困境

随着"文化＋金融＋科技"的融合发展,大数据、人工智能、物联网、区块链等代表性信息技术与文化版权产业的结合愈发紧密。文化版权产业被技术赋能后不断被细化、创新、重塑,前沿科技也在文化金融领域得到应用布局、迅猛发展。数字文化版权产业的发展潜力与投资价值日益凸显,在整个产业的迭代变迁中极具活力。但随着数字文化版权产业的快速发展,侵权盗版多发、确权及侵权界定困难等问题时常发生,数字文化版权生态体系的治理成为当前面临的难题。

第一,版权确权滞后。数字文化产业飞速发展的今天,享有著作权的公民、法人或组织经常会面临尴尬处境,作品被创作之后,虽然早早地进行了传统著作权的登记,但较之数字作品的飞速传播却远远滞后。1994 年 12 月 31 日国家版权局发布的《作品自愿登记试行办法》第二条明确规定,作品实行自愿登记,作品不论是否登记,作者或其他著作权人依法取得的著作权不受影响。[①] 但如果此时版权纠纷发生,作为初步佐证的作品登记书,在法律效力上便显得尤为重要。而在此过程中我们不能将问题归咎于飞速传播的数字作品,问题的真正根结是传统著作权登记的滞后。究其原因,首先是审查流程冗长繁琐,造成周期较长;其次是登记审查人员技能欠缺且缺少先进技术支撑;最后是作品登记依托于第三方平台,造成整体登记成本及登记效率均受平台牵制。虽然 2020 年 11 月 11 日第十三届全国人民代表大会常务委员会第二十三次会议《关于修改〈中华人民共和国著作权法〉的决定》(第三次修正)新增了著作权登记制度,但上述争议仍然较大。

第二,版权侵权激增。2022 年第 50 次《中国互联网络发展状况统计报告》显示,截至 2022 年 6 月,我国网民规模为 10.51 亿,互联网普及率达 74.4%。[②] 伴随网民规模的不断扩大和网络门槛的逐步放宽,网民在互联网中的交流日益紧密,与此同时近乎零成本的复制、传播也让版权侵权行为悄然滋生。究其原因,一是数字时代近乎零成本的飞速传播,加大了数字文化作品侵权的可能;二是融合新兴技术的文化再创作,增加了侵权概率。三是网民的无意识侵权行为,与网络营造的免费消费模式及网民版权意识淡薄密不可分。亦不排除利用网络特性因利益驱使造成的盗版产业链,令版权市场危机四伏。

第三,版权维权困难。版权纠纷、盗版侵权事件时有发生,但大多是资本雄厚的版权机构才会将侵权者送上法庭。对于独立个体而言,维权便显得困难。一方面,维权成本相对较高。因网络侵权行为发生在网络空间便被赋予了部分网络特性,即作品呈规模性多点传输,用户行为隐蔽等,致使证据留痕记录难觅,取证难度加大,如跨境翻译、转载侵权。作者一旦提起司法诉讼,便需投入较多的精力和时间,个人诉讼的结局多是采用赔偿金额偏低的法定赔偿,原因主要为侵权收益金额难以计算或证据不足;另一方面,追溯侵权者相对困难,数字化时代网络作为文化产品的主要载体,为文化版权产业发展提供便利的同时,也为侵权者留有缺口。多渠道类型转载,大规模传播主体参与,使得侵权行为发生时作者很难追溯所有参与主体的责任。

---

① 国家版权局. 作品自愿登记试行办法[EB/OL]. [2020-09-18]. https://www.ncac.gov.cn/chinacopyright/contents/12232/355641.shtml.
② 中国互联网络信息中心. 第 50 次《中国互联网络发展状况统计报告》[EB/OL]. [2022-08-31]. http://www.cnnic.net.cn/n4/2022/0914/c88-10226.html.

(二)元宇宙打造文化版权投资新模式

1. 元宇宙成为新文化建设的重要课题

技术加持对版权经济的提质增效不言而喻,当数字文化版权保护面临困境时,业内便自主将目光聚焦一个方向,即附加可行技术如云计算、区块链、加密等赋能数字版权产业。2015年成立的西云数据,是一家持有互联网数据中心服务和互联网资源协作服务牌照的云服务提供商,致力于用云服务支持中国企业和机构的创新发展。在2021年成都数字版权交易博览会(CIDCE)开幕式上,升级版斑马中国数字版权综合服务平台上线,该平台运用区块链、分布式存储、时间戳、共识算法等技术达到版权归属明晰和侵权固证作用。通过大数据剖析、媒体资源整合、精准营销策略等,提升版权内容转化效率和效益,近乎实现作品创作与注册登记同步完成。

元宇宙概念比云计算、区块链、大数据等更加抽象、宏大。技术层面囊括:人工智能、高性能计算、5G/6G、GPU、区块链、交互、物联网、可视化等。[①] 元宇宙的英文metaverse是由meta和verse两个单词组成,meta表示超越,verse代表宇宙(universe),合起来即为"超越宇宙"的意思,构成的一个全新的概念,表示一个无比接近于真实世界的虚拟数字网络空间。到目前为止,这个虚拟的世界并未被完全建立起来。更准确地说,这个世界是一个正在发展并且会不断发生变化的世界,它会在未来随着科技的进一步发展而产生新的演化。在现实世界中,版权作为著作人创作的作品的一种合法权利,其重要性近年来愈发受到重视,这种版权的保护涉及众多领域,如诗文、小说、摄影、音乐等。而在元宇宙中,即虚拟的第三方数字世界里,对于版权的保护和版权界限的划分,对于元宇宙时代的著作权的保护和未来可持续创新,以及新的文化建设都是极为重要的课题。为保护元宇宙时代的版权,国内外出台了相关政策,详见表1-6。

表1-6 国内外元宇宙时代的版权保护政策

国家	年份	政 策 文 件
中国	2020年	《加强从0到1基础研究工作方案》《关于推动工业互联网加快发展的通知》《关于推进"上云用数赋智"行动培育新经济发展实施方案》《关于扩大战略性新兴产业投资培育壮大新增长点增长极的指导意见》《长三角科技创新共同体建设发展规划》
	2021年	《基础电子元器件产业发展行动计划(2021—2023年)》《中华人民共和国国民经济和社会发展第十四个五年规划和2035年远景目标纲要》《关于开展全国供应链创新与应用示范创建工作的通知》《关于开展出版业科技与标准创新示范项目试点工作的通知》
韩国	2020年	《沉浸式经济发展策略》
	2021年	"新政2.0"

[①] 于海洋,钱丽君,蒋天翔,等.元宇宙探索及相关建议[J].互联网周刊,2022(10):45-47.

国家	年份	政 策 文 件
日本	2021年	《关于虚拟空间行业未来可能性与课题的调查报告》
美国、欧盟		无

2. 元宇宙空间中的数字版权治理优势

一是促进实现相关政策目标。元宇宙作为技术集群型的数字空间,不仅为信息传输提供新型载体,也为人类文明的进步提供了新机遇。如虚拟人生、虚拟自然环境、虚拟交通工具、虚拟物种服务商等,打造虚拟现实空间,为人类打造数字身份,模拟现实物理空间运行,体验不同生态文明,从仿真现实到仿真未来。如元宇宙内的土地价值同样会被赋予数字化特性,对于数据收录型场所如校园、图书馆、医院、档案馆等,这些场所不再仅仅提供单一的内容资源,可借助某些虚拟环境、虚拟工具来提高获取知识的能力。这种能力的提升同样能为我国特殊人群提供全方位的知识服务,在这个空间里视听、触觉、嗅觉都将被真实还原。2016年7月28日,习近平总书记到河北省唐山市考察期间曾说:"全面建成小康社会,残疾人一个都不能少",而在元宇宙知识公共服务中"残有所助"能够真正实现。

二是为数字版权保驾护航。元宇宙的一个重要特征是具备一套虚拟与现实相通的经济体系,区块链作为塑造元宇宙中最关键的一环,是这个经济体系的底层架构之一,它帮助元宇宙完成了底层的进化。众所周知,在网络生态中,没有一套合理的信任与利益分配机制,很难保证参与者公平地参与整个生态链条,进而无法形成体系的创造力。而区块链技术为元宇宙提供了一套可行的经济运行规则。借助区块链技术的优势,目前国内外建立了涉及文字、图片、音频、视频等领域的区块链版权平台,为数字版权保护提供有力支撑。①"原本"原创内容交易和保护平台上线,是国内首个"区块链+版权"保护平台,通过该平台进行"DNA认定"后的原创内容,能被确保不被篡改或损坏,为后期维权认定留存证据。Ebookchain是国外首款全生态区块链应用平台,该平台为用户提供创作、出版、销售、版权认证全流程服务,是数字版权领域的颠覆性创新应用。②

三是实现版权利益的合理分配。2021年10月,在国务院发展研究中心的指导下,中国移动、北京航空航天大学、中国通信等单位联合发布了《非同质化权益(NFR)白皮书:数字权益中的区块链技术应用》探索数字权益确权、存储、转移、流通的合规手段,为数字资产领域开辟了有别于NFT的新路径。NFR技术不仅解决了NFT技术存在的不适用任何数字代币或者相关协议、不适用任何公链系统等问题,而且符合相关法律规定,具有完善实名认证机制,影响元宇宙经济生态构建的屏障被逐一破除。同时元宇宙能提供去中心化的全球性网络,创作者不再被现实世界中依附平台经济的利益分配模式束缚。在元宇宙空间中,数字资产的登记、追溯以及交易均可实现,即创作者对自己的数字版权拥有了完全支配权和处置权。在UGC(用户生成内容)资源正在成为数字版权

---

①② 杨思思.区块链在数字版权保护领域的应用概况[J].传媒论坛,2022(11):46-48.

资源主要来源的背景下,面对多作者合作创作情况,元宇宙同样能提供精细化的版权利益合理分配,如利用区块链的时间戳技术可以精细化记录不同作者对同一作品的贡献度(包含创作时间、创作内容以及参与频次等),利用智能合约技术为 UGC 提供相应的收益分配。

二、未来版权投资的机会与挑战

(一)未来版权投资的机会

1. 元宇宙将激起新的版权投资浪潮

(1)元宇宙中存在万亿级集群的全新机遇。元宇宙中的经济规模将远超现实世界,要素市场规模将无限扩大,边际成本将无限缩小。如虚拟角色,需要通过端到端 AI 表演动画技术与游戏、影视特效相结合,配合云端实时渲染技术,对虚拟角色形象、动作、表情予以高质量呈现,实时互动;还有虚拟人生、虚实共生服务、虚拟自然环境、虚拟作品、虚拟交通工具、虚拟组织、虚拟物种服务商等。这些虚拟应用涉及技术、创作、服务、资本等万亿级产业集群,成为经济规模数倍于现实世界的存在。不仅如此元宇宙中土地、数据、文化、技术、劳动力、资本这些要素不仅仅是现实世界的复制品,这些要素还具备再创造能力。例如,元宇宙中的土地不但具有现实世界的价值属性,而且会随着元宇宙数字化的独特性进一步提升。[①] 元宇宙中消费者和创造者可以由同一用户担当,这在很大程度上可能颠覆现实世界中的一般性经济规律,即商品和服务边际成本在数字技术的加持下会趋于零。

(2)元宇宙赋能千行万业,催生知识创造。元宇宙中的赋能是基于现有商业模式的再创造,利用新技术、新理念创造新的商业模式、新客户、新市场,从而助推产业链和价值链的同步升级。虚拟现实技术,会不断模糊现实世界与虚拟世界的边界,在知识生产方式上,无边界创作将会突破物理世界的诸多瓶颈,使其不再受时空和并发用户数量有上限的困扰,让无法触碰的创作者们,能在同一空间实现大规模协同知识创造。AI 技术会弱化人与机器的差别,在元宇宙中,创作者除了人类,虚拟创作者(人工智能)将会愈发重要,从 UGC(用户生成内容)到 UGC+AIGC(AI 生成内容)人工智能型知识创造将会从狭义 AI 内容生成(如数字艺术、诗歌、视频等)升维到 AI 虚拟人(如虚拟演员、虚拟教师、虚拟歌手等),为元宇宙空间持续创造数字空间和数字作品。区块链技术,将打破原有身份区隔、数据护城河限制,通过时间戳、智能合约等技术打造新的经济体系。

(3)元宇宙催生知识消费新模式。元宇宙中的一切均被数字化赋能,在飞速迭代的虚拟空间中,产品的唯一性、服务的个性化、商业的创造性等,这些有别于现实世界的体验不仅会带动当下消费,还会激发消费者的多样化需求,进而不断刺激再消费。如传统文化产业的展览、艺术演出、旅游导览,若能在沉浸互动式扩展现实技术下附加游戏思

---

① 王峰.元宇宙,互联网的下一个"风口"[N].南京日报,2021-10-15.

维,便会在区块链虚拟世界经济中被彻底重塑。如《堡垒之夜》手游,美国歌手 Travis Scott 在游戏中举办虚拟演唱会,同时向玩家放送好莱坞电影独家片段,吸引了超过 1230 万玩家同时在线参与。① 元宇宙的发展将给虚拟世界的一切活动提供巨大创意发展空间,同时也将成为全新的传播媒介与消费平台。

2. Z 世代或将带来新碰撞

Z 世代作为一个新兴词汇,主要是指出生在 1995 年到 2009 年人群,Z 世代正在成为可以对这个世界造成深刻影响的重要力量。② 每日经济新闻曾面向 Z 世代人群做了一次问卷调查,调查结论是:超过四成 Z 世代的受访者都是投资理财的热衷爱好者。③ Z 世代群体见证了互联网和移动电子产品的爆发式发展,对于事物的接受度与包容程度更高。而 Z 世代人群的兴趣与关注点是个性化与多元化并存的,崇尚科技带来的新的体验同时拥有其自身特有的文化价值观。国务院新闻办公室发布的《新时代的中国青年》白皮书中提到了 Z 世代是深植家国情怀的一代人。《环球时报》也提到,中国的新青年立志于将国潮带到国际舞台。④ 除此之外,Z 世代还痴迷于数字阅读网络文学⑤,且与文化融合性较强产业的关联性也非常高。Z 世代将催生出更多新型业态的发展,例如"虚拟偶像"。Z 世代人群在长期接触互联网等媒介的副作用下,孤独感成为其身上的一种特质,对于偶像的情感依赖与寄托成为其对抗孤独感的一种方式。⑥ 在当今这样一个数字化时代,Z 世代群体扩张,元宇宙等一系列新兴科技概念爆发的背景下,在未来很长一段时间内,"Z 世代"将会主导时代发展的主旋律。⑦ 区块链、元宇宙等概念更能抓住也更能吸引 Z 世代以及比 Z 世代更年轻的群体,在文化版权投资的整条价值链中占据独特的位置。

3. 文化版权私域投资新机遇

私域可以帮助公众强化相应文化品牌认知,从而创新多元营销模式、扩展文化版权投资新方向、催生高值投资引力。在互联网时代,私域经常与流量挂钩。当流量在公共领域中时,流量划分到个人的情况比较难得,而你的私域流量则独属于你。在未来,私域所带来的优势比以往更多。例如,现在众多互联网运营者已经进行运营模式的转变,从之前的粗放型运营,逐渐演变成精益型运营模式。在初始阶段,所有人都会冲进公域流量池,疯狂地抢夺公共的流量,在持有一定流量后,开始系统化地打造自己的私域体系,从完全属于自己领域范围的私域流量池中不断获得更多的利益,这种做法更加高效、更有意义。因为私域流量是经过了一层过滤、挑选后真正沉淀、留存下来的核心流量,是值

---

① 梅夏英,曹建峰. 信息互联到价值互联:元宇宙中知识经济的模式变革与治理重构[J]. 图书与情报,2021(6):09-74.
② 崔德乾. Z 世代的新消费场景红利[J]. 销售与市场(管理版),2022(4):64-65.
③ 张祎. 超四成 Z 世代受访者热衷投资理财 多数自学知识[N]. 每日经济新闻,2022-03-15(13).
④ 樊巍,曹思琦,单劼,等. Z 世代中国青年掀起"国潮"风暴[N]. 环球时报,2022-05-05(13).
⑤ 克莱蒙丝·勒布谢,潘亮. Z 世代痴迷于数字阅读[N]. 环球时报,2022-04-27(6).
⑥ 陈江薇. 亚文化视域下的虚拟偶像研究[J]. 新闻前哨,2022(2):65-66.
⑦ 李林,李吉龙,杜婷,等. "Z 世代"群体观念及消费研究:一个文献综述[J]. 湖北经济学院学报(人文社会科学版),2022,19(3):50-52.

得去继续维护与运营的。

与之相应的文化版权投资产业,从产品生产到投资运营阶段,都需要灌输私域化概念。在真正属于自己的领域范围内进行更多的投资,不断寻找内容营销和私域影响的新动力。在私域化的概念下,拓展文化版权投资将是未来的发展趋势。

4. 传统文化投资价值等待挖掘

第八届中国国际版权博览会,让人们看到了版权在传统文化发扬与价值实现方面的巨大作用,版权计杨柳青画社大胆创新,提取年画元素,寻找新的载体,在版权的基础上进一步开发文创产品,全方面实现IP对于传统文化的赋能。文化IP将更大程度地发挥传统文化的价值,例如当下较为火爆的文创产品就是主要通过提取一些已有的文化IP元素、形式以及相关概念,并对其进行丰富、完善、再创作,形成具有一定审美价值意义的新产品。

在中国的文化版权图中,有高度繁荣的唐代文化,有璀璨夺目的宋代文化,有通俗多元的元代文化等。依托这些丰富的传统文化,深入挖掘其潜在的价值,实现商业价值与文化价值的良性循环。传统文化不仅其自身具备极大的价值,优质的文化本身更可以与影视、游戏、文学、动漫、美术、音乐等多产业融合,并在此基础之上充分地运用云计算、人工智能、区块链等多种数字化工具,构建传统文化版权的新生态,尤其是以"IP+内容+场景"作为新的发展路径,寻找文化版权新的投资契机。

(二)未来版权投资面临的挑战

1. 元宇宙空间数字版权治理带来新的版权投资挑战

(1)技术层面,元宇宙版权治理中可能存在数据壁垒现象。区块链作为元宇宙中的基础技术支撑,便将安全可靠赋予其中。区块链中只有公链具备公开透明特性,当前应用于数字版权领域的区块链多为私链,针对专一领域。但联盟链与私链又因独立特性,跨链壁垒严重,如此应用便会造成建立在私链上的数字版权,只能实现单链条内的局部版权授权保护机制。而现实世界中,随着优质作品的全要素开发,复合型文化版权普遍存在,如文学作品与音乐作品、动画作品之间均可转化,其间引发的版权纠纷事件也不断增加,此时私链下的局部单一版权保护便无法实现多链间的跨链认证与追溯。因此,未来如何能在异构区块链网络间实现跨链认证,便是突破数据壁垒的关键。

元宇宙版权治理可能与版权保护制度隔离。目前,两个不完全相同的作品在区块链网络中会被赋予两个哈希值分别作为它们的唯一标识。如此,通过哈希值便无法判定内容的独创性,即无法避免作品抄袭后的登记确权行为,也就违反了我国著作权法中对作品"独创性"的要求。另外,区块链因不可篡改特性,应用在版权保护领域便会带来两方面问题,一方面,当用户抄袭他人作品时,这种特性使得因侵权行为打造出的雷同作品无法修改或删除,会给原创作品带来不可逆的伤害。另一方面,对原创作者本身而言,《作品自愿登记试行办法》中明确规定:作品在登记后发现作品本身瑕疵、与事实不符、重复登记或申请人撤销登记等情况时,登记机关应当按照规定撤销登记。[①] 但因这种特性的存在,使得数据的更改几乎不可能实现。同时对于分布式存储的区块链来说,也打破了著作权法中发表权对作者及其作品隐私的保护原则。

(2) 法律制度层面,合理使用的性质不明。对新兴技术的使用和对数字文化版权利用行为的合理性探索是元宇宙中数字版权治理的不竭动力。虚拟现实空间中数字作品的使用和再创造会产生大量的作品利用行为,在目前法律中这些行为的合理性并未明确。如可穿戴设备的产生,就涉及了对原作品的创作、代码及相关数据的抓取、复制和利用等行为。以虚拟图书为例,在元宇宙空间中用户利用扩展现实技术亲身阅读、感受和体验书中内容,会刺激对原创作品和相关数据的多元化利用行为,但法律上对书中原作内容的临时复制、叠加等利用行为是否属于合理使用并未明确。

另外,对作品来源认定困难。如 NFR 的附属权力其实由创作者赋予。如果 NFR 的创作者是 UGC,则其被赋予使用、复制、修改等与内容有关的所有权力。如果 NFR 的创作者产生的内容源于他人,其权力便由原作者制约。2021 年 NFT 市场的火爆就引发了"无聊猿形象"关于"正宗山寨货"的争论,产生"非同质化"的"同质化"悖论。[②]

(3) 治理结构层面,数字版权类型界定困难。一方面,元宇宙中的多数作品具备多种特性使其难以被某一作品类型收录。现实世界中,文化作品依据特性分类,而在元宇宙中数字化复合型版权作品比比皆是,虚拟现实技术融合作品创作,不仅包含文字、图片、声音等元素,还构建了真实的体验空间,使用户沉浸其中。另一方面,对原作的再创造打破了过往类型认定机制。从元宇宙中的虚拟作品塑造过程来看,如果该作品是现实世界作品的仿真打造,在生产过程中为营造虚拟空间内的真实效果,对原作也并非会进行一比一的机械式复制,很大程度上会保留原作的实质要素,然后扩充些许创意元素,这一行为便会无形中加大元宇宙中作品类型的认定难度。另外,从治理层面出发,在元宇宙中新作品的出现会源源不断,如果就此增加相应的作品类型,不仅会产生巨额制度成本,还将给版权行业稳定发展带来困扰。

还有对系统中心化监管缺失。伴随知识服务体系的兴起,去中心化理念在版权产业发展中不断深入,元宇宙中的区块链技术因其分布式存储、非对称加密以及匿名性给去中心化版权保护工作提供了强大支撑。但也正因如此,无论作品质量如何,一旦作品加密授权上链,对传播过程的干预将很难达成,无形中加大了相关管理部门对作品内容的审查和监管难度,产生中心化监管缺失现象。

2. 文化版权投资体系难以统一搭建

在文化版权领域投资实践过程中,一个较难解决的问题是文化版权投资中涉及的机制很难统一搭建。首先,文化版权投资涉及的投资行业很多,例如文学创作、影视、音乐等,每个行业都会涉及版权问题,每项版权下面都有其独自细分的权利体系,在如此庞大的系统中,建立一个统一的投资体系难度不言而喻。例如文化版权估值,同一产业

---

① 国家版权局. 作品自愿登记试行办法[EB/OL].[1994-12-31]. https://www.ncac.gov.cn/chinacopyright/contents/12232/355641.shtml.

② 贺玮."非同质化"的同质化[N]. 中国美术报,2022-02-28(10).

涉及的估值方法就有数种,对于不同的情况要重新建立估值方法。而且,在文化版权投资产业中,很多投资项目并没有成熟且完善的投资模式可供参考,成为文化版权投资中的一个难题。

除了最主要的估值问题,版权在后续的变现过程中也存在着很大的不确定性,在分析变现能力时,需要考虑担保物自身的特点以及影响其变现的其他因素,例如权属的完整性、可转让性以及更高的成本等。不同于一些有形资产,版权在评估、转让等过程中,涉及很多人力、物力,这意味着文化版权产业的处置成本是相当高的。而且不同的版权、不同的项目计算方式也完全不同,这使得在对文化版权进行分析时十分困难。除此之外,还面临着版权质押评估不规范、融资模式落后、侵权与不正当竞争现象等一系列不可控因素,使得文化版权投资在实际操作中的难度上升。

3. 我国文化版权投融资的发展制约

风险管理的制约。相比海外,我国文化产业投融资起步较晚,知识服务平台尚不完善,发展相对保守。当版权融资项目出现较大市场风险时,政府会及时加大管理力度。以国内NFT发展为例,从使用技术来看,以太坊是全球最大NFT交易平台OpenSea之一,而我国交易平台皆以联盟链为基础,即在中国访问联盟链和发布加密数字产品均受平台监管。2021年9月24日,中国人民银行发布了《关于进一步防范和处置虚拟货币交易炒作风险的通知》,其中明确了虚拟货币和相关业务活动本质属性,国内NFT产品的货币属性被削弱,从根本上防止了天价炒作事件发生,遏制巨大利差造成的过度投机行为。

风险规避的制约。一方面,文化产业的投融资伴有高风险性,金融机构对于那些偿还能力强、有政府信用背书的大型文化版权企业更加青睐。另一方面,较之传统产业我国文化产业起步较晚,整个社会对文化产业的认识尚有不足,对文化版权投融资平台的建设更是无从借鉴。此外,缺乏版权投资人才,若对行业运营缺乏细致了解,便无法准确量化投资环节中的风险,轻易注资很可能血本无归。

三、未来版权投资的目标与路径

(一)未来版权投资目标

2021年12月,国家版权局公布《版权工作"十四五"规划》,确立了发展目标,并对重点任务、主要举措、保障措施做了安排部署,进一步明确了版权在我国经济社会文化建设中的重要地位和发展任务。总体发展目标明确:"到2025年版权强国建设取得明显成效;各级版权主管部门加大版权工作力度。"[①]因此,"十四五"时期,版权工作要以习近平新时代中国特色社会主义思想为指导,以建设版权强国为中心目标,为建设创新型国

---

① 国家版权局. 版权工作"十四五"规划[EB/OL].[2022-01-07]. https://www.ncac.gov.cn/chinacopyright/2022xcz/12696/356148.shtml.

家、文化强国、知识产权强国提供有力支撑。

1. 投资环境良好型产业

一个良好的文化版权投资环境,首先应当具备完善的环境政策,附加相应的基础设施建设以及资源配置。其次应当具备相当潜力的文化版权金融市场,投资主体多元、投资内容丰富、市场规模巨大。另外,还应具备完善的文化版权相关法律法规体系,拥有文化版权投资领域人才队伍。开拓国际合作,实现投资环境的开放、有序、共赢特性。

2. 资源整合型产业

从单一型文化版权投资到复合型文化版权投资再到数字文化版权投资,文化版权投资的迭代从侧面反映着文化产业的发展过程,对文化产业要素、条件进行充分挖掘,需内外资源整合提升。这种资源整合型产业较之单一的资源产业具备更多的资金、市场、中介等商业资源,同时在项目、遗存开发、社会服务等"特色"资源上也更为优越。另外,资源整合型产业纳入的人才、资源配置和政策等智力资源更为丰富,发展潜力更大。

3. 服务体系供给充分型产业

文化版权产业的服务体系涉及以中介为代表的商业性服务机构、以政策为代表的政府机构、事业单位、社团机构等社会服务机构。中介机构作为连接文化版权产业生产、流通和消费等一系列活动的桥梁,帮助政府、文化企业、生产者以及消费者之间进行有效沟通。政府的政策引导和宏观调控,将规范产业发展,规制文化、技术、资本等各类要素的有序流动。服务体系供给充分型产业能满足投资主体在政策、融资、人才、项目等方面的需求,实现产业服务体系全覆盖。

(二)未来版权投资路径

1. 构建文化版权投融资多层治理体系,解决元宇宙空间数字版权治理难题

多层级治理方式,可在一定程度上促使系统中各行为主体的权力和权益趋于均衡,破除数据壁垒,利于系统监管,解决元宇宙带来的治理难题。文化版权产业生态中的版权治理涉及产业链的多方面,包括上游的内容创作者、出版机构、其他内容资源等,中游的媒体平台、咨询平台、社交平台等内容分发商和运营商,以及由政府监管部门、版权保护/服务机构等组成的第三方组织。

创作者作为多层治理结构中作品的创造之源,应实现对作品内容创作、登记、发布、交易等全过程的记录,从作品本身进行版权治理;出版机构作为版权作品的汇聚地,应结合新技术,统一数字版权资产管理机制,事前登记版权资源,严管作品流转使用过程,加快版权交易变现;媒体平台作为数字作品消费端,是跟踪用户、检测版权作品使用的重要渠道。通过对平台作品版权登记和授权信息的调用,便可解决区块链应用中版权作品上链授权后数据壁垒、系统中心化监管缺失等不可控问题;第三方版权服务平台作为提供版权登记、交易等的中介型服务平台,应融合新兴技术结合专业服务来推动版权治理工作。政府监管部门作为版权产业的监管方和维护方,对版权的治理方式应有所转变,过往的处置方式大多为事后审查和行政处罚,成本偏高且效率偏低,应当基于共识算法附加可视化系统将治理方式转为全过程记录与认证的监管维护方式。

2. 完善文化版权投资政策法规,促进文化版权投资生态体系健康发展

投资生态作为一种客观条件,包括政治因素、市场因素、资源因素、劳动力因素、资金因素以及其他因素。所有因素都是在国家顶层设计下有序健康发展的,要想搭建文化版权投资统一体系,推动文化版权投资高质量发展,就要持续推进我国文化版权相关立法和版权保护力度,完善文化版权投资法规政策,为文化版权投资生态营造良好的外部环境。

文化版权产业是新的科学技术催生的产物,能够带来新的机遇,同时也会带来新的挑战。由于法律法规出台的滞后,文化版权投资产业会经历一段野蛮生长期,版权各细分行业"各自为政",标准不一,导致文化版权投资体系难以统一搭建。区块链、NFT和元宇宙在释放版权潜在的巨大价值的同时,也暴露了版权中涉及的一些细微权利问题。数字藏品的合规化,平台或个人对于版权的独家垄断,数字版权的合法流通与变现等问题,都对法律政策提出了新的挑战。数字版权产业呈现出的技术相互交融的新业态,推动着版权产业的发展,但这种创新形态的产业业态要保持健康可持续发展需要有效的著作权治理作为前提。构建起适应未来新技术发展趋势的利益平衡机制,重新塑造著作权合理的使用机制,优化著作权的授权许可方式,是未来数字版权治理的突破路径[1]。

3. 把控文化版权投资风险,破除版权投融资发展制约

文化版权的风险研究涉及多个主体,包括文化版权的投资主体和文化版权的生产主体。文化版权风险往往出现在投资渠道、投资方式以及法律保障机制等方面,其涉及的投资风险类别也较多样,例如市场风险、政策风险、法律风险以及事件风险等。随着文化版权投资产业的不断发展,以及新型信息科学技术在文化产业领域深入使用,未来文化版权投资风险会朝着可控化逐渐提高的趋势发展。

对于风险的控制要从对风险的识别开始。风险识别的方式有很多,但这些方法在实际操作的过程中所需要消耗的各种成本相对较高。若能充分利用区块链的可溯源性,则可快速帮助主体识别文化版权投资的风险点。例如在文化项目立项阶段、项目实际生产制作阶段,以及后续营销阶段存在的一些风险要点。区块链的信息透明性可以很好地解决现存交易市场上的信息不对称问题,可以将文化版权投资的风险要点识别难度降低。

在未来,相关部门应针对文化版权的投资风险,建立更加全面的主体和完善的框架,建设政策法规系统机制,搭建风险循环控制机制,完善技术支撑机制,发展人才保障机制,不断完善主客观风险分析方法。相信通过主体、客体、载体等多方协同努力,未来的文化版权投资产业会拥有持续健康的发展环境。

---

[1] 孜里米拉·艾尼瓦尔. 聚焦"5G+智能"时代:数字出版著作权法治理困境及应对[J]. 科技与法律(中英文),2022(2):88-97.

延伸阅读

序号	阅读主题	阅读文献
1	版权与文化的联系	阎晓宏.难忘版权三十年[M].知识产权出版社,2021(1):1-9.
2	版权作品认定	王迁.王迁知识产权演讲录[M].上海:上海人民出版社,2022:65-69.
3	数字版权	郭海瑾.聚焦数字版权新生态[N].人民政协报,2021-10-18(9).
4	区块链与数字版权	杨思思.区块链在数字版权保护领域的应用概况[J].传媒论坛,2022(11):46-48.
5	元宇宙与版权	梅夏英,曹建峰.信息互联到价值互联:元宇宙中知识经济的模式变革与治理重构[J].图书与情报,2021(6):69-74.

第二章 文化版权投资的性质、价值与模式

本章要点

文化版权投资是以文化版权的培育、创造、贸易、转化、应用、许可和延伸活动为主要投资对象,通过版权价值发现、价值经营、价值实现和价值放大,持续获得投资回报的过程。

影响文化版权投资成效的因素有题材(版权作品题材及原始或主创著作权人)、类型(版权财产权种类)、团队(版权开发、策划与版权作品宣发团队)、成本(版权开发历史成本与宣发成本)、市场(版权产品市场空间)、时间(版权产品上市时间)、收益(投资收益类型)、回报(投资回报周期与分配方式和比例)等。

提高文化版权投资成效需要处理好三种关系。一是版权投资活动有关各方的协作关系。投资者与版权所有者(包括原始所有者和其他依法享有著作权的自然人、法人或者非法人组织)之间的互信、互惠、互利是版权投资成功的前提。二是文化版权投资活动相关要素之间的联动关系。从事文化版权投资,除了投资业务本身的能力储备,还需要资本、人才、技术、智力、政策等相关要素综合赋能。集约化经营有助于文化版权投资的整体效益与可持续发展。三是版权自身价值与市场价格之间的互动关系。相对于文化物权投资和文化股权投资,文化版权投资具有更为直接的版权内容生产、社会价值观建设和公民生活方式培育等重要特点。增强版权自身价值和市场价格及其相互关系的研判能力与运营能力能够有效提升投资成效。

文化版权投资对于加速文化创意资源和版权产品(服务)的价值变现、提升文化产品能级、推进版权产业市场繁荣、促进版权产业高质量发展,以及加速文化产业投资的优化升级,增强文化软实力等具有极其重要的意义。

文化版权投资较成功的模式有美国模式、欧洲模式(以英国与德国为代表)、日韩模式。我国应结合当下国情,借鉴成功经验,建构面向未来的符合我国国情的中国式现代化发展模式。

第一节 文化版权投资及相关概念界定

一、文化版权的概念

（一）文化版权的产生背景

"版权"的英文copyright由copy和right两个单词构成，意为"复制的权力"。① 版权保护最早起源于欧洲，被称为复制权，最初被用来保护书籍印刷商的权益，通过赋予部分印刷商"印刷特许权"，从而将书籍的印刷垄断在特权阶层的手里。1970年英国推出的《安妮法》被认为是全世界第一部版权法，该方案将版权的保护范围从出版商扩大至作者。②

在我国古代，古籍辨伪和考据活动非常兴盛③，其产生于春秋战国时期，明清时期发展到了巅峰。印刷术出现之前，手抄本主要在上层社会和知识分子之间传阅，并未被当作商品出售。当活字印刷大规模应用之后，书籍开始被批量生产，成为印刷商的盈利工具。为了最大化利润，独占经营优势，印刷商通常会与官方达成某种默契，前者将待印文稿送给后者审阅，后者赋予前者特权。④ 该种制度在宋代得到极大发展。

19世纪末20世纪初，西方版权制度伴随着西方文化涌入中国，并得到早期的部分知识分子的重视。梁启超在《清议报》上较早地翻译、发表日本论述版权的文章；严复翻译西书在商务印书馆出版，提出版权保护问题；管学大臣张百熙要求政府注重版权保护。⑤ 1910年，清政府颁行了具有里程碑意义的中国历史上第一部版权法律——《大清著作权律》。虽然该律法并未得到有效执行，但是一次有效尝试，唤醒了部分国人的版权保护意识。上述的版权相关实践解放了国人思想，或直接或间接推动了我国文化的发展。

1949年后，随着对版权的认知加深与相关经验的积累，国家出版总署相继出台了版权保护系列法规。"文革"时期，我国版权保护一度陷入了停滞状态。改革开放后，我国版权制度进入高速发展的阶段。1985年7月国务院批准成立版权局，1986年广播电影电视部发布了《录音录像出版权保护暂行条例》。新中国的第一部著作权法——《中华人民共和国著作权法》于1990年9月7日第七届全国人民代表大会常务委员会第十五次

---

① 李正生. 中国版权制度与版权经济发展关系研究[D]. 武汉:华中科技大学,2010:17.
② 李正生. 中国版权制度与版权经济发展关系研究[D]. 武汉:华中科技大学,2010:17-19.
③ 马先惠. 我国版权制度的历史演进及未来发展[J]. 攀登,2022,41(1):112-119.
④ 廖燕臻. 我国古代版权意识的起源与初步发展[J]. 法制博览,2018(14):231.
⑤ 王天娇. 晚清版权制度的历史考察[D]. 重庆:西南政法大学,2016.

会议通过。《著作权法》的贯彻实施,不仅有效保护了著作权人和邻接权人的利益,也极大推动了我国文化产业的大发展与大繁荣。① 2010 年,《著作权法》进行了第二次修改。十年之后,也就是 2020 年,第十三届全国人民代表大会常务委员会第二十三次会议表决通过了关于第三次修改《著作权法》的决定。该法案三次修订,主要是为了适应国家经济社会快速发展的需要,以便更好地解决著作权人维权难、维权成本高、侵权赔偿低等棘手问题,促使文化产业向好发展。随着互联网产业的发展,1991 年,国务院颁发了《计算机软件保护条例》。2013 年,国务院对该条例进行了第二次修订。随着版权保护制度的逐步确立,我国文化产业也进入历史性发展机遇期。

(二) 文化版权的含义

国际上较为通用的版权条约包括《伯尔尼公约》(《Berne Convention》)、《世界知识产权组织版权条约》(WCT)、《世界知识产权组织表演和录音制品条约》(WPPT)、《罗马公约》(《Rome Convention》)以及《与贸易有关的知识产权协定》(《TRIPS Agreement》)等。现行的《中华人民共和国著作权法》规定著作权人的人身权和财产权包括发表权、署名权、修改权、保护作品完整权、复制权、发行权等,这与世界知识产权组织(WIPO)有关条约的规定相一致。②

"版权"通常指的是版权所有人在法律规定的年限内对其作品享有的独占权。③ 版权包括著作权和版权邻接权,其中版权邻接权又包括表演权、录制者权、广播组织者权等。版权保护的客体包括文学、科学和艺术领域里具有独创性并能以一定形式表现的智力成果。通过授予创作者在规定期限内许可或拒绝他人使用其作品的权利,保护其合法利益,调动创作者的积极性,促进文化产业的可持续发展。④

版权保护的是思想的表现形式,不保护思想本身。受版权法保护的作品在诸如文字、音符、颜色和形状等表达介质的选择与安排上具有创造性。版权保护专有产权的所有人,禁止他人复制或以其他方式采用或使用原创作品的特定表现形式。例如,作者和创作者有可能创作出与另一位作者或创作者的创作很相似的作品,并对其享有权利、能够利用该作品,而并不侵犯版权,只要其没有复制另一位作者或创作者的作品。

版权主要有人身权与财产权两大类。⑤ 它具有知识产权的一般属性,如可转让性、时效性和可继承性,同时还具有某些特殊的属性,如内容构成的多样性,版权保护对象的多样性决定了其构成(人身权与财产权)的复杂化,这与商标权、专利权形成了鲜明的对比。此外,人身权占很大的比重,因为作品是创作者智力劳动的产物。与一般财产权相比,版权是一种无形的知识产权,创作者转让或许可他人的是拥有复制、发行、演绎、表

---

① 中国新闻出版广电报. 我国《著作权法》初次修改前后的一些事儿[EB/OL]. (2021-03-18)[2022-10-27]. http://www.chinawriter.com.cn/n1/2021/0318/c407521-32054850.html.
② 刘京华. 版权产业发展的国际比较及中国策略选择[D]. 福州:福建师范大学,2019:33.
③ 刘京华. 版权产业发展的国际比较及中国策略选择[D]. 福州:福建师范大学,2019:34.
④ 张梅. 政治学视野中的中国版权保护问题研究[D]. 苏州:苏州大学,2006:17-18.
⑤ 张梅. 政治学视野中的中国版权保护问题研究[D]. 苏州:苏州大学,2006:21.

演、展览自己作品的权利,而非具体实物。①

版权保护与发明权保护有所不同。由于发明保护提供了一种利用某一思想的垄断权,因此这种保护期限较短,通常约为20年。发明受到保护的事实也必须公之于众。这涉及发布官方通知,表明某项具体的、充分说明的发明在规定年限内是属于某一具体所有人的财产。换言之,受保护的发明必须在官方的登记簿中公开。相比之下,版权对文学和艺术作品的法律保护仅是为了防止未经授权使用思想的表现形式。这是版权和相关权的保护期比专利的保护期长得多的一个原因。创作作品自其存在的那一刻起,即被视为受到保护,不必为受版权保护的作品建立公共登记簿。作者或创作者无需采取行动或履行手续。

文化版权投资是指通过购买、拥有、管理和利用文学、艺术、音乐、影视等文化作品的版权进行培育、转化等,以期获得经济或其他形式的回报的一种投资行为。它包括以下几个方面:

第一,投资对象。文化版权投资的对象主要是具有潜在商业价值或收益的文化版权产品,如电影、电视剧、动漫、音乐、游戏、图书等作品的版权。

第二,投资方式。文化版权投资可以通过直接投资内容制作方获得版权,也可以通过收购版权经纪机构或二级市场交易获得版权。投资方式包括股权投资、债权投资、买断版权等。

第三,收益方式。通过对获得的版权进行商业化运作,如对版权或著作权中包含的文学、艺术和科学作品培育、转化、延伸领域等进行投资,带来版权使用费、广告收入、衍生品授权及转让收益等。

第四,投资机构。从事文化版权投资的机构有文化产业投资基金、版权经纪机构、私募基金、创业投资机构等。

第五,风险控制。版权投资具有高风险的特点,投资方通常会要求内容制作方进行部分自持,以实现风险共担。同时,投资方也会关注内容制作方的团队实力、前期市场推广等,以控制风险。

文化版权投资的核心是通过投资获得版权,并依托专业的经营与变现能力,使文化版权的价值最大化,获得投资收益。它是内容产业链上的一个重要环节,对于推动文化产业发展具有重要意义。

(三) 文化版权的功能

目前包括我国在内的全世界150多个国家地区建立了较为完善的版权制度,旨在推动文化产业健康可持续发展,增强国际竞争力。

首先,版权制度促进创意价值最大化。在当下知识经济时代,创意是文化产业的核心竞争力。好的创意能够激活一潭死水,满足人们的精神需求,为创意开发者带来巨额回报,拯救一个企业,乃至一个行业。它能够被反复开发和利用,并且在多次交易中实现

---

① 张梅.政治学视野中的中国版权保护问题研究[D].苏州:苏州大学,2006:21-23.

价值增值与利润最大化。好的创意还能够溢出本行业,实现跨领域、跨行业的应用落地。比如,迪士尼的一些创意 IP 横跨地产、出版、玩具、游戏、服装、旅游等多个行业。虽然创意有诸多优点,但是其易被复制、抄袭。好的创意可能需要开发者花费大量的时间、精力与金钱,换言之,创意的培育与生产需要高昂的开发成本。然而,一旦被模仿,大面积使用,将给创意开发者与拥有者带来巨大的经济损失与精神伤害。版权制度则有效地保护了原创群体与创新积极分子的利益。

其次,版权制度促进文化市场的有序发展。[①] 文化产品相较其他商品有自己的独特性,例如,轻资产容易被复制并大面积扩散,从而导致文化产品的创作者或拥有者利益受损,创新积极性降低。文化产品供给的力度随之下滑,市场走向低迷。版权制度则为文化产品设置了一定的保护门槛,使得文化市场能够保持一定的繁荣。

再次,版权作为文化创意内容的交易载体,能有效增强文化产业的核心竞争优势。创意通常需要将无形的想法落地应用到具体承载物上。例如,一个好的故事可以出版成书,也可以拍成影视作品,亦可以开发成爆款游戏。一个创意能够衍生、附着在多个文化产品中,这不利于对其价值进行衡量。使用版权则能够稳定地、科学地、灵活地反映创意的价值,并且能够多次、长期以多样化方式被出售、转让,突破具体题材、形式乃至时间、空间的限制。基于此,版权能够使得文化产业在国内、国际市场上都极具竞争力、生命力。

尽管版权制度在推动产业进步和市场繁荣方面起到了积极作用,但它也可能带来一些不利影响。例如,版权保护恶化发展中国家的国际文化贸易条件,增加了其学习模仿和利用国外流行创意的成本,导致发展中国家与发达国家的差距进一步加大。版权保护亦有可能减少社会对于文化产品的需求。版权保护还有可能提高文化产品的生产成本,造成其价格上升,使得公众对该文化产品的需求量降低。版权保护还会影响文化产品的供给[②]。版权保护会减缓创意的传播速度,不利于其他创作者的学习借鉴与提升。

中国现阶段需要建立一个符合本国国情的"中国式现代化"版权保护制度,以期最小化其副作用,更好地促进文化产业的发展。

二、文化版权投资的概念

(一) 文化版权投资的定义

"投资"一词主要有两种含义:一是获得的资产(the assets acquired)[③],即投资主体为实现投资行为拟投入的资产,反映了投资的财产化属性;二是可以产生收益的资产(assets to produce revenue)[④],即投资主体通过投资行为所获得的收益,反映了投资的

[①] 章凯业.版权保护与创作、文化发展的关系[J].法学研究,2022,44(1):205-224.
[②] 韩雨潇.文化创意产业立法视角下的文创产业版权保护问题探析[J].传播与版权,2022(3):110-113.
[③④] 何艳.中国出版走出去背景下的版权投资保护国民待遇研究:基于投资协定的考察[J].中国出版,2019(7):56-59.

资本化属性。

文化版权投资是以文化版权的培育、创造、贸易、转化、应用、许可和延伸活动为主要投资对象,通过版权价值发现、价值经营、价值实现和价值放大,持续获得投资回报的过程。

文化版权投资是一种独立的投资类型,其对象是文化产品的版权。它与文化股权投资和文化物权投资有关联,但不完全等同。相较文化物权投资以有形文化产品生产和具体文化服务供给为核心目标,文化股权投资以文化机构培育与发展能力提升为核心目标,文化版权投资是以文化创意环境营造和创意设计生命体循环为核心目的,旨在促进文化产业健康有序发展,激发出版权资产的最大经济效能。所谓版权资产,指文化企业所拥有的或者控制的,能够持续发挥作用并且能带来预期经济利益的著作权的财产权利和与著作权有关权利的财产权益。其核心是企业(组织、个人)在不断研究、开发、运营版权产品的过程中形成的版权所有权、占有权、使用权、收益权、处分权等一系列权利形式的无形资产。①

文化版权投资顺利进行,需要满足一些基本条件。首先是确定性要件。一是文化版权的权利主体是确定的,不存在法律层面的争议;二是文化版权的客体是合法、有效的,即受到法律保护,在一定的保护期内。其次是现存价值要件。即能够依据一定的程序对其进行评估,以确定版权价值。再次是评价可能性要件。即文化版权能够产生经济效应,或者被预期评估能够产生一定的经济效益。如果没有投资价值,即便权利主体确定,客体合法有效,也无法吸引到投资群体。最后是独立转让可能性要件。该条件要求投资的文化版权不受他人影响或控制,即投资人通过注入资本能够获得全部或部分版权的完整处分权。②

文化版权投资首先受到一定投资理念驱动。投资理念又称为投资哲学,是一套指导投资者决策过程的信念和原则。③ 投资理念受多种因素的影响。例如,从人类的脆弱性角度来看,传统金融估值建立在假设投资者是理性人的基础之上,然而现实是由于人的脆弱性与从众心理,很多投资者是非理性的。从市场有效性来看,投资者对市场效率的看法也会影响投资理念,突发信息利好和利空时会促使投资者采取截然不同的策略。本杰明·格雷厄姆(Benjamin Graham)曾提出了投资的三个基本原则:安全边际原则、预期波动并从中获利原则、认识自己原则。第一种原则是一种风险厌恶投资策略,指的是投资者在股票或证券低于其内在价值时才买入,以确保利益最大化。第二种原则指的是投资受到市场情绪(又叫"市场先生")影响。市场情绪会直接导致市场报价的走高或走低。格雷厄姆认为投资者应理智观察,独立做出估值判断,而非被市场情绪所左右。第三种原则指的是清晰认识到自己是什么类型的投资者——主动型与被动型。前者被称为进取型投资者,后者被称为防御性投资者。投资者根据自己的能力与精力、投入时

---

① 王行鹏.版权资产相关概念的诠释与解析[J].版权资产管理实务指南(特刊),2019:12.
② 何艳.中国出版走出去背景下的版权投资保护国民待遇研究:基于投资协定的考察[J].中国出版,2019(7):56-59.
③ 张宇.私募基金投资理念极化问题研究[D].沈阳:辽宁大学,2021:17.

间等来辨别自己属于哪种类型,并采取不同的行动方式。① 不同的投资理念会带来不同的投资策略。投资策略是对投资方法的描述,指的是投资者综合特定的需求、目标、自我定位等要素,采取不同的投资方式,以争取投资利益最大化。②

(二) 文化版权投资的分类

按资金来源的不同,文化版权投资可以分为财政性文化版权投资与社会性文化版权投资。③ 前者的资金来自政府拨款,具有较强的公益性质,不以营利为主要目的;后者来自非政府资本,即社会资本,主要以盈利为目的。随着投资机制的不断迭代与市场运作机制的成熟,文化版权投资逐渐由财政性模式为主导转向财政性模式与社会性模式并存,甚至以社会性模式为核心。

按投资回收期限的长短,文化版权投资可分为短期投资和长期投资。短期文化版权投资指在较短时间内(如一年)进行的投资;长期文化版权投资则指回收期在一年以上的投资。由于文化版权特有的文化属性,其产生经济效益一般需要较长时间,因而文化版权投资大多为长期性投资,以构建版权良性发展与持续盈利生态。

按投资行为的介入程度,文化版权投资可分为直接投资和间接投资。前者指的是投资主体直接介入文化版权投资、运作的全流程;后者指的是借助第三方或特定的融资工具,间接将资金投入到文化版权中去。总的来说,随着文化版权投资的日趋成熟,其投资方式从直接投资为主,转向直接投资与间接投资并存。

按投资的方向不同,文化版权投资分为对内投资和对外投资。以地理位置为视角,对内投资指的是投资主体在境内进行的投资行为,对外投资指的是文化资本走出去,在境外开展一系列的文化版权投资行为。以国产剧为例,近年来,国产剧陆续"走出去",向海外售出版权。在对外版权投资中,最常见的交易模式是版权许可,个别情况下也存在版权转让。转让和许可的根本区别在于所有权是否发生转移。④ 另外一种交易模式是中外两方或多方相互借助对方的资本力量或者内容创造力,进行联合开发,通过合同约定权属、各方行使权力的限制等。⑤ 以企业投资主体为视角,对内投资指的是项目投资,是企业将资本投放于企业内部的文化版权项目,对外投资则是投资本公司以外的文化版权项目。

文化版权投资者通常分为五类。第一种类型是保守型投资者。该类投资者属于风险厌恶型,投资的主要目的并不是为了获取巨额收益,而是更在意资金的安全与保值。第二种类型是稳健型投资者。该类投资者具有一定的抗风险能力,追求资金安全性的同时,也追求投资的回报率。第三种类型是平衡的投资者。该类投资者较为理性,进行投资行为时会兼顾收益与风险,努力将其控制在一定比例内。第四种类型是积极型投

---

① 张宇.私募基金投资理念极化问题研究[D].沈阳:辽宁大学,2021:18-19.
② 张宇.私募基金投资理念极化问题研究[D].沈阳:辽宁大学,2021:19-20.
③ 张宇.私募基金投资理念极化问题研究[D].沈阳:辽宁大学,2021:19-25.
④⑤ 甬商法律观察.知识产权:中国企业海外投资常见版权交易模式及实践案例[EB/OL].(2017-10-29)[2022-09-03].https://mp.weixin.qq.com/s/HwFIqyUTLdg_6ZTQRTRjRw.

资者。该类投资者更看重投资回报率，能够承担在追求收益过程中所伴随着的风险。其投资热情高于前三类人群。第五种类型是激进的投资者。该类投资者持有一定的赌徒心态，追求高收益，甚至会因此置投资风险于不顾。

（三）文化版权投资的特征

相较其他类投资，文化版权投资具有独特性。

首先，文化版权投资最大的特征是基于生态学思维，以文化创意环境营造和创意设计生命体循环为核心目的的文化产业投资，通过五个环节——版权价值发现、价值评估、价值经营、价值实现和价值放大，获得持续性回报，即其追求的是长期化利益，而非短期投机，更重视生态价值链打造。

其次，高风险与高附加值并存。投资总是伴随着风险，文化版权投资也不例外，投资风险是指由于对未来投资的收益具有不确定性，投资主体在投资中可能会遭受收益损失甚至本金损失的风险。文化版权作为知识产权的一种，它既具有一般资产的通性，又有其独特性，即无形性与非独立性。版权是虚拟化存在，对其的开发和利用一般不涉及具体实物资产，然而也正是因为如此，往往难以界定版权的侵权行为。此外，版权是无形的，必须与有形的载体相结合才能被传播与利用。产品价值受到外界多种无法预估的因素影响，例如，宏观经济环境、市场需求的变化等。诸多原因导致文化版权投资具有高风险性。另一方面，近几年文化产业蓬勃发展，市场活力凸显，丰富多彩的文化产品越来越受到消费者的青睐。近几年，我国文化产业增加值占 GDP 比重逐年上升，呈现生机勃勃的发展势头。

再次，产业关联与辐射性强。文化版权产业渗透性很强，能够与多个产业深度融合，形成新业态、新模式，从而赋能原有行业的发展。例如，版权与陶瓷业的结合——版权保护"德化经验"。德化版权保护措施多样、成效显著，先后取得全球第二个版权保护优秀案例示范点、中国版权金奖保护奖等荣誉，版权保护促进陶瓷产业发展的"德化经验"成为"中国方案"，在全球推广。其具体做法如下：一是激发陶瓷企业创新发展。版权保护让企业更加重视开发拥有自主知识产权的新产品，推动陶瓷技艺传承创新，逐步形成了德化陶瓷生产由"来样加工"到"产品主动输出"的局面。二是推动陶瓷产业迅猛发展。在近年经济下行压力持续加大以及新冠疫情影响的背景下，陶瓷产品坚持推陈出新，市场份额稳步提升，转型升级步伐加快。三是促进经济社会共赢发展。由于陶瓷版权得到有效保护，激发了陶瓷企业创新，稳定了 10 多万陶瓷从业工人的经济收入。再比如版权与丝绸产业的结合——版权赋能吴江丝绸产业迭代更新。吴江以版权工作为抓手，深入挖掘传统丝绸文化基因，结合现代元素、潮流文化，创作适应市场需求、深受顾客青睐的丝绸概念作品。线下举办"时尚周""纺博会"等大型行业展会，开展金顶设计师、十佳设计师作品秀，开辟版权授权专区，搭建版权作品展示平台，深挖丝绸文化内涵，推动传统与现代、技术与艺术、线上与线下的碰撞、融合与共荣，加快版权转化，促进丝绸产业转型升级。

最后，专业人才高度依赖。人才资源是人才支撑体系当中最为核心的部分。文化版权产业要发展必要有一支数量充裕、质量稳定、结构合理的人才队伍作为强力的后备支撑。随着这几年国家加大对文化版权产业的扶持力度,文化产业已经具有一定的发展水平。相应的,文化版权投资亟须大量的人才输入,然而,一方面,由于文化版权产业的特殊性,对其进行投资不仅需要深厚的理论知识,还需要一定的实践经验积累,才能进行较为理性的判断,降低各种风险与不确定性因素,提高收益;另一方面,文化版权产业是新兴事物,高校院所尚不能根据市场的发展及时调整课程的内容,人才培养出现断层现象。文化版权投资良性发展,首先需要多方合作,协同解决专业人才短缺问题。

三、文化版权投资的相关概念

(一) 文化产业

文化产业一词最初出现在20世纪初期,英文为culture industry。相较其他产业,文化产业具有强烈的意识形态色彩,泛指所有能够提升公众精神生活品质的商品生产交换服务活动。它具有双重属性——文化属性与经济属性。

由于意识形态以及表现方式不同,文化产业的定义及门类划分在当下世界范围内尚未达成一致意见,就连"文化产业"一词在不同的国家称谓也有所不同。英国早在1997年就意识到文化产业的强大生命力,将之称为"创意产业",并于1998年在颁布的《英国创意产业路径文件》中明确提出该概念。文化产业在美国、加拿大等国谓之"版权产业";日本谓之"娱乐观光产业",韩国谓之"文化内容产业"。[①] 联合国教科文使用的是"文化产业"一词,即按照工业标准生产、再生产、储存以及分配文化产品和服务的一系列活动,包括教育培训业、出版业、影视音像业、工艺美术业、报刊业、旅游观光业、会议展览业、演出娱乐业和竞技体育等。[②③]

我国对文化产业概念及分类进行过三次界定。第一次是2004年,国家统计局制定颁发《文化及相关产业分类》,该分类首次明确了我国文化产业的统计范围、层次、内涵和外延,为启动和开展文化产业统计工作奠定了根基。2012年,国家统计局对其进行了第二次修订,使其分类更符合实际发展需要。2018年,《文化及相关产业分类(2018)》发布,该文件与《2009年联合国教科文组织文化统计框架》相衔接,在保持原有的定义、分类原则不变的情况下,新增加了符合文化及相关产业定义的活动小类,调整了分类类别结构。[④] 文化产业及其分类见表2-1所示。

---

① 黄天蔚.文化创意产业集群形成机理研究[D].武汉:武汉理工大学,2014:13.
② The 2009 UNESCO Framework for Culture Statistics[R]. UNESCO,2009.
③ 黄天蔚.文化创意产业集群形成机理研究[D].武汉:武汉理工大学,2014:13.
④ 中华人民共和国中央人民政府网.国家统计局解读《文化及相关产业分类(2018)》[EB/OL].(2018-04-23)[2022-09-03].http://www.gov.cn/xinwen/2018-04/23/content_5285149.htm.

表 2-1 文化产业及其分类

	大 类	类 别 名 称
文化核心领域	新闻信息服务	信息服务、新闻服务、互联网信息服务、广播电视信息服务
	内容创作生产	出版服务、创作表演服务、广播影视节目制作、数字内容服务、工艺美术品制造、内容保存服务、艺术陶瓷制作
	创意设计服务	设计服务、广告服务
	文化传播渠道	广播电视节目传播、出版物发行、广播影视发行放映、互联网文化娱乐平台、艺术表演、工艺美术品销售、艺术品拍卖季代理
	文化投资运营	运营管理、投资于资产管理
	文化娱乐休闲服务	景区游览服务、娱乐服务、休闲观光游览服务
文化相关领域	文化辅助生产和中介服务	印刷复制服务、文化辅助用品制造、版权服务、文化经济代理服务、会议展览服务、文化设备出租服务、文化科研培训服务
	文化装备生产	广播电视电影设备制造及销售、印刷设备制造、涉旅设备制造及销售、游乐游艺设备制造、演艺设备制造及销售、乐器制造及销售
	文化消费终端生产	笔墨制造、文具制造及销售、玩具制造、信息服务终端制造及销售、节庆用品制造

资料来源:国家统计局《文化及相关产业分类(2018)》整理得出。①

(二) 版权产业

版权产业是国民经济中依托版权制度而存在,能够与版权紧密相连的各种产业部门的集合。② 文化版权产业是当今知识经济时代重要的产业之一,我国的文化版权产业可分为四类:核心文化版权产业、相互依存的文化版权产业、部分文化版权产业、非专用支持文化版权产业。③

核心文化版权产业指主要目的是便于受版权保护的作品或其他物品的创造、生产与制造、表演、宣传、传播与展示或分销和销售的产业。主要行业:① 文字作品(指小说、诗词、散文、论文等以文字形式表现的作品);② 音乐、戏剧创作、曲艺、舞蹈和杂技;③ 电影和影带;④ 广播和电视;⑤ 摄影;⑥ 软件和数据库;⑦ 美术和建筑设计、图形和模型作品;⑧ 广告服务;⑨ 版权集体管理和服务。④

相互依存的文化版权产业则指那些生产、制造和销售主要是为了促进有版权作品的创造、生产或使用的设备的产业。主要行业:① 电视机、智能手机、收音机、录像机、CD 播放机、DVD 播放机、磁带播放机、电子游戏设备以及其他类似设备;② 计算机和有关设备;③ 乐器;④ 照相馆和电影摄影器材;⑤ 复读机;⑥ 空白录音介质;⑦ 纸张。⑤

---

① 中华人民共和国中央人民政府网. 国家统计局解读《文化及相关产业分类(2018)》[EB/OL]. (2018-04-23)[2022-09-03]. http://www.gov.cn/xinwen/2018-04/23/content_5285149.htm.
② 刘京华. 版权产业发展的国际比较及中国策略选择[D]. 福建:福建师范大学,2019:34.
③ 郝丽美. 中外版权产业经济贡献的比较研究[J]. 出版参考,2021(4):36-39,49.
④ 中国新闻出版研究院. 2018 年中国版权产业的经济贡献[R]. 北京:中国新闻出版研究院,2020:23-24.
⑤ 中国新闻出版研究院. 2018 年中国版权产业的经济贡献[R]. 北京:中国新闻出版研究院,2020:24.

部分文化版权产业是指那些有部分产品为版权产品的产业。主要行业：① 服装、纺织品与制鞋；② 珠宝和硬币；③ 其他手工艺品；④ 家具；⑤ 家庭用品、陶瓷和玻璃；⑥ 墙纸与地毯；⑦ 玩具与游戏用品；⑧ 建筑、工程、调查；⑨ 内部装修设计；⑩ 博物馆。①

非专用支持文化版权产业是指那些主要目的是便于受版权保护的作品或其他物品的宣传、传播、分销或销售而又没有被归为"核心文化版权产业"的产业，主要行业：① 一般批发和零售产业；② 一般运输产业；③ 电话和互联网产业。②

中国版权产业的分类及包含的主要行业如图 2-1 所示。

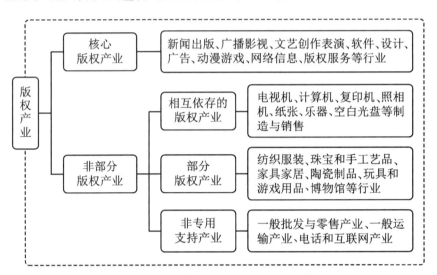

图 2-1 中国版权产业的分类及包含的主要行业

纵向来看，版权产业链涵盖图片、视频、网络文学、音乐等多个领域；横向来看，版权产业链包括上游内容制作、中游平台和下游终端设备及用户。上游内容创作端，UGC 内容与 PGC 内容全面开花，受利于互联网及移动设备的普及，大众内容创作热情持续高涨，各领域内容素材丰富。中游平台端承接上游内容，主要包括各领域版权运营方及展示平台。图片版权方，现国内拥有几大民营图片库包括视觉中国、全景视觉、IC Photo 和达致影像（中国台湾），其中视觉中国商业类有效市场份额高达 50%，稳居民营企业首位，新华图片社占据媒体类图片半壁江山。视频版权方，捷成华视网聚凭借其海量片库内容及独具特色的版权运营模式，已成为视频版权运营绝对龙头；播放端"优爱腾"三足鼎立，字节跳动强势入局，芒果 TV、B 站垂直化运营深挖用户需求。文学版权方，阅文集团及中文在线深耕在线阅读，积累大量优质内容。音乐版权方，腾讯、网易、阿里、百度等巨头均有布局，版权化进程同市场规模增长同步。③

文化版权投资主要针对的是版权产业，尤其是对其中核心版权产业的投资。资本注入，驱动上、中、下游完整产业链，以获取投资收益，实现版权价值最大化和可

---

① 中国新闻出版研究院. 2018 年中国版权产业的经济贡献[R]. 北京：中国新闻出版研究院，2020：24.
② 中国新闻出版研究院. 2018 年中国版权产业的经济贡献[R]. 北京：中国新闻出版研究院，2020：24-25.
③ 未来智库. 版权行业研究与投资策略：图片、视频、音频、文学等[EB/OL]. (2020-9-13)[2022-09-03]. https://baijiahao.baidu.com/s?id=1677671981433660958&wfr=spider&for=pc.

持续化。

然而,当下盗版侵权严重制约着版权产业快速发展。一方面,版权产业欣欣向荣,独创内容受到了公众的欢迎和好评,投资方和创意方赚得盆满钵满。另一方面,由于门槛低、收益高,赔偿认定程序繁杂,盗版屡禁不止,而侵权索赔难度高,实际维权成功后的侵权补偿程度往往达不到预期水平,这些严重挫伤了创作者的积极性。不过随着区块链、机器学习、数字水印、大数据等版权确权、盗版追踪等新技术的发展,利用新技术手段加强版权保护、促进版权运用加速发力。① 在一系列政策保障与技术支持,版权市场红利得到充分释放,大版权时代即将或已经到来。

(三) 文化创意产业

"创意产业"最早由英国1997年提出,其主要内容包括广告、建筑、艺术、设计、时尚设计、电影、古董市场、手工艺、电视和广播、表演艺术、互动休闲软件、音乐、出版和软件等。② 该概念一经提出,迅速被其他国家采用。2002年,中国台湾正式提出了"文化创意产业"的概念,并按照"15+1"的方式划分为视觉艺术、电影、广播电视、广告、产品设计、数字内容、建筑设计等16个分类,在传统文化产业的基础上加入了以科技创意为核心的数字内容、设计等产业。从社会与经济发展的实际看,"文化创意产业"是"文化产业"发展到新阶段的新产物、新形态③,是对传统文化产业的延续和补充,是文化产业的主体部分,产业融合的必然结果。④

文化创意产业最核心的东西就是"创造力"。好的个性化与差异化创意能够穿透圈层。主要做法第一是人无我有的"原创",比如京剧、黄梅戏、太极就属于中国原创。第二就是人有我优的"创新",虽然某些东西是别人首创的,但它可以被进一步改造,形成新的东西。⑤ 电影《卧虎藏龙》就是一个采用西方化的艺术表达方式来包装中国内核的故事,属于创新而非原创。⑥

文化创意产业是文化产业与相关产业的融合延伸,依靠人的知识和技能、灵感和天赋对文化资源进行重构,通过科技与艺术手段生产出具有文化艺术元素的高附加值产品与服务。⑦⑧ 关于文化创意产业涵盖的行业范畴,不同的国家和地区不尽相同。具体分类如表2-2所示。

---

① 未来智库. 版权行业研究与投资策略:图片、视频、音频、文学等[EB/OL]. (2020-9-13)[2022-09-03]. https://baijiahao.baidu.com/s?id=1677671981433660958&wfr=spider&for=pc.
② 汤红娟. 文化创意产业评估的统计指标体系研究[J]. 科技创业月刊,2011,24(10):19-21.
③ 文化创意产业概述篇[EB/OL]. (2022-1-17)[2022-09-03]. https://mp.weixin.qq.com/s/v53V97RJiV4jDovBGmUQ2Q.
④ 黄天蔚. 文化创意产业集群形成机理研究[D]. 武汉:武汉理工大学,2014:15.
⑤⑥⑦ 百度百科. 文化创意产业[EB/OL]. [2022-10-26]. https://baike.baidu.com/item/%E6%96%87%E5%8C%96%E5%88%9B%E6%84%8F%E4%BA%A7%E4%B8%9A/1281697?fr=aladdin.
⑧ 黄天蔚. 文化创意产业集群形成机理研究[D]. 武汉:武汉理工大学,2014:15-16.

表 2-2　世界主要国家文化创意产业涉及行业汇总表[①]

国别	涉 及 行 业
英国	广告、建筑、艺术及古董市场、工艺、设计、流行设计与时尚、电影与录像、休闲软件与游戏、音乐、表演艺术、出版、电脑软件、广播电视
美国	博物馆、视觉艺术、摄影、表演艺术、电影、电视和广播、设计、出版、艺术教育
加拿大	视觉和表演艺术、文学、音乐、录音、广告、设计、数字媒体、电影和电视、出版、软件、广播
新西兰	广告软件和计算机服务、出版、电视和广播、建筑、设计、时装、音乐和表演艺术、视觉艺术
澳大利亚	音乐、电影、电视及娱乐软件、写作、出版和印刷媒体、平面设计、建筑、视觉艺术和设计、健康和教育服务、广播服务、声音产品出版、游戏发行、表演艺术
法国	以设计业的创业产业为主,文化遗产、通信信息产业、画廊、广播电视、博物馆和旅游业、出版印刷和音乐
德国	艺术市场、文学、印刷和出版、建筑、广告、音像业、音乐、软件和电信、表演艺术和娱乐
新加坡	软件开发、出版、广告、电影、电视、广播、设计、视觉艺术、工艺制造、博物馆、音乐、流行行业以及表演艺术

从全球布局来看,文化创意产业主要集中在以美国为核心的北美地区,以英国为核心的欧洲地区和以中国、日本、韩国为核心的亚洲地区。[②] 各个国家和地区侧重不同的细分领域,形成了以某细分行业为核心竞争力的优势领域。美国属于创意产业大国,在洛杉矶建有华纳兄弟、米高梅、迪士尼等世界文明的八大电影公司总部;英国的创意产业以广告、广播为主;日本以动漫产业闻名,打造了大量极具影响力的 IP,如哆啦A梦、奥特曼等;韩国在影视剧、综艺娱乐方面都有深厚的积累。中国近年来在文化创意产业方面也有了较大的发展,以 TikTok 为代表的短视频平台、网络直播等逐渐走出国门,受到了众多国家的瞩目。

针对文化创意产业,我国尚未出台权威的分类。受到政治与经济等多重因素影响,国内各地区,如北京、上海、香港等文化创意产业所囊括的内容不尽相同。得益于我国经济发展和政策支持,文化创意产业凭借其高知识性、高附加值、强融合性,已然成为新常态下经济发展的新引擎。[③]

随着文化创意产业规模的逐步扩大,我国文化产业在各地均有很大发展,目前已逐步形成了以中心城市为代表的六大文化创意产业聚集区,并且各具特色,文化创意产业集群化分布进一步显现。其中,以广州、北京、上海等地为代表的珠三角、环渤海和长三角等东部地区,发展成为国内文化创意产业的三极。同时,中部地区的湖南、湖北,西部地区的重庆、四川、陕西、云南也具备良好的发展条件和产业基础,逐渐形成了独具特色

[①] 黄天蔚.文化创意产业集群形成机理研究[D].武汉:武汉理工大学,2014:17.
[②] 周乾松."十二五"时期加快发展我国文化创意产业的思考[J].河南科技学院学报,2011(5):21-25.
[③] 文化创意产业概述篇[EB/OL].(2022-1-17)[2022-09-03]. https://mp.weixin.qq.com/s/v53V97RJiV4jDovBGmUQ2Q.

的产业集群。①

当下文化创意产业与相关产业全方位、深层次、宽领域的融合发展格局基本建立,相关产业的文化含量显著提升,形成了一批拥有自主知识产权的产品,打造了一批具有国际影响力的企业品牌,为推动文化产业成为国民经济支柱性产业发挥重要作用。②

(四) 创意文化产业

创意文化产业是文化产业的一部分,指那些具有一定文化内涵的,来源于人的创造力和聪明智慧,并通过科技的支撑作用和市场化运作可以被产业化的活动的总和。③

创意文化产业具有知识密集、附加值高等诸多特点,使得其极易与各产业融合发展,目前该种融合已成为国际产业发展的主流趋势。首先,创意文化产业无需投入大量的人力、物力和财力,而是主要依托于人力资本,对信息和知识进行创意化生产;其次,创意文化产业的产出是为满足公众精神需求而推出的无形产品与服务;再次,创意文化产业在数字经济的推动下,获得了极大的发展,具有强大的生命力。④ 从创意的产生、研发,到产品的生产、流通、营销、推广,创意文化产业有着完整的产业链构成,其与高端制造、商务服务、信息、旅游、农业、体育、金融、教育服务等产业融合发展,是当今世界经济文化发展的重要潮流和增长点。

创意文化产业发展的关键在于文化、艺术、创意、科技、产业的充分融合。没有文化、艺术作为支撑,创意文化产业就失去了根基;创意文化产业链将创意纳入生产、售卖和消费的环节,向消费者提供各种创意产品和服务,没有创意激活、科技赋能,创意文化产业就失去了驱动力;而如果没有产业化思维和行动,与市场充分接轨,创意文化产业也无法成为真正的产业发展壮大。⑤

近年来,在政策利好与市场驱动下,我国创意文化产业发展迅速。上海、深圳、北京、南京、合肥等城市积极推动创意型行业的发展,正在建立一批具有开创意义的创意产业基地。创意产业的知识密集型、高附加值、高整合性,对于提升我国产业发展水平,优化产业结构具有不可低估的作用。⑥ 以合肥为例,2020年以来,合肥连续出台文化行业扶持政策,一方面通过对科技、文化等企业贷款给予贴息帮助其渡过难关,另一方面鼓励文化企业利用人工智能等新技术,推进文化科技融合,培育壮大新兴业态。在创意文化产业链政策的推动下,创意迅速产业化,擦出新火花,催生新经济。

高新技术在创意文化产业中的作用愈发显著。科学技术的飞速发展为创意文化拓

---

① 文化创意产业概述篇[EB/OL]. (2022-1-17)[2022-09-03]. https://mp.weixin.qq.com/s/v53V97RJiV4jDovBGmUQ2Q.
② 国务院关于推进文化创意和设计服务与相关产业融合发展的若干意见[EB/OL]. (2014-3-14)[2022-09-03]. http://www.gov.cn/zhengce/content/2014-03/14/content_8713.htm.
③ 史一奇. 创意文化产业中的媒介功能初探[D]. 南京:南京师范大学,2008:7.
④ 陈良雨,魏鸿宇,陈旺. 以创意文化产业视角探索廊坊服装产业转型升级路径[J]. 纺织报告,2021,40(10):46-47.
⑤ 史一奇. 创意文化产业中的媒介功能初探[D]. 南京:南京师范大学,2008:11-12.
⑥ 史一奇. 创意文化产业中的媒介功能初探[D]. 南京:南京师范大学,2008:4.

展了想象空间,开拓了新媒体等放送渠道,为创意产品的传播提供了更丰富的途径。高新技术有望进一步助力内容创作、模式更新和传播渠道拓展,从而提升文化创意产业的内在张力和外在传播力。

创意文化产业作为新兴产业,与互联网产业具有良好的融合效应。一方面,创意文化产业能够利用物联网、区块链等创新技术形成庞大、多层次的社交网络,汇集更多思维活跃、想法新颖的创意人群,提高文化创意的数量和质量。另一方面,互联网为创意文化产业的推广与消费提供了重要平台。互联网不受物理空间和时间的限制,能够海量传送创意文化产业相关信息,实现创意、产品与人的连接。消费群体通过互联网更容易地参与到文化创意的成果分享中去。未来,互联网将更多渗透到文化创意产业更多的细分领域中去,打破原有产业边界,拓展新的发展机遇与领域。

第二节　文化版权投资成效的影响因素

文化版权投资是个复杂的系统工程,涉及诸多要素与环节。总体来说,文化版权投资与诸如版权题材、类型、团队、成本、市场、实践、收益与回报等因素密切相关(图 2-2)。

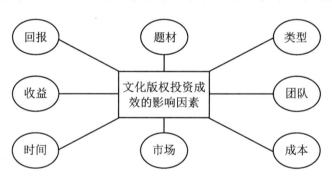

图 2-2　文化版权投资成效的影响因素

一、版权作品题材

文化版权投资主要是在理性调研、统筹考虑的基础之上,顺应国家产业政策,通过资金、人力、物力等的投入,重组生产要素,合理利用资源,在一定的时间与空间范围内,获取持续性预期收益。文化版权产业涉及多个领域多种类型的项目,投资主体不同的机构定位与利益诉求会带来迥异的投资内容设定。虽然都是追求利益最大化,但投资主体投资偏好有所不同。风险厌恶型投资者会尽量避开高风险项目,转而选择收益较低但能够确保资金安全的项目。与之相反,风险偏好型投资者往往更看重项目的巨大收益,并愿意承受与之相伴的高风险。从投资形式来看,投资内容指的是证券、债券、期货等金融产品;从投资活动本身来看,投资内容分为向内扩大再生产投资与向外扩张性投资,前者用于夯实基础,后者用于扩大投资范围;从投资的具体对象来看,文化版权投资内容又可以根据类型来划分,如音乐、电影、软件 IP 等的开发。

选择文化版权投资项目,题材是重要考量要素。与主流价值观、市场主流趋势相符的题材,投资成功概率更大。以投资电影版权为例,由于版权投资具有高风险性、不确定性,降低风险的绝佳路径之一是选择顺应当下政策导向的、符合主流价值观、受消费者青睐的高票房题材。相较爱情片、动作片、科幻片、悬疑片、恐怖片等,喜剧片与战争片近年来在中国电影市场表现亮眼。该类型版权预期受众群体规模较大,票房及周边产品收益相较小众电影会更有保障,因而受到投资者的追捧。

此外,版权题材的个体性差异,或者说稀有程度,决定了其在市场上的垄断性程度,而这对于文化版权投资会产生重大影响。一般而言,其影响程度大于其他因素,仅次于法律保护程度。版权自身的独特程度,能够有助于其在重视个性化的时代脱颖而出,并攫取高于一般水平的超额价值。换言之,版权的垄断程度与其商业价值呈非线性正相关关系。

原始或主创著作权人也是重要影响因素。通常来说,版权创作人为其持有人,然而,在版权发生交易、转让、继承、遗赠等情形后,版权创作人与所有人会发生分离。版权创作人(或所有人)可分为自然人、法人及非法人团体。由于创作人(或所有人)自身经济实力与社会影响力的天然差异,自然人主体与非自然人主体(法人及非法人团体)对版权价值的影响会有较大差异。通常来说,由于掌握更多资源,拥有更广泛的影响力,非自然人主体所拥有的版权,其商业价值要大于自然人主体。即便同为自然人主体,相关作者本身的社会地位、政治与文化影响力等,都会对其所有的版权商业价值产生相应影响。而版权创作人(或所有人)的在世与否,有时也会直接影响版权价值的增减,例如,一位在世的音乐家会不断通过录歌或者出席音乐会等支持其作品的版权价值不断增长,然而,一旦该音乐家身故或者不再创作,则其作品的版权价值可能会迅速衰减。①

二、版权财产权种类

文化版权包括人身权与财产权。一般来说,相对于前者,后者可以通过合同约定、继承等方式灵活交易、转让。也就是说,版权的人身权和财产权是可以分离的,由不同的主体分别享有。而版权之所以具有价值,能够进行商业开发的基础,在于它具有财产性权利。因而,在进行文化版权投资时,需要评估文化版权所涉及的相关财产权权利的"时效性"与具体种类。文化版权的时效性包括两个方面——法律规定使用期限与经济寿命。前者一般指的是版权处于一定法律保护期限内,超过期限便失去了价值;后者指的是受到科技、政治、文化等多重因素影响。按照我国著作权法的规定,版权财产权主要包括复制权(以印刷、复印、拓印、录音、录像、翻录、翻拍等方式将作品制作一份或者多份的权

---

① 李佩森.版权商业评估价值影响因素分析[EB/OL].(2019-12-29)[2022-09-03]. https://www.sohu.com/a/363479480_99928127.

利,是著作权人享有的许可或禁止他人复制自己作品的专有权利)、发行权(以出售或者赠与方式向公众提供作品的原件或者复制件的权利)、出租权、展览权(公开陈列美术作品、摄影作品的原件或者复制件的权利)、表演权(公开表演作品,以及用各种手段公开播送作品的表演的权利)、网络传播权(以有线或者无线方式向公众提供作品,使公众可以在其个人选定的时间和地点获得作品的权利)、改编权(改变作品,创作出具有独创性的新作品的权利)、摄制权(以摄制电影或者以类似摄制电影的方法将作品固定在载体上的权利)、翻译权(将作品从一种语言文字转换成另一种语言文字的权利)、汇编权(将作品或者作品的片段通过选择或者编排,汇集成新作品的权利)、广播权以及其他相关权利等。

以影视版权开发为例,一种方式是鼓励文化企业内部员工直接原创影视剧剧本,或是原创小说并在此基础上进行改编,另外一种方式是购买小说原著作者的著作权,取得影视剧一定期限内的独家或部分改编权、拍摄权。经许可,还能够在原著作者的授权下进行动漫游戏开发。影视版权比较注重衍生品开发,主打现象级 IP,拓展多类型产品,如玩具制品、邮票、服饰、纪念品等文创产品,甚至主题公园、园区等。

不同类型版权财产权具有各自特点,其价值也各有差异。此外,版权的具体财产权种类很可能是处于一种动态性的关联之中,或者彼此有所嵌套。例如,版权每经过一次改编,就会相应形成一种新的版权,这往往会涉及复杂的版权付费关系确认问题,后来的版权使用者不仅需要对当下的版权使用付费,还需要对其之前形态的版权付费。

除了文化版权财产权本身的种类,其授权时间长度、授权地域范围、被授权对象数量等因素也会对文化版权投资产生重大影响。一般而言,授权时间长度与商业价值成正比,授权地域范围及被授权对象数量与商业价值成反比。前者是因为时间的累积效应会将投资价值放大,后者是因为地域范围过大或授权对象数量过多会降低文化版权的稀缺性。

三、版权开发、策划与版权作品宣发团队

文化版权投资所涉及的核心团队主要由版权开发、投资策划与作品宣发团队构成。

文化版权具有无形性的特征,只有通过开发,找到合适的载体才能扩大影响力,实现其承载的价值。这需要专业的人才队伍,创作过程的标准化、产业化,产品的市场化、产业化,以及科技与金融的双重加持。

版权作为一种权利本身并不能脱离于其具体产品形态而存在,具体版权产品也不能脱离其具体表现形式而存在。而版权产品是否符合特定或者普通消费者的审美口味,满足其特定消费需求与消费习惯,是决定文化版权投资成功与否的关键。换言之,市场需求为文化版权投资提供动力。文化版权投资最终目的是要通过产业的发展而获取更多的利润,而利润直接来源位于消费环节。[①] 在进行版权开发之前,需要进行充分的

---

① 张文锁,李雅.中国文化贸易发展现状、存在问题及对策研究[J].价格月刊,2017(5):67-70.

市场调研,对消费者有足够深入的了解。

当下我国急缺文化版权开发相关的人才。美国、日本等国家的文化版权开发团队在进行影视剧版权开发时,有超前意识,能够从剧本创作早期阶段就兼顾衍生品开发,并将之贯穿制片、发行、宣传等诸多环节。相较之下,中国尚未形成常态化运作模式,衍生产业一般在版权产业的整体运营框架之外,稍显滞后。一方面是因为缺乏该方面人才,导致相关的创意设计能力不足[①],另一方面是未建构、探索出成熟的机制体系。不过随着文化版权产业的发展,已经开始出现人才集聚与"虹吸"现象。

文化版权投资团队指的是文化版权评估、投资实施过程中的行为主体。文化版权投资的路径是综合考量多种因素,制定投资计划,开始付诸实践,签订投资协议,完成投资过程,确保资金到位。同样的投资目的与内容可以有不同的路径选择,这取决于机构的战略定位、空间布局与资本实力。当项目超过其战略范围,不属于空间范围的设定,并超过或没有达到资本预设的门槛,文化版权投资将无法如期完成。

文化版权投资主体需要透过表象看到本质,对所投资的文化版权价值做出理性评估,熟悉多种投资模式,把握市场规律与资本布局版图,掌握文化版权产业发展最新趋势,抓住投资风口,科学引育相关人才,推出相应的人才发展战略,实现人才集聚。此外,随着实战经验的积累,投资主体会形成一套较为完善的投资逻辑体系。该体系成为企业文化的核心,指引着投资主体的总体性投资方向。

文化版权产业是知识密集型产业,对其进行投资,对投资人才来说是一种挑战。首先,要对某一特定版权的产业化有着敏锐的嗅觉;其次,需要对高风险进行科学预判,获得高价值回报;再次,需要了解文化版权市场的发展趋势,找到投资的机会点。这些反过来促使投资主体不断调整人才结构、各领域人才配比等。只有不停进行人才迭代,才能确保投资队伍的高水平,进而助力文化版权产业投资。

文化版权投资的宣发团队主要工作内容包括负责制定投资的文化版权项目及版权产品宣发工作的计划及方案;与财务部门等相关部门共同结合市场情况制定版权项目及版权产品的制作预算以及预算管理,控制发行成本并完成销售分析报告;负责版权项目及版权产品的宣传、发行素材的整理,制作分配、发放、监督管理工作;与各门户网站、视频网站、宣传团队、媒体等保持有效的沟通与合作;定期对市场营销环境、目标、计划、业务活动进行分析,及时调整与推进营销策略和计划,确保完成营销目标和营销计划;负责版权项目及版权产品相关宣发渠道的开发、合作与维护;具体落实宣传稿件及对外的公关活动。[②]

以电影版权为例,好的宣发团队会将电影的知名度、热度在短时间内迅速提高,影片也会被炒火,强大的曝光量必然会导致越来越多的人走进影院观影,从而带动电影票的销量,影片的票房也是水涨船高,文化版权价值将被最大限度地放大。

当然优秀的宣发团队只是取得成功的必要条件之一,主要检验标准还是版权内容

---

① 隋明照. 影视 IP 版权开发:"大蛋糕"要有好"饼坯"[N]. 中国新闻出版广电报,2019-11-14.
② 宣发工作主要负责什么[EB/OL]. (2021-11-17)[2022-09-03]. https://baijiahao.baidu.com/s?id=1716666326765529618&wfr=spider&for=pc.

质量如何,公众喜欢程度。很多电影前期宣传势头很足,但是影评很差,也会影响文化版权投资的整体收益。

四、版权开发历史成本与宣发成本

成本是商品经济的价值范畴,是商品价值的组成部分。人们要进行生产经营活动或达到一定的目的,就必须耗费一定的资源,其所费资源的货币表现及其对象化称之为成本。① 并且随着商品经济的不断发展,成本概念的内涵和外延都处于不断的变化发展之中。② 投资成本是投资项目所耗费的物化劳动和活劳动的货币支出总和。其构成为:项目推进所涉及的直接费、间接费和独立费等,设备、工具、器具购置费用,包括达到固定资产标准的设备、工具、器具购置和自制的全部设备、工具、器具费用,其中还包含未达到固定资产标准而作为流动资产处理的部分,以及其他相关费用。③

版权开发历史成本,也称沉没成本,是指在版权研发过程中所耗费的相关物料、人工、办公设备与场地费用等。其中,人工费用包括相关人员工资、专家咨询、文献资料购买以及相关主要研发人员的部分培养费用摊提等。版权的历史成本价值的高低,对其商业开发会产生或轻或重的压力,对版权的后续商业开发的路径与方向造成影响,从而使版权商业投资价值发生变化。

成本还包括版权资产损耗率。与有形资产类似,文化版权作为一种资产,也存在功能性损耗与经济性损耗现象。无论是出现更有创意、功能更强大的替代品,或者由于外部因素变化而导致文化版权资产产生贬值,版权的商业价值都会受到削弱,因而在进行文化版权风险评估时,需要对资产损耗率进行客观预测。

版权相关使用或转让价格的具体支付方式,也会对文化版权投资产生一定的影响。一般而言,由于在版权经济活动中相关风险的转移程度不同,其一次性货币支付的整体价值(以价格表现)会小于分次支付或部分货币形式部分其他形式进行的支付。这些是国内进行无形资产及版权价值评估一般所要关注和考察的主要方面。

宣发成本同样不容小觑。以电影业为例,电影宣发主要针对渠道合作商与潜在的消费者,费用主要集中在宣传片制作与播放渠道开发,宣传品及周边产品开发生产,媒体宣传推广与影片发行等环节。其中核心是媒体宣传推广,其渠道包括新闻发布会、路演宣传、广告投放(线上与线下相结合)、新媒体宣传、主创见面会等。随着电影产业的快速发展,影片宣发逐渐受到重视,其费用在整个总成本中的占比不断上升,宣发市场一片向好。一般来说,宣发费占电影总成本的 15%—30%,比如成本 1 亿元,宣发费可能会占到 0.15 亿—0.3 亿元。好莱坞电影在该方面的投入更高。有的电影宣发费用甚至

---

① 曹宏进.高校成本核算及核算体系的构建[J].商业会计,2021(24):105-107.
② 成本[EB/OL].[2022-09-03]. https://baike.baidu.com/item/%E6%88%90%E6%9C%AC/830141? fr=aladdin.
③ 投资成本[EB/OL].[2022-09-03]. https://baike.baidu.com/item/%E6%8A%95%E8%B5%84%E6%88%90%E6%9C%AC/3468100? fr=aladdin.

能够达到总投资的一半,与制作费用齐平。2012年上映的《人在囧途之泰囧》虽然总投资数额不高,但是宣发成本占了50%,约为3000万元。2018年《唐人街探案2》总投资5.5亿元,宣发费用花了1.5亿元。成功案例所带来的高额回报,引得业界纷纷效仿,助推了宣发市场的繁荣。然而,电影市场的逐步成熟和新生代产业人的加入,使得越来越多的电影人开始正视宣发的作用,正确评估影片宣发的价值,避免出现宣发泡沫,增加影片方负担。①

五、版权产品市场空间

版权产品广阔的市场空间是进行文化版权投资的驱动力之一。然而,并不是所有投资项目都有巨大市场空间,在进行投资实践之前,需要对市场空间进行评估。文化版权投资的评估是通过对投资行为、投资环境等多种因素进行分析判断,得出相关结论与战略提示,为投资主体采取行动提供智力支持与决策参考。正确、科学的投资评估有利于文化版权培育、创作、转化、价值实现与放大。版权投资评估的重点之一是评估文化版权资源是否具有竞争优势,即审视文化版权资源的丰富程度和开发程度。②

文化版权资源丰富程度(如商业价值、科学价值、文化价值)和开发利用程度(是否充分开发)影响了文化版权产业对于消费者的吸引力,文化版权产业对于消费者的吸引力越强,则消费者消费意愿就越大,文化版权产业发展也就更快,对于资金的吸引力就越强。文化版权产品市场空间还与文化版权产业发展的规模和产业所拥有的文化资源等生产因素有关。

从宏观来看,版权产品市场与文化版权投资生态有关。良性的发展生态有助于拓展市场。随着版权投融资获得国家政策大力支持,特色版权金融产品层出不穷,各类版权投融资交易平台陆续涌现,我国的文化版权投融资生态渐趋成熟。文化版权投融资生态的建构离不开多方力量的协同,受到多种因素的制约。一是政府。政府推出相应的政策法规,主导产业发展战略,预判整体发展走向,提振或挫伤投资群体的信心。二是社会。社会发展会直接影响产业的发展路径,形塑文化版权投资的选择。三是投资主体。投资主体根据国家政策规定、机构定位、投资者个人喜好等进行投资,提高市场资源配置效率,使生产要素得到重新组合。四是平台。提供生态基础服务的公共文化服务平台与文化产业发展重要推手的版权投融资平台的建设与发展打造产业新的增长极,无疑极大地繁盛文化版权投资。五是市场各类支撑要素。例如,专业的评估机构、投资担保机构和行业协会组织,其通过完善整个产业链来推动文化版权投资行动的高效进行。六是人才。人力资源是文化版权产业发展的第一生产力。文化版权具有无形性、非独立性,文化版权投资高风险与高收益并存,实现文化版权具象化、价值最大化,降低预期风险,实现更高收益无疑离不开投资人才的助力。

---

① 华谊兄弟研究院.无宣传,不发行:电影宣发横纵对比[EB/OL].(2016-11-23)[2022-09-03]. https://mp.weixin.qq.com/s/o08ds6YU9xYKA5Q5MV0HCw.

② 刘绍坚.我国对外文化贸易发展的机遇、问题及对策建议[J].国际贸易,2014(6):62-66.

文化版权产品的市场空间与文化版权法律保护程度有一定的关系。如果得不到有效的法律保护,文化版权产品的市场空间将会在盗版、侵权活动的影响下逐步缩小。由于盗版侵权成本低廉,其在带来文化版权产品价值大幅下降的同时,还会引发"劣币驱逐良币"的市场反应。保护版权就是保护创新,完善版权保护体系对于繁荣文化文艺创作生产有着重要意义。党的十八大以来,我国把包括版权在内的知识产权保护工作摆在了更加突出的位置。[①] 全面建设社会主义现代化国家,须从国家战略高度和进入新发展阶段要求出发,全面加强知识产权保护工作,促进建设现代化经济体系,激发全社会创新活力,推动构建新发展格局。版权保护将保护文化版权产品的市场空间不受低劣仿冒品的侵蚀,同时还能够促进文化版权投资的兴盛。

六、版权产品上市时间

文化版权投资受到版权产品上市时间的影响。这里有两层意思:一是时机好。版权作为物质存在形式之一,不能不存在于特定的产业之中,产业是否受到国家政策扶持,在国际上相关产业的发展趋势及情况如何,该产业在国内的成熟度与利润率情况如何,处于产业发展的何种周期位置,市场对该类文化版权产品有着强烈需求与否,都会对版权商业价值产生深远的影响。文化版权产业不同项目从产生到成长再到衰落,都有一定的生命周期,主要可以分为四个阶段:初创阶段(导入期)、成长阶段、成熟阶段和衰退阶段。处在不同生命周期时点上的版权,其商业价值相差很大。在成长阶段无疑吸引投资能力最强,衰退阶段吸引投资能力最弱。在不涉及其他影响因素的条件下,生命周期较长的版权,其商业价值实现的时间长度会更大。二是产品上市的时间点合适。当下同类型的产品并不多,过早或过晚上市都会遇到激烈的竞争。以电影市场为例,为了争取更多的观众、获得可观的票房,电影的上映时间是十分有讲究的,比如在五一档、十一档、春节档等这些档期放映,票房成绩往往更加亮眼。因为这些档期恰逢节假日,观影人数比平时倍增。如果假期电影竞争过于激烈,一些小成本电影或文艺电影会避开商业大片,选择一周的周五首映,依靠周五晚、周六、周日人们有时间走进影院,来保证首映前三天的票房成绩并取得好的口碑,引发后续观影热潮。一天中的拍片时段一般更看重黄金时段,即每日19:00—21:00,节假日的13:00—16:00时段。重视宣发的电影一般都会争夺黄金时段,做好排片。国内高票房电影几乎都来自节假日档期。从这些年的电影票房排行榜来看,暑假档期、国庆档跟春节档的电影上映数量最多。

版权产品上市时间受到多种要素限制。一是取得版权所有权的时间点。只有在取得项目版权全部或部分所有权之后,才能进行版权产品开发,并确定上市时间。二是产品生产周期与创新速度。版权开发周期较长,或因为受到一些不可抗逆的因素影响有所推迟,那么其上市时间也要相应地做出调整。文化版权产业的核心生产力之一是创意。创意的质量高低,迭代的速度快慢,可执行程度的强弱,或直接或间接带来产品上市

[①] 张译心.我国版权保护体系不断完善[N].中国社会科学报,2022-09-05(1).

时间的提前或延后。

保证文化版权产品如期上市,还需要成功的投资实施与积极的风险管理双向发力。文化版权投资的实施是影响投资成功与否的核心环节之一。版权投资进入实质性运作阶段,并承载着创造性地完成战略目标的预期。一旦实施阶段出现问题,则会导致文化版权投资中断甚至失败。从实施流程来看,文化版权投资实施可以被划分为四个阶段——计划阶段、执行阶段、监测阶段与控制阶段。在第一个阶段,计划的制定应当从大局出发,顺应政策形势、符合主流价值观与市场发展走向,统筹配置各种要素资源,契合发展战略,制定整体性投资活动方案,观照整个投资流程的每一个环节。在执行阶段,重点在于依据投资计划,有序开展投资工作,并根据实际情况对计划进行微调或大幅变动。在监测阶段,国家相关部门、市场机构、行业协会团体等运用法律、行政、经济、职业规范等手段对文化版权投资行为进行全过程监督管理。在控制阶段,重点控制管理的内容要根据投资计划的执行情况,有无出现重大偏差,投资实践风险大小等采取相应的应对措施。

文化版权风险管理的关键在于建立一个科学高效的投资控制风险体系,通过采集、分析风险信息,进行评估与预警,并迅速做出反应。从流程上来看,主要分为三个阶段——风险识别、风险评估和风险控制。文化版权投资风险识别在投资活动开始之前就已经启动,伴随着整个投资活动全过程。通过收集相关信息,运用财务报表分析法、情景分析法等多种手段,识别来自社会、文化、政治等方面以及版权本身的风险,对其可能会对投资项目造成的损失进行预判。例如,政策变动导致某些版权投资行为不合规;法律法规体系不完善,导致投资行为存在法律风险等;文化版权的价值判断带有一定的主观性与前瞻性,这就使得其自身价值是高还是低具有不确定性;为了利益最大化,投资主体往往会制定合理的退出机制,一旦出现突发状况导致退出机制失灵,那么无疑将加大投资的风险性。

七、投资收益类型

投资收益是指企业对外投资所得的收入(所发生的损失为负数),如企业对外投资取得股利收入、债券利息收入以及与其他单位联营所分得的利润等,具体可以分为股利收入、利息收入、资本利得、资本增值与其他收入。①

文化版权投资收益类型亦可以按照该种方式划分,分为股票收入、利益收入、资本利得、资本增值与其他收入。不同的文化版权投资项目占主导地位的收益类型有所不同。

义化版权投资取得收益的前提是形成自己独特的盈利模式。盈利模式直接影响企业收益,直至生存。根据运营方式的不同,文化版权产业营利模式主要分为四类:产品盈

---

① 齐智超.房地产信托投资基金融资案例研究[D].北京:中国财政科学研究院,2020:38-39.

利模式、资源盈利模式、产业链盈利模式、价值网盈利模式。①

产品盈利模式又称标准型盈利模式,结合文化版权产品特点,分为专业化模式、大制作影片模式、拳头产品模式、速度创新模式和利润乘数模式。② 资源盈利模式主要作用机制是通过重新整合和配置生产要素,盘活文化版权企业投资资源,将优质资源向优势产品集中,做大做强主打产品,提高市场占有率。③

产业链盈利模式分为全产业链、产业平台、跨产业链和项目制四种。

(1) 全产业链盈利模式。以核心文化版权产品和资源为基础,向产业链上下游延伸,打造完整产业链的全产业链盈利模式。如古装剧《武林外传》《花千骨》等,以其为产业链起点,衍生出电影、图书、网游等系列周边。

(2) 产业平台盈利模式。通过经营实体或数字化虚拟产业平台获得营收。如苹果通过 App Store 建立虚拟的产业生态圈。现实产业平台,主要是各种文化版权产业园,通过产业要素和资源的聚集实现盈利。

(3) 跨产业链盈利模式。文化版权产业与制造业、旅游地产等跨产业链融合获得更多收益,例如华为公司大幅度提升制造过程中的文化、艺术和创意设计的水平和含量,而互联网企业,如阿里、小米等则比较钟情泛娱乐战略,力促游戏业、影视业、文学等相互连接、渗透、融通。

(4) 项目制盈利模式。即靠某个项目、某部影片、某个事件盈利。例如,在电视节目领域,曾经风靡一时的《美国达人秀》《美国偶像》等优秀综艺节目,其版权被卖至全世界,并且依然能够在当地取得巨大成功。④ 价值网盈利模式。以某一产品或服务为核心不断扩散,针对同一目标消费者协同营销,各种利益主体互相依存、优势互补,形成不可分割的一张的商业价值网,获取利润实现价值,称为价值网模式。如在媒体融合时代,传统媒体机构进行业务升级,充分利用电视、电台、报纸、杂志、网络等渠道,"一鱼多吃",一稿多发,创新盈利手段。⑤

八、投资回报周期与分配方式和比例

投资回报周期是计算项目投产后在正常生产经营条件下的收益额和计提的折旧额、无形资产摊销额用来收回项目总投资所需的时间,与行业基准投资回收期对比来分析项目投资财务效益的一种静态分析法。投资回收期指标能够衡量收回初始投资的速度快慢。⑥

---

① 文化经济观察.李挺伟:文化企业的四种盈利模式[EB/OL].(2015-8-13)[2022-09-03]. https://mp.weixin.qq.com/s/pvkNNemjoxYQHWpzJFNR_g.

②③④ 朴迹产业研究. 深入解读大文化产业盈利模式[EB/OL].(2021-09-14)[2022-09-03]. https://baijiahao.baidu.com/s? id=1710755934712677594&wfr=spider&for=pc.

⑤ 朴迹产业研究. 深入解读大文化产业盈利模式[EB/OL].(2021-09-14)[2022-09-03]. https://baijiahao.baidu.com/s? id=1710755934712677594&wfr=spider&for=pc.

⑥ 百度百科.投资回报[EB/OL].[2022-10-29]. https://baike.baidu.com/item/%E6%8A%95%E8%B5%84%E5%9B%9E%E6%8A%A5/12674999? fr=aladdin.

在考虑投资回报率的时候，常常也要将折现率考虑在内。折现率指的是投资于版权资产上的报酬率，在很大程度上是与社会平均资本成本相比较而决定的。折现率在评估版权商业价值时，是仅次于实物期权法所确定的具体现金流额度的第二个重要指标，一般应用在收益法计算版权价值方面。折现率的确定，常常要参考商业银行的同期贷款利率、行业平均利润率与20年国债利率等指标。

文化版权投资收益分配主要有两种模式——按单个项目进行分配的模式与本金优先返还模式。在典型的按单个项目分配模式下，文化版权投资所获得的利润是以单个项目进行计算，资本每退出一个项目，投资者在退出项目上获得相应返还出资及回报后，该项目的投资收益在资本管理人和投资者之间进行分配。本金优先返还模式指只有在投资者获得整个资本的出资总额返还以及分配到约定总的优先回报后，资本的投资收益在资本管理人和投资者之间按照一定的比例进行分配。在确定具体分配方式之前，我们需要考虑技术分成率这一要素。版权等技术性要素对整体利润的贡献率就是所谓的技术分成率。该种方法被广泛应用于专利、计算机软件版权等技术型知识产权评估与利润分配。它其实属于一种反推估算，即先核算出使用该版权技术能够取得的利润总额，并按照要素贡献率而分配给不同的生产要素。

除了上述各要素，文化版权投资成效的影响因素还有投资的迭代等。受到内部要素驱动加上外部因素复杂化影响，文化版权投资一直处在迭代之中。通过不断优化、创新、升级投资行为，以实现投资的稳健性、收益的可持续性。文化版权投资迭代主要包括投资理念迭代、人才迭代、投资模式迭代与政策制度迭代等。

除了上述要素以外，文化版权投资还需要处理好以下几种关系：

第一，版权投资活动有关各方的协作关系。投资者与版权所有者（包括原始所有者和其他依法享有著作权的自然人、法人或者非法人组织）之间的互信、互惠、互利是版权投资成功的前提。如果投资者与版权所有者出现矛盾，则会影响投资的高效进行。

第二，文化版权投资活动相关要素之间的联动关系。从事文化版权投资，除了投资业务本身的能力储备，还需要资本、人才、技术、智力、政策等相关要素综合赋能。集约化经营有助于文化版权投资的整体效益与可持续发展。与之相反，如果相关要素不能很好地联动，则会阻碍投资活动的进度，造成资源的极大浪费。

第三，版权自身价值与市场价格之间的互动关系。增强版权自身价值和市场价格及其相互关系的研判能力与运营能力能够有效提升投资成效。如果只是为了片面追求利益最大化，而忽视了版权价值与市场价格之间的关系，则很可能无法正确认知文化版权内在的价值，脱离市场实际，导致投资亏损甚至彻底失败。

第三节　文化版权投资的核心价值

一、加速版权转化

文化版权投资的核心价值之一是加速版权转化。版权资本是资本的一种特殊形态，其本质是追求利润最大化，主要通过锚定市场特定群体，找准潜在消费者，创新迭代多种商业模式，大幅缩减版权从创意到产品的转化时间，最大利益化版权的价值，获取丰厚的投资汇报。

具体而言，文化版权投资加快了文化版权从无形化创意到有形化载体的转变。因为创意的灵感可能是一刹那产生涌现出来的，不需要特定的物质条件支持，但是将创意落地则依赖多种要素资源如人力、物力、财力等的不断投入、科学配置及优化。创意产品的价值如何体现？价值评估只能从形式上体现其"含金量"，促进变现必须借助投资。通过投资操作，创意产品能够大量生产并投放市场，实现大面积流通与价值的最大化。换言之，一个好的创意离不开资本的加持与推广。首先，资本给创意提供者以信心与动力，刺激其兴奋神经，是对其工作与个人价值的肯定；其次，资本汇聚各方力量，推动创意走出纸面，在各种应用场景中落地；再次，创意内容在资本孵化下进一步升级商业模式，拓展市场空间，甚至完成多轮融资，实现跨领域的产业化发展；最后，资本将创意内容价值最大化，扩大了其影响范围，并延长其经济生命力。例如，通过影视剧版权IP打造，推出多种现象级周边产品，打破时间与空间束缚，击破圈层，吸引公众。

文化版权投资促进版权的资本化。资本化是激活社会财富再生、增值的重要手段之一，版权资本化最重要的目的在于刺激版权体系的重构、进化、升级以及扩展版权生长空间，助力版权演化为能够自我增殖、不断进化的具有强大生命力的实体，赋能文化产业乃至其他产业的发展。[①] 版权资本化是人们将智力成果转化为经济收益的有效途径之一。版权形成后，完成资本化转变，则能够突破时间、空间限制，以多种形式提前获得投资赋能。此外，版权资本化能够刺激版权创造的先期投入，并对作者予以权益保护，同时还能协调版权利益各方的关系。[②]

总的来说，资本是文化版权产业发展的驱动力与加速剂，创意落地转化是文化版权现象级IP的核心竞争力所在。前者在一定程度上影响着文化版权产业的发展壮大；而后者则决定了文化版权被高效变现，持续性地被看见。资本往往通过商业化运作，重组各种市场要素，配置市场资源；而创意从内向外发力，通过闪光点吸引关注，获得注资，从而实现从想法到落地的闭环。

---

①② 何华征，盛德荣.论版权资本化的实现路径及其意义[J].现代经济探讨，2016(5):25-28.

二、提升文化产品能级

文化版权投资通过助推文化版权产业发展,培养相关人才,打造全产业链,直接或间接提升文化产品能级,使其形式化更加多样,充分释放版权产品的创意附加值。[①]

资本的增值和逐利性、资源配置及组合效应、效率性、市场灵敏性等一系列特殊性质决定了其通过不断的商业扩张,改进盈利模式,催生、孵化出更多的创意想法及产品。以数字藏品为例,它是出版物数字形式的最新形态,通过区块链技术,将特定作品、艺术品等生成的唯一数字凭证,实现其数字化形式的合法生产、发行、购买、收藏的流通。[②] 相较于实物文创产品,数字藏品具有价格优势以及收藏便捷的特点。自2021年6月,支付宝发行了第一款敦煌飞天的数字藏品,数字藏品的热度迅速上升。截至2022年6月,数字藏品公司融资迎来高峰。仅仅一个月时间里,该领域就发生了9起融资事件,资金总数超过了2021年全年的总和。数字藏品生态解决方案的提供商在融资市场格外受到资本青睐。数藏市场如火如荼。数字藏品作为一种文化创新方式,以更年轻、更时尚的形式传递文物背后的历史和文化,有助于推动我国优秀传统文化的创造性转型和改革创新。当下数字藏品和传统文化融合已经成为一种潮流,用数字化技术鲜活生动近距离展现历史文物、艺术作品,推动中国优秀传统文化的传承,实现其永久收藏,满足公众的精神文化需求。目前,包括BAT在内的许多互联网巨头均开展了相关业务。据统计,2021年我国共计发售数字藏品数量约456万份,总发行价值约为1.5亿元。[③] 当下数字藏品成为行业热点,品类丰富,形式多样,包括但不限于数字图片、音乐、视频、3D模型、电子票证、数字纪念品等。2022年8月,上海博物馆上线"海上博物"数字藏品平台,这是中国博物馆界自行研发、拥有自主知识产权的第一个数字藏品平台。利用现代科技让文物"活"起来,该种潮流紧密贴合国家文化数字化战略方向,满足消费者用户日益增长的精神文化需求,尤其促进对中国传统文化的数字化利用,提升中国优秀文化IP的时代化表达力与国际影响力。

文化产品能级的提升离不开人才团队与生产要素的共生、集聚,文化版权投资正是背后的助推力量。文化版权产业属于知识密集型产业,需要产业链上下游生产要素的相对集中,才有利于创意的发现,版权的交易与版权产品的生产、流动等。犹如生物医药产业的集群式发展已被验证是促进该产业繁荣的有效模式,文化版权产业往往亦是如此。[④] 在政策鼓励、海外高层次人才回流、金融资本流入、市场向好等多重利好下,文化版权投资大幅推动了各大要素的空间集聚与相关人才集聚,而这反过来促进文化产品

[①] 段桂鉴,王行鹏. 版权价值层次性的认识与解读[J]. 版权资产管理实务指南(特刊),2019:104.
[②] 魏大威,李志尧,刘晶晶,等. 基于区块链技术的智慧图书馆数字资源管理研究[J]. 中国图书馆学报,2022,48(2):4-12.
[③] 方曲韵. 数字藏品受追捧,是"风口"还是"虚火"[N]. 光明日报,2022-05-19.
[④] 王花毅. 文化产业聚集中的产业链关联性研究[D]. 西安:陕西师范大学,2010:20-21.

能级不断跃升。

三、推动文化市场繁荣

当前是一个万物皆媒的时代。文字、图片、音频、视频等多种形式的版权资源,正在以前所未有的速度不断被创造、生产出来。另外,抖音、微信、微博等各种App也打通理顺了版权变现的途径与渠道,版权变现越来越快捷、简单。这些新的发展态势又进一步激发了版权创作者的热情,掀起一股股创意热潮。文化版权投资注入的资本是指挥棒,其涌入无疑会活跃文化市场,吸引更多的优秀人才加入,推出更多的创意。创意在资本的助力下,加速落地,进一步带来文化市场的兴盛,正向促进更多的创意产生。

文化版权产业已成为各国经济的重要支撑和增长点,是国际市场上核心竞争力的重要体现,受到政府高度重视。例如,美国的三大朝阳产业之一即是版权业。经过多年的超前战略布局与快速发展,美国文化版权投资已经形成了较为成熟的运作模式,建构了一套面向全球的体系,其生产的软件、影视作品、服装等畅销全世界,甚至拥有垄断性优势。世界艺术中心意大利,其文化版权产业与众不同之处在于偏向设计。意大利是文化创意产品国际性交流活动中心,是全球创意产品第一出口国,在世界设计领域跻身前列。版权投资深度渗透到纺织工业、制革业、汽车业、家具业、食品业等多个行业,催生了意大利独特的文化版权发展模式。[①] 日本的动漫业、游戏业全球领先,吸引了大量国际资本注入,极大带动了其本土乃至全球文化市场的繁荣。韩国文化版权产业近年来也有蹿升势头,在资本的助推下甚至形成了一股穿透力极强的"韩流",影响力渗透全世界。[②]

通过文化版权投资,打造版权多方深度参与、立体化开发的新兴矩阵模式,从版权生命周期的各个环节、版权变现流程的各个角度实现版权价值深度挖掘和呈现,提升版权资源盈利能力,拓宽盈利渠道,开辟新的增长极,实现总体营收增长,我国文化事业进入快速发展机遇期。2021年下半年以来,《知识产权强国纲要》《电影产业十四五规划》《短视频内容审核细则》《"十四五"数字经济发展产业规划》《"十四五"中国电视剧发展规划》等政策文件陆续发布。尤其是2021年12月24日国家版权局正式印发《版权工作"十四五"规划》。规划提出到2025年版权产业增加值占国内生产总值的比重提高到7.5%左右,核心版权产业增加值占国内生产总值的比重提高到4.75%左右。[③] 随着国家近年来对知识产权的保护力度的加大,同时在相关利好政策的加持下,国内影视版

---

① 兰大意大利研究中心.意大利文化创意产业的发展[EB/OL].(2022-02-28)[2022-09-03].https://mp.weixin.qq.com/s/nhLYNklpzvhRGXf1Jenw-Q.
② 吴汉东.文化大发展大繁荣与版权战略实施[J].中国版权,2013(3):5-8.
③ 王迪.知识产权保护是推动全球经济持续复苏的重要驱动力[N].人民日报,2022-04-22.

权运营市场逐渐规范,万亿级别的版权市场有望开启。①

四、赋能版权产业高质量发展

版权投资这一新兴事物,是当下文化产业投资的最新发展趋向,其成功经验推进文化产业投资的优化升级,使得文化产业投资得到重新调整,趋向最优,赋能版权产业高质量发展。

文化版权投资助力打通版权创造、运用、保护、管理、服务全链条,激发全社会创新创造活力,推动文化经济高质量发展,极大地拉动经济增长。中国新闻出版研究院发布的"2020年中国版权产业经济贡献"调研报告显示,2020年中国版权产业的行业增加值为7.51万亿元人民币,同比增长2.58%;占GDP的比重为7.39%。② 从2016年至2020年,中国版权产业的行业增加值已从5.46万亿元人民币增长至7.51万亿元人民币,产业规模增幅38%;从对国民经济的贡献来看,中国版权产业占GDP的比重由2016年的7.33%增长至2020年的7.39%,提高了0.06个百分点,占比呈稳步提升的态势。③ 总的来说,我国版权产业已初具规模,对国民经济的贡献不断提升。④ 不过相较发达国家,中国版权产业的经济贡献水平尚存在较大提升空间。⑤

文化版权投资促进文化版权产业结构不断优化。《2018年中国版权产业的经济贡献》显示,中国核心版权产业行业增加值在全部版权产业中的比重已经从2006年的48%提高至2018年的63%,提高了15个百分点,成为推动中国版权产业发展的主体力量。在创新驱动发展战略的指引下,我国生产消费模式数字化、网络化进程不断加快,核心版权产业中的数字出版、网络视听、动漫游戏、新兴信息技术等新业态、新模式发展势头强劲,逐渐成为版权产业发展的新动能。⑥

文化版权投资拉动就业,优化人才结构。文化版权投资需要相关从业者有较深厚的知识积累,丰富的实践经验、精准的市场判断以及前沿趋势的敏锐感知。这对人才素养提出了较高要求。此外,文化版权投资从业者相较其他行业,壁垒较低,收入较高,吸引了大批海内外人才集聚。这使得就业问题得到一定程度的解决,同时也锤炼出结构合理的从业团队。2018年,中国版权产业的城镇单位就业人数比2006年增长了1.2倍,中国版权产业占全国城镇单位就业总人数的比重由2006年的6.52%提高至2018年的9.53%,提高了3.01个百分点。⑦

当下文化版权投资正处于发展新阶段,势必将继续激发版权产业创造活力,进一步

---

① 汇娱时代.数字时代完善版权保护,推动市场繁荣发展[EB/OL].(2022-04-08)[2022-09-03].https://mp.weixin.qq.com/s/rUnkds6USL2EPp74tuiwJg.
② 王迪.知识产权保护是推动全球经济持续复苏的重要驱动力[N].人民日报,2022-04-22.
③ 国家版权局.2020年中国版权产业增加值占到GDP的7.39%[EB/OL].(2021-12-31)[2022-09-03].https://baijiahao.baidu.com/s?id=1720655802878865784&wfr=spider&for=pc.
④⑥ 中国新闻出版研究院.2018年中国版权产业的经济贡献[R].北京:中国新闻出版研究院,2020:11-12.
⑤ 段桂鉴,王行鹏.版权价值层次性的认识与解读[J].版权资产管理实务指南(特刊),2019:108.⑥
⑦ 中国新闻出版研究院.2018年中国版权产业的经济贡献[R].北京:中国新闻出版研究院,2020:14-16.

激活版权资源,构建版权产业集聚发展新理念、新格局。

五、增强文化软实力

版权产业既是文化产业的重要组成部分,又是衡量一个国家文化软实力的重要指标之一。版权产业不仅关乎民众文化产品与服务的幸福获得,还是国家文化硬实力与软实力的体现。

我国的版权产业相较其他国家起步虽然较晚,但是在国家的大力推动下,发展势头迅猛,前景巨大。作为关键因素和基本资源,版权助力文化大发展大繁荣以及文化强国建设。随着版权市场进一步完善,创新积极性被进一步激发与释放,版权投资趋势从"引进来"转向"走出去",版权产品在国际市场上的竞争力也相应提升。

文化版权投资推动文化软实力的提升主要表现在以下两个方面:一是增强了文化竞争力。例如,近年来部分电影、电视剧、小说等版权的成功投资推动了中国文化作品在海外的传播,形成一股文化热潮,大幅提升中华文化的竞争力。以影视剧"走出去"为例,从"出海"第一梯队的《西游记》到《还珠格格》到《媳妇的美好时代》,再到近年来以《白夜追凶》为代表的一批优秀网络电视剧、《流浪地球》科幻电影,中国已经从单纯的电视剧出海,发展到电视剧、网剧、综艺、电影等在海外多点开花。其中《流浪地球》还在全球掀起一股"刘慈欣科幻热"。二是通过促进文化传播,推动我国同各国的人文交流和民心相通,构建中国话语和中国叙事体系的支撑,全面提升国际传播效能,提高国际影响力。智能媒体的兴起,拓展了传播渠道,改进了传播方式,以人们喜闻乐见、具有广泛参与性的方式推广开来,促进了文化的全方位传播,展示了中华文化独特魅力。先进的文化信息通过版权产品传播,打破地域空间与时间限制,消除了部分偏见,立体式塑造中国形象,科学进行跨文化传播。[①] 除 Tiktok 等已经成为全球对话的平台外,2021 年,我国的国家传媒矩阵、网络文学阅读平台、跨境消费平台等正在生成新的国际传播通道。

第四节 文化版权投资模式

一、美国模式——内引外扩

美国的文化版权产业投融资模式主要有政府投资、资本市场融资(两种主要工具为股票与债券)、慈善基金会(非政府、非营利性组织)投资、银行融资、风险投资、产业外融

[①] 邓志龙.我国核心版权产业发展与《华盛顿邮报》长期控制在格雷厄姆家族手中文化软实力提升研究[D].北京:北京印刷学院,2009:30-35.

资、海外融资、文化企业间并购等。①

美国版权产业投资模式的主要特点是内引外扩。所谓内引,一是政府充分放权,让市场主导,吸引社会资本,促进投资主体多元化。美国虽然也设立了诸如国家艺术基金会(NEA)等各种带有国有性质的基金会,并且每年划拨一定的财政资金,但是,其在文化版权投资市场上最多起的是辅助作用,其投资占比一般都被严格控制在20%之内,剩下的部分则由社会资金进行补充。此外,政府不干预项目运营,影响决策走向,充分尊重市场规律。该种模式是典型的"小政府大市场"。当然,这并不意味着政府完全不发挥作用,其通过制定政策、法律法规(如《版权法》(《Copyright Law》,1790),《跨世纪数字版权法》(《Digital Millennium Copyright Act》,1998)),加大财政补贴、税收优惠(文化企业能够享受特定的减税、免税优惠)等手段,战略性引导着文化产业的发展,使其在正确的轨道上运行。特别值得一提的是,美国的文化产业大都被财团控制。以传媒业为例,在2013年被亚马逊的杰夫·贝索斯收购之前,《华盛顿邮报》长期控制在格雷厄姆家族手中,《纽约时报》属于索尔兹伯格家族,美国三大新闻网之一的全国广播公司(NBC)从属康卡斯特公司,沃尔特·迪士尼公司则控制着美国广播公司(ABC)的股权,美国有线电视新闻网(CNN)是时代华纳旗下的机构。这些财团财力雄厚,社会影响力巨大,能够在版权投资中更好地实现投资要素的高效配置、投资行为的成功实施。内引的第二层意思是捐赠与资助。美国税法规定,只要进行社会捐赠,则能够被减免纳税额,再加上美国的遗产税很高,由此形成了其独特的捐赠文化。个人和企业均会以回馈社会的名义成立基金会,发起各种捐资活动,一是为了避税,二是为自己或机构赢得社会声誉,三是实现资金的经济与社会效益最大化。例如,企业家代表巴菲特、比尔·盖茨、扎克伯格等以及美国运通基金会、摩根财团、洛克菲勒财团机构团体等均会定期与不定期进行捐赠。其成为文化版权产业获得资金的重要来源之一。②内引的第三层意思是吸引国际资本。美国凭借较为完善的市场体系与国际化运营方式吸引了大量跨国公司前往投资。此外,美国的文化版权产业具有多元化、包容性、渗透性强等特点,能够打造推出为全球公众接受的版权产品,突破地理区域与文化的限制,从而实现版权价值最大化。这无疑成为吸引外国资本注入的主要原因之一。③

所谓外扩,指的是美国文化版权投资面向全球,并不局限于本国国土。这首先是因为美国鼓励企业兼并重组,以形成规模效应,增强市场竞争力。2020年的数据显示,美国前400名大型企业中,有18%(72家)涉足文化产业④,乃至文化版权产业。凭借强大的经济实力与灵活运作,美国企业的投资项目优先考量因素是可盈利性、可持续性。其次,美国通过走出去,抢占国际市场,输出美国价值。全球同步开发版权,实现了版权价值增值与放大。以美国影视业为例,好莱坞大片在全世界范围内收获了巨额票房,输出了美式价值观,大幅挤占了本地影视市场。影视版权产业还以IP开发为核心,推出玩

---

① 张彬,杜晓燕.美国文化产业投融资模式分析及启示[J].中国文化产业评论,2011,13(1):27-40.
②④ 李浩然.美国文化产业的发展经验及其启示[J].人民论坛,2020(3):140-141.
③ 余晓泓.美国文化产业投融资机制及启示[J].改革与战略,2008,24(12):153-155.④

具、服装、游戏、书籍、运动器材等周边产品,在全球热卖,极大提高了版权产品的附加值。①

二、英国模式——陪同资助

欧洲比较有代表性的模式是英国与德国的文化版权投融资模式。英国政府为了激活文化企业的创新活力,促进文化版权投资的繁荣,制定了一系列服务性引导政策,采取了多种措施。例如,鼓励产业进行模式创新、管理改革,多方合作探索新型人才培养模式,提供包括财政资金在内的系统性支持②,助力赋能打通文化版权产业从版权研发、生产到交易、出口的上下游产业链。设立多个专门部门,解释政策,提供资金与咨询服务等,创新资助方式。典型做法如设立国家彩票基金(National Lottery Funding)以引导文化版权产业发展。英国的彩票基金NESTA(National Endowment for Science, Technology and the Arts)每年能够从英国国家彩票收入中获得约3.25亿英镑,约合人民币27.17亿元的资金赞助,以用来支持科学技术以及文化产业的发展。NESTA总部位于伦敦,最开始是非政府性公共机构,2010年转变为慈善机构。NESTA由一个受托人董事会、六个子委员会以及执行团队扁平化构成。由政府直接任命受托人董事会成员,但对该组织的具体运作不过多干预,授予其充分的自主权。③ NESTA主要支持科技与文化产业内的创新创意活动,包括文化版权投资,具体帮扶措施有:资助文化版权从业者或群体,投资优秀的文化版权项目,加速其落地应用变现。

此外,英国政府还采取"陪同资助"的方式鼓励投资文化产业。所谓的"陪同资助"即政府与社会资本同等比例投资文化版权项目。社会资本数额加大,政府则追加相应数量的金额。该种方式不仅为文化版权产业投资注入了大量资金,还因为政府分担了一般风险而充分调动起了社会资本的积极性,极大地推动了文化版权投资行为的进行。④

为了引导更多国内、国际社会资本进入文化版权产业,英国政府通过召开国际性、全国性、区域性、局部行业协会性会议等,借助媒体宣传、有偿广告推广等方式,提高公众对文化版权产业及投资的深入认知。该种做法最显著的成效是,原本集中涌入生物医药、人工智能等新兴产业的社会资本开始部分转向文化版权投资这一蓝海中。⑤

为了兼顾大中小型文化企业,英国政府设立了立体式梯级资助计划。例如,针对量大面广的中小企业,推出了创意卓越基金、小型公司贷款保证计划、地区创业资本基金等。三种基金分别针对不同类型的文化公司,提供最高限额15万英镑到50万英镑,折合人民币126至420万的支持,创意卓越基金甚至不需要文化企业提供抵押物或第三方担保人,这无疑极大地为相关企业减负赋能。⑥

---

① 李浩然. 美国文化产业的发展经验及其启示[J]. 人民论坛,2020(3):140-141.
② 李佩森. 版权资本盘活创意产业[N]. 中国文化报,2015-12-05.
③ 李希义,郭铁成. 英国彩票基金支持创新的模式值得借鉴[J]. 全球科技经济瞭望,2014,29(7):43-48.
④⑤⑥ 刘芹. 我国文化产业投融资模式创新研究[D]. 长春:吉林大学,2014:28-29.

综上所述,英国的文化产业投资模式的最大特色是政府引导。政府通过财政、税收、监管等多种手段,或直接或间接推动形成了政府资本、社会资本、海内外资本聚合共存的发展模式,同时充分尊重市场规律,探索出了适合英国国情的路径。

三、德国模式——银行主导

德国文化版权产业主要由计算机软件、图书、报刊、电影、音像和电脑游戏等行业组成,其中,图书业和报刊业是其支柱产业。[①]

德国最早由专门的文化部门推进文化版权投资,例如,制定发展规划,组织各方力量进行投融资。然而,经过借鉴国外发展模式以及总结发展过程中的经验教训,推动文化版权产业发展的牵头单位逐渐转变为经济部。该部相较文化部门,能够更好地发挥统筹协调功能。此外,德国政府也顺应国际趋势,制定并完善了多项相关法律法规,比较典型的代表如《专利法》《外观设计法》《规范信息社会著作权法》等,并简化了版权保护流程,加快了审理程序,建构了一整套较为科学的版权产业发展体系。

德国没有专门的版权注册与登记机构,取而代之的是通过非营利组织建立了完善的版权集体管理制度。德国约有13个版权集体管理组织,负责管理版权人的权利,授予许可、收取许可费并发给版权人。其成立必须得到德国专利商标局审批,并接受商标局监管。[②]

与英国政府引导模式不同,通过不断深化银企合作机制,德国的文化版权投资形成了特色鲜明的银行主导模式。该模式以银行为运作主体,以国家经济和产业发展战略为主要目标与依据,以信贷规模、资金成本和资金流向为主要引导方式的信贷资金配置制度,这种金融资本与优势产业资本的融合巩固了其文化产业的全球地位。[③]

德国银行与文化企业相互交叉参控股持股,前者注资文化企业,产生更大控制力,后者利用银行资本来推进其国际化、资本化高质量发展,二者高比例相互深度渗透,逐渐形成一种"共进共退"的资金供求关系。部分由政府主导推动成立的政策银行,特别设立专项贷款(政府贴息、低利率,甚至免担保或政府担保),为文化企业提供帮助,解决融资难问题。例如,德国的复兴信贷银行(KFW),为版权产业提供的服务有政策性贷款、次级贷款融资、股权融资等。

德国还构建了多层级梯形融资担保体系与较为科学的风险分担机制。放贷银行一般承担20%的贷款风险,其余部分则由德国联邦政府、州政府、担保银行分别分担39%、26%和35%,这无疑提升了银行对文化版权产业投资放贷的积极性。[④] 德国柏林投资银行(Investment Bank Berlin)设立的文化产业风险投资基金,采取与风险投资资本联合投资的模式,以提供不超过一半投资额为上限,在调动市场力量的同时最大限度分散投资

---

①② 谢琼,陈婉玉.德国版权产业人才培养模式研究[J].出版广角,2018(17):27-30.
③④ 陈锋.美英日德四国文化产业金融模式与启示[EB/OL].(2022-07-06)[2022-09-03]. https://new.qq.com/rain/a/20220706A09TA800.

风险,满足了更多文化企业资金需求。①

四、日韩模式——政府主导

日韩模式最大的特点是政府主导,即政府在文化版权投融资活动中占据主导地位,能够对金融市场、文化版权产业的诸多决策及发展方向、结构调整等产生重要影响。例如,1999年,日本就主导了众多金融机构(如原"日本开发银行""地区振兴整备公团"以及"环境事业团"等)的兼并重组,专门成立日本政策投资银行。该银行的主要职能之一是为日本境内的文化企业提供长期、低息贷款。此外,针对中小企业,日本政府特设建构了一套来源多样化(担保公司、保险公司、信用保证行业协会以及其他民间组织等)、风险分散化(中央与地方风险共担)的融资担保体系。② 除了政府主导之外,日本的文化版权产业还积极吸引社会资本与国际资本加入,使其成为文化版权投资一股不可忽视的强劲力量。例如,在日本国内定期举办的大型活动往往都是知名企业、机构组织赞助的,如丰田公司资助的"丰田杯"各项比赛,足球赛、世界围棋王座战等。由于日本日渐成熟的金融体系,国际资本近年来大量涌入日本文化业,以动漫产业聚集度最高。该产业积极采用日外合资经营模式,进行版权开发与投资。③ 值得一提的是,以动漫为代表,日本文化版权产业注重衍生品的开发,即将单一创意版权产品IP化,开发系列产品,打造涵盖创作、出版、制作播放、版权授权、衍生品生产与销售等环节的上下游顺畅产业链。投资主体偏好组合投资,即共同投资共同承担风险。④

韩国文化版权投资模式亦是以政府为主导⑤,推出相关政策(如《文化产业发展五年计划》《21世纪文化产业设想》《文化产业发展推进计划》《电影产业振兴综合计划》《文化产业振兴基本法》),成立多个母基金,进行财政拨款与补贴。例如,韩国政府七个部门联合成立韩国母基金(存续期限30年),政府出资,专业投资机构运营。韩国近年来文化版权产业快速发展,并且从文化输入转向输出模式。以影视业为例,从《来自行星的你》到《鱿鱼游戏》,韩国的文化版权输出区域已经从东南亚扩大至全世界。当然《鱿鱼游戏》IP火遍全球与Nexflix的注资与全球化推广宣传有关。该产业已成为韩国国民经济的支柱性产业,带动了诸多相关产业发展,如旅游业、制造业等。韩国文化版权产业向外突围成功离不开顶层设计。韩国政府专门成立组建文化产业振兴院,统筹海外文化版权投资,建构海外版权保护体制机制与平台,促进版权交易的顺利、高效进行。同时充分利用好民间力量,吸纳大量的非官方团体与企业的加入,并在版权输出较为频繁的地区专设海外版权中心,提供维权法律援助等服务。⑥

---

① 陈锋. 美英日德四国文化产业金融模式与启示[EB/OL].(2022-07-06)[2022-09-03]. https://new.qq.com/rain/a/20220706A09TA800.
②③ 刘芹. 我国文化产业投融资模式创新研究[D]. 长春:吉林大学,2014:29-30.
④ 周荣国. 韩国、日本、澳大利亚发展文化产业的战略举措[J]. 当代世界,2009(5):10-12.
⑤ 创意门头沟. 韩国组建文化产业振兴院的战略考量[EB/OL].(2014-07-15)[2022-09-26]. https://mp.weixin.qq.com/s/JyYVGfiD0k3Xaw4-3uf22Q.
⑥ 方圆. 版权穿起影视产业链[N]. 中国新闻出版报,2014-03-06.

五、中国模式——中国特色

中国的文化版权投资脱胎于文化产业投融资,其发展演变与我国文化体制的改革以及经济发展阶段是密切相关的。

1978年之前,文化产业发展缓慢,属于政府"包办",并未形成自己独立的生态。1978年以后,娱乐业最先起步,发展势头迅猛。1985年,在国家统计局颁发的《关于建立第三产业统计的报告》文件中,文化产业作为第三产业被列入国内生产总值统计项目中。1992年以前,文化产业的发展资金主要来自于政府拨款,该阶段市场经济尚在探索阶段。1992年,"文化产业"一词正式在《重大战略决策——加快发展第三产业》中被提出。1998年,开始出现针对文化产业投融资方面的研究探讨,该阶段社会资本逐渐进入文化产业投资之中,带动了出版业、影视行业快速发展,银行信贷、股权投资等融资方式受到欢迎。[①] 2002年以后,文化版权投资开始进入全新发展期。

我国的文化版权产业发展起步较晚,文化资源大国与文化版权产业规模明显不相匹配。同时文化版权对创意、资源、资金、管理、人才等的高要求也限制了其增长速度。随着社会资本大量进入文化版权产业,文化版权投资也从最初的文化物权投资模式、文化股权投资模式,逐渐演变发展为现在的综合性投资模式,包括信贷融资、文化企业版权质押贷款、版权信托融资及知识产权/版权证券化等。

中国模式最大的特点是通过借鉴创新,打造具有中国特色、符合中国国情的"中国式现代化"文化版权投资发展道路。一开始,我国发展文化版权投资主要是借鉴西方模式,例如,学习欧美的投融资机制,随着在实践中不断积累丰富的经验,对文化版权产业有了更科学的认知之后,我国逐渐探索出了新的模式。21世纪初,文化体制改革开始,该阶段的重点任务是提升文化软实力,推动中国优秀传统文化国际化。政府出台多项措施引导文化版权产业发展。经过多年的探索,文化版权产业成为经济发展新的增长点,文化版权投资模式也经历了多次迭代,找寻到了中国语境下的最佳发展路径。值得一提的是,也是从这一时期开始,文化版权投资开始走出国门,在行政力量与社会资本的助推下,迈出坚实的"走出去"步伐,其国际影响力日益提升。

文化版权产业投融资市场快速发展,有力支持文化版权产业的创新发展与产业链升级。文化版权产业融资管理是文化版权工作室到文化版权企业再到文化版权航母的推动力,也是应对文化版权产业资金缺口的重要方式。文化版权产业的投融资健康发展对促进文化版权业态创新、产业快速发展具有重要意义。

六、未来走向

由于美国、欧洲、日韩文化产业基础与各自金融制度的差异,其对文化版权产业的

[①] 刘芹. 我国文化产业投融资模式创新研究[D]. 长春:吉林大学,2014:17-20.

支持侧重点不同。美国是典型的市场主导模式,具有明显的融资成本与渠道优势;欧洲、日韩是典型的政府主导模式,该模式有效降低了企业交易成本。为了实现文化版权产业国际化、可持续性、高质量发展,中国文化版权投资模式需要学习和借鉴上述国家的成功经验与失败教训(如当下文化版权投资的过度虚拟化和过度金融化),探寻具有中国特色的投资模式创新之道。

成立统筹协调部门。例如,类似韩国文化产业振兴院这样的文化产业助推机构,整合资源,积极发展国内市场、开拓海外市场,促进产业高质量发展。

多方协同,打造良性发展生态。文化版权投资是一个系统工程,受到宏观经济环境、产业环境、政府支持等多种因素影响。通过加大扶持引导"给政策",利用行政和司法"严保护",从建设公共服务平台和协会介入"优服务",从企业日常经营管理、青少年教育普及"广覆盖",强化多元共治,让各方了解和参与版权保护工作,共享版权保护红利,提升版权工作效能,助推版权从被动的保护阶段转入创造、运用和保护并重的新阶段,打造良性产业发展生态,促进文化版权投资。

依托现代化文化产业体系和市场体系,健全资本市场功能,提高直接融资所占比重。构建并完善多层级资本市场体系,发展债权与股权相结合的融资方式,鼓励文化企业运用高收益债、公司债、重组私募、可转债、债转股等方式在银行间市场和债券市场融资。① 聚合多方资源,打造世界一流的版权交易与运营中心,推动版权保护与版权增值。

推进政策性金融体系建设,培育新型银企合作关系。探索财政资金发起成立文化政策银行,坚持"政策的归政策、商业的归商业",为小微文化企业和国家重大文化工程项目提供直接贷款或担保服务。鼓励商业银行通过增加应收账款、知识产权、合同等抵质押物的种类、降低抵质押率、扩大企业担保范围和增强信贷合同约束等措施,推动各类大中型商业银行、政策性银行与互联网银行以及其他金融机构加强合作,发展投贷联动、投贷担联动、投贷租联动等金融模式。②

推动高质量发展,打造基于文化版权产业链的"产融协同"。支持资金实力雄厚、多元化经营的大型文化企业集团通过依法开办、设立、收购、参股、整合中小银行、产业基金、融资租赁、保理和各类互联网金融机构等方式,打造投融资平台,集聚长期产业资本,确保其收购兼并等产业扩张的顺利推进。③

强化人才支撑。进行体制机制改革,内培外引。通过学历教育与职业培训并举,培养梯次结构合理、素质优良的文化版权人才队伍;打造引才高地,引进高层次、复合型海外版权人才;推动实施高技能人才扶持计划,通过政产学研用合作模式,挖掘紧缺型人才。④ 与此同时,加强人才国际交流,用好用活各类人才。

总的来说,中国应结合当下国情,借鉴已有的成功模式,建构面向未来的具有中国特色社会主义的中国式现代化文化版权发展模式。

---

①②③④ 陈锋.美英日德四国文化产业金融模式与启示[EB/OL].(2022-7-06)[2022-09-03].https://new.qq.com/rain/a/20220706A09TA800.

延伸阅读

序号	阅读主题	阅 读 文 献
1	版权产业发展机制	朱喆琳.数字时代日本版权产业发展规范机制的构建与启示[J].出版发行研究,2016,12(3):84-88.
2	文化产业	傅才武.数字信息技术、文化产业发展与政府作用:以《文化产业促进法(草案送审稿)》为中心的考察[J].中国治理评论,2020,10(2):111-128.
3	文化产业发展激励机制	张双梅.中国文化产业发展激励机制研究:以金融激励为路径[J].政法学刊,2021,38(4):91-97.

第三章 文化版权投资生态的建构与运行

本章要点

文化生态学和产业投融资理论相关领域的研究为文化版权投资生态的认识与建构提供了理论基础和分析工具。根据发展成熟度的差异,可以将文化版权投资生态划分为产权化生态、资产化生态和金融化生态三种发展形态。文化版权投资生态的分析可以解构为:市场维度、主体维度、社会维度、人才维度、平台维度、政府维度等六个维度。

近年来我国文化版权投资生态快速发展,各类版权融资交易平台不断涌现,版权金融生态建设进入快车道。但在实践中,依旧存在投融资制度成本过高、风险控制倾向导致中小企业融资难等关键问题。

美国、英国、日本等国文化版权投资生态发展为我国文化版权投资生态建设提供了借鉴。版权保护的法律体系建设,基于产业发展评估体系的事前控制,发挥版权集体管理组织作用,政府和行业协会托底的融资担保公司在版权商品生产和贸易过程的深度参与是值得我国版权投资生态建设借鉴的主要经验。

优化版权投资生态建设的关键在于针对不同时期、不同文化领域,政府纬度与市场纬度的相互配合,在成熟的文化版权投资生态中,由市场作为主导者,政府起支持与规范作用,投资主体与人才应当自发形成行业的制度性规范与内省性规范,成为文化版权投资生态的变革者,不断革新投资方式、拓宽生态边界。在多维合力下,形成版权投资发展治理体系和治理能力现代化。

第一节 文化版权投资生态建设的理论基础

一、文化版权投资生态构建的理论背景

生物生态学理论之于文化版权生态的构建具有重要的参考价值,生物生态学包括种群生态理论与自然生态系统理论。

种群生态理论。种群是同一种个体在特定时空内的集合,是物种存在的基本单位。[①][②] 种群与种群之间存在相互作用,其相互作用的类型随不同的条件、不同的生命史阶段而发生变化。物种间相互关系的研究主要包括:一是相互动态,即两个或多个种群在种群动态上的相互影响;二是共同进化,即两个或两个以上种群在进化过程中的相互适应。在观测产业组织集群化、生态化的过程中,种群生态学启发我们将自然界种群演化规律移植到经济社会发展中来。[③]

自然生态系统理论。一定时空内由生物群落及其环境组成的整体,构成生态系统。借助于物质流、能量流、物质循环和信息传递,各组成部分相互联系、相互制约,形成一个具有自动调节功能的复合体。生态系统内部与系统外部进行全方位的交流,即使是相对独立的生态系统也是如此,有能量和物质的不断输入和输出。以生物生态学理论视角观察文化版权的投资生态,文化企业的初创、发展与企业的转型、壮大过程,可以视为个体层面有机体雏形的发展过程,文化产业的萌生、规模化、系统化可以被视为产业层面非生命有机体的发展过程。个体层面的投资行为将影响集体层面的投资行为,围绕文化版权投资的活动,在产业生态中建立了各种要素支撑系统,并在产业和环境之间形成相互作用和动态调节。

产业生态学理论。早在20世纪50年代至70年代初期,就有学者从事产业生态学的理论研究,在产业生态学的早期研究中,Howard Odum和Ramon Margalef等学者就意识到人类活动与自然生态之间的相似性,提出"人类活动的生物物理基质同样服从于自然生态系统的规律"[④]的说法。产业生态的本质核心是"循环",产业系统内的各个组成部分之间相互依存、密不可分,原料开采、产品生产、包装、使用与废弃物处理的全过程都存在物质、能量和信息的流动与循环,循环不仅限于企业内部的微观层面,还包括产业之间的中观层面和一个城市或地区之间在宏观的产业体系层面。产业生态学理论为人类社会理解产业系统与产业环境之间的互动关系提供了良好的解释框架。

产业生态理论的发展对文化版权生态的借鉴意义主要体现在以下几个方面:第一,从全生命周期的系统视角观察文化版权产业发展、跃升的阶段性特点;第二,帮助我们更好地理解版权产业与其相关配套产业在中观产业层面的互动关系,观察产业规制对版权投资行为的影响;第三,有助于利用经济学和管理学相融合的视角,观察版权投资活动的决策程序、组织管理、绩效评价和制度设计。关注产业生态研究的前沿热点,使我们更好地梳理出生产活动运行机制与规律,便于以多学科的视角,拓展产业生态的研究边界与研究视野。

---

① 金以圣. 生态学基础[M]. 北京:中国人民大学出版社,1988.
② 吴晓莆,郑豫,马克平. 北京东灵山地区辽东栎、大叶白蜡和五角枫种群分布格局与动态:英文[J]. Acta Botanica Sinica,2002(2):212-223.
③ 白露. 新疆民营企业文化生态和谐构建研究[D]. 石河子:石河子大学,2015.
④ Odum H T, Pinkerton R C. Times' speed regulator: the optimum efficiency for maximum power output in physical and biological systems. American Scientist,1955,43:331-343.

二、文化产业生态系统的构成与运行机制

产业问题长久以来都是理论界研究的焦点之一,尤其是以宏观视角考察产业生态系统构建、运行与优化等相关问题,为经济学和管理学领域研究人员所广泛关注。从全球版权产业的发展来看,各国版权产业所处的产业生态系统差异是版权产业发展大相径庭的关键因素。以美国为代表的发达国家在知识产权保护、教育、创新、信息通信技术等方面建立了与版权产业发展水平相适应的产业生态系统(或版权生态系统),使版权产业蓬勃发展。[①]

文化及相关产业是指为社会公众提供文化产品和文化相关产品的生产活动的集合[②],包括以生产为中心的文化核心领域、实现文化产品生产活动所需的文化辅助生产和中介服务、文化装备生产和文化消费终端生产等活动的文化相关领域。

文化产业生态是文化相关资源及其资源配置机制的统一体,在宏观层面,从文化产业生态的构成要素视角出发,产业生态可以区分为三个子系统,各子系统间存在商业性资源、智力性资源和特色性资源的互动。三个子系统为:① 要素系统,包括资金、人才和项目以及相关技术;② 流程系统,涵盖文化遗存的存量开发、文化机构的资源配置和文化产品在消费市场上的价值实现等;③ 支持系统,涉及以中介为代表的商业性服务机构、以政策为代表的政府机构、事业单位、社团机构等社会服务机构。[③]

文化产业生态模型如图 3-1 所示。

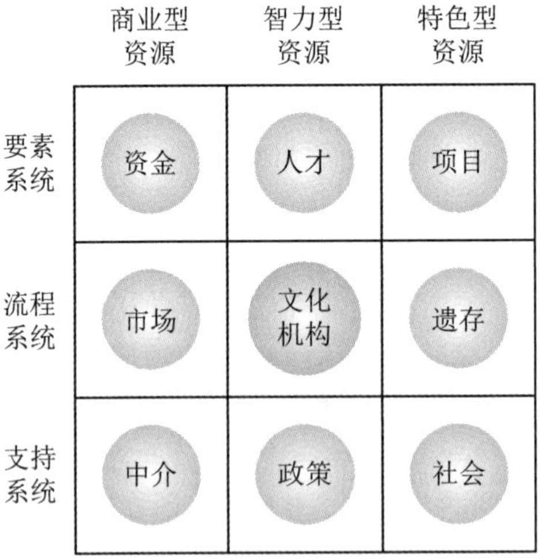

	商业型资源	智力型资源	特色型资源
要素系统	资金	人才	项目
流程系统	市场	文化机构	遗存
支持系统	中介	政策	社会

图 3-1 文化产业生态模型

从文化产业生态发展与运行的影响因素来看,政策和市场是影响文化产业生态各

---

① 刘京华.版权产业发展的国际比较及中国策略选择[D].福州:福建师范大学,2019.
② 国家统计局.文化及相关产业分类(2018)[EB/OL].(2018-05-09)[2022-01-05].http://www.stats.gov.cn/tjsj/tjbz/201805/t20180509_1598314.html.
③ 李宪奇.论当代中国文化产业生态的重构[J].中国文化产业评论,2005(3):142-152.

子系统与资源调配的两支重要力量。徐浩然(2009)认为市场机制或曰市场竞争法则是版权产业生态系统的运行法则,追求利润增值与收益最大化是微观主体的首要经营目标。① 政府与市场在版权生态系统中的作用机制存在差异,市场主要在自身机制的自发作用下运行,政府则通过政策指导和相关产业措施的出台,规范各微观构成主体的不当行为、相关支持体系的支撑作用,促进为资本、技术、人才、产品等要素的流通以及营造良好产业发展环境。

从微观层面来看,文化产业生态实现价值创造和价值增值有其独有的机制。中国学者李育菁、赵政原(2021)以文化产业领域传统的大卫·索罗斯同心圆模型和创意价值链模型为基础,绘制了创新型文化产业同心圆模型(图 3-2)。② 在此基础上,纽卡斯尔大学《城市与区域发展研究报告》绘制的"生产与再制"理论(The relationship between production and reproduction)提供了一个更为简明的产业分类方式。该理论根据生产形式、发行体系、观众体验方式,将文化产业分为"内容趋向受众"类(Content to Audience)产业和"受众趋向内容"类(Audience to Content)产业两大类。将这一分类整合到文化产业模式的建设中,并在此基础上添加了被既有理论所忽视、但贯穿整个文化产业的"提供增值服务的B2B"(Business to Business)产业。这一模式清楚地说明了文化产业是如何将原创核心层的作品或概念通过价值链的各个阶段转化为具有消费者价值的文化产品或服务的。③

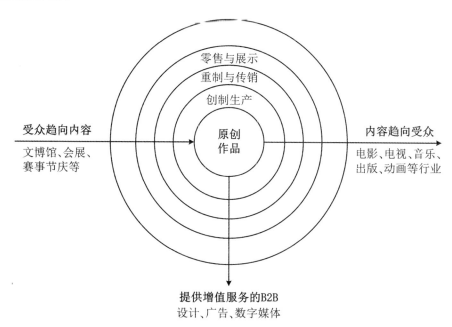

图 3-2 创新的文化产业分类模型④

---

① 徐浩然,许箫迪,王子龙.产业生态圈构建中的政府角色诊断[J].中国行政管理,2009(8):83-87.
② 李育菁,赵政原.文化产业的分类研究模型梳理、反思与优化[J].福建论坛(人文社会科学版),2021(2):47-57.
③ Centre for Urban & Regional Development Study. Culture cluster mapping and analysis, final report to ONENorth East[C]. Newcastle: University of Newcastle Upon Tyne, 2011:53.
④ 李育菁,赵政原.文化产业的分类研究模型梳理、反思与优化[J].福建论坛(人文社会科学版),2021(2):47-57.

三、文化产业投资的相关理论

投资行为伴随资本市场发展而兴起,其理论研究为产业发展提供了重要的理论支撑,西方经济学家在信息不对称、信贷配给现象、企业资本结构和政府角色发挥等领域的研究为产业投资提供了理论指导[①],对清晰认识我国文化产业投资领域的现实问题有重要作用。

(一) 市场失灵与政府干预理论

在理想的由市场起完全作用的情况下,市场作为一只"看不见的手",能够合理、充分地利用资源,实现资源配置的最优状态。在非理想化的现实情况中,在市场已经充分发挥了资源配置作用的情况下,各种不能带来理想的经济效益和令人满意的收入分配的情况被称为市场失灵。与文化产业相关的市场失灵可能是由公共产品的供给、外部效应和市场不完善造成的。在现实中,市场失灵是政府干预市场的合理性和必要性的前提。政府运用一系列宏观经济管理手段干预市场,特别是通过财政政策、货币政策、产业政策来调整经济杠杆,并通过立法来保证市场经济的正常运行。

目前,我国文化产业发展相对落后,市场发育不完善,文化产业领域存在市场失灵,因此需要政府的适当干预。市场失灵和政府干预的理论为财政支持文化产业的合理性提供了理论依据。

(二) 信贷配给理论

所谓信贷配给,是指信贷市场中贷款需求过剩的现象,即供求相等时,银行的实际利率始终低于市场均衡利率。[②] 理想的经济条件是:在完全信息和交易费用为零的情况下,信贷利率等于市场均衡利率。但是现实是,信贷市场的平衡还受到许多非价格机制的严重干扰。[③]

其中,以借贷双方的信息不对称为典型。银行和借款人作为借贷交易的双方,二者之间所掌握的信息存在差异,即信息不对称。例如,贷款人因项目资金存在缺口时需要向银行进行贷款,借款人对该项目领域较为了解,银行方则无法对企业项目风险做出准确判断。此外,一些贷款人在申请贷款时可能只公开好信息,故意隐藏或篡改不利信息。在银行无全面的贷款信息,又想要获得盈利的情况下,不仅要考虑贷款利率,还要考虑贷款人的偿还概率。高额的利润回报意味着高度的不确定性与较高的投资风险,与之相对应的是较低的还款概率,因此银行也就更倾向于相对较低利率的贷款,而拒绝部分高风险的借款,由此出现了信贷配给。

信用分配理论表明,信息透明程度是借贷双方平衡风险与利益的重要因素。信用

---

①③ 郝茜. 我国文化产业投融资研究[D]. 长沙:湖南大学,2013.
② 章希. 社会资本下的集群民营企业融资问题研究[D]. 苏州:苏州大学,2015.

分配理论同样适用于文化产业领域,金融机构往往既缺乏对文化产业的深度洞察,又缺乏针对文化产业的信用评估机制,无法准确估计文化企业的风险和收益,因此文化企业的贷款产生了信贷配给现象,对于文化项目或文化企业而言,由于无法保证充足的资金供给,项目或者企业失去发展机会,导致部分企业经营规模无法壮大,部分文化产业无法得到有效发展。对于银行而言,为了降低风险而失去了获得更高利润的可能,使得在银行与文化企业的博弈之中,出现了"双输"的局面。

(三)资本结构理论

企业所拥有的各种资本的构成以及各种资本的占比即为企业的资本结构。[①] 资本结构的优化,不仅可以提高企业的市场价值,而且对企业的融资成本、产权分配、治理结构都有重要作用[②],它决定了企业的融资效果和发展的长久性,甚至可以通过市场的中介效应,作用于国民经济。

资本结构理论对于文化企业的融资方式选择具有一定的启发与指导意义,资本结构理论关注企业的资本构成,即关注低运作成本与高回报收益。根据融资优序理论,企业一般首选无交易成本的内部融资,如果资金短缺,则再选择较低交易成本的债务融资;在债务融资中首选银行融资,其次是发行债券,最后是股票融资。[③] 我国的文化产业对债券融资的使用率并不高,因此对于许多文化企业而言,应当慎重选择上市融资作为企业的融资方式。[④]

四、文化版权投资的生态模式

从当前现行的实践来看,发达国家研究人员对融资理论的研究主要围绕以下两个视角展开:首先是信用及信息公开与共享问题,其次是文化资源和版权交易过程中的交易成本问题。与理论探索相对应,发达国家的版权交易在实践中,形成了完备的法律保障制度、规范化的产权交易流程、运行良好的市场机制以及社会化的市场支撑体系,文化产业的投资行为无需依赖新形态,而是依托专业化、多元化的产业资本市场,以此来满足文化产业投资的不同需求,尤其是居于交易模式核心的文化版权投资,存在多种配套相适的投资策略,包括银行贷款投资形式、并购重组投资形式、无形资产估值投资形式、跨国购买版权投资形式以及投资基金投资形式。

我国在文化版权投资领域的探索起步较晚,在逐渐脱离计划经济体制,向市场经济体制转型的过程中,文化主管部门和学界开始关注国外文化产业投资平台的研究,但在理论深度和解释性研究方面尚处于起步阶段,实践上的探索多集中于某一业务领域或产品交易方式。不论是在现在还是在未来的一段时间内,如何建构文化产业版权交易

---

① 韩良智. 新编财务管理学教程[M]. 北京:科学出版社,2008.
② 张娜. 内部资本市场融资行为有效性及动因分析[D]. 重庆:重庆大学,2008.
③ 王雪丽. 我国上市中小企业版上市公司融资效率实证研究[D]. 泰安:山东农业大学,2012.
④ 郝茜. 我国文化产业投融资研究[D]. 长沙:湖南大学,2013.

投资的完整生态,有待理论研究人员特别是文化产业版权投资交易从业者的进一步探索。当前,文化版权的投资形式在我国可以按照投资内容与交易模式进行划分。

以投资内容为划分维度,可以划分为:① 传统的文化股权投资,即通过注资、参股、合营等方式对文化企业直接投资;② 常见的文化物权投资,在文化产权交易所框架下进行金融活动;③ 新兴的文化版权投资,即对著作权及涉及文艺、演艺、游戏和科技作品的创意、制作、发行和传播等环节的衍生权利进行投资。按照交易模式为划分维度,可以分为:① 以文化产权交易所、地方文化版权投资平台、地方文化公共服务平台等平台组织为依托的业务产品模式,文化资源的产权化为社会主体投资者的入场提供了可能,也为文化产权交易所平台开展文化版权的资产化运作创建了途径[1];② 以商业银行依托的业务产品模式,商业银行联合担保、租赁、评估机构,根据版权资产特性提供创新性的文化产品抵押质押融资业务;以文化要素市场和资本市场融合为契机,发展文化金融证券市场,通过股权、债券和资产重组等模式,推进中小文化企业直接上市融资;③ 以"互联网+"为契机,以互联网众筹融资模式为代表的融资新模式,该模式能够突出大众参与度高、风险集中度低、参与空间巨大等优势,充分发挥互联网金融的长尾效应,扩大受众群体规模。

五、文化版权投资的生态特性

(1) 文化产业有形资产抵押质押能力弱。文化企业具有"轻资产"的特性,这主要表现在文化企业所拥有的土地、房产、机器设备等有形资产占总资产的比例比较小。[2] 根据中国人民银行指定的贷款通则要求,商业银行在对企业开展贷款业务时,必须用企业的有形资产或金融资产进行抵押[3],而对于文化企业而言,其资本结构中有形资产、金融资产的结构性占比并不高,除了一些必要的办公设备,其主要的无形资产一般以版权产品的形式存在。一方面承载这些文化产品的物质载体并不存在的市场价值,另一方面文化产品中所包含的思想、情感等无形资产无法在金融体系中获得有效认可。在文化企业信用评级制度缺失的背景下,金融机构往往对文化企业的贷款申请谨慎为之,出现"惜贷现象"[4]。当大量的无形资产与所撬动资金体量之间严重不成比例,有限的有形资产或金融资产又无法吸引足量资金之时,创新并推出针对文化产业的金融产品与金融服务便显得尤为紧迫与重要。如何研究、开发适合文化产业需求特点的金融产品和服务,大力发展版权质押贷款与债券等金融服务[5],既是文化产业发展的重要需求点,也是金融机构介入新领域、带动新发展的起点。

---

[1] 西沐,宗娅琮.我国文化产业投融资平台建构的理论分析[J].北京联合大学学报(人文社会科学版),2018,16(2):58-67.
[2] 隋玉明.文化产业融资平台建设与审计研究[J].行政事业资产与财务,2014(22):40-42.
[3] 田忆楠.我国文化创意产业融资工具选择研究[D].长春:东北师范大学,2012.
[4] 李怡飞,贾毅.广州文化产业社会资本利用的问题及对策研究[J].城市观察,2020(6):150-160.
[5] 黄玉波,刘欢.版权资产的金融化:文化与科技融合的投融资政策体系构建探讨[J].深圳大学学报(人文社会科学版),2014,31(6):135-140.

(2) 版权资源价值计量复杂。不同于一般的企业,在文化企业的资本结构中,无形资产占据的比重较大,例如涉及版权、品牌、专利权等无形资产,这些资产在面临实际的估值问题往往陷入两个困境。一是无形资产本身的估值存在困难,不同于有形资产,无形资产或没有实物形态,或产品的物质载体部分所拥有的价值在文化产品中的占比很小,而创意、思想等意识形态内容难以用货币进行衡量,不仅无法以有形资产的估值方法对其进行预估,还缺乏面向无形资产评估的统一测量方式。二是无形资产在估值时所涉及的因素众多,在外部性层面,消费者群体的偏好迁移、媒介呈现技术的更新、市场供求关系的动态调整以及社会思潮变化等诸多因素均影响着无形资产的价值评估。在内部性层面,无形资产所涉及的权利多样且复杂,例如版权的财产权就至少体现在文化产品的复制、发行与放映过程中,财产权形式的不同所带来的收益模式的差异,随之也引发了版权估值在实操层面的困难。

(3) 文化版权投融资风险构成复杂。首先,国家政策对文化企业尤其是国有文化企业的经营行为将产生很大影响,政策的出台与一定时期内的社会、经济与文化环境相适应,其不确定性将大大提高文化企业的经营风险。其次,在前期投入中,文化产业投资较大,租赁办公场地、购置设备仪器、吸纳优秀人才等都需要资金投入。在中期运行中,创造性因素、技术性因素、管理性因素中的一个环节的缺失都有可能导致文化产业投资失败。在后期市场化中,文化产品能否被市场所接受无法预测,投资者很难对市场反应做出准确的预测。最后,文化企业的资质参差不齐,不排除部分企业利用政策或行业漏洞进行诈骗的可能,因此,文化企业的信用状况也对银行授信构成巨大威胁。[①]

第二节　文化版权投资生态模型

一、版权投资生态构建的过程

(一) 版权产权化:确认版权产权归属状态

《中华人民共和国著作权法实施条例》指出,所谓作品,是指"文学、艺术和科学领域内具有独创性并能以某种有形形式复制的智力成果"[②]。著作权则是指权利人对作品享有的权利,包括狭义的著作权和广义的著作权邻接权。[③] 在我国现行的《著作权法》框架下,对于著作权的权利构成,理论研究界研究者从不同视角,有人认为其包含人身权与

---

① 郝茜. 我国文化产业投融资研究[D]. 长沙:湖南大学,2013.
② 中华人民共和国国务院. 中华人民共和国著作权法实施条例[EB/OL]. [2013-01-30]. http://www.gov.cn/zhengce/2020-12/26/content_5573623.htm.
③ 常夷. 文化企业版权资产管理对策研究[J]. 经济论坛,2019(4):136-140.

财产权,也有主张其分为精神权与经济权。

著作权的人身权包括发表权、署名权、修改权和保护作品完整权四项;财产权包括复制权、发行权、出租权、展览权、表演权、放映权、广播权、信息网络传播权、摄制权、改编权、翻译权、汇编权以及应当由著作权人享有的其他权利。① 在当前我国不同领域与语境场景下,法律相关的研究与实践领域中一般采用"著作权"的说法,产业经济学领域中通常情况下使用"版权"这一概念,但在本质属性上,两个概念本身并无内涵差异。②

版权产权化指的是在经济活动或经济学领域中,版权成为财产权的一种存在形式。从法学意义上说,版权是政府批准的智力成果的发明者或持有人拥有的或在规定的年限内使用成果的专属权利。从经济意义上说,版权是对知识、信息和技术成果的排他性使用、支配的权利,其对象从知识、信息和技术成果本身转化为产权这一无形资产。③ 文化产业中的文化资源大多以非实体形式或"无形"存在,因此必须对其进行版权登记与确认,以此保证独立的拥有权与排他性,将无形的文化形式转化为财产权,这是进行文化产品交易、文化版权金融活动的前提和必要条件。

(二) 版权资产化:评估版权资产价值属性

资产是指企业过去的交易或者事项形成的、由企业拥有或控制的、预期会给企业带来经济利益的资源。④ 根据企业性质的不同,企业资产的所有权也不同,例如国有企业为国家所有,国有企业的资产具有全民共有性。一般来说,企业资产的所有权属于企业,或者企业不享有某种资源的所有权,但这种资源可以被企业控制。

版权在广义范畴中也属于企业资产,由企业所拥有的或受企业所控制。由于版权同时具有财富属性、产品属性和高附加值属性这三大特性,使得版权成为文化产业重要的企业资产。版权在参与经济活动过程中,主要通过其财产权利的转让和许可使用发挥作用,文化产品及服务也正是通过版权这一独特的价值载体,不断使其价值得以实现和增值。⑤

在资本的逻辑体系之下,资本化的产权具有营利性质,版权的扩散过程中,在满足人们精神需要的同时,也使自身发生增值,同时也存在着版权的竞争性与排他性,因此版权的资本化是资本逻辑下的必然。版权的资本化是通过合理、合规、服众的评估手段,对版权的使用价值进行判断,完成在一般货币价值体系中对版权价值的界定,并将无形资产转变为股权的过程。⑥ 版权资本化是版权体系改革的内在要求,不仅是对版权创造者和所有者劳动及资产利益的尊重,也是商品经济社会实现文化产品价值的重要途径

---

① 廖金泽. 2004 年国家秘书考试指南[M]. 深圳:海天出版社,2004.
② 常夷. 文化企业版权资产管理对策研究[J]. 经济论坛,2019(4):136-140.
③ 蔡尚伟,王玥. 中国版权金融发展刍论[J]. 思想战线,2012,38(3):1-5.
④ 中华人民共和国财政部令[EB/OL]. [2006-2-15]. http://www.gov.cn/flfg/2006-04/11/content_250845.htm.
⑤ 刘继广. 金融支持文化产业发展繁荣的途径与手段[J]. 中国发展观察,2012(11):57-60.
⑥ 黄玉波,刘欢. 版权资产的金融化:文化与科技融合的投融资政策体系构建探讨[J]. 深圳大学学报(人文社会科学版),2014,31(6):135-140.

之一。①

(三) 版权金融化:融合版权流转交易过程

自 2001 年国家开始出台文化金融相关政策开始,中国的文化金融政策体系已经初步形成,我国文化金融政策从投融资、金融支持到文化金融合作与创新、文化金融政策等主题不断演化,政策工具逐渐丰富与系统化。② 在国家推动文化产业发展的政策背景下,我国出现了多样化的版权金融产品与特色实践。版权是文化创意产业的核心资产,在金融业的支持与介入下,文化创意产业的发展已经呈现出版权与金融深度融合、密不可分的态势。以知识密集型为特征的文化企业可以使用无形的版权资源作为担保,获得更多生产和再生产的资金支持。商业银行、产业基金、大众投资者也可以通过投资购买版权金融产品,分享文化经济的丰厚收益。③ 在版权与金融的一系列互动过程中,版权资源作为财产权拥有独立的身份,版权以其价值转化为资本。将这种资本作为抵押品与金融联系起来,版权资源和金融要素成功对接,完成版权的金融化过程。④

目前比较常见的版权投融资模式大致有以下几种⑤:

(1) 版权许可与版权转让。版权所有者授权他人在特定期限、特定地区、特定条件下以特定方式行使其权利的合法行为称为版权许可。著作权转让则指的是将版权中的财产权(所有或部分)转让给他人的行动。版权转让的另外一种形式是通过拍卖将文学、动画、摄影等作品出售给文化企业,从而实现版权的转让。具体来讲,如果一家企业使用某件受版权保护的作品,那么其既可以与版权所有人签订一次性买断的转让合同,也可以选择只购买该作品的使用权,并按照协议将其用到特定的用途。

(2) 版权质押融资。版权质押是债务人以版权本身作为质押标的物,除实体财产权外,将可转让的那部分财产权进行质押,并向银行等金融机构提交融资申请,其主要过程包括登记与版权价值评估、押品动态管理、贷款不良率控制等核心环节⑥,过程中主要涉及版权企业、金融机构与信用制度。

(3) 版权证券化融资。版权证券化融资是将版权项目通过募集发行证券进行证券化运作的过程⑦,版权项目的形式既可以是已经完成的,也可以是未完成的。其核心主体包括版权所有人和外部投资人,版权所有人需要以发起人身份向外部发起申请,对于投资人而言,评估版权资产的未来收益是其衡量风险并进行决策的重要依据。⑧ 版权信托是版权所有人将版权的财产权设置成为财产权信托权,将其委托给信任的委托人并

---

① 何华征,盛德荣.论版权资本化的实现路径及其意义[J].现代经济探讨,2016(5):25-28.
② 袁海,张丽姣,李航.中国文化金融政策的演进与扩散:基于政策文本的量化研究[J].文化产业研究,2021(2):40-59.
③ 钟媛.基于机器学习的版权金融化价值评估模型研究[J].上海经济研究,2017(6):72-81.
④ 谢婉若."版权"与"金融"的第一次拼合:"版权金融"的内涵与对接路径[J].出版发行研究,2012(3):25.
⑤ 王广振,王新娟.版权投融资模式分析[J].人文天下,2017(18):45-54.
⑥ 宣宏量,袁田."文化+科技+金融"与数字版权信托的使命[J].当代金融家,2022(2):71-73.
⑦ 王广振.文化投资学[M].福州:福建人民出版社,2015.
⑧ 宣宏量,袁田."文化+科技+金融"与数字版权信托的使命[J].当代金融家,2022(2):71-73.

根据所有人的利益或目的,管理和执行信托财产。

文化版权资产的金融化存在一条清晰的演进路径。首先,版权资源的产权化是版权金融化的首要前提,版权金融化的核心价值体现是版权资源,版权资源只有实现排他性的转变过程,才能完成与资本市场的对接。其次,具备产权的版权资源要在资本市场中体现出其价值,因此需要经过一套合理的评估机制,完成版权资源在一般资本体系中的价值认定,从而为版权资源的合理配置与优化提供可能。最后,具有投资价值的版权资源可以在金融市场中,引起银行或者投资者的关注,实现无形资产的金融化运作。

从马克思主义的发展观与发生学的视角出发,版权产权化、资产化与金融化分别对应版权投融资生态的萌芽阶段、初期阶段与中期阶段,其主要特性为线性发展与单向演化,在版权的登记与确权、版权资产的价值评估、版权资产的流转交易发展到成熟阶段后,与政府、社会、主体、平台、市场以及人才等多元化社会系统相互影响与融合,才有形成版权生态的可能。

二、版权投资生态的概念模型

根据文化版权投资生态系统的角色来划分,文化版权投资生态系统的环境营造者及推动者是政府机构;文化版权投资生态系统的直接行为主体是文化版权相关企业;文化版权投资生态系统的智力资源是相关创作者和IP。

文化版权投资生态圈的本质是一种区域性文化产业多维网络体系,主要由六个维度构成:政府维度、社会维度、主体维度、市场维度、平台维度及人才维度。政府维度起到主导产业发展战略方向,主导法制制度建设的作用;社会维度为生态系统提供了基本价值观念引导,我国文化产业的规制模式正处在深度调整的过程中,这也是生态系统的一个基本社会背景;主体维度包含投资主体和投资对象,他们的存在提升了版权生态的活力,并影响着文化版权投融资的资源配置;市场维度是各类评估机构、担保机构、中介组织和文化智库,这些要素共同支撑起生态系统;平台维度突出了版权投融资平台在文化版权投融资生态系统当中的核心地位,优质规范的市场平台是文化金融融合发展的重要空间载体和功能载体,是文化版权事业和产业发展的重要推手;人才维度是文化产业发展的第一生产力,专业型复合型人才的缺失直接制约着文化版权产业的繁荣(图3-3)。

政府、社会、主体、市场、平台与人才这六个维度之间处于一种既相互独立又相互制约、相互影响的互构关系。在独立性层面,每个维度在文化版权投资生态中承担着独特的作用,发挥着独一无二的作用。以政府为例,政府对文化版权投资生态系统的促进作用体现在:① 提供政策支持,政府出台支持文化产业发展的相关政策,引导社会主体积极参与文化产业建设,扩大文化产业相关政策的受惠覆盖面;② 约束不良行为,对于文化企业的恶性竞争、盗版行为等予以规制,保障文化版权市场的良性、健康发展;③ 优化资源配置,通过宏观调控,对文化产业的分工合作、市场分布与产业结构进行动态调整;④ 优化金融环境,鼓励各种资本力量对文化产业的资金支持,通过引导金融机构创新文化金融服务机制,调节金融市场与文化产业的合作方式,建立、优化资本市场对文化产业发展的作用[①]。在关联性层面,对于文化版权投资生态而言,生态的平衡与相对稳定离不开各维度主体的支持,某一维度的缺失将引发生态的失衡与结构变化、甚至生态系统的崩溃。人才的发展离不开政策的引导、社会的培养、市场的训练与平台的支持,因此对于每一个维度而言,只有与其他多维度主体共促共进,才能在文化版权投资生态中获得长足发展。

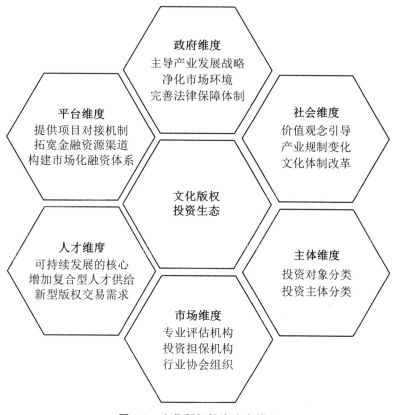

图 3-3　文化版权投资生态模型

三、版权投资生态系统的角色定位

(一)政府维度:主导产业发展战略

各级政府在建构文化版权投资生态中发挥着主导作用,在市场经济中所扮演的角色逐渐由"划桨者"向"掌舵者"转变。文化主管部门负责制定文化产业发展的产业扶持政策、文化产业园区规划与提供面向各级群众的文化公共服务。我国由政府宏观规划

---

① 方燕妹,贺文婷.基于生态视角的佛山文化产业发展现状与机制创新[J].广东轻工职业技术学院学报,2020,19(4):20-24,33.

指导,顶层设计文化版权投资生态发展战略,例如,2022年出台的《"十四五"文化产业发展规划》中就提出"支持文化企业孵化器、众创空间、服务平台、互联网创业和交易平台等创新创业载体建设,鼓励建设创新与创业、孵化与投资、线上与线下相结合的文化双创服务平台"①。

政府维度的定位还体现在规制者角色层面,在法治制度建设上,对于以智力成果为核心的文化版权产业而言,形成知识产权制度立法完善、执法严苛、司法公正的法律制度体系,可以为文化版权投资交易提供必要的法治保障。目前,我国对文化版权的立法保护已初步形成,形成了以《中华人民共和国著作权法》为核心,包含知识产权国际条约、公约等在内的版权立法体系。在海外,联合国知识产权组织(WIPO)为我国版权产业提供产权服务,为我国版权产业走出国门、在海外的商业化运作提供帮助,成为我国文化版权投资生态中必不可少的重要构成要素。

(二)社会维度:影响产业发展路径

文化版权投资生态之中的社会维度充当着引导者的角色,主要体现在社会维度为我国文化版权投资生态建构提供价值观念引导。首先,文化产品所服务的是人民的精神文明需要,其创造、传播与销售全过程容易受到各方面主体的主观价值判断的影响,包括创作者自身价值取向、文化机构的企业文化、投资方的好恶以及消费者的消费观念。

因此,作为文化版权投资生态的引导者,以价值观要求企业从事规范的生产行为有其必要性,包括倡导、鼓励文化企业在创作、生产、传播文化产品的过程中,不仅要符合社会的经济规律,更要符合社会的主流意识形态,满足人民对于美好精神文化的需要,提供能够服务并为社会主义精神文明建设做出贡献的文化供给。广大公众是社会维度中文化产品的消费者,一方面要引导公众形成健康、高雅的文化消费品位,树立正确的消费观念;另一方面,鼓励公众充分利用自己的选择权,对侵害精神文明、低俗的文化产品予以抵制,以全民化的审视倒逼缺乏市场价值的文化产品退出文化版权投资生态,推动文化产品社会价值与文化价值的实现。

与此同时,社会维度还扮演着承载者与稳定器的角色功能。社会首先是各项文化版权投资行为得以发生的场域,也是文化版权投资、发展、演变、变革与走向成熟的场域。在2014年之前,党和政府通过文化管理部门直接管理国有文化单位或具有国资背景的文化企业,此时对版权交易行为的产业规制仍以政府直接调整为主。2018年之后我国政府持续推进文化产业领域的"官退民进",文化体制改革进一步深化,一批国有商业文化机构转制为企业,产权清晰、流通高效的现代企业制度建设加速推进。经营主体的变化,伴随着我国文化版权产业规制模式由政府主导型规制向"政府规制+行业管理+企业自律"相结合模式转变。

此外,我国版权市场的主体主要为中小型文化企业、创业型小微文化企业,我国的

---

① 新华社. 中共中央办公厅 国务院办公厅印发《"十四五"文化发展规划》[EB/OL]. [2022-08-16]. http://www.gov.cn/zhengce/2022-08/16/content_5705612.htm.

文化产业发展也一直以社会效益作为首要目标,因此在文化产业的发展历程中,一些大型传媒集团得以保留、存续,混合所有制在文化产业中占据绝对优势,为中国特色社会主义社会体制下的文化产业有序高质量发展提供了强力支撑。

(三)主体维度:丰富市场资源配置

主体是文化版权投资生态中最活跃、最丰富的维度,主要包括投资主体与投资对象。

投资主体是文化版权投资生态中具有高度主观能动性的主体,按照投资主体划分,可以分为各级政府文化事业主管部门下设的文化事业单位、国有文化资产运营公司、有国有资产背景的文化传媒集团;直接参与投资的文化版权交易所,专门从事文化版权投资运营的投资公司;商业银行或由多家商业银行联合组建的投资联盟;有风险投资、私募股权基金;文化产业投资基金和股权投资基金;地方政府牵头组建的文化金融证券市场等。著名经济学家熊彼特提出,经济发展的动力和源泉是创新,而创新的核心是在生产系统中引入新的生产要素组合,既包括技术创新,也包括组织创新。① 行业越智能化、知识化,就越需要突破常规,采用新的资源配置方式。

投资对象是文化版权生态投资的主要客体,是文化版权投资行为发生的关键主体。从投资对象分类来说,文化版权投资对象可分为三大类②:一是以相对独立的物质形态呈现出的文化产品中的版权投资对象,如图书、报刊、动漫、音像制品当中的著作权、改编权、签售权,尤其一些视听资源、数字出版物,如最大的网文平台阅文集团及喜马拉雅、荔枝FM等视听媒体集团。二是以劳务形式出现的文化服务产品中的文化版权,如当下火热的综艺娱乐节目的播放权、传播权,还有各类音乐剧、舞台剧、地方戏曲等演出活动中的版权,包含策划、发行、经纪、宣介等环节中的版权资源。三是在向其行业和商品提供文化附加值的行业,如艺术品交易、设计服务、广告会展、文旅服务等环节中的版权资源。

(四)平台维度:打造产业新增长极

文化版权投资生态结构的核心维度就是围绕两个平台建设,平台是文化版权投资生态中各类资源与信息的聚合者。主要由两个平台构成:

一是提供生态基础服务的公共文化服务平台,如文化和旅游部设立的"公共文化发展中心""国家公共文化云""全国公共文化和旅游产品交易中心"以及各地设立的区域性公共文化服务平台。目前,公共服务平台建设工作的着力点在于实现各地公共文化资源的互联互通,全面接入数字化技术,为群众提供更加普惠化、均等化、便捷化的公共文化服务。除各级政府设立的文化服务云平台外,中国版权保护中心在文化版权产业生态中也占有重要位置,中国版权保护中心在版权登记、转让等公共服务领域,以及与此密切相关的版权认证、第三方调查等社会服务领域提供专业服务。该中心下设中华版权代理中心和中国版权代理总公司,是我国最大规模的综合性版权代理和版权服务机

---

① 周中之.中国特色社会主义理论发微[M].上海:上海人民出版社,2005.
② 孟瑶.当代中国艺术资本化运作策略研究[D].杭州:浙江理工大学,2014.

构,在版权领域开展对外合作和海外版权保护方面起到重要作用。

二是版权投资平台,在公共文化服务平台各项业务模块当中,版权投资平台是文化产业发展的重要推手。优质的版权投融资交易平台不仅能够吸引大量的投融资双方,而且能够建立统一、规范的市场交易机制。过去,缺乏具有聚合作用的版权投资交易平台一直是阻碍我国版权产业市场化发展的重要因素之一。2010年5月14日,文化部上线了"文化部文化产业投融资公共服务平台",除追踪文化产业相关的政策法规与行业信息外,还包括发布项目及产品、在线受理信贷申请、产权交易、补贴申报,以及开展项目推介、上市推荐、产品发布、业务咨询等服务。同日,该平台首先开通了"文化企业信贷申报评审系统",为符合条件的文化企业提供在线申请银行贷款服务。[①] 除国家部委外,一些地方也积极促进文化企业与银行机构之间联系和有效沟通,建立便捷的文化产业信贷渠道,例如山西省文化产业投融资公共服务平台由文化部主办、山西省文化厅和有关金融机构协办,重点服务涵盖了在线受理信贷申请、产权交易、补贴申报等业务,并开展项目推介、上市推荐、产品发布等,平台开通当日,中国进出口银行、中国银行、中国工商银行、国家开发银行和北京银行等,正式进入文化企业信贷申报评审系统,成为接受文化产业贷款的金融机构。[②] 北京市近年也一直致力于以"搭平台"为核心建立文化金融融合的北京模式,北京市上线了"文创板"和"文创金服"在线文化金融服务平台,截至2020年,累计汇聚文化企业1.3万余家,投资机构和金融机构1098家,成功对接投资超过300亿元。北京还面向全球征集和选拔优秀的版权投资项目参与文创大赛,吸引众多中小文化企业入驻平台,共享信息资源,满足了部分企业融资需求,成为文化产业发展的新增长极。

文化公共服务平台和版权投资平台建设的另一重要功能是有效拓宽文化投资融资的资金来源,资金这一基础因素目前仍是制约投资生态建设的关键因素。从我国文化版权投资的现状与发展趋势来看,我国文化版权投融资的发展开始进入产业整合阶段,这意味着在原有的大量文化资源基础之上,既有的文化资产需要被有效整合、升级,文化企业的战略定位、发展规划将逐渐被提上日程,成为企业进入下一阶段的必修课,而这不仅需要已有资产的支持,还需要撬动巨大的资金以支撑未来的文化产业发展。

总体来看,文化产业投资平台的建设在我国还处于起步阶段。当前的文化产业投融资市场中,金融机构在文化金融供给中占据主导地位,其主要原因可能在于投资主体的投资体量不够规模,无法刺激金融机构的需求,引起金融机构足够的重视。

(五) 市场维度:支撑生态构成要素

在版权投资生态必不可少的各类支撑要素中,市场是文化版权投资生态得以维系和持续发展的支持者,主要包括专业的评估机构、投资担保机构和行业协会组织。

[①] 新华社.文化部文化产业投融资公共服务平台正式上线[EB/OL].[2010-05-14]. http://www.gov.cn/jrzg/2010-05/14/content_1606349.htm.

[②] 易硕.山西开通文化产业投融资公共服务平台[EB/OL].(2010-08-23)[2022-11-05]. https://www.mct.gov.cn/whzx/qgwhxxlb/sx/201111/t20111121_779043.htm.

首先,专业的评估机构是文化产品得以在市场体系中被有效衡量机制的关键。对于文化企业而言,无形资产无法通过合理的方式被赋予市场价值,一直是困扰文化企业的问题,具有公信力的第三方版权资产评估机构,可以在版权与金融的对接中架起价值评估的连接点。我国文化产品价值评估体系的建立目前还处于初级阶段,成立于2012年1月的中国人民大学国家版权贸易基地版权评估中心,是我国第一家专注于版权价值评估的机构。该中心与北京银行、中国银行、中国农业银行、中国进出口银行、连城资产评估公司、中通诚资产评估公司、上海文交所、深圳文交所、西安电视剧版权交易中心等机构先后就版权评估服务建立战略合作关系。同年7月,该中心承接了首笔版权价值评估业务——北京电视艺术中心11部电视剧版权价值评估项目[①],标志着我国版权评估实践正式从理论过渡到实践领域。

其次,投资担保机构是顺利实现版权金融投资的中介。由于版权资产的特殊性、异质性、不确定性都比传统投资项目要复杂很多,在版权投资活动中,金融机构急需专业性的版权投资担保公司,实现版权质押、融资担保等功能,担保公司在发展初期往往受制于规模小、抗风险能力低,所以需要政府设立担保基金,通过设立财政资金对风险的补偿机制降低担保机构的风险。

最后,在版权产业的产业规制中,除发挥战略主导作用的各级行政管理部门之外,行业协会在产业规制中也扮演着重要角色,目前版权产业相关组织中有中国版权协会、中国摄影著作权协会、中国音乐著作权协会等版权保护协会,主要通过与会员单位签订集体版权管理合同来开展版权保护工作。

(六)人才维度:推动新兴业态发展

人力资源是文化产业发展的第一生产力,在文化版权投资生态中扮演着促进者角色。文化产业是集天赋、创意、技能、科技与价值导向于一体的新兴产业,是由人才起重要作用的产业。党的二十大报告指出,"培育造就大批德艺双馨的文学艺术家和规模宏大的文化文艺人才队伍",其中,创新型人才是文化产业可持续发展的核心力量,复合型人才是当前文化产业中最为缺乏的人才资源。

当前,我国文化版权投资生态的人才存在以下主要矛盾:一是学历与文化创意生产与管理之间的矛盾,表现为一些有学历的高校毕业人才缺乏创新意识或创新能力,无法供应有创意的文化产品,而一些具有历史文化意义的文化产品传承人,大多学历水平偏低,经营管理能力不足。二是单一型人才与复合型需求之间的矛盾,文化版权的投资既需要有一定的文化或文学素养积累,又需要了解商业运行机制、文化产品生产、传播与盈利逻辑以及版权法律知识,目前文化产业中以具备单一知识结构的人才为主,具备组合优势、能够兼顾管理与创造力的复合型人才需求缺口很大,具有行业影响力、自主创新能力的原创性高端领军人才极度短缺,与高速增长的市场规模不相匹配。[②] 尽管随着

---

① 参见中国人民大学国家版权贸易基地官网(http://www.copyrightruc.com/lists/18.html)信息。
② 方燕妹,贺文婷.基于生态视角的佛山文化产业发展现状与机制创新[J].广东轻工职业技术学院学报,2020,19(4):20-24,33.

版权产业直接规模的不断扩大,版权经济在国民经济建设中的作用不断凸显,国内数以万计的版权企业聚集了大量的人才,但放眼世界,拥有国际视野、精通国外语言与版权发展生态的人才十分缺乏。随着文化产业的大发展和新兴文化业态的融合发展,具备影视版权管理、动漫产业版权等新兴版权行业知识和技能的专业人才更为紧缺。[①]

第三节　中外文化版权投资生态的运行机制

一、中国文化版权投资生态的概况与机制

(一) 我国文化版权投资生态发展概况

文化版权投资领域兼具文化属性与金融属性,文化的公共属性一直以来为国家和政府所关注,其金融属性被资本市场所青睐,一些平台成为连接版权与金融的桥梁。由此从政府、市场与平台视角出发,可以基本刻画我国文化版权投资生态的建设现状。

政府层面,我国政府历来重视文化版权投资生态的建设,对于文化版权投融资市场给予了足够的重视与支持。早在2009年,我国就发布了《国务院关于印发文化产业振兴规划的通知》(国发〔2009〕30号),提出国家要通过加大政府投入、降低准入门槛等多维举措推进文化强国建设。次年,包括中央宣传部、中国人民银行、财政部与文化部在内的九大部门联合发出《关于金融支持文化产业振兴和发展繁荣的指导意见》,明确指出各金融部门要重视文化和支持文化产业发展。党的十八届三中全会提出"鼓励金融资本、社会资本、文化资源相结合"的要求,为深入推进文化与金融合作,推动文化产业成为国民经济支柱性产业,2014年,文化部、中国人民银行与财政部联合发布了《关于深入推进文化金融合作的意见》(文产发〔2014〕14号),不仅在政策层面对文化与金融的深度融合做了制度安排,而且在实操层面如金融产品与服务、知识产权评估与交易、文化资产管理方式等多个面向上均做出了部署和指引。近年来,在国家层面,几乎每年都有推进文化版权投融资、推进版权金融化的政策出台(表3-1)。

[①] 陈能军.版权贸易促进动漫文化产业发展研究:理论阐释与案例分析[J].财经问题研究,2016(S1):14-17.

表 3-1　我国政府出台的部分支持版权投资发展政策

时　间	发文主体	政策文件	相 关 阐 述
2008年6月5日	国务院	《国家知识产权战略纲要》	"进一步完善版权质押、作品登记和转让合同备案等制度",提出了"知识产权金融服务"
2009年9月26日	国务院	《国务院关于印发文化产业振兴规划的通知》(国发〔2009〕30号)	"加快振兴文化产业"
2010年4月8日	中央宣传部、中国人民银行、财政部、文化部、广电总局、新闻出版总署、银监会、证监会、保监会	《关于金融支持文化产业振兴和发展繁荣的指导意见》(银发〔2010〕94号)	"改进和提升对我国文化产业的金融服务,支持文化产业振兴和发展繁荣"
2014年3月17日	文化部、中国人民银行、财政部	《关于深入推进文化金融合作的意见》(文产发〔2014〕14号)	"充分认识深入推进文化金融合作的重要意义""创新文化金融体制机制""创新符合文化产业发展需求特点的金融产品与服务"
2015年	国务院	《国务院关于新形势下加快知识产权强国建设的若干意见》(国发〔2015〕71号)	"建立重大经济活动知识产权评议制度""改善知识产权服务业及社会组织管理"
2016年11月7日	第十二届全国人民代表大会常务委员会第二十四次会议通过	《中华人民共和国电影产业促进法》	"国家鼓励金融机构为从事电影活动以及改善电影基础设施提供融资服务,依法开展与电影有关的知识产权质押融资业务,并通过信贷等方式支持电影产业发展"
2017年	国务院	《国家技术转移体系建设方案》	"开展知识产权证券化融资试点""完善多元化投融资服务"
2019年	中国银保监会、国家知识产权局、国家版权局	《关于进一步加强知识产权质押融资工作的通知》(银保监发〔2019〕34号)	"优化知识产权质押融资服务体系""加强知识产权质押融资服务创新""健全知识产权质押融资风险管理""完善知识产权质押融资保障工作"
2020年	财政部、国家知识产权局	《关于做好2020年知识产权运营服务体系建设工作的通知》	"支持开展知识产权运营服务体系建设""深化知识产权金融服务"
2021年5月6日	文化和旅游部	《"十四五"文化产业发展规划》	"鼓励和引导金融资本、社会资本与文化资源相结合,健全多层次、多渠道、多元化的文化产业投融资体系"
2021年12月	国家版权局	《版权工作"十四五"规划》	"完善版权质押融资相关体制机制"

市场层面,金融机构为有效对接版权产业,创新性做了一系列的实践探索。一是组织创新,部分金融机构开始出现以文化金融组织为代表的创新组织,例如银行成立的文

化金融事业部、特色支行以及专营支行。2021年4月,北京银行签署了"共建北京版权资产管理与金融服务中心"合作协议,成立了我国第一个版权金融专营支行。此外还有如北京文化科技融资租赁股份有限公司、文投国际融资租赁有限公司等专门金融机构。

二是金融产品创新。针对版权金融化过程中存在的种种难题,国内一些商业银行积极探索创新性版权金融产品的推出,主要围绕版权质押贷款、版权资产证券化和版权融资租赁等。例如版权质押贷款方面,有针对版权评估与版权保护的"版融宝"与"版信保",中国银行浙江分行曾经在横店推出"影视通宝"产品,将版权质押和应收账款质押两种方式进行了有机结合。近年来,不同形式下的版权金融产品不断涌现(表3-2)。[①]

表3-2　不同形式下的版权金融产品示例

形　式	产品或代表性案例
质押贷款	"版融宝""版信保""集信通""软件贷""知产贷"
版权基金	中视丰德:梧桐山影视版权产业基金 江苏睿泰数字产业园:数字教育出版产业版权基金
众筹融资	京东金融:众筹平台 金陵文化产权交易中心:《影视传奇》,挂牌总金额按《影视传奇》众筹项目总投资金额的9折折扣价挂牌 重庆版权交易中心:"文创宝" 大贺文化金融集团:"大贺壹众筹" 巴士在线:游戏金融众筹产品"游戏银行"
融资租赁	北京市文化科技融资租赁股份有限公司 互联网金融平台e租宝:"缪斯时代" 北京银行:"创意贷""文创信保贷" 中国工商银行:"融慧贷" 横琴国家版权交易服务中心:"智财通宝—一号知识产权质押融资" 中国银行:"影视通宝" 西安电视剧版权交易中心:"融剧宝" 北京ICE版权金融俱乐部:"版银宝-影视贷"

在平台层面,各类版权投资交易平台陆续涌现。2005年,自长沙成立长沙出版物交易中心起,上海、浙江、天津和北京也相继挂牌成立版权交易市场。2009年6月15日,由上海联合产权交易所、解放日报报业集团、上海精文投资公司联合投资创立的上海文化产权交易所在上海外高桥保税区所正式揭牌,成为国内首家成立的文化产权交易所。同年11月,深圳文化产权交易所正式挂牌,成为我国首家面向全国及全球的文化产权交易平台、文化产业投融资平台、文化企业孵化平台与文化产权登记托管平台。2011年12月30日,中宣部、商务部、文化部等5部委共同发布《关于贯彻落实国务院决定加强文化产权交易和艺术品交易管理的意见》(中宣发〔2011〕49号),明确指出国家重点支持上海和深圳两个资本市场成熟、产权交易基础好的城市设立文化产权交易所作为试点。此

[①] 孙晓翠. 国际视野下的版权金融化产品模式:下[EB/OL]. [2017-12-05]. http://www.iprchn.com/cipnews/news_content.aspx? newsId=104326.

后,南京文化艺术产权交易所、南方文化产权交易所、天津文交所和北京文化产权交易中心相继成立,山东、成都、湖北、杭州等地方也纷纷设立产权交易中心。作为一种基础设施性的平台机构,以版权交易中心为代表的文化版权投融资生态平台,为版权交易、版权评估的版权融资服务提供了强有力的支持作用。

(二)我国文化版权投资生态运行模式

文化版权投资生态作为融合了多元维度、以同等重要性囊括人为行动者与非人因素,以综合性视角审视文化版权发展的生态体系,符合复杂科学管理理论中对"社会层面上的复杂系统"的认定,因此同样具有自组织性、自适应性和动态性。[①] 在文化产业生态模型中,文化产业生态的运行过程都受到多种力量的综合作用,其中,政府、市场和文化机构这三种力量是最重要的因素,这些力量形成的合力才能构成健全的文化产业生态。[②] 在文化版权产业投资生态的构建中,政府、市场、文化机构仍然发挥着至关重要的作用,并形成了维持文化版权投资生态的运行机制。

1. 政府主导的推动力[③]

政府在文化版权产业投资生态中的动力作用主要通过文化版权产业政策、文化版权产业投资政策和文化版权产业市场政策体现出来的,而这些政策是通过相关产业部门的组织发展,产品的开发制作和市场的开拓发展来实现的。

在我国政府主导的社会主义市场化经济体制中,整个市场逐渐由政府主导整个文化版权产业的发展向市场经济主导文化版权产业发展转化,从直接调控向政策导向转化,从全方位控制向重点领域把控转变。

2. 市场激励的动态平衡力

自然生态系统最大的一个特征即平衡,表现为生态系统中的生物与非生物总能在一定时期内保持相对稳定,使生态系统处于一种动态平衡之中。

市场在文化版权产业投资生态中的动力作用通过市场信号体现出来,文化版权产业投资生态演化过程中,需求、供给、消费的市场信号也会分别作用于产业部门的组织发展、产品开发和市场努力,并且通过文化机构的发展实现市场的动力作用。[④] 市场中看不见的手的拉动力会使整个生态区域平衡。而市场又受到不同因素的制约,如公民的物质文化水平、公民的精神文明状态、市场的透明程度等。

3. 文化机构间的协同驱动力

协同性是自然生态系统中生产者、分解者、消费者等各组分与环境之间存在的重要交互作用,即不同的组织之间通过协同作用共同驱动整个生态系统的运行。不同的主体通过不断交互、不断改进来适应环境,通过改变环境来适应生存。

文化版权投资机构作为文化版权产业投资生态的主体,是动力机制中所有外部力

[①] 徐绪松. 复杂科学管理[M]. 北京:科学出版社,2010.
[②][③] 李宪奇. 论当代中国文化产业生态的重构[J]. 中国文化产业评论,2005(3):142-152.
[④] 李宪奇. 论当代中国文化产业生态的重构[J]. 未来与发展,2005(3):27-31.

量的最后承载者,或称为最终的受益人。[①] 文化版权投资机构自然选择性地接受和传递政府及市场中的作用力,并作用于总体的文化消费市场。在市场规律的作用下,文化机构与文化投融资机构作为文化产品与文化金融产品的供应者,产生带动整个生态运行的驱动力。

文化版权投资机构对于文化版权投资生态的发展也受到多重因素的影响。

首先,市场规律机制的完善程度是文化版权投资机构能否正常运转并产生合理反馈的前提。文化版权投资机构通过整合资源、开发产品、拓展市场来实现整体盈利,完善的市场规律是整个产业良性循环的核心动力。如果整个产业无法产生价值,那就导致恶性循环,驱动力则会不断削弱。

其次,文化版权投资机构的组织形态是能否推动整个生态发展的微观基础,合理的组织形态会有积极的正面作用。在互联网社会中,传统的产业组织形态发生剧变,整个组织生态被解构,互联网的即时性、无界性、大数据等特性重构了文化版权投资机构的生态。

影响文化版权投资生态发展的三种动力存在密不可分、相辅相成的特性,并随着社会的发展不断进行演化,政府主导的推动力、市场激励的动态平衡力、文化机构间的协同驱动力相互联系、彼此制约,动态决定了产业生态演化的方向。

(三) 我国文化版权投资面临的重大挑战

1. 文化产业高风险性与制约机制的矛盾

相比传统产业,文化产业发展起步较晚,长期以来受计划经济思维束缚,发展体制僵化、效率不高的问题一直存在。近年来文化企业纷纷"转企改制"、市场化经营浪潮逐渐高涨,提高资本配置效率,为产业发展插上金融翅膀成为当务之急。在此背景下,个别地方文化主管部门尝试发展投资交易,例如发展股权交易柜台业务、鼓励"场外市场"、建设"文交所",由于经验不足,程序不够完善,计划体制思维局限,缺乏法律体系保障等问题,当版权投资项目出现市场风险时,政府担心出现国有资产流失,甚至跨越了"禁止非法集资"的法律底线,继而加大管制力度,希望遏制投资行为中出现巨大利差,同时避免由于巨大利差导致"过度投机"行为而陷入恶性循环。

十年前我国文交所艺术品份额化交易进入快速发展时期,在地方政府引导下,成立了一批文交所进行艺术品份额挂牌项目,却出现估值畸高现象,份额化交易频频被爆炒,赌徒式的交易不仅给投资者造成损失,也破坏了市场交易规则。文交所虽然模仿资本市场设立了"涨跌停板"制度,但未能从顶层设计上转变市场过度投机局面。随着国务院下发《关于清理整顿各类交易所切实防范金融风险的决定》和各部委联合下发《关于贯彻落实国务院加强文化产权交易和艺术品交易管理的意见》,集合竞价、拆分权益等操作均被叫停。

---

① 李宪奇.论当代中国文化产业生态的重构[J].未来与发展,2005(3):27-31.

2. 风险规避使得中小文化企业难以获得贷款支持

对于金融投资机构而言,融资项目中风险的最大来源就是融资者和投资者之间的信息不对称①,融资者虽然知晓融资项目中存在风险,但事前判断很难做到完整预判。由于信息不对称的存在,金融机构更青睐于投资抵押品充足、偿贷能力强、有政府信用背书的版权项目。资本天然的逐利性筑就了一道无形高墙,将文化版权产业长期隔离在金融发展的快速通道之外。

尽管在生活中已经出现了很多文化产业的例子,但在普遍意义上,社会对文化产业的认识尚有不足,很多人对其认识还停留在文化产业就是党的喉舌,仅仅起到舆论导向、宣传教化的作用。对于很多地方政府和金融机构而言,文化产业的投资行为还是新鲜事物,建设文化版权投资平台鲜有先例可供借鉴。

其次,就文化产业本身而言,其业态种类丰富,下分影视、出版、传媒、广告等门类,近年来还拓展出影游、IP文旅、手办、网剧、数字音乐等新兴业态。数量繁多的版权交易项目涉及面广、资本构成复杂,投资者缺乏对行业的细致了解,无法准确量化投资环节中的风险。

最后,文化产业链中的上下游涉及IP概念形成、制作、发行、出版、改编、衍生品等诸多环节,每个环节都受市场瞬息变化的影响,对投资者来说,除非对行业运营很熟悉,否则轻易注资的风险承担者很可能"颗粒无收"。

二、美国文化产业投资运行机制

美国的文化产业发展起步早、发展快、有一定成效,尤其是在形成健全的版权保护制度方面和建设文化产业金融支持体系方面,积累了丰富的经验和做法。

(一)政府层面:持续跟进完善版权保护制度

借鉴英国早期在文化版权领域的立法和司法实践,美国在制定文化版权保护的相关法律条文时并没有采用传统的判例法立法传统,而采用更加通用的成文法的立法形式。早在18世纪,美国就出版了专门的版权保护法,随着文化产业技术和经营模式的不断发展,美国立法部门多次对《版权法》条文进行了大范围修订,版权保护力度不断加大,涉及版权业务范围也不断扩展。20世纪末,为了顺应现代信息技术和网络发展的新形势,美国出版了《数字千年版权法》,及时将数字文化产品和网络产品加入知识产权保护的法律范围,同时也兼顾了对网络空间中的版权人、传播者的权利保护,解决数字文化产品交易过程中的核心问题,为新兴版权产业的发展提供法律保障。②

为了保护在点对点传输中的具有版权的文化产品,美国众议院在2002年通过了《规

---

① 许建兴. 股权众筹法律制度构建[D]. 重庆:西南政法大学,2019.
② 刘京华. 版权产业发展的国际比较及中国策略选择[D]. 福州:福建师范大学,2019.

范对等网络法案》,并同时对传输方的责任做了一定的限制。① 通过在版权保护领域的不断立法建设,《版权法》和《规范对等网络法案》等法案已经覆盖了所有通过智力劳动创作的原创作品,同时版权保护的期限延长到作者身故后75年,公司版权保护期延长到95年。为了促进在文化产业中占有重要地位的影视产业发展,美国于2005通过了《家庭娱乐与版权法案》,在后期的改版修订中,影视版权的保护越来越严格,该法案不仅放大了侵犯电影著作权的刑事责任,而且对侵犯影视作品的权利人实施更为严重的惩罚。此外,该法律还承认在电影院使用摄像机拍摄电影是违法的,这部法律严厉打击了通过各种新技术侵犯版权的行为。② 为了促进新兴数字文化产业发展,美国在新修订的《数字千年版权法》中,将电台的"临时复制"音乐制品的行为许可拓展至网络空间,针对数字复制技术的频繁应用,为提升监管水平和促进版权交易,美国政府推出了复制法定补偿金制度模式,在数字音乐出版发行领域采用了版权集体管理及间接定价模式,为数字文化产业投资发展奠定了物权产权基础。

从美国在影视版权和数字音乐版权保护方面的立法创新,我们可以看出,作为文化版权产业先发国家,美国根据用途不同、约束条件的差异对版权交易进行细分界定和全流程合规管理③,这种根据不同版权交易选择不同版权确权、定价模式的版权交易制度体系,有效激励了数字文化创意作品的生产创造,有效促进了版权产业的蓬勃发展。

(二) 市场层面:满足多层次差异化融资需求

美国的崛起大约发端于第二次世界大战,并逐渐构建起其在全球资本市场中的主导话语权,经过多年的发展,美国已形成了多层次的资本市场体系。

不论是在债券市场还是在股票市场中,美国都建立起了差异化、多层级的资本市场(表3-3)④,同时面向市场定位各异、处于不同发展阶段的文化企业,满足各种不同企业的融资需求。

表3-3 美国资本市场的差异化层级

市　　场	层　　级
债券市场	联邦政府:联邦政府机构债券市场
	地方政府:州/地方政府债券市场
	社会:公司债券市场
股票市场	全国性:纽约证券交易所、纳斯达克交易市场
	场外:电子柜台交易市场、粉红单市场

---

① 徐瑜璐. 编剧权利保护:中国现实与未来[C]//《上海法学研究》集刊:上海市法学会文化产业法治和体育法研究小组文集,2019:83-99.
② 李树. 影视版权保护比较研究[D]. 杭州:浙江大学,2016.
③ 高慧芬. 不同版权交易模式对我国版权交易平台建设的启示[J]. 中国报业,2013(16):112-114.
④ 刘晓飞. 我国文化产业的金融支持体系研究[D]. 北京:北京交通大学,2020.

美国大型文化产业集团背后都有金融财团的支持,如美国广播公司、哥伦比亚公司,迪士尼公司在制作动画电影《花木兰》的过程中,就曾经向美洲银行贷款。文化产业集团和金融集团通过相互持股、控股,建立起紧密的合作伙伴关系,产业资本和金融资本的相互融合为文化产业源源不断地提供资金血液。

然而仅仅畅通文化产业资金"大动脉"并不能带来全产业链的整体繁荣,还需要给文化产业中的"毛细血管"——中小型、初创型文化企业提供新鲜的血液供给。中小型文化企业存在有形资产质押能力低、无形资产评估难度高等先天不足,相对大型文化产业集团,获得商业银行贷款的难度较大。为了满足中小型文化企业的融资需求,美国政府设置了美国中小企业管理局(SBA)为中小企业提供融资担保服务,或者通过SBA下设的中小企业投资公司(SBIC)直接给中小企业提供投资。[①] SBIC的资金来源主要有三个渠道:政府注资、私人财团投资和发行有SBA担保的债券和参与证券。如果中小型企业在对接SBA过程中存在信息不畅、渠道受阻问题,还可以向众多的中介组织寻求帮助,例如投资担保公司、商业管理协会、文化事业发展促进中心等,这些中介组织活跃于市场主体和资本市场之间,通过提供商业信息、制定发展计划帮助中小企业获得资金支持,与此同时也形成自组织发展的良性生态。美国文化产业发展天生拥有这种多层次、多主体、全过程的信贷金融体系支持,可以说正是这种体系健全、形式创新的资本市场为美国文化产业的快速发展插上了腾飞的翅膀。

三、英国文化产业投资运行机制

作为世界文化创意产业的摇篮,英国有着深厚的历史文化积淀和良好的人文社会环境[②]。除文化与人文因素外,英国版权产业的发展,还有赖于政府的积极介入与引导。具体而言,英国政府对文化版权产业的调控主要集中在两个方面,建立完备的产业发展体系和充分发展产业中间组织介入管理的作用。[③]

(一)宏观层面:持续发布产业发展评估报告

英国的版权保护与版权管理实践一直走在世界前列,在英国,与版权、文化创意相关的管理机构主要有知识产权局和数据、文化、媒体与体育部(Department for Digital,Culture,Media & Sport,DCMS),以及创意产业委员会。其中,在文化版权领域,版权产业的发展战略规划一般由DCMS主导,同时也承担产业评估、创意产业发展与引导政策的制定等工作。随着创意产业在英国经济发展中所扮演的角色越来越重要,创意产业发展涉及多个部门之间的协调与联络。为了进一步推动创意产业的本土化与国际化发展,2010年,英国创意委员会正式成立,致力于协调不同政府部门,吸引差异化形成部门的共同支持,解决制约创意产业发展过程中的各种问题,并成为连接创意产业与政府之

[①] 高慧芬.不同版权交易模式对我国版权交易平台建设的启示[J].中国报业,2013(16):112-114.
[②] 徐传谌,周海金,刘芹.国有文化产业融资模式创新何以可能[J].江汉论坛,2014(2):43-49.
[③] 朱喆琳.英国版权产业发展模式探析及启示[J].科技与出版,2017(7):58-62.

间的重要桥梁。

为了系统地发现英国版权产业发展中存在的实际问题,并有针对性地进行决策和提供帮助,2002年起,DCMS开始主导英国版权产业的调查与统计,并建立了一套适用于本土化版权产业评估的指标体系,进一步为国内创意产业提供智库支持。根据每年的调查与统计结果,DCMS以《产业发展报告》落实评估体系的应用,从产业规模增加值、出口额度、企业与劳动力数量四个方面,全面总结英国版权产业的发展情况。

DCMS的《产业发展报告》积极构建了政府与产业之间进行有机合作的可能性,其评估应用至少起到了以下作用:一是为产业发展提供了一套行之有效的评估工具,为世界版权产业发展建立了良好示范。二是归功于全面、系统性的评估,英国政府和产业界得以通过可靠的数据掌握产业发展的最近进展,产业界由此判断行业进一步发展的可能方向与空间,为版权产业的持续发展提供源源不断的准确支持。三是评估以实际为导向,侧重于产业发展的方式、就业问题与前景,这些问题为政府部门所关注,使得政府部门可以充分研判产业的发展趋势,梳理制约产业发展的限制性因素,从而通过政策与行政手段为产业发展提供帮助,引导产业发展的正确方向。

(二)微观层面:高效集约式的版权管理方式

如果说DCMS在宏观层面为政府部门与产业界的协同提供了可能性,那么集体管理组织就以实践为切入点,为版权产业发展提供了微观层面的操作化手段。

集体管理组织是一种社会性的中介服务机构,它发端于传统版权管理方式在新技术背景下所面临的结构性困境。互联网技术的出现打破了传统的版权交易模式,在传统的版权交易中,由于版权使用的范围相对较小、频次相对较低,版权的所有者与使用者可以就版权使用进行交易。互联网出现以后,大量的版权作品在大范围、高频率的使用中,大大提高了版权的交易成本。不仅如此,版权所有者一来没有能力追踪某一作品在何时、何地、何处被他人使用,二来没有精力逐一与版权使用者们接洽、谈判与签订协议。低效率的交易方式降低了版权使用效率与流通效率,对于使用者尤其是商业公司而言,时间与过程成本极大地阻碍了更大利润空间的扩张。

在上述背景下,版权交易双方渴望新型的版权管理方式的出现,第三方的中介机构成为解决二者需求的替代性方案,集体管理组织由此兴起。在版权的集体管理模式下,社会或市场中大量的版权所有者将版权授权给第三方,由第三方面向版权使用方统一、集中行使相关权利。版权的集体管理模式,不仅突破了在新技术环境下版权交易双方的交易障碍,建立了一种新型的版权管理方式,完成了一对一交易到多对多交易模式的转变,而且降低了版权交易的成本,提高了版权使用效率,使得大量的版权作品在网络空间的有序使用和高效流动成为可能。集体管理模式也由此既满足了权利人与使用者的需求,又完成了对版权产业在一定程度上的改造,促进了版权产业的快速发展与升级。

集体管理组织在交易中的中介作用如图 3-4 所示。

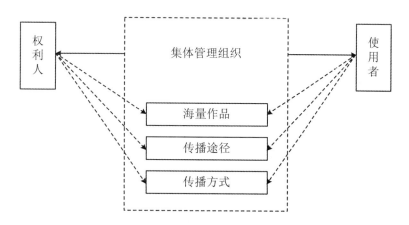

图 3-4　集体管理组织在交易中的中介作用①

四、日本文化产业投资运行机制

日本的创新产业融资模式分为两种：一种由文化产业相关部门主导下的制作委员会融资模式，另一种则是由金融机构主导下的创新知识产权担保融资模式。

（一）制作委员会为聚合型中介的融资模式

在传统的融资模式中，文化企业的融资行为决策一般都在市场中自由进行，由企业的法人代表面对各市场主体，开展合作、筹集资金并完成文化产品的生产。在日本较为发达的动漫产业中，构成了甲、乙、丙三方的合作关系，广告公司背靠强大的资本，电视台拥有广大的受众群体，动漫制作公司则具有专业的动漫生产能力。作为文化企业的动漫制作公司与电视台达成合作意向，由动漫制作公司根据协议创作动漫产品，电视台拥有动漫的版权并支付给动漫制作公司相应的劳动报酬，动漫作品经由电视台播放并获得来自广告公司的赞助②。动漫公司、广告商与电视台分别代表制作方、出资方与播放平台，三者之间形成简单、线性的合作模式。

2005 年，动漫产业开始进入"媒介组合"时代，形成了以日本制作委员会为核心的产业融资模式（图 3-5）。在这一模式下，有产品需求的文化企业（包括电视台、玩具公司、出版社等）构成媒介组合，并形成出资方，为制作委员会提供制作经费。广告公司仍旧向电视台提供赞助费以宣传商品，在电视台与动漫制作公司之间多了制作委员会这一中介。制作委员会接受来自电视台的播放费，并向承包制作公司支付制作费用，此时，动漫产品的版权由制作委员会所有而非电视台所有，因此，制作委员会还可以通过动漫产品及其衍生品的版权使用与销售获得可观的收入。最后，作为出资方的"媒介组合"可以按照

---

① 朱喆琳. 英国版权产业发展模式探析及启示[J]. 科技与出版，2017(7)：58-62.
② 王曼怡. 我国特大城市 CBD 金融集聚差异化发展研究[M]. 北京：中国金融出版社，2016.

约定的融资比例进行分红。①

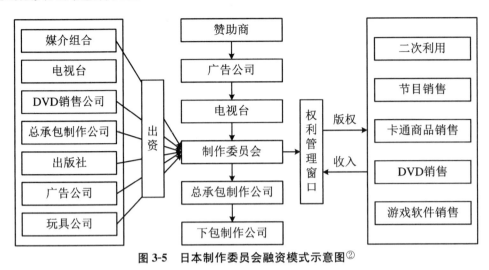

图 3-5 日本制作委员会融资模式示意图②

(二) 知识产权为质押媒介的担保融资模式

金融资本市场拥有强大的资本实力,文化产业的发展必须寻求金融资本的青睐,日本的文化产业亦是如此。为了能够实现知识产权的金融化,日本政府修订了一系列的法律,将文化产业领域的知识产权纳入信托对象的范畴之中。早在20世纪,日本知识产权研究所就将知识产权确立为一种可以用于投资活动的新型资产。2000年,日本政府开始了知识产权金融化的关键性举措:将《特殊目的公司法》(《Special Purpose Company,SPC》)变更为《流动化资产法》。这一法律的变更在三个层面促进了知识产权融资的步伐:一是明确了特定资产的"流动化",此前的流动化资产对象仅仅包括不动产、现金债券和信托受益权,《流动化资产法》扩大了流动化资产的对象范围,增加了文化产业著作权。二是提供相应的信托制度,新设立了关于流动化资产对象获取信托资金的信托制度,为知识产权信托提供支撑。三是完善制度建设,完善后的 SPC 制度要求在进行放贷业务时,需要向金融再生委员会提出申请。③此外,日本政府进一步推动文化版权的金融化,例如 2004 年,日本政府不仅重新修订了《信托业法》,而且为促进知识产权的保护、开发与利用,出台并实施了《关于促进内容产业创造、保护及适用法律》。通过确立以上几部法律,日本文创企业可以将知识产权作为抵押担保品向商业银行申请专项贷款,或者从其他金融机构中获得融资。

总结版权产业发达国家的先进经验,我们发现成熟的版权投资市场都具备良好的投资环境、多层次的资本市场、健全的法律保障体系和不可或缺的政府扶持。美国版权产业繁荣发达,和美国市场经济体制健全有关,其中产权保护思想由来已久,深刻影响了版权产业发展。由美国的经验可知,在版权投资生态建构中,政府需要通过持续修订相关法律,适应数字经济发展的新趋势,形成以知识产权保护为核心的版权保护体系。

---

①③ 李彬,于振冲.日本文化产业投融资模式与市场战略分析[J].现代日本经济,2013(4):60-68.
② 公正取引委员会事务总局.アニメーション産業に関する実態調査報告書[R].2009:7.

通过英国版权产业发展的经验,我国在建构版权投资生态时可以重点培育产业中介组织,赋能文化产业中的细分行业协会,培育版权内容生产、交易的集中管理模式,降低交易成本形成集约优势。日本文化产业旺盛的创造力与健全的版权投资生态密不可分,启发我国在版权交易模式中要大胆创新,拓展版权投资平台的功能边界,发挥类似"制作委员会"功能,培育由政府和行业协会托底的融资担保公司,深度参与到文化产品商业化全过程。

除上述三个国家的先进经验值得借鉴外,其他国家和地区的经验也值得关注,力争为我所用。例如,韩国在版权产业发展初期,采取政府强势主导模式,特别注重娱乐演艺业中的版权保护,短期内形成行业规模护城河。法国政府加大产业基金注资力度,产业基金为著作者提供版权基金资助,为影视拍摄提供导演基金,为电影从业者提供视听艺术基金,为图书出版从业者提供国家基金。

第四节 文化版权投资生态的重构

一、文化版权投资生态重构的目标设定

文化版权投资生态在参与经济活动过程中,主要通过其财产权利的转让和许可使用发挥作用,文化产品及服务也正是通过版权这种独特的价值载体,不断使其价值得以实现和增值[①]。中共中央、国务院印发的《知识产权强国建设纲要(2021—2035年)》中提出,"到2025年,知识产权强国建设取得明显成效,知识产权保护更加严格,社会满意度达到并保持较高水平,知识产权市场价值进一步凸显,品牌竞争力大幅提升"[②]。党的二十大报告提出,要"坚持把社会效益放在首位,社会效益和经济效益相统一,深化文化体制改革,完善文化经济政策。实施国家文化数字化战略,健全现代公共文化服务体系,创新实施文化惠民工程。健全现代文化产业体系和市场体系,实施重大文化产业项目带动战略"。

总的来说,一个充满活力、富于创新发展能力的文化版权投资生态圈建构目标应当具有开放、合作、有序、共生、共享、共赢的特征,能够从文化产业链自身配套、协作关联性服务配套、公共服务配套、基础设施配套等多个层次推动文化产业的发展、区域经济的增长和城市文化的建设。[③] 不仅能使浸润其中的个体得到全方位发展,而且多元主体能够协同发展,促进整个文化版权投资生态体系的自我提升、自我促进与自我演化。差异

---

① 段桂鉴.以版权价值为核心 推进文化金融创新[N].科技日报,2010-08-15.
② 新华社.中共中央 国务院印发《知识产权强国建设纲要(2021—2035年)》[EB/OL].[2021-09-22]. http://www.gov.cn/zhengce/2021-09/22/content_5638714.htm.
③ 马健.文化产业生态圈:一种新的区域文化产业发展观与布局观[J].商业经济研究,2019(2):174-176.

化主体在生态中各有自己明确的生态位置,发挥其独特的价值与功能。

结合中国的文化版权发展实际,文化版权生态重构的分目标有:① 在产业服务体系建设中,为满足投资主体在政策需求、文化版权交易的中介性工具供给、通关便利、融资贷款、市场开拓、人才招聘、项目推进等方面的诉求、问题和面临的困难,建立问题清理和工作台账,确立支撑系统目标,集中研究、协调解决。支撑系统目标全面覆盖文化版权生态服务内容,实现一对一精准匹配,逐级建立起专项、定点、全面的金字塔形服务体系。② 在产业发展路径规划中,为实现版权强国的总体目标,我们应借鉴发达国家的经验,通过政府分阶段、分步骤地积极介入与引导,不断扩大文化版权投资的产业覆盖面,吸引全社会共同参与建设与发展。与此同时要充分发挥市场的自我调控机制,通过市场化的力量不断壮大文化版权产业。③ 在文化版权投资生态的未来,还应当通过开展国际合作、技术交流、承办国际会议,进一步凸显对外合作桥头堡作用。我国投资主体应充分认识国际形势,积极开展重大文化版权推介活动,树立对外开放合作的样板工程;与国内外文化版权生态中心建立战略合作关系,进一步扩大在国际上的美誉度和影响力。

二、我国文化版权投资生态重构的客观现实

文化版权投资在我国具有广阔的发展前景,也正步入快速发展进程,在促进中国可持续发展方面将起到重要作用。从我国文化版权投融资发展的现状来看,不平衡是当前发展态势中呈现的典型特征,主要表现在以下三个方面。

一是发展前景与发展现状之间的不平衡。在意识到文化版权巨大商业价值后,近年来有不少文化企业"入场",探索文化版权投资的实践路径,试图占领文化版权商业领域的高地。文化版权领域的投资实践在投资策略上开始从文化股权投资和物权投资向版权投资转变,在投资领域上从传统文化产业领域开始向文化相关领域扩张,在投资方向上从无主题、无差异向内容主题化、行业细分化演变,表现出资本在文化版权领域的全方位、立体化、多维度的深入。但现实情况是,当前我国文化版权的投融资实践发展相对缓慢。2012—2019年,我国文化产业领域融资在巨大波动中缓慢"前进",年度融资额度有待快速突破、融资次数与融资步伐有待加速、次均融资额度有待进一步提升,投融资的体量与规模均有待进一步发展。

二是文化版权投资实践与制度支撑的不平衡。近年来,文化产业领域的投融资在波动中增长,其稳定、长期、快速的发展离不开一套完善的制度支撑体系。当前,我国对文化版权投资领域的法律支撑还存在一些亟待解决的问题:一是与版权金融直接相关的法律法规、政策较少,针对文化产业担保事宜的法规更是缺乏;二是版权保护机制有待进一步完善;三是对于扰乱版权发展行为,例如盗版、盗录、盗摄等的惩戒力度尚有较大的强化空间。[1]

---

[1] 翟际雨.文化产业投资的特点及融资问题研究[J].中国产经,2022(17):114-116.

三是政府与市场之间利益诉求的不平衡。首先是在文化基金内部,政府资本和社会资本存在不同的利益诉求。① 政府更关注文化版权产业建设对我国经济发展的贡献,满足人民日益多样化的精神需要。政府资本侧重于成为文化版权产业发展的引导者甚至是引领者,通过产业引导手段纠正市场失灵,其背后的逻辑在于保持文化版权产业发展始终在正轨之上,因此公益性诉求是政策资本的最终落点。而社会资本作为资本市场中最为活跃的经济力量,商业性的诉求是其核心的行动指向,因而具有强烈的逐利目的。政府希望通过政策工具与行政手段方式限制文化版权企业快速发展造成的负面社会影响,社会资本渴求能够打破政府的管控与约定,追求最大化的经济利益和财务回报。二者之间存在着天然的矛盾,最终形成了社会效益与经济效益之间的博弈,致使存在巨大社会效益但经济效益暂不突出的文化项目也无法在投资实践中获得认可,经济效益明显但社会效益不突出的文化项目无法在投资实践中完全落实。

从实际发展情况来看,文化版权投资能力建设还任重道远。在文化版权投资领域上,目前我国的文化版权投资重点主要在促进绿色发展、"双碳"战略方面,即更注重在环境生态方面的投资,但立足于文化版权生态视角,作为一个整体发展概念,文化版权投资生态应当有更多维、更全面的协调发展。因此,我国当前的文化版权生态建设实践,存在进一步优化甚至是重构的必要性。

三、我国文化版权投资生态的优化路径探析

法国社会学家孔德(A. Comte)提出了"社会物理学"的概念,认为"社会秩序"是"自然秩序"的延伸。② 我们认为,社会秩序作为自然秩序的延续并不能完全还原人类社会的丰富内涵和旨趣,社会秩序不仅是自然秩序在人类社会的延伸,而且还应当成为具有颠覆性、革新意义以及体现智慧生物特点的高维生态。

在当前的文化版权投资生态中,我们构建了包括政府、社会、主体、平台、市场与人才为一体的体系,并界定了基于我国当下文化版权投资实际的生态位,其中,政府维度作为主导者与规制者,社会维度作为主要引导者,涵盖市场为支持者、人才为促进者的角色定位,作为当下我国文化版权生态构建的"实然"。我们认为,文化版权生态的重构应当体现人类的复杂性与丰富的主观能动性,文化版权生态的重构主要通过多元主体角色的转变和功能的重塑实现。

(一)政府与市场维度:转化角色功能,构建良性互动机制

西方学者提出"公共产品"与"私人产品"的概念及二者之间的隔阂,政府作为主导者和规制者的角色出发点在于将文化版权作为公共产品,突出文化版权产品的公共属性,因而将市场作为支持者发挥其对文化产品供给与流通的支撑功能。在政府文化版权生

---

① 朱建程,马婕.我国文化产业引导基金的实践思考及政策建议[J].清华金融评论,2020(10):39-41.
② 张立红.社会物理学视域下网络谣言传播模型及仿真[J].自然辩证法通讯,2021,43(11):104-109.

态定位中的角色转变与功能重塑过程中,应当划分公共性文化产业、混合性文化产业及竞争性文化产业的边界[①],界定文化产品的属性,并在竞争性文化产业中,逐渐"归还"文化版权的市场属性。总的来说,在成熟的具有自组织性的文化版权投资生态中,政府市场的角色应当互换,即由市场作为文化版权投资生态的主导者,政府随即转变为服务与规范文化版权投资生态建设的支持者。

政府与市场的角色功能转化过程包括以下几个方面:第一,转变主体观念。由于文化产品兼具公共性与经济性,因此政府的管理理念应当脱离传统的新公共管理、新公共服务和治理理论的影响[②],摆脱一元式的管理理念,在服务型政府与发展型政府理念的严格划分之中,寻求弹性的管理空间,针对不同的文化产业领域、不同属性的文化产品,提供差异化的管理思路与管理方式。市场应转为文化版权投资生态的主体与主导者,构建文化版权生态的建设与发展。第二,改变介入方式。文化版权投资发展在当下表现出的巨大潜力空间与有限的发展规模,要求政府与市场改变在文化版权投资生态中介入方式。在公共性文化产业中,为了充分激发公共产品的社会效益,仍然应当由政府作为主导者,由政府资本介入公共领域,保证文化产品始终向社会主义核心价值观靠拢,强调公民本位思想,并突出政府在政企关系中的领航员角色。在混合性文化产业中,充分把握和利用政府的官方色彩与公信力,培育混合性文化产品市场的发育与发展。在竞争性文化产业中,当以经济建设为中心,充分发挥市场在文化版权经济中的主导作用,与市场合力,培养社会力量和广大人民的智慧与力量,鼓励其参与文化产品的供给、消费与流通。在公共性、混合型与竞争性文化场域中,市场的介入强度随着政府介入强度的减弱不断加强。第三,完成角色转变。在差异化的文化产品与文化产业领域,政府、市场分别承担着不同的角色。文化版权产业和文化版权投资行业的充分发展,竞争性的、以商业诉求为目的的文化产业发展是重点,在这一领域中,政府所发挥的角色应当从引导者向培育者进而向支持者转变,具体而言,在公共属性极强或较强的文化领域政府仍持续发挥主导者角色,在竞争性文化产业方兴未艾、初具规模时,例如文化版权产业,政府要主动介入,通过政府资本、政策工具与行政手段的共同作用,培育并促进文化版权产业的发展,待文化版权产业发展成形之时,退而转为支持者,以支持性与约束性手段并重的方式促进版权投资领域的发展,充分激发市场活力,转而由市场作为版权产业发展与建设的主导者与能动性主体。与此同时,在当前,文化版权产业发展前景大、道路长,二者要相互配合,协同构建不同属性下的文化版权投资生态的良性互动机制。

(二) 社会与平台维度:服务生态建设,提供坚实基础支撑

社会经济发展水平、主流意识形态与平台型媒介的发展,一方面有赖于文化版权产业的规模与收益,另一方面也制约着文化版权产业的发展与壮大。在完备的文化版权

---

① 翟际雨. 文化产业投资的特点及融资问题研究[J]. 中国产经,2022(17):114-116.
② 燕继荣. 服务型政府的研究路向:近十年来国内服务型政府研究综述[J]. 学海,2009(1):191-201.

投资生态中,社会与平台维度的因素与文化版权产业发展的辩证关系尽管不会发生变化,但二者的互构作用的确应当有所改变。

社会与平台作为文化版权的非人行动者,其作用应当类似自然生态系统中的环境,源源不断地为文化版权投资生态提供养分,始终作为生态稳定运行的支持者角色而存在。其角色功能主要表现在以下方面:一是为文化版权内容的产生提供丰富的素材与灵感来源,文化产业既服务于人的精神文明建设与精神享受,又以丰富多样的社会生活为模板,经过适当加工与创意塑造形成具有价值的文化商品。与此同时,社会的主流价值观、主流意识形态、人民群众或大众或高雅的精神文化需求,是文化版权产业发展的风向标,在文化创意产品、文艺作品创作时应当予以重点考虑。二是为文化版权发展提供环境支持,社会中遍布我们身边的媒介机构、文化空间以及与文化产业发展相关联的其他的产业,是文化产品得以生产、传播、展示、形态转化与延伸的重要资源。三是为文化版权产业投融资提供信息支撑,聚合性的平台能够为文化版权投资这一垂直性高、专业领域相对较窄的行业提供针对性高的政策信息、行业信息以及市场信息。四是文化版权交易平台为激发文化版权投资交易行为、扩大文化版权交易规模、频率与壮大行业发展提供了强有力的工具,例如文化版权的聚集性平台能够形成良好的示范效应,为文化版权企业与行业建立标杆与资源库。文化版权投资行为的发生离不开对文化版权市场的判断、版权金融化、证券化的技术支持等。

总体而言,社会环境的变化、文化版权投资相关的多样化平台的出现,始终作为一股支撑文化版权投资市场的基础性力量而存在,一方面为文化产品的产生、成形、流通与增值提供支持与保障,另一方面为具体的文化版权投融资交易提供服务。

(三)主体与人才维度:引导行业发展,引发生态演进变革

在既有的文化版权生态中,投资主体与人才是文化版权投资生态中具有主观能动性的两个关键主体。投资主体作为文化版权交易行为的投资方,在文化版权投资中具有很高的话语权。人才则服务于文化版权投资行为的全过程,发挥其劳动力价值,为文化版权投资行为的顺利实现提供服务。

我们认为,在成熟的文化版权投资生态中,具有能动性的投资主体与人才首先应当成为生态建设的颠覆者与革新者。对于投资主体而言,要对当下中国的文化版权投资的行业发展态势与前景有准确、清晰的判断,例如文化版权产业的发展不能一直局限在传统文化领域,投资主体要认识到文化版权投资对象的泛在性与广泛性,将与文化相关联的科技、教育、体育、旅游、金融等产业融入文化版权与文化版权投资领域。积极拓宽文化版权投资对象的范畴,主动延展文化版权投资领域的边界。对广义上的文化版权投资人才而言,一方面要积极做好本职工作,在原有的工作岗位上做精、做深,以独特的视角,形成对行业某一方向的深刻感知与判断;另一方面,文化版权投资领域属于新兴行业,具有广阔的发展前景,也因此具有不断拓展的可能性。文化版权投资人才应当主动介入行业发展的新浪潮之巅,不断革新文化版权投资的方式,优化、重塑文化版权投资的过程,降低版权投资交易的技术性成本。

其次，投资主体与人才还应当自发、自觉地成为文化版权投资生态发展的维护者，这一角色定位不仅是由人的自我革命性决定的，而且也是成熟的文化版权投资生态的必然要求。文化版权投资生态的有序发展与稳定运行需要相对应的约束机制，而投资主体与人才作为构成文化版权投资市场的关键行动者，理当进行自我规约。投资主体与人才应充分意识到其作为文化版权投资生态的组分而存在，皮之不存，毛将焉附，他们是文化版权投资生态良性运行的受益者，也是文化版权投资生态紊乱的受害者。在宏观的市场层面，应当主动建立涉及文化版权投资市场发展的上、中、下游行业规范与公约，建立一套合法、合规、合理的行业标准，主动参与政府规约制度的形成过程中，积极建言献策。在中观的主体层面，各市场主体应当明确企业定位及其在行业中的位置，建立并不断完善企业的规章制度，促进企业有序、健康发展。在个体层面，应主动对自己的行为进行约束，形成良好的职业道德感，在过度发挥与无效发挥主观能动性之间取得平衡，实现个体与集体的共同发展。

案例1：美国电影业版权预售融资模式

在美国的电影产业生态中，影视公司想要通过版权交易进行融资，可以选择版权质押或者担保贷款形式，制片公司通过将自己拥有的版权折算成"对于影视作品未来获利的权利"，质押或抵押给金融机构，金融机构参考版权估值和变现率，向制片公司支付履行对价条款。除版权质押贷款外，制片公司还可以采用更超前的融资模式——"预售融资"模式。预售融资模式的核心优势是制片公司可以在影片尚未投入制作之前，将该影片IP概念包含着的潜在变现能力资产化，从而达到在场内市场自由交易流动的目的，预先销售版权概念，让金融提前介入文化版权的创作环节、成形环节。

例如，文化传媒公司首先获得版权的发行权、音像出版权、影视改编权等资产权利的预售合同，再与有意向的发行公司签订发行协议，然后发行单位就会向银行等金融机构进行贷款申请。针对电影产业广泛存在的高风险问题，预售模式引入商业保险概念，形成一种特殊角色——完片保证，通过专业团队对项目进行风险排查评估，安排督察人员监督拍摄发行的全过程，严格控制合同细节执行落地，保证制片过程按时完成。只有电影按照计划进行制作，才能从发行人获得按照完片进度确定的合同，从而能够继续从金融机构获得贷款。因此，完片保证的制度设计，保证了中小型制片公司、独立制作公司，在没有充裕资金背书的情况下，依然能够从金融机构中融资。与此同时，也将未能完片的风险控制在最低水平，保障了投资人的利益。正是这种精巧的制度设计，为美国电影业版权交易提供了一把"保护伞"。

版权预收贷款流程如图3-6所示。

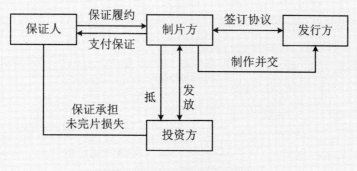

图 3-6　版权预收贷款流程①

案例 2：美国电影业版权证券化投资方式②

美国电影版权交易模式创新还体现在版权证券化投资操作，由于电影版权能够产生一定的预期收益，具备证券化的基本价值。但是与资本市场常见的信用资产不同，针对电影版权的证券化操作，实质是将电影版权的相关权益作为基础资产的特殊支持证券在公开资本市场上进行融资交易。

电影版权证券化投资的第一阶段是确立资产证券化目标，组建资产池。有融资需求的电影制作公司将历史票房收益、现行拍摄和收益计划、版权储备及其在未来的变现能力等作为资产证券化的核心，据此组建一定规模的资产池。第二阶段，组建特殊目的载体(Special Purpose Vehicle，SPV)，是一个以证券化为唯一目的且独立于投资双方的信托实体，组建完成后，与该项目相关的权益、风险和控制权都打包包含在 SPV 之内，此时该项目的标定资产（电影版权）将不会受到发起人自身经营状况的影响，完成风险隔离。第三阶段，SPV 聘请信资信评级机构对资产池的信用进行评级，然后由信用增级机构通过资产分层、设立利差账户，对收益要素进一步增强风险控制，从而保障版权证券交易能够顺利进行。第四阶段，委托证券承销商进行承销发行。融资完成后，SPV 向融资发起者（制片公司）支付基础资产对价，等电影制作完成获得收益，偿还投资者的本息。至此，围绕影视文化版权的证券化投融资操作最终完成。

电影版权证券化实施流程如图 3-7 所示。

---

① 吴逸君. 电影业投融资机制的国际比较以及对中国的启示[D]. 杭州：浙江财经大学, 2015.
② 徐佳璐. 电影版权证券化中的资产真实销售问题探析：以好莱坞电影版权融资模式为鉴[J]. 北方经济, 2013(7)：77-79.

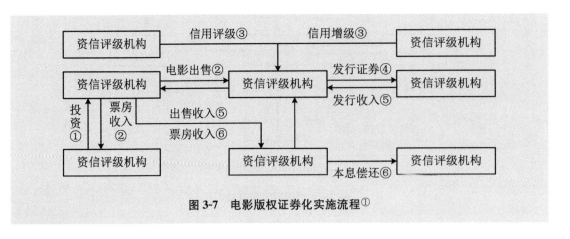

图 3-7 电影版权证券化实施流程①

延伸阅读

序号	阅读主题	阅 读 文 献
1	日本版权制度	朱喆琳.数字时代日本版权产业发展规范机制的构建与启示[J].出版发行研究,2016(3):84-88.
2	文化产业与政府	傅才武.数字信息技术、文化产业发展与政府作用:以《文化产业促进法(草案送审稿)》为中心的考察[J].中国治理评论,2020(2):111-128.
3	文化产业与金融	张双梅.中国文化产业发展激励机制研究:以金融激励为路径[J].政法学刊,2021,38(4):91-97.
4	版权金融	郭宜.我国版权金融研究[J].科技与出版,2018(11):125-128.

---

① 徐佳璐.电影版权证券化中的资产真实销售问题探析:以好莱坞电影版权融资模式为鉴[J].北方经济,2013(7):77-79.

第四章　文化版权投资的策划

本章要点

　　文化版权投资策划是基于投资主体战略布局的理解与版权投资市场空间的研判，通过与版权所有人等相关群体充分沟通、深入调研和创意探索，逐步明确文化版权投资的核心意图、运营范围、商业模式与合作框架等有关事项的过程。按照工作任务划分，文化版权投资策划主要包括版权投资的目的建构、内容建构、路径建构和逻辑建构等几个方面。

　　文化版权投资策划的意义在于，挖掘和展示版权作品的专业水平、市场空间、社会价值和盈利水平，让版权投资决策者以及参与版权投资活动的有关各方能够清楚预判版权贸易、版权转化、版权变现、版权延伸的过程，充分理解版权投资的发展前景及其经济效益和社会效益。

　　文化版权投资策划的关键在于，一是内容的策划要"把版权投资故事讲完整"，清晰表达版权投资靠什么盈利？如何盈利？怎么持续盈利？以及版权投资收益如何分配？二是形式的策划要体现专业性与严谨性的要求，清晰刻画版权如何交易、如何应用、如何变现、如何延伸等操作规范和技术路线。

第一节　文化版权投资目的的建构

一、版权投资目的建构的概念

　　投资目的一般是指投资主体希望通过投资实践行动所能达到的实效。投资目的是决定实施版权投资的先决要件，其核心工作在于把握投资行动利益主体诉求、精准研判市场发展空间，并由此对未来投资行动所应取得的成效进行宏观层面的预估和安排。需要说明的是，投资目的往往是投资实施目标的基本遵循，二者是宏观与微观、定性与定量的互构关系，这是版权投资目的策划应遵循的基本宗旨。

　　文化版权投资目的的建构是文化版权投资主体、共同利益主体或其他相关主体投资核心意图及投资期望所获效果（或效益）的宏观性指导与安排。一般而言，按收益类型可将文化版权投资目的分为竞争性目的、基础性目的和公益性目的;按投资目的的关系可将文化版权投资目的分为独立目的、互斥目的;按具体内容的构成可将文化版权投资目的分为文化价值目的、经济效益目的、社会价值目的和组织成长价值目的。但无论是按收益类型还是按投资目的关系进行目的划分,其基础的依托仍是具体内容体系的搭建,即版权投资者的核心意图具体包括哪些。基于此番考虑,可将文化投资目的分为文化、经济、社会和组织成长四大维度。

此外,不管是哪一类投资主体,其投资目的都是明确的,且体现了一定的差异性,而差异化的投资目的往往决定着投资者的具体投资方式。就一般投资主体的偏好而言,风险较小、交易方式便捷的版权投资项目往往更易受到保守型投资主体的青睐;高风险及高收益并存的投资目的往往更易受到风险爱好型主体的喜爱;那些风险和收益相当的版权投资项目往往会得到中性风险投资者的选择。

二、版权投资的文化价值目的

(一) 版权投资文化价值目的的内涵

文化价值的实现是文化版权投资目的的关键,也是文化版权投资区别于一般投资的最大区别点,文化价值创造在一定程度上造就了文化版权投资的差异化发展效应。所以,文化价值目的建构理应成为文化版权投资目的建构的第一要务,只有充分明晰并把握文化版权投资的文化价值目的,才能有序地实施好文化版权投资,才能为其他版权投资目的的建构提供基本的价值遵循和发展方向指引。

文化版权投资文化价值目的是指文化版权投资主体基于文化层面的价值追求,同时,文化版权投资的价值及职能实现与"文化力量"的彰显密不可分。具体而言,文化版权投资的文化价值目的主要体现在以下几个方面:第一,推进中华优秀传统文化、社会主义先进文化及社会主流文化价值观念的宣扬和传播,提升优秀文化影响力及国民文化认知力;第二,塑造新的社会生活方式,推动社会大众文化的革新;第三,加速文化产业繁荣进步,协同推进文化"产业化"及产业"文化化"发展[①];第四,塑造整个投资团队的文化价值观,提升团队版权文化创造力及审美能力,推动投资团队文化版权投资能力提升。

如前文所述,文化价值目的的构建是整个文化版权投资主体最重要的投资意图体现,是体现版权特色、发挥版权投资价值和增强版权投资生命力的最大动力来源,所以,在具体的文化版权投资活动时,应首要考虑该项版权投资的文化价值性,并将其作为进行投资的重要参考指标,如符合社会主流价值观的版权可进行重点投资,反之,则不能涉足。

---

① "文化产业化"是我们把各个文化产业都要扶持起来,使它形成一个产业,形成商业化的可持续的发展机制。"产业文化化"是把各个产业都要视作一个文化来进行发展,使得这种产业有背后的文化实力做支撑。

（二）版权投资文化价值目的建构的要求

版权投资文化目的建构的基本要求是指针对版权投资项目进行的一系列文化价值层面的论证行动,即考察版权投资项目的文化价值能够在哪些方面、多大程度上得以实现。具体而言,我们应关注以下几个方面的内容:一是版权内容本身,应重点评估版权内容的文化价值性,如所投资版权内容能否具有一定的文化代表性,内核价值如何;二是针对了解投资项目所处区域的政策环境、社会环境、人文环境等,综合把握版权投资的社会基础、受众市场及发展空间;三是认真进行竞争分析,其中应重点把握其他投资方的当前工作布局和可能动向,文化目的是每个文化版权投资者的核心目的,但文化目的也存在细致差异,如文学文化、历史文化、酒文化等,了解版权投资的市场差异化方向,是版权投资目的差异化建构的重中之重;四是重点关注投资方的版权投资团队建设情况,了解团队成员的专业背景、个人创新创意能力及市场拓展能力等。

三、版权投资的经济价值目的

（一）版权投资经济价值目的建构的内涵

经济目的是利益主体保证生存和实现可持续发展的根基,大多数投资主体的投资决策都以一定的经济效益为目的,文化版权投资也不例外。文化版权投资经济目的是指文化版权投资主体在经济层面的实现目的总称。对于版权投资主体而言,主要有两个方面的目的:确保版权投资对投资主体有一定的正向经济价值性,这也是版权投资经济目的的首要内容;警惕整体版权投资活动对投资主体可能带来的潜在经济风险,并不断做好风险应对工作,保持投资行动的整体可创收性,确保投资主体的可持续发展。

（二）版权投资经济价值目的建构的要求

一个好的版权投资经济价值目的的建构往往需要较为科学的可行性研究,进而确保投资项目在经济层面是可以通过技术经济论证的。一般在经济目的建构之前,需要对投资方所掌握的市场需求、资源条件、建设规模等进行较为细致的资料论证和经验排查,这是支撑投资项目顺利开展的重要依据。通俗地说,文化版权投资项目的经济可行性分析研究就是研究一个投资项目的市场发展前景、财务实施可能性及经济效益的可获得性[①]（表 4-1）。

---

① MBA 智库:投资项目的可行性分析研究。

表 4-1 文化版权投资经济目的建构的步骤和内容

序号	步骤	内容
1	摸清市场需求和销售情况	包括需求量、需求品种等的预测
2	摸清项目建设条件	包括资金、原料、场地等条件
3	了解技术要求	包括设备供应、生产组织、信息技术等情况
4	投资数额估算	包括设备、厂房、运营资金、需求量等投资数额
5	融资渠道和融资成本估算	包括来源渠道的多元性、稳定性考察及融资产生费用
6	生产成本的计算	包括投资方在版权产品生产过程中所发生的各项费用
7	做好销售收入的预测	包括基于版权内容的所有价值链内的销售收入
8	实现利税总额的计算	包括销售税金及附加、应交增值税、管理费用中税金和利润总额之和
9	了解投资项目运行周期	包括投资回收期的估算和项目生命周期的确定
10	折旧及上缴税金的估算	通过项目在生命期内提取折旧，计入成本，来测算项目实现利润和上缴的税金
11	项目经济效益的总评价	形成投资项目的可研报告

四、版权投资的社会价值目的

（一）版权投资社会价值目的建构的内涵

20世纪以来，伴随工业革命和现代化进程的加快，一系列社会问题促使社会矛盾不断显现，若只依靠财政补贴、慈善捐助和公益活动改变现状已变得越来越力不从心。为了更加及时有效地应对及解决这些问题，社会价值投资的探索由此展开。社会价值投资要求企业不仅遵循传统意义上的"利润最大化"规则，还必须通过投资活动为环境保护、劳动就业、医疗卫生、食品安全、教育培训提供非营利性解决方案，强调"社会资本"解决"社会问题"的核心理念。2016年，《中国社会价值报告》正式问世，宣告中国正式迈入社会价值投资元年。

作为一种普遍价值，社会总体价值是指一种现象或行为所具有的满足一定社会的共同需要的功能，主要包括自我价值、群落价值和环境价值。[①] 而在文化版权投资目的的构建体系中，社会价值目的指在版权投资行动中，投资个人或组织在社会问题的应对、社会综合效益的延伸等方面中所取得的成效或达到的良好状态。这种基于社会问题应对的发展视角是区别于其他目的建构的最核心体现。

此外，文化版权投资社会价值目的构建还应关注两个方面的问题：第一，处理好经济效益及社会效益二者的关系，当经济效益与社会效益发生冲突时，应结合投资项目类

---

① MBA智库：社会价值包括哪些方面。

型、投资主体需求等影响要素,适当放弃社会价值,将社会效益作为投资的重要参考。第二,投资社会价值会伴随投资行动的逐步开展而逐步被延伸放大,在投资行动开始之后,基于社会资源的市场化配置,进而会产生更为持久的社会价值,如社会意识的出现,所以,从这种意义上来说,版权投资的更大价值在于通过社会资源的引导及撬动创新来实现更长久、更整体的社会价值创造。①

(二) 版权投资社会价值目的建构的要求

1. 建立双重管理制度

文化版权投资社会价值目的是在对公司、组织和基金投资的同时,还要求做到"财务回报"和"社会绩效"的双重目的,旨在实现经济获利的同时,肩负起社会问题处理等社会责任,进而助力政府通过社会资本力量的引入来提升社会问题应对的能力。② 为此,要在原有财务管理制度之外,配套建立一套社会价值管理制度,实行双管理制度并行发展。但在双重管理制度建立的同时,应明确文化版权投资社会价值目的对财务回报是有所期待的,但多数情况下投资收益率是低于社会平均利润率。

2. 丰富版权投资渠道

文化版权投资社会价值目的的资产投资渠道日益丰富,包括但不限于私募股权投资、债权投资、基础建设投资。值得一提的是,近年来私募市场中各种资产在环境、社会责任、公司治理方面产生了可观的实际回报,逐渐处于主导地位,占历年参与机构总数的比重均超过60%,显示出投资的整体重心正在从公募市场转向私募市场。

3. 健全社会评估体系

为了避免"只说不做"或"只做不说"现象发生,真正履行社会责任,必须有一套文化版权投资社会价值目的评价标准,其目的在于获得一个客观、真实、全面的履责数据信息,初步预估版权投资社会价值的可介入空间。例如,基于自身或第三方评估体系,通过新增就业人数、脱贫人数、减少碳排放量等一系列指标,对文化版权投资社会价值目的引发的环境影响进行度量,评价影响力投资的实际效果。③

(三) 文化版权投资社会价值目的与相邻概念区别

目前,文化版权投资社会价值目的相邻概念包括但不限于"环境、社会责任与公司治理""社会责任投资""慈善捐助""公益创投",这些概念总体上大同小异,但依然存在一些差别。

一是文化版权投资社会价值目的与传统投资。文化版权投资社会价值目的带有双重投资目的,传统投资基本上不人考虑社会效应,追求利润最大化是其唯一目的。显然,

---

① 知乎. 社会价值投资、影响力投资、社会责任投资有什么不同[EB/OL]. [2018-9-20]. https://www.zhihu.com/question/295282337/answer/495212774.
② 罗格斯大学社会工作学院华民研究中心,北京师范大学中国公益研究院. 华民公益手册系列[Z]. 2019-9-12.
③ 高扬,曾惠子,卢舸. 影响力投资的4要素是什么?[EB/OL]. [2020-4-13]. hhtp://finance.sina.com.cn/esg/investment/2020-4-13/doc-iirczymi5987833.shtml.

文化版权投资社会价值目的是介于提倡社会价值的慈善捐助和强调企业盈利的传统投资之间的一种方式。

二是文化版权投资社会价值目的与公益创投。所谓公益创投,常指以公益慈善理念开展风险投资的一种方式。在此投资理念的影响下,公益创投在类型选择中会更青睐于慈善类项目,更关注投资企业是否能够对解决社会问题带来实效,而不像文化版权投资社会价值目的有财务收益和社会影响的双重考量。公益创投在财务回报诉求方面明显低于文化版权投资社会价值目的,但要比慈善捐助要高一些。

三是文化版权投资社会价值目的与环境、社会责任与公司治理投资。从概念上来说,二者的共性在于都关注社会责任保护,专注于社会整体效益的实现,但后者更多强调投资过程对环境、社会和企业治理三个因素的影响,这对于投资主体的判定提供了除财务指标之外的分析决策视角。换言之,后者考量的主体范围更为精确,也更具可量化性;而前者考量的范围则更加宽泛一些,可以延伸到更广泛的领域。

四是文化版权投资社会价值目的与慈善捐助。慈善捐助本质是不追求任何财务回报的,其核心诉求在于通过特定的投资行动来实现一定的社会效应。而文化版权投资社会价值目的是需要从财务回报角度考虑问题的,必须有可预期的财务收益,否则,投资主体也是难以长期生存和发展的。

五是文化版权投资社会价值目的与社会责任投资。社会责任投资是以避免投资产生社会不良影响及衍生社会问题为标准,而不是以追求综合性社会责任为主要目的,这一点是它与文化版权投资社会价值目的最为显著的区别。

五、版权投资的组织成长目的

(一)版权投资组织成长目的的内涵

著名经济学家格林纳认为,组织成长是指组织在其所处环境中能够实现自主生存和持续发展的综合能力,组织成长提供了组织活动的动力,是组织再活动的重要依托。对于版权投资而言,通过版权投资行动,其重要目的之一便是在于实现组织综合投资能力的成长,以便为后续的投资行动提供基本的执行遵循和团队能力支持。文化版权投资组织成长目的是指投资方希望通过版权投资,自身综合投资及相关能力所能达到的综合水平的考虑和初步判断。组织成长目的以专业投资能力成长为核心,具体包括投资团队政策研判分析能力、市场开辟能力、版权创新培育能力及版权运维能力等。

(二)版权投资组织成长目的建构的要求

文化版权投资组织成长目的基本要求主要有三个层面的考量:

一是组织要素。首先,应综合考察投资主体内部与战略投资项目息息相关的职能部门与工作人员的基本工作情况和专业背景,了解版权投资实施前的组织架构情况;其次,在文化版权投资项目启动时,需要投资主体从人财物到生态环境等各个维度给予支持,当然离不开集团内部资源的配置和倾斜,其中尤为重要的是专业能力和信息技术能力的赋能支持,这有利于投资者更快进入投资状态和节奏。更重要的是,加强与行业中的佼佼者、领先企业、创新者等联络,取长补短,发挥优势,当然离不开外部的资本、人力、技术资源的整合。

二是环境要素。包括文化版权投资项目所相关的由政策、市场、金融、空间、设施、文化六个主要方面的环境要素。想想为什么上来就先研究政策、产业环境、区域发展环境,为什么要考虑市场拓展战略,为什么要考虑消费者在文化属性方面的消费诉求,这就是环境的重要性,这是商业的土壤,更是组织自我成长的重要组成部分。

三是作用机制。文化版权投资生态系统中各个主体的运作目的都是一致的,都是为了项目的快速增值,各个主体专业互补、资源共享、势能转化,当然具体价值交换的路径、节奏是由主导企业来操控的。这里说的是让整个战略投资项目所有参与要素都形成自发的价值作用机制,以战略目的为核心,不断整合内外部资源,不断升级运营能力,不断做深护城河,让各种要素围绕战略目的有机组合、发生化学反应,高效精准运转起来。

第二节 文化版权投资内容的建构

一、版权投资内容建构的概念

(一) 投资内容与版权投资内容建构

在理论经济学中,狭义视角下的投资一般是指资本货物购置的过程,投资的过程也基本决定了投资内容包括两个方面:一是为实现社会生产奠定基础,主要包括购置固定资产、无形资产及支付所需现金;二是包括对外股权、债券支付所需的资金。文化版权投资的基本内容也在此基础上进行了扩充与践行,但仍有自身的发展特性,即文化版权投资内容在不同领域中会呈现出不同表现形式,投资主体常会根据版权内容的性质和特点将版权授权模式与其对应起来,但这种对应不是一对一的,而是存在着交叉重叠,这种投资内容的选择与投资模式选择为版权内容的多元化投资及授权管理提供了创新发展的基础路径。

文化版权投资内容建构,则需要对版权投资的两个方面内容进行考虑:一是投资内容是什么,即投资主体在进行文化版权投资时可以投资哪些内容;二是进行投资内容的选择时,需要考虑哪些事情,关注哪些典型问题。在确定基本内容之后,投资者应通过多种手段对版权投资内容进行初步的价值评估工作,初步判定投资内容是否符合自身投资利益、投资方向等。此外,加强文化版权投资内容的集体管理工作也是版权投资内容建构的重要动作之一,利于文化版权内容的保护。至此,由版权内容选择、版权内容价值评估及版权内容集体管理制度基本构成了文化版权投资内容建构的完整流程。值得关注的是,除核心版权产业外,依存版权产业、部分版权产业及非专业支持产业也是文化版权投资内容的重要构成,这是不容忽视的。

(二)优质文化版权内容的一般特征

版权常被认为是出版业的资源性资产,是其创新发展的重要来源。而版权投资"内容为王"的特征决定了文化版权投资的价值实现需要依赖文化版权内容价值的持续赋能,因此,了解与把握优质版权内容的一般特征,是推进版权资源转变为版权资产、版权资产升级为版权资本,构建版权产业发展新生态的重要动作。一般而言,优质文化版权投资内容包括以下几个特征:

1. "深内涵性":受众价值共鸣的本质来源

在文化版权投资领域,决定一个版权生命力的首要因素在于其文化内涵的价值性,有学者用"文化母体"的概念试图解释这种现象,所谓文化母体,即指某一文化传统中具有孕育、繁殖功能的那部分文化或被集体认同的认知习惯等。而版权投资行为要想做到受众连接,首要条件便是能够找到其文化母体并产生强烈的文化共识共振。这使得文化版权投资主体要在具体投资执行的过程中要专注版权内容文化的发掘和扩散,要在"内容为王"的理念下做到文化价值输出的最大化,通过线上线下等多维途径去宣传、去做文化内涵延伸。如冰墩墩IP的文化母体就十分具有特色,它绝不仅仅是熊猫,而是中国广大人民对国宝熊猫的真切情感及对滑雪运动无比热爱的集合,因此二者有趣的结合给了人们无限的想象空间和情感价值认同。

2. "强衍生性":版权价值跃升的重要依托

版权跨界融合及衍生发展事出有因,一方面,版权产品一味地独立发展难以满足消费者多样化的消费需求,另一方面,不利于价值链的不断延伸,难以形成稳定的获利空间。如何根据版权自身特征,探索更多版权跨界融合渠道、扩展市场受众群体,对于提升版权投资价值至关重要。通常而言,版权的衍生发展有三个主要途径,一是版权内容不变,改变内容载体,如当前较为火爆的网文影视剧改编,这便是由小说到影视的跨界融合,其最大的特点在于版权核心内容并未改编,但版权内容载体出现了较大变化;二是版权内容的多重叠加,采取的是"1+1"的发展模式,并且更加注重版权IP的打造,如前文提及的冰墩墩,采取的便是熊猫玩偶与体育元素的跨界融合,但其在内容载体上呈现了较大的变化;三是版权内容加场景元素的融合,如版权IP与多元场景、业态的融合发展,当前,文体、养老、旅游等行业领域的新鲜血液也在与版权投资保持着密切的联系,并逐渐成为版权投资执行中重要的发展领域之一,并对于产业链的延伸发展有着重大价值。

3. "强时代性":版权投资发展的基本趋势

版权产业若要实现持续性发展,需要进一步发掘版权行业发展潜力,在发展中不断寻求发展新视野和新空间的可实现路径,尤其是信息技术时代内涵的引入对于当前版权投资的发展是至关重要的。伴随5G技术、互联网等新兴技术及新业态的不断革新及崛起,传统文化机构主导的生产和传播逻辑被逐步打破,文化产业结构也实现了优化升级,版权投资发展在诸多方面均体现出了一定的"时代性"。① 当前,依托多元信息渠道实现投资的提前布局成为投资行动的基本工作,而信息快速流通发展也给版权投资市场带来了更多的不确定性,因此,各投资主体多希望通过业态的并购融合发展来实现投资扩展的目的,而这些新兴业态往往是信息化及数字化转型的产物,这与时代发展的脉搏不谋而合。此外,从常规意义上来看,如何通过更加先进及更易被当代人接受的信息化手段来实现更高层次的内容建构和宣介也成为版权投资者的重要投资逻辑之一。总之,无论是管理理念的转变,还是投资工具的迭代,均体现了版权投资"时代性"的发展特点,而这将持续助力文化版权投资的转型升级和创新发展。

二、文字作品的内容建构

(一) 文字作品的基本内容

1. 传统文字作品

文字作品常指文学领域范畴内以文字为主要表达形式的,能够以有形形式复制的具备独创性的作品形式。② 我国《著作权法实施条例》第四条规定"文字作品,是指小说、诗词、散文、论文等以文字形式表现的作品"③,具体包括文学作品、科学作品与艺术作品等。除了独创性要求之外,我们还应关注的是文字作品塑造了作品的基本架构,了解传统文字作品对于我们了解文字作品的整体发展逻辑和特征尤为重要,如过短的文字片段因不具备独创性便不能受到我国著作权法的保护。从文字作品的外延来看,小说、散文、杂文、诗歌、剧本、学术论文、著作、期刊、教材、书信、日记、报纸、广告词均处于其内容架构中。

2. 数字文字作品

网络文学作品直接破除了包括作家、出版社及读者这一整体架构之下的传统生产机制,转而进入了由读者点击为发端,甚至决定原始创作的新型发展架构。④ 从传统作家纷纷进军网络写作世界便足见网络文字作品的影响力有多大。而依托传统文字作品,数字化文字作品发展不断提速,内涵也逐渐丰富。

当前,数字化文字作品主要包括三类:一是网络文学作品,也是当前市场较为主流的文字作品种类之一;二是将图书、期刊数字化的作品,常见的如数字图书馆、期刊网等;三是普通网络文字作品,一般是指在网络端所发表的独创性作品,如在微博、微信及抖

---

① 彭玻. 新时代国有文化企业投融资模式创新[J]. 出版人,2019(9):60-63.
② 百度百科. 文字作品[EB/OL]. https://baike.baidu.com/item/%E6%96%87%E5%AD%97%E4%BD%9C%E5%93%81/3090793?fr=aladdin.
③ 中华人民共和国著作权法实施条例(2013修订).
④ 赵倩倩. "新世纪十年文学:现状与未来"国际研讨会综述[J]. 文艺争鸣,2010(19):34-38.

音上发布的文字作品。一般而言,网络文学作品及数字化作品对于作者的文字功底及创新能力有较高的要求,而专业能力的彰显正是实现作品获利的主要依托,换言之,多数读者更愿意为此类作品进行付费,反之,如何倾尽全力来实现自身作品的价值性是此类作品作者最为关注的目的。相较之下,普通网络文字作品在独创性及自身价值等方面均不如前两类作品,大多数可以进行自主传播。

(二) 文字作品建构的注意事项

第一,版权获取是实现价值投资的先决条件。就当前文字作品的投资逻辑而言,文字作品的投资不光是单纯做文字领域的价值兑现,而是基于文字作品版权的收购,进而实现文字作品在影视、动漫等领域的价值延伸或衍生开发,所以在选择投资方式时,投资者应尽力实现文字作品版权的买断或收购,而不建议采取授权许可的方式进行资源的吸纳,否则不利于文字作品的价值延伸及再创造。一般来说,文字作品比起其他版权作品要更具创造空间,因为文字的叙事架构能够在最大程度上支撑起版权投资的内容性,所以,对于文字作品版权的获取要更加引起重视。当然,作为文字作品的原始版权所有人,当自身作品在被投资时,也需要考虑是否需要将版权完全转让,如果需要完全转让,那么转让条件则需要更加细化与严苛。

第二,正确处理好传统与数字文字作品的关系。文字作品不同于其他版权作品,它是实体价值更强,且几乎注定不会被淘汰,只可能在部分时候被数字作品所替代,二者存在冲突关系,而需要共存共生,单纯意义下不存在孰轻孰重的探讨。由此,在投资者进行具体投资工作时,需要考虑自身的投资方向是什么,即选择传统文字作品领域还是数字文字作品领域;需要考虑投资份额的关系问题,即二者的偏重如何,在明确好这两个问题的基础上,才能有效开展文字作品的版权投资工作。此外,投资者在文字作品的版权投资过程中,需要考虑两类文字作品之间是否存在某种联系,或者是能否通过某种途径来实现两类文字作品的价值串联,这对于文字作品本身价值的放大以及整体投资活动价值的延伸有着重大的现实意义。

第三,把握文字作品版权投资的核心动作。不管是传统文字作品还是数字文字作品,其核心的投资动作都是相通的,投资者需要确保内容的真实、做好核心内容的价值解读及选择好适宜投资进入的领域,其中,内容的真实性需要做好内容溯源工作,避免内容失真、侵权窃权等问题;核心内容的价值解读则需要对于文字作品背后传递的价值观念作出深刻的解读,这一步骤对于整个投资行动而言是至关重要的,是后续投资动作的前导动作,它决定了文字作品可进入的投资空间;投资空间的界定则需要在第二步的基础上,结合现实背景及投资需求,确定自身的投资方向。

第四,兼顾知识传播与价值获取双重目的。文化版权文字作品的选择和投资目的之一在于促进知识的传播和再利用,文字作品作为思想价值传播的重要载体之一,要在版权投资获利的基础上,实现公共价值的延伸,而公共价值延伸的主要路径在于文字资源的开放,所以,在文字作品的开发中要确保文字作品的差异化开放,避免因盲目性地"信息掌控"而陷入"唯盈利性"的投资陷阱。对于文字作品的使用和发掘,国内外广泛推行的开放存取政策在一定程度上实现了文字作品科研成果的最大化利用,拓展了文字资源的广泛传播和无限制获取路径。起点中文网前期提供文字作品供用户免费阅读,再把阅览量较高的作品移入付费区,由此形成极具特色的付费使用模式。① 这种付费模式支撑了网络文学的内容生产,为网络文学的版权投资提供了新的运维思路。

三、音乐作品的内容建构

(一)音乐作品的基本内容及特征

音乐作品是指受版权保护的,由创作者通过一定手段将多类声音组合而成,配有或未配文字(诗句或歌词),用乐器或人声表演形成的艺术作品。目前,音乐作品的跨界融合发展仍是音乐版权市场的新方向,这便决定了版权投资主体的多元性。除了常规音乐平台之外,更加偏爱购买音乐版权的,还包括各类音乐节目、电影、动漫等,因此,文娱作品的原声配乐及背景音乐也成为音乐作品的重要表现形式。

伴随我国音乐市场的规范化发展及新型传播技术的不断进步,音乐作品也体现了新的特征。① 音乐作品存储较为便捷,尤其是受新技术影响变得更易储存及传播。相比电影、电视剧等视听作品,音乐作品不仅更加短小精致,容易储存、复制、改编,而且其欣赏方式属于纯听觉上的获取,非常容易传播,并且在新的技术环境下能够迸发出更多的商业发展可能性。② 音乐作品使用广泛,任何群体均可通过听觉欣赏。相比于小说、美术或电影,音乐可以说是人们日常生活中最离不开的艺术了。音乐在欣赏频率、使用范围和更新速度上,都远远超过其他作品类型。③ 音乐作品涉及的主体多、权利类型复杂。音乐的初始形态多为带词或不带词的曲谱,如果不经过表演(演唱或演奏)及转录成唱片,公众很难欣赏。表演和录制则实现了初始音乐形态的蝶变升级,但也会产生出新的权利主体(表演者、录音制作者等)。因此,音乐作品的许可使用和利益分配充满了复杂性。

(二)音乐作品内容建构的注意事项

随着音乐作品资源的不断丰富、投资方式的日益多元及投资场景的加剧转变,音乐作品的投资建构被赋予新内涵的同时,其自身的发展也被提出了新的要求,为进一步做好音乐版权作品投资,投资者仍应重点关注以下几点内容。

第一,了解音乐版权作品的创作过程。一般而言,音乐作品大体是由词曲作者形成基本雏形,但音乐作品创造过程极为繁琐,后续还会通过编曲人、制作人②等再进行润色加工,方能实现最终作品的成形。对于音乐作品成形过程的专注,对于我们进一步了解音乐版权作品价值、推动版权作品的价值延伸开发等均有较大的助益。

---

① 方善红.文学网站内容生产的"微支付"模式与版权解决体系分析:以盛大网络为例[J].图书情报工作,2010(16):103-107.

② 一般情况下,只要参与音乐的编曲、作词、演唱等任意环节,均可以将其称为音乐制作人。

第二，理解音乐版权作品投资选择的重大意义。所谓版权作品选择的意义，也可以理解为音乐作品的选择原则及选择本身可能会带来的影响。众所周知，知名音乐人或者创造团队的音乐作品往往质量精良、受众较广且美誉度高，因此，在音乐版权作品的开发及创造时，投资方需着重考虑创造人的专业水平、音乐作品的市场受众情况、音乐作品本身风格及音乐作品的可使用空间等要素。

第三，尊重音乐作品创造的价值目的。一般而言，音乐作品的创作，尤其是音乐作品进入版权市场之后，如何实现价值获利是其基本的价值追求，但也存在彰显才华，或是实现信息资源共享的价值追求，应充分尊重各种价值目的。针对不同价值取向下的音乐作品创造，投资者可由此进行不同投资方向的选择和确定，并最大程度上发挥音乐作品本身的价值。如针对社会公益音乐作品，投资者可通过投资该音乐作品来开展公益事业相关的活动；而针对大多数音乐版权作品，则只需要将其纳入一般版权价值开发行动中即可，二者便不会出现基本的价值取向冲突。

第四，增强音乐版权作品集体管理意识。音乐作品著作权集体管理是指音乐作品的版权所有人授权有关组织，代为集中管理其著作权和邻接权的制度。而相较于其他版权作品，音乐作品具备体量庞大、分布零散、获取便捷、传播迅速等特点，致使音乐著作人难以获取作品的被使用情况，相应权益常被严重破坏。版权投资经验表明，版权权益保障是版权价值开发的先决要求，音乐作品的集中管理制度则是音乐作品版权保护及开发的重要依托手段。因此，提高音乐版权作品的集体管理意识，对音乐版权的开发及利用是至关重要的。

四、电影作品的内容建构

(一) 电影作品的基本内容

电影产业是伴随着大家的消费变化而发展起来的，早已变成了一个巨大的销售市场。从千禧年迄今，电影产业就没有停止过自身发展的步伐，2012—2020 年，电影累计票房便从 170 亿元突破至 600 亿元（数据来源自国家广播电视总局）。近年来，针对电影行业的版权投资，国家也给予了政策上的大力支持。国家放宽了普通投资者参与电影投资的门槛，2016 年底颁布的《电影产业促进法》提出："县级以上地方人民政府根据当地实际情况将电影产业发展纳入本级国民经济和社会发展规划。"可见，电影产业在我国投资市场中的重要地位以及发展潜力。从电影类型来看，电影作品可分为喜剧片、动作片、科幻片、西部片等；从电影输出路径来看，电影作品大体上可以分为院线电影、网络电影、电视电影、录像电影四大类别。当前，就电影行业的发展趋势而言，以微电影为代表的短片电影也成了当前电影市场的新类型电影；从题材上看，以红色文化、时代精神等为内涵的主旋律电影更加受到大众的欢迎，具有较好的投资价值空间和社会效益。

（二）电影作品建构的注意事项

电影作品常常因涉及人数较多、拍摄过程复杂、拍摄成本复杂等原因而被称为"大制作"，因此电影版权投资往往会面临更加复杂的局面。当前市面上电影作品的投资往往采取版权认购的方式，但认购最关键的一步在于投资项目的挑选。综合来看，如何考虑一部电影是否值得投资，需要从题材、成本、演员、宣发等方面来分析，同时，做好基本风险的考虑及初步应对。

在题材方面，作为一部电影的核心基础，好的电影题材可以影响观影者是否愿意去观看该部电影；目前市场上电影的主流题材包括喜剧、爱情、动作、科幻、战争等，而对于题材的考虑主要在于该电影作品是否符合当下观影主流。在成本方面，一般而言，成本的控制对于投资而言是最大的价值动作，因其常与投资回报率彼此挂钩，即成本相对较低的电影作品，投资回报率的空间就会越大，电影回本相对容易。在专业团队方面，一个好的电影团队，在市场判断、电影质量把控等环节中往往能发挥出最大的作用。在演员方面，演员作为电影作品内容价值的重要呈现者之一，对于电影作品的售卖意义重大。一般情况下，投资方应选择有较好粉丝基础演员参演的电影进行投资，其市场投资的获得空间相对宽阔，但需要注意的是，演员还需要演技的支撑，这是一般纯流量演员所不能取代的。此外，伴随近年来演员行业的规范化发展，市场对于演员的正面形象、是否存在负面新闻等关注较高，如果存在负面履历等情况，那么该部电影可能会面临被禁售、封杀等问题。在电影上映节点方面，电影作品的市场投放往往会十分关注上映时间问题，周期性的节期、重大假日等都是投资方应该关注的投资时间，最火爆的莫过于春节档，众多优质电影作品及电影票房冠军均是在节期所创造的，重大节期的时间点优势以及节期所蕴含的节日价值都是投资价值创造的重要助力点，比如国庆期间，爱国题材的战争片往往会更受欢迎。

此外，互联网的传播跟市场的调整加上影视投资开始走向普通投资者，电影项目自然变成了当下较火热的投资选择之一。但对于投资者而言，常常因诸多原因而陷入投资陷阱中，导致资金亏损等风险的出现。就电影作品的版权投资而言，不管是投资团队还是普通个人投资者，都需要对投资项目的合同管理、电影上映节点、资金投入等内容做进一步的了解，避免踏入投资漏洞所带来的投资风险。比如正常的电影和电视投资周期是从 4 个月到 18 个月。因此，若个人投资者在进行电影版权投资时遇到投资周期太短或过长（除非它是一部已被评级的电影，否则不能超过 18 个月），应保持警觉。

五、版权资产评价及管理

（一）版权投资资产评价

基于版权投资内容的构建，投资方需要对版权内容或版权资产进行规范性的评价操作，以此更好地开展后续的投资行动。版权资产的评价不同于版权投资活动的整体评价,其所有的评价指标及体系均是依托于版权资源所进行的,所涉及元素依附于版权资产的开发、加工及运维等过程。从版权资产评价的历史沿革来看,国外资产评价往往关注于版权资产的经济贡献、专利成形情况等因素;而我国传统版权资产评价则主要采取市场法、成本法及收益法等工具进行具体的资产评价工作,而评价指标体系的构建则需要重点考虑版权作品所处版权行业、投资主体、创作团队及商业市场价值等因素。此外,为进一步做好版权资质管理工作,投资者一般需要借助专业第三方评价机构①力量,或搭建自身专业的人才队伍来支撑版权资产的评价工作。

从当前版权投资实践工作的开展情况来看,版权资产评估,尤其是针对文化版权等无形资产的评估时,最大的难点在于必须结合具体类别的版权资产的运用方式和特点,综合效益等因素,逐一分项研究,而这一工作需要深入了解相关版权行业的历史沿革及发展现实背景,广泛搜集相应资产开发、运营及交易等信息数据进行佐证分析,进而谨慎地选取相关评价参数予以分析,这显然是一个较为繁琐且专业性较强的工作,在人才体系不健全、评价标准不清晰的现实困境下,版权资产的评价工作往往是处于浅入浅出的状态。最为现实的问题是,当前我国版权价值评价体系是否被认定为合理,往往会受版权交易价格的影响,反之,如果版权资产评价不被市场所认可,评价体系是不合适的。

(二) 版权投资资产管理

当前,我国社会版权意识仍然较为薄弱,尤其是在以无形资产投资为主的文化版权领域,有意或无意的版权侵害现象时有发生;加之版权资产的权属划分也不够清晰,版权投资资产管理的现实需求不断显现。综合来看,版权投资资产管理以"源头管理"为发端,对于明确版权价值权属、梳理版权资源、拓展版权资产价值、强化企业内部控制、防范侵权风险、明确竞争优势和提升盈利能力有着重大的意义。投资主体在进行文化版权投资服务或出版时,要有意识地把版权资产管理作为投资运作的一大板块。

1. 版权资产管理的概述

版权资产管理,常指针对组织拥有或控制的、能以货币计量的并能为企业带来收益的版权资产,进行组织、协调、配置以求其保值、增值的管理过程,覆盖各类组织围绕版权资产开展活动的全生命周期过程,可以科学引导企事业单位等组织对版权资源进行合理开发与有效配置。对于版权资产的管理而言,投资方工作的首要之义应在于版权资产的基础梳理,如版权的资产种类如何、著作权有多少、邻接权有多少等。但从长远的发展周期来看,如何建立起覆盖合同管理、版权确权、价值评估、法律维权等动作的全周期版权管理模式,应是未来版权投资方进行投资资产管理的核心工作方向。总之,为进一步强化版权资产管理,应进一步厘清版权投资资产管理的各项要素,如组织资源、发展环境、投资策划、绩效评价等,并在此基础上制定文化版权资产管理战略;同时,应设计好版权资产管理方案,在投资管理制度、合同管理、基础管理与运营、信息化工具等方面提

---

① 当前,我国第三方版权价值评估机构发展还不够成熟,发展局限主要体现在资质管理不完备、人才职业资格认定不细化等方面。成立由政府认证、独立的第三方评估机构来对开展无形资产及版权价值评估的呼声较为强烈。

供了具体可操作化的策略及实施方法,需要特别说明的是,这一点对于版权资产密集型所有者尤为重要。

2. 版权资产集体管理与服务

数年前,版权对于全民来说还相对陌生,短短几年,如今拥有政策和技术双翼护航的版权行业,俨然迎来发展新风向。在互联网时代,如何真正实现"互联网＋版权"的使用场景落地? 面对与日俱新的创新技术,如何保护自身的版权作品? 大 IP 时代下的版权,如何实现价值最大化? 由于长久以来版权行业的固有特性,多数版权企业并不具备高水平的版权保护与运营能力,使众多优秀的版权作品价值蒙尘。在此背景下,版权内容的集中管理制度逐步形成。

版权集体管理作为版权管理制度中的一项重要内容,它要求或允许权利人通过集体管理组织管理其权利。版权集体管理组织为双方的权利结算提供了便利,并帮助权利人获得经济回报。集体管理制度具有以下几方面功能:一是促进著作权的有效行使;二是促进作品的利用和传播;三是促进著作权的扩张;四是减少版权交易成本;五是更好发挥社会文化的公益价值功能。我国的集体管理制度从无到有,已取得收费额增长、管理费率趋于合理、引入费率协商机制和纠纷裁定制度、监管水平逐步提高等成就,但仍存在未能引入延伸集体管理制度、收费机制不健全、裁决程序不明确等不足。《知识产权强国建设纲要(2021－2035 年)》指出集体管理制度是版权保护制度的重要组成部分,要对集体管理组织加强监管,由此可见我国版权集体管理与服务制度的发展空间较大。

作为国内少有的覆盖版权及知识产权交易运营的服务平台,北方国家版权交易中心依托自身强大的版权运营、综合管理、数字化运营经验,以及丰富的版权资源、全球范围的合作机构等资源,积极布局版权集中管理工作。一是依托创新技术加快推动版权管理及保护新基建。"集中版权管理计划"是由北方国家版权交易中心联合辽宁省版权保护协会和北版科技共同打造的专业版权管理方案,其拥有尖端创新技术及专业运维加持,能够在实现版权权属确认、交易信息流转全程记录在链的同时,依靠国内领先的全网监测比对技术,快速发现侵权线索,为版权保护提供有效的依据和便利。同时,"集中版权管理计划"的相关监测平台已接通中国公证服务平台遍布全国的 3000 多家公证机构,实现电子公证的可信流转和跨区域校验,提高纠纷解决效率,建立调研、提取、便捷、有效、公正的知识产权保护体系。二是构筑大 IP 时代背景下的版权聚集高地。"集中版权管理计划"不仅以自身技术、资源优势为版权企业提供专业运营,还将以此为基础,打造全国范围内的版权聚集高地,建立专属数字版权素材库。数字版权素材库区别于市面上现有的设计素材库,其以 IP 版权为核心,是顺应大 IP 时代发展下的版权聚集平台。平台上的作品具有极强的开发价值,可实现跨界开发合作。通过正版素材库及版权保护机制的建立,能够有效为版权市场提供正向引导,实现版权市场的规范、健康发展。三是创制多元集中版权管理新方案。"集中版权管理计划"服务内容包括作品版权规划与分类、作品版权登记服务、建立专属数字版权素材库、作品全网用权监测及证据存证和公证、案件自动分发及版权经纪人全程协助维权、作品授权使用与深度 IP 开发六项核心功能,覆盖权属确认、版权运营、版权保护、版权价值开发全链条。"集中版权管理计划"区别于单一的大IP运营方式,为企业量身定制体系化版权管理与运营方案,全面梳理企业版权资产,拥有多层分级机制,根据版权评估价值的层级不同,定制不同运营方案,通过版权付费、往期应收、IP开发等多个方面,来实现综合版权价值变现。

第三节　文化版权投资路径的建构

一、文化版权投资路径建构的概述

（一）文化版权投资路径建构的基本内涵

文化版权投资路径常指投资主体为了特定目的,通过一定方式完成文化版权资源整合、投资资金输送等投资过程的总称。狭义的文化版权投资路径一般由固定保本收益开始,投资资金如何使用的过程。广义的文化版权投资路径是指版权资源开发、版权管理、价值传播、版权保护等全周期投资阶段的统称。不管是如何进行投资路径决策,都要求投资决策者对于该行业和该公司的发展情况及投资方向有着清晰的认知,并能准确把握重要投资节点,实现投资路径的有效决策,并且有一定的逻辑可以遵循。当然,有效决策的标准是在风险控制的基础上实现投资效益的同步增加。具体而言,投资路径的把握可以从多重视角考虑,除去常规意义上的投资路径探讨,投资者也可以从产业链等视角进行视角切入,也可通过对未来方向的预判进行投资路径的选择。

（二）文化版权投资路径建构的一般原则

一是效益最大化原则。对于绝大多数文化版权投资行动来说,扩大投资效益仍然是投资的首要任务。但文化版权一般性投资的股息等常常无法确定,版权市场更会受到政治经济等要素影响,进而导致最终资本增值空间的不稳定性进一步加剧。为此,投资效益最大化原则是建立在投资安全边际基础上的效益最大化原则,投资者也可通过分散投资等方式实现风险的控制及效益的增值。二是投资偏好认同原则。每个投资人或是投资团队都有自己的投资偏好,这并不意味着投资路径选择存在一定的优劣之分,遵循合理化的投资偏好往往是推动版权投资效益不断叠加的重要条件。三是程序规范化原则。一方面,投资主体必须掌握投资活动的规律,并将规律运用于日常投资流程化开发中,进而实现投资路径的科学化建构;另一方面,按规划、规则、规矩开展的文化版权投资行动对于合理化投资路径的建构有着重大的推动作用。所以,投资决策不仅要考虑各种目的和战略问题,同时还应确保投资路径能够更具程序化、合理化。

二、文化版权投资路径建构的基本趋势

(一) 价值中心:系统化版权工作体制下的路径建构

对于投资主体来说,版权资产永远是核心资产,版权价值的开发及延展运用是文化版权投资路径建构的最终目的。文化版权投资路径的建构需要系统化版权工作体制的先行构建,而系统化版权工作体制是以价值为中心而构建的工作体制。对于投资主体而言,通过一系列改革探索,逐步建立起符合自身投资实践规律的系统化版权工作体制是实践所需,更是文化版权投资发展趋势所在。从版权投资工作体制的基本思路来说,大体上应包括内容生产、版权运营及版权管理三个阶段任务。在内容生产中,如何基于特有版权资源而进行有效的IP创造被认为是内容生产转型的主要思路,为此,在投资策划初期,投资方就应该根据所投资的版权资源背后的市场预期来确定版权的大致归属及份额情况,并做好版权权益储备工作,进而为内容价值转化为资产做足准备,简言之,就是将一般投资内容进行精细化的分割,以此打开更多投资介入空间及业务发展板块。在版权运营阶段,核心内容是必须摒弃传统意义上的单一版权转授权模式,依托版权核心价值延伸出IP衍生品运营及投资孵化等新的业态,进而打造出立体化变现投资格局。在版权管理板块,核心环节又在于管理体制的保障,如是否可以探索制作、运营等分离式版权投资管理体制,版权管理是集约化管理还是分散式管理,这些问题都是投资者需要考虑的重要内容。综上所述,文化版权投资路径建构的基本趋势仍是基于版权价值开发及利用下的路径建构,而以价值为中心的系统化工作体制是路径建构的先决要件,更是推动未来整体投资工作高效运转的基本保障。

(二) 产业导向:以产业为导向的版权投资备受推崇

在文化版权投资路径的选择中以产业为导向的价值投资将成为方向。在文化版权投资行业中挖掘到确定性高增长的产业是非常宝贵的机会,对于大型机构而言,以产业为维度进行大类资产配置,不做无谓的行业分散投资,才能获得可观的整体回报。传统的文化版权基金投资局限于非上市公司且往中早期投,这样一方面将承受较高的失败风险。另一方面,点对点的单个文化版权项目投资覆盖诸多行业,无法形成规模效应。项目遴选、项目调研、项目投资和投后管理的过程复杂漫长,文化版权投资项目难找、难投、难管、难退,大部分投资主体缺乏全覆盖的投资研究专业团队支撑,面临较大的投资困境。此外,私募股权投资基金也较少涉足优质上市公司的投资,错失高流动性权益资产的配置机会。[1] 上市公司群体里有很多高增长行业龙头,信息革命、时间成本和供给侧改革共同作用,造就了强者恒强的时代,当今时代放弃庞大的上市公司标的池、固守传统一级市场投资观念是不明智的。

---

[1] 知乎. 顶级投资机构的投资路径是什么[EB/OL]. https://zhuanlan.zhihu.com/p/29482548.

(三) 链式融通：版权投资逐渐向产业链上下游迸发

伴随当今互联网技术的延伸发展，互联网对于版权市场的影响日益增强，也由此出现了诸多新的发展态势。在互联网兴起的早期，很多投资方处于跑马圈地的阶段，最主要的操作手段是抓牢用户端需求，即抢占受众市场，这也直接造成了前文所说的重金买断版权现象的出现，但流量真正获取之后呢，如何实现下一步发展又成为投资者新的问题。在此背景下，部分投资者开始发现新的商机，即通过不断拓展业务边界可以实现用户流量的进一步扩大，而边界的延伸也使得用户群体与投资方的关系变得更加紧密，这便是产业链上下游延展的核心要义。就文化版权的上下游系统而言，生产端、发行端及用户端是主要的三大系统，三者之间的链式发展紧密程度如何，则关乎版权投资的效益程度。诚然，如果投资方进一步掌握生产端及发行端，那么便可以近乎实现用户端资源的完全掌握。比如，在音乐作品的投资中，当前众多音乐平台不再局限于音乐版权的买断式发展，而开始发掘音乐人，较为典型的包括网易云的"石头计划"、虾米音乐的"寻光计划"等，同时，只需通过各类分发渠道来加大作品流量曝光程度便可以实现生产端的信息攫取，使得整体投资行动体现出链式化的发展特点。总之，通过上下游产业链延伸的方式来进一步优化版权投资的整体布局，已成为信息化时代版权投资的新趋势、新动向。

三、文化版权投资路径的建构方法

（一）文化版权投资前期路径建构——信息策略构建

伴随信息化技术的发展、应用及推广，高效信息体系的搭建对于企业决策的作用越来越大，如何获取并利用信息，是关于企业发展的重要问题。近年来，为加快适应信息技术的蓬勃发展，信息化正贯穿于版权开发、保护及管理等多线程流程之中，尤其对于版权资源溯源、版权资源整合、版权产品开发及版权投资运营效率提升而言意义重大，换言之，版权投资信息体系的建立已经成为版权投资决策行动中重要的内容之一。此外，高效投资决策的关键在于决策本身是否符合版权投资的一般规律，对于投资决策的时效性和精准性也有着同样的要求，而这需要信息系统向决策核心系统提供及时、准确、完备、有效的信息。在版权投资前期，加快构建投资决策信息体系，是版权投资策划的应有之义。一般而言，信息体系的构建主要包括信息的获取、分析及信息系统的建构。

1. 基础信息的获取

除了常规信息获取渠道及方法之外，在版权信息的获取时，我们常常需要运用多种信息获取办法，同时，需要结合多元化信息渠道的力量，才能取得良好的信息获取效果。

2. 基础信息的分析处理

信息分析处理的本质目的在于发掘出有意义的信息,来实现信息资源和潜在能力的释放,进而构建起信息资源系统的基础内容。基础信息的处理逻辑一般是通过投资背景的分析,来实现对相关信息的摘录,同时结合版权投资领域及相关行业的投资动向,确保摘录信息的有效性及可使用空间。

3. 信息决策辅助系统构建

基于信息化时代的发展,文化版权投资信息化管理系统软件的研制成为版权投资决策的重要抓手,而构建一个信息互联互通、主体高效协作的信息化服务平台为最终实现目标。信息化服务软件或者平台的构建能够最大程度上实现投资资源的整合,并能够拓展实现信息展示、数据计算等辅助功能,进而提高版权资产管理及版权投资的信息化、工具化水平。投资方统一建构的版权信息平台,一般由专门信息机构或部门进行管理及运营。此外,咨询信息机构和社会情报网的建立,对于投资者的版权投资决策也具备一定的参考价值。当前,中国版权保护中心开发的云端版权资产管理系统已经面世,为版权资产数据信息系统及数据资源库的建立提供了新的实践遵循和理论基础。

(二)文化版权投资中期路径建构——实施策略构建

区别于前期的信息体系建构阶段,文化版权投资的中期路径建构,更多时候是指文化版权投资价值兑现的过程。所谓版权投资实施策略,是为了实现版权投资目标,根据自身投资优势及特点或者投资可能会出现的问题所制定的应对方案,最终实现终期目标。

1. 实事求是构建投资决策指标

作为投资方,投资路径建构阶段需要决策指标的建构及指引,这是伴随整个实施阶段的重要参数,也是投资路径建构的重要组成部分。投资决策指标是基于目标体系之上的顶层框图架构,同时,对于路径方向的把控有着明确的指向作用。如决策指标建立的根本性原则、版权投资决策执行的重点元素及版权市场运营可参考经验等,都是决策指标体系的重要信息来源。

所谓决策指标,常指用于衡量和比较投资项目可行性,以便衡量方案决策的定量化标准和尺度。一般而言,决策指标的建立有赖于自我体系、参考体系及执行体系的建立。自我体系的建立在于自我需求的呈现;参考体系的建立在于通过同类型或相似架构下决策体系的梳理及区分,来实现自身指标体系不断合理化的过程;执行体系则基于自我体系和参考体系的构建,来实现自身决策指标的构建,形成符合自身发展的可操作指标决策体系。其中,三大体系之间的关系是递进式、交织性的,而不是独立存在,或是两两单独相连,这是决策指标体系综合性建构的基本要求。对于决策指标的选择,基本的原则是应根据企业自身和投资项目本身的特点进行选择,同时参考国内外及相关行业的投资评价指标,来设置投资决策的经济评价指标。当然,考虑文化版权投资的多目的性,指标体系应大体包括经济与社会效益双层面的内容。而决策指标建构的原则需要聚焦影响版权内容的生产、传播、经营及融合发展过程。此外,决策指标应力求简明适用,便于操作,同时要兼具量化的指标。

2. 依托参考体系构建自身版权开发方式

为最大限度地实现版权的商业价值及社会价值,对于每个投资方而言,如何在实现内容全版权的基础上实现全版权开发运营是永恒的话题。在投资策划初期,他山之石意义重大,一般投资及文化产业相关领域投资的版权资源开发经验是文化版权投资内容开发的重要参考。一般而言,文化版权投资的常规版权资源开发方式主要包括资本运营、转授权、衍生开发等几大类。

资本运营。从始至终,优质文化版权都是版权资本市场的翘楚,所以投资方若掌握了相关资源,应积极推动版权资本运营工作,充分利用市场机制,将优质版权资源放进新目标赛道,提升赛道吸引力及市场估值,进而实现资本"滚雪球式"发展及市场化资本运作。

转授权服务。转授权作为版权投资的传统方式之一,时至今日仍然发挥着余热,基本的逻辑是通过部分版权的授权来拓宽版权的市场化进入渠道,在分担版权成本的同时又可以实现版权价值的不断变现,但此类版权开发模式对于版权本身要求较高。一是版权产品要具备一定的社会接受度,即社会传播效应要好;二是版权产品本身应是高质量产品,能够被其他投资方所接受。

衍生开发。文化版权所蕴含的文化意义和价值观念元素,为版权衍生开发奠定了良好的发展基础及探索空间,但衍生开发的工作是基于版权 IP 的开发,优质文化 IP 可以在影像、文具、服装等领域大放异彩。

此外,资本运营、转授权、衍生开发常被认为是文化版权投资路径中必然所需开发方式,但文化版权投资涉及领域众多,对于某些领域,还会有一些较为针对性的版权开发方式,比如电影电视等文化版权投资,主要会采取渠道业务、付费点播、短视频开发等方式。

3. 优化版权流程设计的实践路径设计

版权投资路径常指投资方资金及版权资源的配置过程,主要包括版权设计、生产、收购、传播等环节。版权投资的不同实践路径均体现着投资阶段化的发展特点,因此,对于阶段化环节的投资特点刻画,是做好文化版权投资路径建构的基本手段。版权投资初期,投资方应以投资设计替代传统规划思路,要在文化版权进入产出阶段之前做好全周期、全流程的安排,确保文化版权投资是符合市场发展需求的版权投资。在生产阶段,除了保证版权内容的溯源清晰、使用合法外,还要做好所有文化版权颗粒化式的版权分解,力图最大限度地实现版权价值的开发。版权收购阶段,主要内容在于明确文化版权采购标准及不断优化、规范版权采购流程。版权传播环节,多数文化版权作为无形资产,版权的传播需要更多关注渠道的开发。此外,除却版权内容本身的投资开发及运维,当前越来越多的版权投资者关注到版权保护的重要性,并将版权保护作为文化版权投资的重要投资路径内容之一,并在技术突破、行政诉讼、司法手段、商业合作等途径实施相关应对举措。

(三)文化版权投资后期路径建构——控制策略建构

伴随整体投资环境及投资方自身发展情况的变化,文化版权投资往往会遇到各种变更情况,提前布局控制策略,是版权投资的重要考虑。基于文化版权投资前、中期的路径建构,不难发现,后期路径建构的重心应在于就投资实践的基本情况而开展相应反思和控制应对举措,这也是投资行动获得高效益的重要步骤。版权投资的后期控制策略主要是以效益为中心确定的基本控制思路。一般而言,战略控制策略可以包括具体活动控制方式、成果控制方式、人员控制方式及回避式控制方式。

在具体活动控制中,投资方往往对具体投资行动十分了解,能够通过比较直观的控制手段来实现对投资活动的控制,此类控制往往具备临时性、精准性等特点。在成果控制方式中,具体要明确投资成果的基准,继而开展相应活动的控制,再根据控制效果情况开展下一个活动的控制,成果控制本质上是反馈型控制方式。在人员控制方式中,则需要对专业人员的进入、执行情况等进行规范化的要求,这在版权投资具体实施过程中是十分重要的;在人员控制中常常会采取分级控制的方式,而分级控制则会涉及授权的问题,此时需要注意单纯追求控制方式的灵活而造成诸多试错结果的情况。回避型控制作为控制策略中较为特殊的一环,往往是由于投资方出于某种原因不愿意进行某种活动的控制时,可以采取该方式进行介入,该方式也是一种风险共担思维的控制策略。

四、文化版权投资路径的一般遵循

文化版权投资路径规划的步骤如下:

(一)前期准备

投资前期,我们在充分了解文化版权投资,在做好市场调研的基础上选定感兴趣的文化版权投资领域,按照规范化的流程进行投资路径的制定;提前做好版权融资工作,为当前文化版权投资预留充足的资金。

(二)内容发掘

首要的是寻找投资项目,可通过建立投资联盟的方式,增加文化版权投资信息互通频次,寻求联合投资可能。此外,投资方可派出专门人员跟踪和研究国内新行情及文化版权市场的新热点,通过项目洽谈、寄送资料、报刊资料、电话查询、项目库推荐、参与活动、访问企业或在网上搜索等方式寻求项目信息,做好项目储备。同时,同步拟定投资计划书,计划书内容应包括投资主体、目标、进度安排等信息。

(三)项目初审

在项目初审阶段,项目投资经理或投资负责人一般在接到商业计划书或项目介绍的七个工作日内,在众多商业计划书中筛选出对口的、对阶段的商业计划书,初步进行投资项目和内容的筛选,提出可否投资的初审意见并形成初步意见书。项目初审后做好分类管理,并准备进行下一步沟通。

(四) 立项申请

基于项目初选情况,如需要再进行调查研究,项目投资经理或投资负责人需要填写项目立项审批表,报项目初审会批准立项。一般要求在两个工作日内完成,经过批准的项目可以进行尽职调查工作。

(五) 尽职调查

立项批准后,项目投资经理或投资负责人针对投资项目及相关投资内容进行尽职调查,调查完成后需填写相应报告。一般来说,针对文化版权投资的尽职调查可以从版权内容的自身价值、衍生价值、所处社会环境、所处人文环境等方面进行了解。如果涉及团队合作,则需要对合作方进行业务、财务、法务、团队等全方位的了解。尽职调查的主要目的在于考察被投资项目的市场接受能力如何、合作方的基础发展潜力如何等。尽职调查工作一般要在20个工作日内完成。

(六) 投委会决策

投资决策委员会根据项目投资经理或项目负责人的调查报告及相关材料进行内部审查,所有内部审查工作应当自接到尽职调查完整资料之日起10个工作日内完成,并形成投资决策委员会决策意见表等材料。

(七) 协议签订

经过投资决策委员会审查后,同意进行投资的企业或项目,经投资方法律顾问审核相关合同协议后,由投资方主要负责人与合作方签署投资协议。

(八) 项目实施

在投资协议生效后,项目投资经理或负责人就应该开始实施项目的投资行动,并且做好项目的跟踪管理。

(九) 投资退出

投资公司根据约定或寻找合适的时机,出售其所持有的创业公司的股份实现套现退出。

文化版权投资路径规划的步骤如图4-1所示。

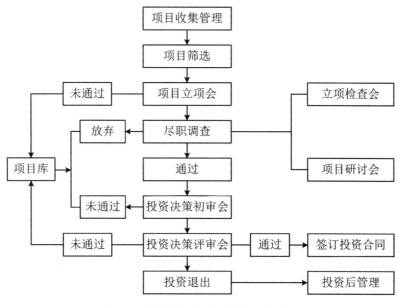

图 4-1 文化版权投资路径规划的步骤

五、文化版权投融资的主要模式

(一)文化版权投融资方式的常见类型

投融资方式作为投资行为的重要内容,主要是指在资源配置过程中投融资决策方式、投资资金筹措方式和投资使用方式的总称,是整个投融资活动的具体体现。在版权投资过程中,不同的文化版权投资领域和同一投资领域的不同投融资环节,均有相对差异化的版权文化属性、规制结构和实践路径。

1. 直接版权投融资方式

作为版权投资最为快捷的方式,直接购买版权资产受到众多投资者的偏爱。一般而言,投资者往往会聚焦于偏向于自身喜好的且具备投资前景的版权项目进行投资,而版权购买则最大限度地满足了投资者的需求。文化版权相较于其他版权而言,在价值延伸、周边产品产出能力等方面具有更大的潜力。因此,具备投资条件的投资者会选择版权购买的方式对自己有偏好意愿的文化版权进行投资。

购买版权可以通过与版权所有者进行谈判和签订购买合同来实现。购买合同通常会明确约定版权项目、价值、使用范围、期限等相关条款。版权购买投资是指投资人购买了投资人对其创作的文学、艺术、音乐及影视等作品所享有的一种法律保护和经济利益,因为是整体性购买投资,投资获得者可以获得版权作品所产生的收益。比如,作品被出租或租赁所获版权费,也可以是作者因作品的销售、演出、发行等获得的权益。这类投资往往不过分追求后期衍生开发,更加注重版权产品效益产出的即时性。

对应版权融资,一般版权所有者往往会通过版权评估而作为质押物的方式,进行纯版权质押操作等方式来实现融资需求。此类情形下比较适用于版权评估价值较高的版权产品，如2015年，北京电视艺术中心以《一起长大》《铁血军歌》《诱惑》《负二代的幸福生活》四部电视剧为质押物，获得北京银行的信贷支持。同样，文化版权证券融资也在持续发展，一般是指将整个版权作品进行证券分割，并通过证券交易机构进行交易，进而实现融资。比如，电影版权证券化已经在我国取得一定实践成果，但电影等文化版权的证券化过程仍需要考虑文化的价值和作品的保护，而且评估机制也亟待完善，证券融资的基本模式还需要持续健全。

2. 间接版权投融资方式

在文化版权投资实践中，间接投资往往可以被认为不完全投资。这是区别于"直接投资"中"拿来即用式"投资而界定的另外一种投资方式。在文化版权投资中，我们也可将间接版权投资理解为需要进行价值开发的投资。间接投资的目的往往是打造成型的版权产品价值链。这是一项长期性的开发工作，通常不是为了追求当下价值的短期产出。

间接投资有两大类方向：一是创作投资，二是围绕部分版权购买进行版权开发投资。创作投资一般是指投资者资助有潜力的创作者进行原创作品的创作，例如音乐、电影、书籍等。比如，针对某一项电影构思，若投资者觉得其具备发展潜力，那么投资者可以对其投资，进而进行版权产品开发，即电影的培育打造。投资者需要与创作者签署合同，明确双方权益和分成方式。部分版权开发一般由投资人通过版权购买及相关交易手段获得部分版权所有权，再通过相关衍生开发等手段进行版权的延伸利用及价值创造。这类版权投资方式的优点在于可以对后续版权开发有全程的良好把控，而且不受范围和其他要素制约。

间接版权投资需要对版权产品开发进行适当投入，但这类投入是变化的、潜力巨大的。优秀"IP"的延展性和可复制性很大，如果开发者在版权开发中付诸更多创意，那么间接投资给投资者带来的回报将是巨大的。"印象"系列、"又见"系列和"只有"系列的成功开发投入便是其中最为典型的代表。基于此类版权融资操作，多数版权投资者往往会通过版权自身价值吸引第三方投资，或者通过出让部分股权换取资金等方式实现融资。间接投资对应的融资需求也是不完全的、相对保守的。

3. 第三方投融资方式

区别于直接及间接投融资方式，第三方投融资方式更多时候需要借助第三方平台的作用进行投资，如版权基金投资便是最为典型的代表。此类投资在版权选择的基础上，由投资者间接发起，依托专业第三方平台力量进行相应版权内容及产品的投资，具体则通过第三方进行版权运作的方式来获得收益，投资人由此获得收益。此类投资的最大优点在于足够安全，投资者可相对安全、省心、平稳地去完成整个投资过程。如音乐版权投资基金之一的"西普诺西斯歌曲基金公司"[①]，其主要的运作方式是大量购入全球顶级艺人的曲库，让音乐版权作为一种新兴投资标的正在受到音乐行业和资本市场的

---

① 西普诺西斯歌曲基金公司（Hipgnosis Songs Fund，HSF）是一家在英国上市的音乐版权公共基金公司，作为音乐版权领域投资了数十亿美元的上市公司，其拥有超过65000首歌曲的股份。

关注。音乐版税的来源与其他种类的特许使用费相比更加多样化,通常涵盖了流媒体播放、表演授权、灌录授权、影视授权等多个方面。版权基金即使在收购版权后仍能通过主动推广曲库来增加它们被广告、影视或翻唱歌手等使用的机会,以此提高版税收入和版权价值。因此,以基金投资为代表的第三方投融资方式在文化版权投资中十分重要且备受推崇。

较为重要的是,直接、间接及第三方投融资方式,在具体文化版权投资板块的投融资模式中,都有具体较为翔实的投融资具体模式。影视项目的投融资方式,往往是联合投资、植入广告、银行贷款与完片担保、民间借贷、众筹、产业引导资金、银行投资、上市融资和政府支柱等投融资方式,其主要的差异在于对版权的资金投资力度的差异及投资方向的差异。比如,联合投资更多聚焦于资金的直接投入;植入广告则聚焦广告的曝光需求来实现资金的间接投入。进入各个板块的投融资模式中,则又需要相对应的相关条件约束,以此来保障投融资的合理性、安全性,这一环节则直接与版权投资风险挂钩。总之,不管是哪类投融资方式的运用,文化版权核心资产的价值评估及定价均需要进行重点关注,投资者需要做的便是根据不同行业性质、不同的项目,选择不同的版权投融资方式参与投资活动,并最大限度上规避风险。

(二) 文化版权投融资的主要风险

1. 投融资交易违法违规乱象叠生

在版权投融资的具体实务中,需要重点加强交易规范意识。在共同投资或是进行版权购买活动中,对于具体合同设置及相关权益的分成,投资者均需要做到了然于心,并且在合法性及合规性上做到最优。在具体工作中,尤其需要警惕法律风险、操作风险、欺诈风险、信用风险及市场风险等。以版权质押业务为例,包括商业银行在内的信用风险、版权质押时效性风险等危机均值得重点关注。法律风险多由于版权的法律规定复杂且难以理解。很多原创者容易犯错误,从而引发法律风险,比如在签订合同、处理版权纠纷时,很多原创者缺乏法律知识,导致自己的权益受到损害。欺诈风险则包括版权质押债权的出质人私下处置版权的风险、权利虚假风险和价格虚高风险等,如以虚拟音乐版权诱骗消费者进行投资的现象也时常出现。

2. 社会发展要素冲击版权价值实现

在文化版权投资的具体工作中,投融资的另一大风险往往是版权价值的不确定性带来的,即版权价值往往会发生变动。一方面,随着技术及社会需求的迅猛发展,市场上的某些版权价值可能会慢慢减少或者直接消失,如音乐CD现已被数字音乐取代。相应地,随着受众群体的降低其版权价值也会降低,这也要求投资者需要更加考虑投融资的具体方向与投融资前期准备工作的充分性。另一方面,信息化发展也会导致版权价值变动,在当前信息化时代,伴随许多数字内容的无限输出,投资者在进军文化版权投资领域时,若需购置文化版权,更需要考虑到当前信息时代所带来的投资复杂性,在考虑信息技术发展带来的版权侵权等问题,更需要重点了解数字时代的有关版权法律政策及相关技术的基础上,再去进行版权的投资和具体运作。

第四节　文化版权投资逻辑的建构

一、文化版权投资逻辑概述

(一) 投资逻辑与文化版权投资逻辑

虽然投资市场变化无常,但仍具备一定的投资规律,并被人们所掌握。个人或投资主体在经过自身学习或投资实践后,依照自己的经验进行了一系列投资行动,其中经验的使用和遵循,便是投资者的投资逻辑,当投资逻辑被更多人接受,往往就形成了群体性的投资逻辑,在一定程度上也证明了该投资逻辑的普遍适用性,一般而言,经验趋同者越多,此逻辑越强也越合理,整体的推动力就越强。通俗而言,我们所认定的投资逻辑,一般是经过时间考验、群体性的投资逻辑,即市场合力,若通过资本的视角,则可认为投资逻辑代表的是市场投资资金的主要流向。在正确的投资逻辑中,主逻辑和强逻辑才是文化版权投资里值得追寻的,跟随市场合力方向去操作,才能大概率地获利。所以,我们可以如此做出判断:跟随市场合力,即为正确的投资逻辑。

基于以上对"投资逻辑"的认识可以得出,文化版权投资逻辑是投资逻辑在文化版权投资领域的具体应用,它是文化版权投资主体在版权投资内容、投资方向选择等投资实践中形成的具有可操作性、可复制性的投资经验集成。具体而言,文化版权投资逻辑由文化版权投资内容选择逻辑和文化版权投资市场运维逻辑两部分组成,体现了文化版权投资"内容为王"及高度重视版权产品"运维开发"的投资特点。版权投资逻辑的建构,其意义在于为版权投资主体立体化、全链式地梳理版权投资要素及版权投资方式之间的互动关系,并回答好版权投资是如何实现效益增值、投资目的达成等问题。

(二) 文化版权投资逻辑建构的基本视角

从文化版权投资的整体实践来看,其基本的投资逻辑往往是基于宏观经济背景及具体投资方向的总体研判,再结合具体实践操作、团队思考架构及典型经验借鉴等情况总结而成。总体而言,具体视角包括宏观经济和投资方向两大层面。

第一,宏观经济层面。一方面,主要考虑宏观文化产业及相关领域政策环境状况;另一方面,初步明晰当下文化版权产业的经济发展周期,但更为重要的是考察细分文化版权内容产业的发展周期如何,是处于复苏、繁荣、衰退还是萧条阶段,例如当前文化版权市场中,影视、有声小说等依托互联网平台及短视频的发展风口,成为广受大众追捧的版权行业。

第二,投资方向层面。一般而言,投资内容选择需要考虑产业赛道、产业周期、竞争格局及产业政策。文化版权投资应选定具有投资前景的版权行业赛道,如动漫、影视、小说等,但具体的赛道则需要兼顾自身投资背景、赛道发展前景等综合要素进行决断。产业周期则需要结合文化版权内容的周期性特点来进行判断,如近年来主旋律影视作品广受推崇,这便是版权投资的阶段性特征,也可依此特征初步判断版权投资内容是处于发展初期、成长阶段、成熟阶段还是衰退阶段。竞争格局则需要考虑投资内容市场是处于充分竞争、垄断竞争还是寡头竞争格局,由此进一步细化版权投资内容选择。产业政策则需要就文化版权投资市场,来明确哪些是鼓励进入领域、限制进入领域抑或是禁止进入领域。同时,版权投资还需要考虑历史时间节点、地域特点、受众等因素,这些对投资逻辑而言也尤为重要。

二、文化版权投资的一般性逻辑分析

(一)文化版权投资逻辑画布

作为最为有效的且简明易懂的信息传递方式,商业模式画布备受推崇。商业画布作为一般商业投资模式的逻辑分析工具,对于文化版权投资的一般性分析同样具备较大的借鉴意义。在此基础上,了解文化版权投资逻辑画布的基本内容及相互关系,对于明确文化版权投资逻辑、厘清文化版权投资要素及优化调整文化版权投资路径有着重大的理论及现实意义。

每个文化版权投资实施流程简单来讲主要有:① 需求分析,了解版权投资的核心意图;② 资产配置,根据投资目标和风险收益的要求进行各类资金的比例配置;③ 版权项目选择,对市场上各类文化版权内容进行选择;④ 投资实施,按照规划方案,分阶段、分比例配置;⑤ 投资评价,计划实施后实行监督,并对方案进行衡量以及改进的依据等。

文化版权投资逻辑画布如图 4-2 所示。

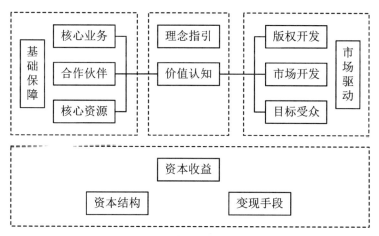

图 4-2 文化版权投资逻辑画布

版权投资的画布模型可以更为直观地了解文化版权投资背后的投资行动逻辑,并对整个投资行动的优化和整体性提升有着重要的作用。为进一步认识和深入理解投资画布,应重点了解几个问题。第一,在画布的九大区域中,每一个区域都是相对独立的,且代表不同的含义;第二,每一个区域在内容上相互联系,在逻辑上相互贯通,彼此一定是密不可分、彼此对应的;第三,不管是在投资策划阶段还是在后续的具体投资实施阶段,"九宫格"应始终被看作一个整体来对待。

(二)文化版权投资逻辑画布的基本内容

一是价值认知问题。主要指投资主体参与文化版权投资行动的主要价值目的,或者是基于怎样的价值判断而采取的投资行动。

二是目标受众分析。主要指文化版权投资的受众群体包括哪些以及如何界定文化版权投资的具体受众群体,需要注意哪些事项。

三是投资开发市场。渠道设置主要包括供给端及需求端两方面内容,简言之,如何寻找合适的版权资源,又如何将自身开发的版权产品进行推广。

四是版权资源来源。应明确投资方的版权投资喜好是什么,哪些途径或地域是文化版权的重要产出地或资源开发潜力地,要在此基础上持续性做好版权资源开发工作。

五是核心工作业务。要仔细了解版权投资具体涉及的核心工作流程及细节工作,要弄清工作完成到什么程度才能实现达到市场需求的程度,哪些工作流程对版权投资整体行动能够起到决定性或重要性影响。

六是重要投资要素。需要哪些投资要素去完成文化版权投资活动,宏观层面上包括人、财、物、设备等,具体而言,需要多大的财力,需要什么样的专业人才都需要精心策划。

七是重要合作伙伴。如重要智囊机构、高校、研究所等将是版权投资中的重要倚靠力量,这些合作伙伴对版权投资的成功有莫大的助力。

八是价值变现手段。有哪些渠道或方法来通过文化版权获利。

九是资产成本结构。成本的基本构成情况、成本之间的关系是怎样的。

(三)文化版权投资的一般性逻辑

1. "表象与本质":文化版权投资价值聚焦的底层思考

近年来,以版权为核心的文化投资在我国发展迅猛,版权价值的不断升级对于整体经济的带动作用也在不断增强。在文化版权投资实践中,文化版权因兼具经济价值与社会文化价值,在扩大投资盈利空间、推动版权创新发展中一直发挥着重要的作用,这也使得对于文化版权价值的聚焦更具代表性和特殊性。同时,版权价值评估难点所导致的投资瓶颈问题日益凸显,严重阻碍了以版权为核心资产的文化创意产业的接续发展,因此对文化版权价值聚焦的重要性得以进一步凸显。

一般而言,版权价值往往是投资之前版权自身所体现的价值或被赋予的价值性,而版权投资价值是投资方基于版权内容本身所进行的整体性投资活动所取得的价值,基于策划阶段的工作特点，此处我们探索的仍然是版权自身的价值。版权资源在未开发之前，其自身价值如何基本代表了其被投资的价值性，从版权投资"内容为王"的角度出发，无论是版权资源的表现形式如何，版权本身代表的价值观念、文化精神等才是版权资源价值的核心要件所在，这是版权投资最应该关注的本质信息之一，而不是将目光更多地关注于版权资源的外在形式。此外，伴随版权内容的开发实现价值的递增，版权产品的资本变现备受关注，但以资本变现为主要方式的价值呈现方式并不能完全体现文化版权自身的价值属性。一方面，变现式的价值呈现往往体现了短期性和结构性的发展特点，但文化版权的价值常会因投资行动的开展实现新的增长和蝶变，这一部分溢出价值和延展价值也是文化版权价值的重要组成部分；另一方面，文化版权价值又体现了长期性和趋势性的特点。因此，真正把握文化版权的价值，应在充分聚焦版权自身核心价值的基础上，以版权价值驱动版权投资创新发展，避免陷入"唯表象化"陷阱，由此才能创造更多溢出价值和延展价值，实现长期价值增值的可能。

2."内容与资本"：文化版权投资市场布局的要素构成

在当前文化资本政策调整、估值泡沫与市场理性发展影响之下，一方面，以影视、体育为代表的文化行业资本市场泡沫从2016年下半年开始退潮，大量热钱转向人工智能、工业4.0、共享经济等新"风口"，而部分"追热点"的项目却又因融资受阻而处境艰难；另一方面，新媒体仍是市场需求极大、国家重点扶持的文化产业方向，随着市场竞争更加有序，优质内容的商业价值将不断凸显。在估值泡沫挤兑之后的理性回归之下，需要投资主体选择文化版权模式更为健康、独立生存能力更为强大的标的，以更合理的价格和更严格的标准进行布局，加之对风险的管理和投后服务的增值，可以提高项目的整体命中率和基金的收益。有两条特别重要的线值得投资者注意。

第一条重要的线——内容链。围绕着内容链的一个文化版权投资逻辑就是包括内容的"生产、运营和衍生"。在早期，投资需要布局一些生产和原创（影视、文学、出版、游戏、综艺、音乐、音频、视频、动漫、演出、自媒体……）。近年来，文化版权投资更加关注内容的运营和衍生的"三个新"（新媒体、新体验、新科技）的方向布局，新媒体包括自媒体、短视频、直播，如十点读书、新榜等；新体验包括新的娱乐和生活方式，如万娱引力、奥秘之家等；新科技包括人工智能和新电影科技，如"沸彻魔镜"等产品。

第二条重要的线——资本链。文化版权投资越聚焦，选择项目的效率和精准度越高，其判断标准更为清晰。一定程度上，文化版权类的投资项目是比较"小而美"的。然而，资本市场却偏爱"大又大"。因此，文化版权投资主体可以放眼文化版权上市公司或拟上市公司深度合作。上市公司有投资并购的需求，因此无论业务上的协同还是资本上的合作，都可以做更多的资产优化和产业链完善。

基于内容链和资本链的双线逻辑，也可以投资早期偏初创阶段的项目，在每个细分领域都会布局与投资，无论在基金内部还是基金与深度合作的文化版权上市公司内，均形成相对闭环。此外，两条链中不同的环节之间可以互相合作协同，既可支持本身业务发展，又能实现资本合作增值。

3. "周期与机遇":文化版权投资风口的精准把握

无论是一般投资还是版权投资,如何选择一个具备潜力的行业板块,并准确基于投资风口实现投资行动实践,是一般投资的重要逻辑思路。结合文化版权的投资特点,投资风口主要是立足于周期性的考虑,即结合文化版权周期性的投资特点来实现投资风口的确定和选择。2020年以来,因疫情影响整个文化行业,尤其是线下实体行业面临了一次剧烈震动,影视行业持续低迷,无论是上游投资者、中游内容制作者,还是下游内容分发商都必然会经历一定的行业阵痛,但疫情下数字文化产业逆势发展,宅经济、线上云经济火爆,五月天、刘若英的直播演唱会受到了社会的广泛关注,这为我们了解与把握版权投资风口提供了新的思路。

此外,部分文化版权投资者积极关注政策走向,抓住国家周期性重大节日投资契机,进行一系列版权产品的开发与投资,均获得了不错的成绩。由此可见,不管是社会大环境还是自身决策,其背后的投资风口定会对整个文化版权投资的实践发展产生较大影响,或积极,或消极。因此,投资主体必须充分预测市场前景,把握版权投资周期性特征,找准投资风口。

当然,立足于互联网新时代浪潮之下,除了微观层面的投资周期性特征把握,我们也可以充分预见在未来相当长的一段时间内,对于一些新赛道、新元素的投资把握能够更容易取得投资突破,如"内容+新媒体""内容+新科技""内容+新体验"等投资方向已然成为当下文化版权投资者较为青睐的投资选择。在河南,"印象系列"的沉浸式文化互动展令人印象深刻,而"FITURE沸彻魔镜"等新型文体产品更是大放异彩,已在各大商品市场、线上平台大获成功,颇受消费者喜爱。

4. "匠人与匠心":文化版权投资不断发展的内核组成

文化版权投资也存在"匠人匠心"的说法,秉承着以匠人匠心的态度去做好文化产业的每一笔投资,用匠人的心态为所投的项目做好增值服务,用匠人的心态为背后一直支持资金的投资人创造更多的价值与收益。投资并不容易,需要投资主体耐得住寂寞,守得住繁华,勇于坚持"专注发掘机遇、专业创造价值",遵从自己的内心去完成文化版权的每一项投资。

三、案例分析:文化版权投资实践的现实解构

(一) 一般路径:文化版权投资逻辑的基本内容

依据一般投资主体的投资实践情况,结合文化版权投资的一般特征,总结来看,当前文化版权投资逻辑的基本内涵还是产业链式的发展逻辑,并主要以版权定位分析、合资运营开发、IP开发及后期品宣运营等为主要投资内容。

在版权投资定位层面,投资者往往走的是两条路线:一是做好以"市场需求"为导向的作品定位;二是做好以"粉丝经济"为依托的观众定位。在合资运营开发中,多数投资主体会通过许可经营或直接合资经营的方式开展投资活动,最为典型的情况是由版权

所有者输出技术和授权,由专门投资机构进行运维管理,这种方式是目前版权投资领域较为主流的合资开发方式,目的是发挥各方所长,进一步提升投资效益。在IP开发中,一般投资者会通过"自主创新开发+挖掘历史资源+并购"等方式进行IP开发,而当前IP开发的特点是逐步精细化、链条化,总之,其最大的价值在于打造全方位的IP开发格局,并注重IP产品的交互性发展,这是IP跨界发展的核心所在。毫不夸张地说,拥有的IP越多,价值创造的空间越大,版权市场的投资地位也越高。在后期品宣中,以"互联网+"概念的宣传策略成为多数投资者主要采取的方式,此外,"线上+线下"的融合品宣发展也是一大卖点,投资方往往会借助粉丝团体的力量,开拓参与式运维发展空间,让粉丝以主人翁的姿态加入版权的后期宣传中。

(二)实践经验:版权投资主体的重要探索

1. 迪士尼:文化版权投资构建起的梦幻王国

作为一家多元化的全球娱乐公司,华特公司囊括了媒体网络、主题公园及度假区及互动媒体等内容,多元文化版权投资业务给予了华特公司较大的生存和业务开拓空间,同时,作为家喻户晓的文娱活动品牌,迪士尼在华特公司的运营下,"迪士尼"已经成为行业的翘楚,而其在版权投资中已然积累了众多可供参考的经验。

(1) 重资产版权投资的实践选择。作为重资产行业的代表,迪士尼主题公园的文化版权投资建构有着自身的特殊性,其主要的投资特点在于前期投资成本较多,而盈利空间较为单一,主要的优点在于控制力强。但通过迪士尼的一般操作逻辑来看,若投资者需要考虑主题公园类型的投资,也可以考虑采取轻资产运营模式,虽然收益会降低,但风险较低,可以具备长远发展潜力,同时,轻资产可以做品牌输出管理,通过特许经营等方式开展稳定投资发展。但不管是哪一类投资方式,若进行全球范围的投资扩张,应避免因缺乏异国运营、跨国政策文化等了解不足而产生的经营风险。这是迪士尼在重资产运营方面给予大众的一般思路。

(2) 合资模式扩张是版权投资的重要环节。迪士尼一般的投资特点是对美国本土之外会采取许可经营和合资模式进行投资发展,比如东京迪士尼的项目开拓便取得了不俗的成绩,此后,为更多参与利益分享,迪士尼在巴黎、香港和上海的项目都采取了合资的模式。在合资的背景下,一般投资方会根据投资领域及业务特点进行针对性的投资计划安排,如投资管理及投资假设等需要对应不同的主体进行操作。不过,当采取合营发展模式时,尤其是与地方单位或投资方进行合作时,能充分利用其对于当地政策法规、文化民俗、市场特征等的熟悉程度,有利于主题乐园的异地扩张取得成功。

(3) 优质IP开发是文化版权投资发展之源。2019年,迪士尼启动大会透露信息称,实景乐园、创意产品等领域的工作布局将持续开展,而此项工作的核心之处在于IP内容的开发。伴随互联网时代的到来,优质IP能够最大限度地收割粉丝,获取流量资源。迪士尼的最大竞争力则在于拥有顶级IP的同时,更加开创出了自己的版权IP商业帝国。如围绕家庭主体,创新推广了诸多儿童主题的IP内容,为进一步打造全方位IP板块,迪士尼收购了漫威、21世纪福克斯等IP形象,进一步丰富了自身的IP培育业务。迪士尼推出中国动画形象"花木兰",更是在短时间内引起了国内的舆论轰动。从历史视角来看,迪士尼开始大规模收购的时间段主要为1984年至今,而皮克斯影业、漫威漫画和卢卡斯影业等几次收购对于迪士尼的企业成长和优质IP资源的培育积累具有里程碑式的意义。

2. 盗墓笔记:"IP舞台剧"文化版权投资的先驱者

在文化版权投资领域,知识产权主要指文学和艺术等创意作品的著作权。只要是深入人心的故事,哪怕只是个无实物的概念,都有可能被文化公司买下版权,然后进行重新包装和文化消费,带来巨大的商业价值。《盗墓笔记》系列成为IP在演出行业内的传声筒,它一系列颠覆性的探索为文化版权投资行业模式的创新提供了有益的镜鉴。

(1)"精准定位":版权作品、受众群体的精准把握。不同的演出剧目所对应的评价标准是不同的,对《盗墓笔记》而言,精准的演出定位无疑是其文化版权投资成功的关键所在。

一是坚持以"市场需求"为导向的作品定位。《盗墓笔记》坚持以"市场需求"为导向进行作品开发,即市场"需求"什么,演出者就将剧目定位成什么"供给"给市场。投资决策层坚持娱乐性、品牌性、形式创新性等定位导向,不断开辟投资创新空间。此外,投资策划阶段便将"观众参与性"确定为"IP舞台剧"生存的重要条件,创造初期,策划方已经通过网络采纳意见来设计灯光、舞美及剧情走势,在每场演出谢幕后,主创都会告知观众,有任何意见可通过微博留言,创作者将会根据观众的留言进行剧情的调整。这种新型的项目制作模式极大地满足了观众的创作快感,完全打破了这个对峙已久的矛盾关系。

二是坚持以"粉丝经济"为依托的观众定位。在投资场域中,基于粉丝群体开展社群运营,并借由粉丝群体自身的信任关系而开展的商业经营行为,往往能够获得最大程度上的用户黏性。《盗墓笔记》投资方以特定人群的观众定位方式也体现出了不一样的特点,依托"盗墓笔记"IP建立起了强大的观众基础。作为一部在国内影响力极大的小说,《盗墓笔记》单就原有的粉丝量就远远超过了剧目的观众饱和量,这就决定众多受众不是偶尔消费者,而是长期的价值认同受众者,观众黏性是经得起考验的。

(2)"IP拓展":版权投资发展的生存之源。投资早期,新浪微博"稻米"的巨大影响让《盗墓笔记》的投资运营团队预见了IP文化版权的投资商机,由此,以"粉丝经济"为营销核心,投资方逐步探索出了一条上下游联动的产业链式的IP拓展之路。如《古剑奇谭》《爸爸去哪儿》《滚蛋吧!肿瘤君》等IP剧目已经面世,由《盗墓笔记》引起的"IP舞台剧"热潮为演出行业注入了新鲜血液。从某种角度来讲,《盗墓笔记》对整个演出文化的商业拓展起到了划时代的引领作用,尤其是伴随新技术的发展,版权IP的形式也更加多样,变得更具时代感与智慧化,这也是版权IP未来表现形式特征变化的新趋势。

(3)"点将模式":版权投资运营的创新举措。从起源来看,"大麦网"曾经推出"大麦点将"频道,直接带动了国内票务营销的变革发展。所谓"点将模式",就是通过粉丝的投票决策来决定投资运营方的下一步动作,从本质上来说,这种运营投资模式仍然是一种

C2B模式,但不同的是"点将模式"还会重视受众的个性化定制服务需求。同时,"点将模式"可以通过市场摸底来降低文化版权投资决策风险、通过竞价营销进行文化版权客户激励及通过票务预售提前回笼文化版权投资资金。这对于一般投资者的管理运营也具有一定的参考价值。

延伸阅读

序号	阅读主题	阅读文献
1	版权投资策划可行性研究	郑宪强.建设项目投资策划与决策方法论:可行性研究的反思[J].建筑经济,2010(2):64-67.
2	版权保护	章凯业.版权保护与创作、文化发展的关系[J].法学研究,2022,44(1):205-224.
3	版权运营实践	刘丽娜,付雪琪,刘敏.区块链技术下陕西文化遗产影视作品版权运营研究[J].长安大学学报(社会科学版),2020,22(6):96-105.
4	文化版权价值评估	张德伟.文化版权的价值评估研究[D].青岛:青岛大学,2017.

第五章 文化版权投资的实施

本章要点

文化版权投资的实施是在创意与决策完成之后,版权投资进入实质性运作并创造性地完成战略目标的过程。版权投资实施过程中存在战略、项目和工作等多个层级的操作。不同的版权投资主体,投资的实施存在明显的差异。

文化版权投资实施的实质,就是通过多次循环、动态改进、沉淀标准和持续迭代,实现版权 IP 生命形态的成长、复制、延伸、拓展和升华。

文化版权投资实施的价值,是在实现投资战略意图和战略目标的同时,为投资主体积累可复制的组织经验、标准规范、运营模式与基础发展能力以及核心竞争能力。

文化版权投资实施的关键,是在理解版权投资战略意图的基础上,建立总体战略目标,分解具体的职能目标、阶段目标,设立和传导面向整个版权投资团队的激励、约束与责任机制,协调和平衡版权投资实施过程中的规范性与创造性的行为,实现版权投资经营过程和治理过程的全周期闭环管理。

第一节 文化版权投资的计划

一、文化版权投资计划概述

目前,国内外关于"文化版权投资计划"概念和基本内涵的研究虽有涉及,但受到版权制度、版权投资发展进程等因素影响,至今仍未形成统一、严格的界定。作为投资计划的体系内容之一,文化版权投资计划适用于投资计划的一般逻辑。因此,本节拟在计划和投资计划的基础上,进一步梳理文化版权投资计划的基本内涵。

(一)投资计划与文化版权投资计划

"计划"原为管理学术语,"计"的表意是计算,"划"的表意是分割,计划是对未来活动所做的事前预测、安排和应变处理。计划的目的是实现所提出的各项目标,每一项计划都是针对某一个特定目标,因此,投资计划编制的首要之义应在于投资目标的设定。基于目标体系的构建,投资计划应进一步明确投资主体、投资时间、投资方式、投资资源等问题。作为投资活动的重要组成要件,投资计划往往发挥着提纲挈领的作用,它能够实现投资内容的直观呈现、投资资源的统筹协调、投资流程的循序推进,因而,投资计划常被认为是投资主体所编制的某一特定时期投资的筹集和运用计划。依据一般投资计划的基本逻辑,文化版权投资计划是指投资主体对文化版权投资活动作出的投资要求、投资目标、投资资源和具体执行过程的安排,它是文化版权投资策略落实的最基础单元。主要要素如表5-1所示。

表 5-1 版权投资计划包含的要素

基本要素	基本内容	意　义
投资条件	包括投资环境和自身的投资基础等构成的整体投资条件	了解投资计划在何种情况下能够有效实施
投资目的	包括版权投资的意义、重要性等	明确为什么实施此次版权投资(最终效果)
投资目标	主要是版权投资最终结果的预设,也是投资过程中的基本要求	明确版权投资方向,了解版权投资该做什么、做到何种程度(一般以量化指标为主)
投资范围	包括版权投资的地理范围和组织层次等	明确投资涉及哪些地域、哪些主体等
投资团队	包括投资团队人选、奖罚措施等	明确谁做,怎么应对投资结果好坏的情形
投资战略	包括实施的途径、基本方法等	明确如何进行版权投资
投资进度	包括投资的起止时间及进度安排	明确何时投资,细化投资时间安排
投资预算	包括投资的费用和代价	明确需要投入多少的资源
预警措施	包括投资中可能会出现的危机	明确投资实际与前提不一致时怎么办

文化版权投资计划遵循一般投资计划的实践特点,但文化版权投资涉及文化内容资源的发掘和资源的运用,其囊括的发展要素众多,因文化版权内容的特殊属性及文化领域的投资特点,我们无法完全将文化版权投资计划界定为标准化的项目型、工程型投资,所以,在文化版权投资计划的具体拟定中,发展要素并未是缺一不可的,应以具体实践发展为基准。

(二) 文化版权投资计划的基本特点

文化版权投资作为一类新兴的投资领域,投资计划的选择和拟定对于投资主体的生存和发展起着至关重要的作用。为充分发挥文化版权投资计划总纲统领投资全局的作用,确保投资行动的实际落地,文化版权投资计划的制定应当体现整体性、可行性、前瞻性和动态性的特点。

1. 计划的整体性

文化版权投资计划涉及内容广泛,一定要最大限度地为全局服务,统筹版权投资的整体性发展。它约束的是整个版权投资活动,追求的是整个版权投资实效,专注的是版权投资的总体发展。在制定具体的投资计划时,应确保投资计划与投资方整体发展战略相契合,统筹考虑资源分配、进度安排及流程安排等发展要素,制定投资发展共同目标,确保投资活动有序开展的同时,能够形成对各个环节的整体性关照,避免在计划阶段出现工作流程或其他工作安排等重大事宜的缺项。

2. 计划的可行性

投资计划的可行性要求直接关乎投资计划落地以及取得成效如何,而相较于传统的股权和物权投资,文化版权的投资环境变化性更大、未知性更强,地域性差异也较为明显,同时,受到文化领域投资的特殊属性要求,计划的编制要充分考虑到社会环境等因素,综合来看,文化版权投资计划可行性主要体现在环境、政策、技术等方面的可行性。如在文化版权初期创意中,要结合文化版权所处地域的文化底蕴,考虑自然空间的容斥情况及市场发展情况等因素;在版权的登记确权上,要结合地方发展政策、文化版权体量情况等因素;而在版权交易及版权成果转化中,计划的可行性要求更加复杂,一般需要兼顾技术平台搭建情况、经济成本状况、政策环境情况、文化市场情况等多元因素。依此逻辑,才能更好地确保文化版权投资计划的可行性,并推动整个投资行动的发展。

3. 计划的前瞻性

在文化版权投资的具体实践中,投资计划除了关注当下的投资安排,投资主体也较为关注自身在未来较长一段时间内的投资发展或投资项目的谋划。就文化版权投资的自身属性而言,当版权投资处于一个较长的滚动开发过程中时,对于行业发展趋势以及国内外先进的投资理念和投资方向的把控就显得格外重要。此外,考虑到文化版权发展的交互性特征,涉及跨媒介互动时,文化版权投资主体在投资前期就需要做好规划布置工作,并为多种媒介形式留出可介入空间。总结来看,创新推动文化版权衍生品开发及投资计划的前提规划,这也是投资计划前瞻性的重要体现之一。

二、文化版权投资计划的基本要求

一个好的文化版权投资计划,需要多重要素的协同发力,除了团队搭建、资金保障等基础投资资源的保障外,仍需把握好版权投资政策、社会主流价值及文化版权投资时机等版权投资基本要求,如此才能更好地做好投资计划安排。

(一)顺应国家政策

文化版权投资除了具备一般投资的基本特征外,还有极强的特殊政治属性及意识形态特征,甚至涉及国家、民族文化安全,需要政府通过政策力量进行管理和约束,作为投资主体,要清楚地把握政策的支持方向与约束内容。例如,《关于推进文化与金融深度融合发展的意见》《境外投资敏感行业目录》等政策就对文化投资领域的支持内容和投资方向进行了说明,投资者若违背政策导向,则会面临较大的投资风险。

(二)符合主流价值

文化版权投资主要的逻辑在于对版权内容的投资,而文化版权内容的核心内核在于其背后的文化属性,投资成功与否重点要关注版权内容自身与当下社会主流价值是否贴合,一般而言,社会主流价值观和文化审美主流观念是投资者需要重点关注的内容。例如,伴随青年群体中二次元偏好的转变,一大批二次元版权产品应运而生;而二次元、小清新等审美偏好的流行直接带动了主流审美市场的大更新,成为文化版权投资计划中不得不考虑的重要关注方向之一。总体来看,只有符合社会主流价值发展需要的文化版权投资,才能迎来更加宽广的市场、更加容易得到受众关注。

(三) 把准投资时机

文化版权背后的内容价值往往来源于特定的传统历史文化、重大的历史事件及当下重大社会事件,由此通过传统文化、历史事件及社会重大现实事件时间节点的把握成了版权投资价值实现的可靠路径。概言之,投资主体需要了解版权投资内容背后的历史事件、发生时间节点、时间节点的周期性特点等信息,并选定纪念日、节庆日等特殊时间点,来加快文化版权投资行动的执行。此外,社会发展的不断加速以及新兴社会文化价值的涌现给文化版权投资提供了新的决策视角,尤其是当下社会一些重大社会事件发展所带来的价值延展,逐渐成为文化版权投资决策中最受青睐的创作视角之一。如《觉醒年代》《山海情》《中国医生》等影视作品的投资实践,便遵循投资时机这一逻辑进行了有益的投资探索。

(四) 强化技术赋能

所谓文化版权投资的技术赋能,其实是指当前文化版权在培育、生产和管理中的技术提升过程。其基本逻辑在于底层技术更迭驱动传播媒介的变化,直接改变了用户的行为和场景,从而带来一些硬件和软件的投资机会。而传播媒介的变化则会促使一些新的内容出现,内容形态的转变又会出现一些新的文化和人群,依靠这些人群又会带动出新的品牌。比如,健身的人多了就有了运动类 App,如 Keep、悦动圈、火辣健身等,同时,以沸彻魔镜为代表的一些新兴企业入局智能健身赛道,"沸彻魔镜"横空出世。可见,数字化底层技术的更迭对文化版权领域的全流程发展有着划时代的发展意义。

三、文化版权投资计划的目标设计

作为文化版权投资行动的重要组成部分,版权投资计划是组织战略和目标的体现。目标的拟定为投资行动明确了组织活动的总体环境和方向,投资目标贯穿于整个投资行动,并持续发挥作用。文化版权投资计划的最大价值在于实施和改进整个版权资产投资管理实践体系,当然,这也是文化版权投资管理体系评估的重要基础。综合投资主体偏好、投资流程发展等因素,版权投资者可以通过具体指标用于指导和规制整个投资行动的开展。一般而言,文化版权投资计划目标大体上可分为总体目标、职能目标和阶段目标三大类别,但在具体实践中,由于投资主体自身情况存在差异,目标体系自然也存在一定差异。

（一）总体目标

文化版权投资的总体目标，往往是版权投资主体追求长期目标，也是需要通过版权投资的多次循环、不断改进沉淀才能实现的长期目标，因此，一般总体目标的时间跨度较长。结合文化版权投资的重要流程节点，总体目标主要包括文化版权创新驱动能力的提升、运维能力的提升、投资业务流程的优化升级、版权交易和版权成果转化市场的畅通扩容以及社会效益的整体提升等。此外，就文化版权投资的发展来看，如何实现版权资源的联动发展也显得至关重要，如当前一众版权投资主体通过搭建版权信息化合作平台等方式，来实现版权内容的互联互通，为后续的版权投资实践奠定了良好的基础，由此可见，增强版权投资的协同发展能力也应成为版权投资主体的一大重要战略目标。

（二）职能目标

文化版权投资的职能目标，总结来看仍在于投资主体自身的现实成长上，并重点体现在市场目标、盈利目标、创新目标及社会目标中。市场目标的设定，其意义在于了解投资方在市场上的相对竞争地位，并辅助于投资决策，而最优的结果是占据最优的市场份额或行业龙头地位，这就需要决策者要对消费群体、版权目标市场、版权延伸产品及服务、销售渠道等进行具体详细的划分。盈利目标是投资主体生存和发展的必要条件，取决于企业的资源配置效率及利用效率，主要包括人力资源、生产资源、资本资源的投入产出效率。创新目标的树立，一方面要对达成职能目标所需的各项创新进行预先规划；另一方面，必须对技术进步在版权投资各个领域引起的变革作出评价。创新目标大体上可分为制度创新、技术创新及管理创新三大目标。而社会目标的拟定，应结合投资主体自身和文化版权投资的特殊性综合考虑，一方面，需要着眼于企业形象的建立；另一方面，通过文化版权投资，结合区域文化的传播，应该在提高社会公众效益、履行社会职责等内容上确定发展目标。

（三）阶段目标

基于主体视角和效益视角的目标建构分析，加之文化版权投资行为过程的复杂性，有必要对计划目标进行阶段性的界定和考虑。一般而言，基于过程视角而建构的计划目标主要包括短期目标、中期目标和长期目标。

一是短期目标。一般而言，文化版权投资的短期目标为投资开始后的一年。短期目标相较于中期及长期目标而言，是更为具体、现实及可操作的，中期及长期目标一定是基于短期目标的实现才能得到完善及最终确定，所以，短期目标是最急迫、最容易实现的，要有最为清晰的目标完成时间。为有效完成整个投资的阶段性任务，短期目标需要对中期目标进行呼应性的对接。总体而言，文化版权投资能够借助文化发展的大势和互联网力量的持续加持，一般能够在短期获得较强的市场反应，这样的市场关注是吸引更多市场力量介入的核心因素所在。因此，文化版权投资的短期目标主要在于准备工作的完成、适当经济收益的增加及有效市场关注度的提升,目标的核心逻辑在于市场关注与价值成长之间的关系,二者联系程度强弱决定该投资项目进入主流发展市场的概率高低。

二是中期目标。相较于短期目标,中期目标的价值在于通过与短期目标的对比,来进行长期目标的展望。中期目标的界定主要基于短期目标的完成程度来进行预估性的研判,一般认为2—5年的发展周期较为适应文化版权投资迭代性强的特点。区别于前期基础性的研判,中期目标一般着眼于资本价值的增加,而中期投资往往是上市公司对于利好消息或者其自身发展进入到一种持续成长的趋势后做出的,是一种中期价值成长和估值上涨的同步性动作。它至少能够衍生几类价值增长点,来实现整体投资的价值性增长和宏观投资趋势的形成,而这正是中期目标的意义所在。如它能达到一定能级便初步决定了后期投资的整体走向。

三是长期目标。长期目标在时间界定中常以五年为界限,长期目标一般指企业通过实施特定战略在五年以上所期望的结果。区别于前期的短、中期目标,长期目标时间跨度长,一般对于投资决策层的考验较大,且部分较为关键的目标需要相对固定,更要留足发展空间,使得目标具备一定的战略意义和挑战性。长期目标的设定需要充分结合前期的行业、政策和社会现状分析,并将目标定位建构于社会环境发展定位之下,由此保持版权投资整体发展的趋势性特征。

按时间划分的阶段目标对比如表5-2所示。

表5-2 按时间划分的阶段目标对比

比较项目	时间	内容	实现形式
长期目标	五年及五年以上	长期目标以问题为中心,主要明确投资发展方向及发展思路,但因时间跨度较大,所以目标的拟定一般较为宏观,与总体目标或战略目标有相同之处	可以通过编制发展纲要等方式来实现目标的拟定
中期目标	一年以上五年以下	中期目标主要起到协调长期计划和短期计划之间关系的作用。中期目标因跨越数年,所以其主要以时间为中心,具体说明各年度应该达到的目标和应开展的工作,在目标的设定中应根据时间的跨度来进行细化	可以通过三年规划等方式来实现目标的拟定
短期目标	一年及一年以下	短期目标比中期目标的内容要更加翔实,其最大的价值在于能够直接指导各项活动的开展	可以通过详细制定年度或季度等计划来实现目标的拟定

四、文化版权投资计划的编制

一般来说,一项好的版权投资计划,必须包含投资背景、投资目标、投资责任、投资范围等要素,并通过不同要素的内容延展来明确目标实现路径。在具体的版权投资实践中,投资方可根据面对的形势和发展要求变化,依托政策、规章制度、预算及规划等表现形式,采取不同的计划类型,并有针对性地调整计划内容,来拟定适应自身情况的投资计划,进而提高文化版权投资项目的可行性。

（一）文化版权投资计划的类型

投资计划的类型众多，投资方可根据自身情况选择不同的投资计划，包含以下几种类型。

1. 按时间划分

按时间划分，可以将投资计划分为长期、中期和短期计划，其基本的逻辑和内容体系与前文中的阶段目标形成了一定的呼应关系，同时此类计划的具体举措与阶段目标必须形成关照。需要说明的是，在版权投资组织发展的不同阶段，计划的时间跨度应体现出变化性，要随势而动。

2. 按范围划分

按范围划分，投资计划可分为战略计划和行动计划，战略计划是更为宏观和全面的计划，行动计划多是为了满足版权投资阶段性目标任务所采取的举措，二者在诸多方面存在明显的差异。具体内容见表5-3。

表5-3 版权投资的战略计划和行动计划

比较项目	版权投资战略计划	版权投资行动计划
时间周期	三年或三年以上	三年以内（周、月、季、年）
投资要素	涉及整个版权投资的人、组织	局限于特定的版权投资执行部门或活动
投资计划要点	确定版权投资组织的宗旨、目标，明确战略和重大措施	明确实现目标和贯彻落实战略、措施的各种方法，对实操性的要求较高
投资计划目的	明确投资未来策略，版权投资的整体及长远效益	提高版权投资的实施效率、解决阶段性问题
投资计划特点	整体性、指导性、长期性	局部性、指令性、一次性

3. 按对象划分

按对象划分，可以将投资计划分为综合计划、部门计划及项目计划，而在文化版权投资的实践中，一般以综合计划和项目计划为主，部门计划对整体投资行动的发展助力较小，尤其是多数版权投资采取的是项目制运营，所以，项目计划的基本逻辑对于版权投资计划的拟定具有重大的借鉴意义。

4. 按效用划分

按效用分，则可将投资计划分为指令性计划和指导性计划，其中指令性计划具有提纲挈领的作用，所以一般用于投资初期，即决定开始投资的时候，其具有一定的强制性，一旦拟定完成，所有版权投资的参与者都必须坚决贯彻落实，而指导性计划的意义在于供版权投资者参照执行，因此指导性计划可以在版权投资过程中进行拟定颁布，就版权投资的实施而言，指导性计划不作为计划阶段的主要选择。

（二）文化版权投资计划的制定和审定

1. 投资计划的制定

在明确版权投资方向后，投资者需要对版权投资行为做出具体的安排，即制定具体的投资计划。在具体执行阶段，投资计划制定的主要意图在于通过对版权投资目标实现路径有关问题的讨论，为投资者提供基本的投资遵循，来确保版权投资能够有序、高效的实施。需要特别说明的是，投资计划与融资计划存在一定差异，二者不能混为一谈，投资计划是投资方为投资主体做出的版权投资目标、任务及路径的操作性安排，而融资计划是通过优势信息的整合呈现，吸引其他主体资金进入的一种经济行为，二者关注的重点有本质的差别。具体而言，投资计划的制定应重点关注以下问题：

一是说明当前版权投资的基本情况。在基本背景板块，至少需要说明两方面的信息：其一，要说明投资方的情况，除了介绍投资方自身的基本情况外，还应重点说明投资方对于此次版权投资的基本原则、宏观战略等；其二，应说明投资项目的基本情况，投资方应重点介绍版权投资项目的基本概况，如版权产品或服务项目的核心竞争力及投资前景等。此阶段的意义在于初步构建出投资方对于此次投资的基本构思，并引出版权投资对象，为后续工作的开展做好铺垫。

二是做好资源的统筹和分配。此阶段，需要集中讨论当下版权投资工作中的人力、财力、物力等资源的配置问题，要保证专人专事，资源分类化、合理化应用。

三是设定具体的投资目标。可针对版权投资的具体情况，依照总体目标、职能目标及阶段目标具体拟定符合投资自身发展实际的具体目标，为确保版权投资行动的实操性，目标的拟定应采取定性与定量相结合的方式，确保目标合理、实际、可实现。

四是明确具体投资任务及进度安排。此阶段主要是为了明确投资的时间周期和各阶段应完成的工作任务，同时，确保在此阶段将资源、制度等安排落地到流程工作中。

五是做好财务预测及融资方案。结合投资方当前的运营收入、成本费用及现金流量等信息，并结合前期目标设定阶段的信息，预测 1—5 年内的财务报表情况，并初步计划好投资退出模式，如公开上市、股票并购、出售还是兼并或合并等。

六是做好风险因素评估及初步应对。对版权投资可能存在的不确定及风险因素进行提示，并提出初步解决方式。总结来看，此阶段需要做好止损说明、资金使用说明及突发事件处理方式的明确。

2. 计划的审定

在版权投资的计划阶段，待计划落地之后，要根据实际需求，开展计划的审定工作。版权投资计划的审定工作主要包括所制定计划的完整性和可行性，其中完整性审查应包括版权投资计划要素是否齐全，形式是否合理；而在可行性审查中，重点要对内容进行审查，因文化版权自身的文化价值属性和价值观导向特征，需要在计划中针对文化版权投资的详细内容进行细致审查，避免出现内容或价值观念偏差的问题。

此外，在版权投资计划的工作中，要提高计划制定的重视程度，提高计划的可执行性，确保计划的前瞻性及强化计划执行中的交流和授权。

第二节 文化版权投资的执行

一、文化版权投资执行概述

执行作为版权投资的关键一环,是按照预定的计划、标准,根据已知的内外部信息、行动方法及行动方案,进行具体的投资实践,努力实现预期目标的过程。执行阶段除了落实计划阶段的任务,还为后续的检查阶段提供素材,如果出现执行问题,则进行循环处理和进一步完善,直至实现既定目标。执行是整个投资阶段积累版权投资经验、沉淀版权投资标准及推动版权投资持续迭代的重要阶段,对于版权投资的实践起着承上启下的作用。

版权投资执行的主要要义在于遵循投资计划的安排,进行具体投资工作的开展,但投资执行阶段的变化性较大,所以,在执行阶段要警惕特殊情况及临时事件的发生,在投资计划的大体框架内,进行有效、及时的工作调整。

此外,投资执行阶段,投资主体对投资行动负责,不同投资主体在进行文化版权投资的过程中,会采取不同的举措,有着自己的基本投资逻辑。总之,在版权投资阶段,我们需要了解投资执行的重要价值、典型投资主体的基本特征、把握版权投资的核心流程,把握好执行阶段可能出现的执行风险,进而实现版权投资的合理化实践。

二、文化版权投资执行主体

版权投资主体作为整个投资活动的具体实施者,对投资方向、投资数额有绝对的决策权,对其投资所形成的资产享有所有权及支配权,并能自主或委托他人进行版权的经营。[①] 从当前我国文化版权的投资市场状况来看,国有资本或混合所有制为主体、民营资本为辅、个人资本及外资资本为补充的文化版权投资主体格局已渐渐明朗,而文化单位投资主体多元化格局的构建也成了盘活文化版权资源、整体推动文化版权产业发展的重要手段。结合当下文化版权市场实际,政府机构、文化投资公司、投资基金公司及外资资本等构成了主要的文化版权投资主体圈层,但各投资主体因自身属性、发展特点等差异,在投资内容和投资特点等方面存在较大差异。

(一) 政府机构

党的十八大以来,习近平总书记曾多次提及中国传统文化,表达了自己对传统文

---

① 王柏桦. 同一投资主体范围分析[J]. 财讯,2018(34):197.

化、各类文化资源的认同与尊崇，为加大传统文化保护及文化资源的传承发展，政府参与文化版权投资已经成为文化保护与开发的重要方式，但相较于纯粹的市场投资主体，政府机构投资有着自己的特点。

在实际的文化版权投资实践中，政府机构往往依托于地方财政收入（一般公共预算收入和政府性基金预算收入）、上级补助资金、地方政府债务等手段获得投资资金，通过直接资本注入或资金奖补、政策引导等间接方式参与版权投资。总结来看，政策引导及设立产业基金的方式仍是当前政府的主要投资实践方式。譬如影视剧《茶马古道》实际上就是中央统战部和西藏自治区政府投资拍摄的，目的是宣传西藏自治区。

除了投资方式的多元化，政府投资行为也体现了自身的特点：投资不关注短期效益的增加，而较为关注长期效益的增加、软实力建设方面的回报及是否具有一定的社会教育和价值引领作用，如安徽省合肥市人民政府决定对延乔路进行投资改造，此类投资更加重视红色文化的宣扬和社会教育以及整个社会红色文化的发展与建设。当然，投资作为一项重大的政府职能，除去文化范畴内的投资价值追求，文化版权投资也在国民经济发展中扮演着重要的角色，如出版、文学等核心类版权产业的投资，不仅对于文化的传播与发展起着举足轻重的作用，更是衡量整体版权对国民经济贡献的主要参照，因此，政府参与文化版权投资，仍在宏观层面发挥着调节文化版权投资结构及方向、创造良好投资环境的职能。

此外，政府在参与文化版权投资的过程中，应避免资源浪费、建设低效及腐败等问题，同时，要注重把握与市场主体之间的关系，避免过于依赖政府投资而影响市场竞争的活力。所以，在具体投资管理中，严格审查、管理等手续，协调市场投资力量发展，在版权投资的全过程中凸显要素管理就显得极为重要。

（二）文化投资公司

伴随文化版权内容的日益丰富及资本市场影响力的持续提升，诸多文化投资公司正借道资本市场进行扩张，把控文化版权资源，上市企业希望通过资本借道来更好参与文化投资活动的倾向愈发明显。

对于一般文化投资公司而言，参与文化版权投资的主要方式为版权开发及版权认购。所谓版权开发，即指文化投资公司自主开发版权产品，形成自有文化版权。版权认购则分为独家版权认购和部分版权认购，独家版权的发展路线是先购买独家版权，再开发渠道，将独家版权变为非独家版权，进而回收资金，获得的收益一般用于版权资产的自然增值及开发分销后的基础资产；而部分版权认购指版权出品方或版权持有者通过转让版权收入份额，允许更多人作为联合投资人参与文化版权投资的方式，具体红利按照份额比例分配。但就文化投资公司的投资选择来看，为了实现资源的互通和风险的互担，多数文化投资公司往往都会通过部分版权认购的方式来实现联合投资，并且由于文化版权的特殊属性和价值，联合投资公司中往往会包括具有国资背景的文投公司进入，加之我国文化投资行业发展仍然处于起步阶段，依托政府力量和国有企业实行文化版权的联合投资已经成为行业发展的主要趋势。

同样,在文化版权投资的实践体系中,文化投资公司也有着自己的投资特点:一是传媒和娱乐行业仍将是文化版权投资的重中之重,并且更加注重优质 IP 的打造及黏性受众用户的培育,比如优酷、爱奇艺等公司推出的剧场厂牌模式便是较为典型的代表;二是互联网和移动端的版权投资市场仍将由重点龙头企业所掌控,若要进军互联网和移动版权市场,线上服务平台仍是主要考量之一;三是专注于文化版权产业链的延伸打造,实现资源的归纳升级。基于大数据时代的发展背景,投资方资源整合的最有效方式在于通过上下游的信息渠道及资源平台的有机整合,促使版权投资回归到以线上增值为主要内容的运营,如很多龙头企业在发展中往往会采取并购的发展手段,来实现对版权投资行动的持续加码。

为更加有效推进文化版权投资,文化投资公司仍需要加大对投资政策的研判力度、严格把控版权投资内容和投资时机、紧跟社会发展大势、强化科学技术赋能,持续推进文化版权投资实践发展。

(三) 产业基金

产业投资基金最早可追溯到 1868 年的英国"国外殖民地政府信托基金",政府一般会组织专门的投资公司,委托专人进行管理,由此形成产业投资基金的雏形。在我国,以华人文化产业基金等为代表的产业基金掀开了我国文化产业投资基金的发展大幕,并经过多年发展,产业基金因"集合投资、专家管理、分散风险、运作规范"的投资特点而备受投资方青睐。产业基金在文化版权领域的投资仍然遵循着基金投资的基本逻辑,一般会采取直接投资版权企业来完成投资,同时,伴随企业的投资增值,来实现自身的投资增值。伴随投资市场的日益复杂化、文化版权投资的创新创意发展,基金投资不仅仅为企业提供资本的支持,还会依托专家资源来为投资方提供特有的资本经营、增值服务,能够最大限度地推动文化版权投资的提质发展,而这显然与单纯的投资行为存在较大的区别。

产业基金常常可分为政府引导型、行业龙头加金融型、民营企业主导型及外资联合型。若从投资范围的角度来看,一般投资者会将产业基金分为综合性及细分领域投资,综合性的产业基金在投资范围上会更加广泛,而其喜爱的偏好则是地区内的文化创意产业,此类投资对投资方的专业能力、市场体量等要求较高,所以各行业的龙头企业往往是综合性产业基金的优先选择;相比之下,细分领域的投资往往投资规模较小,比如文化版权投资可聚焦电影、艺术品等内容,这也是当前版权投资市场最主要的投资模式。此外,因产业基金运作模式的差异,产业基金还可以分为公司制、契约制及有限合伙制等形式,比如山东省文化产业投资基金属于公司制基金,华人文化产业投资基金属于有限合伙制,而不同模式运营下的产业基金也会有着不同的价值偏好和投资选择。

在具体的投资实践中,为充分考虑版权投资风险问题,多数投资主体往往会采取母基金的方式参与版权投资,这种以基金为投资标的的方式与以股票、债券等有价证券为投资标的的方式不同,它主要通过专业机构对基金进行筛选,帮助投资者优化基金投资效果,具有安全性高、专业性强的特点。

(四)外资机构

外资投资在文化版权投资过程中也发挥着一定的作用,其投资的基本方式多通过中外合资经营、中外合作经营及外企企业为主要方式。但就文化版权的特殊文化属性和意识形态特征,外商在文化版权投资过程中主要需要考虑文化政策的影响,明确自身可进行的投资领域,再采取合适的方式进行投资介入,同时,也需要考虑国别间的文化差异属性,在基础政策架构之下,来进行文化领域的投资合作。

(五)个人投资

个人在参与版权投资时,往往手段较为单一,一般会通过购买版权商品、购买基金等方式参与版权投资。根据个人投资特点而言,收益性、安全性及流动性是其最主要考虑的投资原则,归根结底,追求短期的效益是其最根本的投资目的。

我们在具体的文化版权投资逻辑中,应遵循以下几点做法:首先,应通过测试工具、客观评估、主观评估等方式进行自身风险承受能力的评估,当然,风险承受能力的评估不是我们关注的重点,我们的最终目的在于结合文化安全投资产品的风险和风险承受能力的评估,来确定适合自己的投资项目。其次,个人的文化版权投资需遵循因人制宜、因时而异的基本原则,根据自身经济财力、所处生活阶段、自身专业爱好背景等来决定自身的投资方向,如从资金"一般、良好及较好"的充裕程度来看,个人投资应将投资重心分别放在资金管理习惯养成、进行开源式投资及财产保值和增值上。再者,当实际进入投资场景中时,仍要做好投资资产的前期配置、投资组合的遴选及投资时机的把控工作。各类版权投资主体的比较如表5-4所示。

表5-4 各类版权投资主体的比较

类别	政府机构	产业基金	文化投资企业	外资投资	个人投资
资金来源	预算内外政府基金、政府发行专项国债获得的资金、通过财政担保获得贷款等	私人资本、银行、保险公司等金融机构资本、养老金账户资金、企业和大集团资金等	公司合伙人资金募集、银行贷款、公司本金、债券和股权募集等	投资方的资本投入、向国内外购入的及各种途径租入的	个人本金
投资方式	政策引导、设立版权投资引导基金等	设立版权投资基金,通过销售机构认购、申购基金单位或通过二级市场交易	股份交易式投资、现金购买式投资等	企业合资、合作经营、合作开发、BOT等	通过多种途径购买版权份额或买入版权商品
投资特点	注重投资的社会效益、长期效益,不以受益	组合投资、专家理财、流动性强、收益率相对较高	专注传媒和娱乐行业、强调版权内容开发及运营、上市企业成为版权投资的新宠	存在严格审批流程、需要资金托管、需要通过证券公司等投资管理机构进行投资	注重短期经济效益并没有长期投资规划

续表

类别	政府机构	产业基金	文化投资企业	外资投资	个人投资
投资标的	版权内容、版权项目等	股票、债券等金融产品	版权内容、产品、债券等金融产品	版权运营项目	版权基金、版权商品等
投资管理	通过颁布相应投资管理条例实现	政策约束、基金投资主体自主管理	政策约束、自主管理	政策约束、自主管理	政策约束、自主管理
退出机制	政策终止、基金存续期满终止清算	公开IPO上市、并购、版权转让、回购、清算等	公开IPO上市、并购、破产清算、股权转让等	股权转让、境内版权或异地经营、清算等	第三方收购、回购等
风险类型	主要包括资源浪费、建设低效和腐败等问题	主要包括系统性风险（政策、经济利率、通货膨胀等风险）和非系统性风险（公司经营风险、操作和技术风险、基金未知价风险、管理和运作风险、信用风险）	主要包括市场风险、信用风险、政策风险、运营风险等	主要包括政策风险、融资风险、经济环境风险、自身决策风险等	主要包括本金损失风险、收益损失的风险、时机风险等

三、文化版权投资执行风险

（一）执行与计划间存在偏差

文化版权投资的具体执行过程仍需要依赖于前期计划的拟定和研判。一般重要工作举措和谋篇布局的设定是基于模糊性指标和不确定现状的考量所进行的设定，因此在具体投资执行过程中往往会出现计划与执行存在动作偏差的情况。执行动作偏差一般是由于项目计划的宣贯较少及计划执行阶段的合作性不足所致，导致执行人员对于具体项目的执行要点和关键动作不够了解。因此，在投资行动前期的研究和相关工作的安排中，需要加强团队整体的合作和必要工作的宣讲和过程指导，由此来规避一些问题。

（二）目标体系建构不够合理

文化版权投资的特殊性决定了其目标体系建构的复杂性，因此要同时兼顾经济、社会等多重因素。在具体投资执行的过程中，往往会出现投资计划目标与实际执行难以匹配的情况，主要体现在两个方面：一是目标设定的权衡不适宜。所谓权衡，是基于文化版权投资的投资特性分析而言，除了经济效益，其他目标建构也必须体现，从而反映出整个投资行为的综合效益。二是由于计划决策层与执行层的诉求差异导致部分目标设定存在不合理的情况，具体表现在阶段目标存在明显的交叉或难以实现的问题。因此，在计划目标设定阶段，需要综合考虑决策层与具体执行人员的工作实际和现实需求，进而保障计划目标的整体协同性和可操作性。

(三) 执行发展要素保障不足

由于执行过程的复杂性且保障要素的覆盖面较为广泛,在版权投资执行的过程中往往会遇到执行保障要素存在缺失的情况。鉴于发展环境不确定性及资源的相对固定性,所以在前期研究和具体方案的拟订时,需要对于资源的引入和应急保障进行必要的安排。在有限的资源体量下,要进一步明确不同投资阶段的资源需求,来进行有限资源的最大化、合理化利用,由此进一步降低保障要素缺失带来的负面影响。

第三节 文化版权投资的监测

一、文化版权投资监测概述

(一) 基本内涵

关于文化版权投资监测的概念及内涵,国内外学术界对此有一定的研究,但因文化版权的广泛性和区域性差异,至今也未形成统一的认识。目前,文化版权投资监测的实践多是从项目监测的基础上发展而来的,因此,在项目监测的基础上,进一步解读文化版权投资监测。

项目监测又叫项目管理,是指项目负责人根据项目前期预设目标及实际标准,对整个项目的进展情况进行的常态化工作流程。文化版权投资监测常指为保证各环节投资活动符合预定进度计划和质量标准,各类版权投资主体运用多重手段对文化版权投资活动进行监督管理的过程。从监测目的来看,文化版权投资监测主要可分为过程性监测、绩效监测及影响力监测,具体需要把握文化版权投资进度的推进情况、投资的成本情况及版权投资带来的社会经济等影响情况;从监测主体来看,文化版权投资监测大体上可分为内部监测主体和外部监测主体,它们相互配合,互为补充,构成文化版权投资的监督管理系统。但是,不管如何进行监测,其最终的目的仍在于保证项目能够得到有效的控制,为后续的投资活动积累经验,不断优化版权投资行为,实现版权投资的循环发展、迭代升级。

(二) 主要作用

投资监测是整个文化版权投资实施过程中一项重要的管理手段及工作流程,且伴随投资监测工作日常性的开展,文化版权投资监测的作用还体现出了持续性、动态性的特点。总体而言,投资监测对于整个文化版权投资实践有着重要的意义。

一是确保投资实施阶段主要环节的完整性。投资监测相较于一般投资实施环节,其最大的价值在于起到了承上启下的作用。投资监测根据投资计划和投资执行的情况,来进行投资监测或开展日常性的工作检查,进而达到收集信息、发现问题及形成经验的目的,并为最后的投资控制形成基本的工作遵循。由此,整个版权投资实施的主要环节才算完整,各个环节之间的价值性也得到了更好的体现。

二是促进版权投资计划的调整及实现。投资监测主要通过对计划阶段设定目标的实地测算及对比,得出问题关键并针对性地进行问题介入,进而确保在出现不可修复危害之前完善修复好计划内容,换言之,投资监测能够及时掌握投资目标与投资行为之间的适配性。此外,投资监测能够不断地对投资项目运营提出方向性指导,以优化项目运营的方式来反哺投资战略目标的实现。

三是推动投资团队的建设和提升。投资监测能够最大限度地了解投资团队成员的工作情况,有利于管理者了解团队成员的工作进度、工作难点及需要提供的帮助,避免项目拖延、混乱。此外,投资监测可以为整个投资行动和团队成员的考核提供参考,积累团队管理和建设经验,有利于整个投资团队的长远发展。

(三) 基本原则

版权投资监测的原则是建立投资监管体系的基本指导思想,在投资监测的过程中,应当遵循以下几项基本原则:

1. 公正性

在版权投资监测的过程中,应做到监测方法科学、数据准确,确保监测结果的公正性。具体来说,要保证监测依据现行有效、监测手段合理可靠、监测方法科学适宜、监测数据准确充分、监测结果正确客观、监测记录真实有效。

2. 及时性

投资监测方应及时将投资监测结果反馈给投资团队,保证投资团队在遇到紧急情况时能第一时间采取应对措施,保障版权投资项目的有序实施。

3. 全面性

版权投资监测涉及各个方面,具体而言,投资监测的内容应涉及人、财、物等资源情况、团队管理建设情况、项目成本效益情况等。

二、文化版权投资监测主体

文化版权投资监测涉及利益主体众多,单一化监管体系已难以满足文化版权投资的发展需求,多元化监测主体的引入,能够更加合理地推动投资监测工作的开展,提高监督管理效率。目前,主要的版权投资监测主体包括投资方、政府部门及社会监管力量。

(一) 投资方监测

作为文化版权投资的主要发起者,版权投资方对投资情况较为了解,对投资行动负主要职责,能够最直接地影响到版权投资的成功与否。一般而言,投资方在版权投资监测中，一般需要关注政策体系、经济状况、行业发展等外部环境信息以及项目运营、团队建设情况等内部环境信息，一旦发现问题，就及时进行信息反馈，最大限度地减少影响投资活动开展的不利因素。此外，投资方的监测应重点围绕版权投资项目开展，投资监测贯穿版权投资实施的各个阶段，并且针对不同投资阶段有着不同的监测方向及监测重点。在日常监测工作中，应不断建立健全监测预警机制，完善信息收集机制，及时收集包括但不限于企业公开披露信息、定期财务报告及审计报告、重大投资及经营决策、管理团队履职和变动情况、所处行业、市场、上下游企业状况等，逐步建立起以信息促监测的常态化、科学化监测机制。

（二）政府部门监测

文化领域的投资实践区别于一般投资，还与文化意识形态、国家文化安全等存在无法割裂的关系，因此，文化版权投资实践的监测需要政府部门及相关单位的介入。就宏观管控而言，政府部门在版权投资中发挥着主要的监管职责，尤其在有政府力量参与的项目中，政府部门的监测管理显得更为重要。一方面，政府通过各种法定监管机构，运用督查、检查、抽查、巡查和审核审计等方法对版权投资项目进行日常监督管理，防止出现违法、违规和腐败等问题；另一方面，政府部门往往通过依托相关政策、法律、经济等内容，比照当前版权投资行为的发展状况，重点监测版权投资项目自身与相关政策、法律或经济发展大势是否适配，以此达到监测的目的。总之，政府部门主要通过行政、经济及法律等手段来实现版权投资的项目监测。

（三）社会监管

从监督管理的一般功能上看，投资方自身的内部监督在社会监督主体上有局限性，政府监督也无法面面俱到，同时，文化版权投资除具备版权投资的一般特征外，仍具有较强的社会文化公共属性，因此社会层面的监管就显得尤为重要。社会监管的主体包括广大用人单位、社会组织、新闻媒体等，他们由于所处位置不同、切身利益不同，所获有关信息也不同，所做出的社会监督在某种程度上更有力、更有效、更有说服力。因而，社会监管是衡量版权投资监督体系效率的一个主要标志。

三、文化版权投资监测内容

（一）计划执行情况

根据文化版权投资计划与投资执行要求，对投资项目的前期投资决策情况进行评价，看文化版权投资行为是否达到预期效果。第一，明确文化版权领域项目投资时机的科学性、计划目标的准确性与可行性，对投资项目的发展定位等进行客观评价。第二，分析项目立项、项目论证、项目招投标等各个阶段的审批依据是否充分、审批程序是否合法。如果没有出现投资预期的结果，要确认是否严格按照计划实施对策，确定最佳方案。

(二)投入情况监测

对于投入情况的监测,大体上应包含版权投资前期的人财物资源投入,而在具体监测中,应重点考虑投入资源现在的使用和发展变化情况,如总量的增减、质量的提升变化等,除此之外,要着重监测投资资源是否在持续发挥作用,即重点监测其自身的稳定性,在此基础上,方能进行下一步的监测工作。

(三)产出效益情况

投资效益是投资主体最终追求的目标,投资的监测在一定程度上是对投资效益的监测。考虑文化领域投资的特殊属性,在版权投资的产出效益中,除了解一般经济效益之外,还应注意社会效益与经济效益产出占比情况。此外,通过一般投资效益的测算,也重点关注投资价值是否存在新一轮的增值空间,这是未来产出效益的初步估算,也是对未来版权投资的发展有着重要的助益作用。

(四)市场发展状况

受众对文化版权投资项目的接受度与认可度对于项目的运营起到至关重要的作用。文化版权内容深耕于文化传承,也有赖于文化引力的实现,而今,伴随着互联网+和泛娱乐时代的到来,粉丝经济已成为热门的社会话题,它泛指架构在粉丝和被关注者关系之上的经营性创收行为,它更是一种通过提升用户黏性并以口碑营销形式获取经济利益与社会效益的商业运作模式,投资方往往会受粉丝流量、行业报酬率及热门投资产品等因素影响,均竭力地在开拓属于文化领域发展的这一块沃土。

对于文化版权投资而言,其最大的价值在于通过一次投资来实现投资价值的指数增加,而其中最为关键的要素在于能否有效实现市场规模的扩大,更为具象的说法便是"粉丝群体"的强弱,在文化市场的影响下,文化IP的价值正在被不断重构和认可,因此,在投资监测阶段,对于市场状况的监测尤为重要,而其监测的重点应在于监测用户对文化版权投资项目的喜爱程度以及为之付费的意愿。

四、文化版权投资监测工具

(一)内部环境监测

以版权投资方为中心的内部监测能够最直观地反映当前投资行动的执行情况,能够最有效地发现与总结投资过程中的实施问题,版权投资的内部监测意义重大。发端于平衡记分卡的一般构成,结合文化版权投资实施的重要特性,就财务资本情况、目标市场状况、内部发展运维状况及人才体系构建四大维度的体系化构建,为投资者开展内部投资监测提供了基本的实践经验。为进一步构建平衡记分卡体系下的内部监测系统,需要遵守三项原则:一是明确各要素之间的因果关系;二是兼顾成果量度和绩效驱动因素;三是各要素应严格与财务要素连接。此三项原则将平衡记分卡与投资方战略联结(图5-1),其因果关系链代表的流程和决策,会对未来的核心成果造成重要的影响。

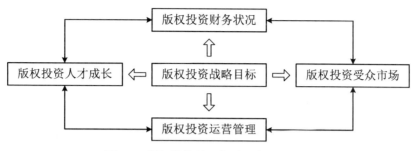

图5-1 版权投资的平衡计分卡使用框图

具体来看,版权投资方应就四大要素进行自我监测:

一是财务维度监测。财务方面是平衡计分卡的核心。在文化版权投资项目的财务维度考量上,重点评价文化版权投资产生的经济效益。一般从项目成本和资本投入两个方面来衡量,具体可以从投资增加值、成本费用利用率、资产负债率、资本保值增值率几个方面来进行监测。

二是受众维度监测。客户是投资项目经营的根本,也是市场竞争的重要环节。消费群与文化版权投资项目建设之间的关系,分为项目建设对消费群的影响和消费群对其的反馈两方面。具体可以从用户满意度、用户规模等方面来进行监测。此外,基于文化版权投资的特殊属性,还可从"粉丝社群"等运营情况等方面来监测客户的维持状态。

三是运营维度监测。内部运营是企业内部管理效率和管理结果的集中体现,是企业正常运营和稳定发展的基石。投资机构或企业可从市场评估、技术创新、项目管理水平、职能管理水平等角度来评判机构或企业的整个投资周期内的运维情况。

四是人才维度监测。人才成长层面主要考察文化版权投资企业是否具备良好的人才队伍架构,具体而言,团队人员的专业知识背景、学习培训开展及晋升激励体制等情况值得重点关注。对于文化版权投资企业等主体而言,是否具备投资、法律、文化等领域的专业人才是人才梯度建设的核心,由此才能满足文化版权投资的基本人才需求。

(二) 外部环境监测

为更好地明晰政策、经济、技术和社会等外部环境对于文化版权投资项目发展的潜在影响,本书拟结合PEST、SWOT两大分析模型,以便及时发现影响文化版权投资项目的重要因子,希冀为版权投资主体提供基本的实践遵循,也为版权投资的工作梳理和投资方向调整提供依据。

一是政策环境监测。政治环境方面,政府的政策导向必然影响着文化版权的投资方向与战略投资调整,同时法律法规对于市场和企业行为有刚性规范作用。政治环境监测主要是监测文化版权投资领域从中央到地方的系列支持政策以及相关的法律规定,在进行文化版权投资时要紧跟政策导向,明确法律边界,这是文化版权投资的重要前提。文化版权投资领域和发展方向与国家版权领域相关政策导向密切相关,与国家宏观的政策方针要保持一致,文化版权领域的投资项目才有获益的可能。对于投资者而言,最担心的系统性风险就是政策转向。若国家有关文化版权领域产业发展的政策环境和导向发生变化,在无法摸清政策导向的情况下,投资行为务必要更加谨慎。

二是经济环境监测。经济环境主要指企业所在地区或所服务地区的消费者的收入水平、消费偏好、储蓄情况、就业程度等因素,这些因素直接决定着文化版权投资项目当前和未来的市场大小。宏观经济环境具有周期性特征,金融活动产生于经济活动并随之发展,经济发展水平决定金融市场规模、层次和结构等,在版权投资实践中尤其要关注经济政策的相关趋势。经济政策不确定性程度的升高使得企业股价的波动性上升,从而影响投资者对企业未来前景的判断,进而降低对企业的直接投资。

三是社会环境监测。从社会环境角度看,人民群众对于高品质的文化版权产业服务产品需求不断释放,消费者开始越发注重产品质量以及其所带来的情感满足。特别是在互联网时代背景下,粉丝具有更强程度的参与感与话语权,大规模的流量变动甚至可以干预以粉丝经济为主行业的全产业链环节。在文化版权投资的具体实施中,应重点监测人民生活中的新消费热点、价值观的深刻变革及大众生活方式的转变,这些信息对于明确文化版权投资方向,确立版权投资内容具有重大的意义。

四是技术环境监测。以5G、云计算、人工智能及区块链相关技术为主导的第四次工业革命加快了各行业的数字化转型速度,特别是受疫情影响,在线音视频、图库、网络游戏等网络版权产业迅速发展壮大。但与之并行的是,传统数字内容治理与版权保护方式难以适应数字经济社会快速发展的要求,大数据和新技术迭代亟须互联网版权产业秩序重构,对于数据映射、版权确权、管理、应用构建新型互联网版权保护势在必行。一方面,文化版权的确权、监测、取证、维权、交易等信息变得更为重要。另一方面,在信息技术快速发展的今天,信息化技术可以从网络平台建立、信息系统搭建等方面对文化版权投资过程中涉及的用户消费意愿、用户满意度等信息进行技术化处理,进而为优化版权投资行为奠定信息基础(表5-5)。

表5-5 版权投资的内外部环境分析

分类	政治	经济	社会	技术
内部优势	版权投资行为符合政策支持方向,投资方被纳入扶持对象支持范围	投资本金充足,融资渠道稳定,无较大经济负债	有较好的社会美誉度,能清晰把握社会文化发展大势,了解社会公众文化服务需求,了解版权行业发展趋势	有较强信息互联技术基础,有搭建相关版权投资信息服务平台等经历,有稳定的信息技术服务团队
内部劣势	政策方向把握不明、版权投资行为偏离政策支持方向	投资本金不足,融资渠道不稳定,有部分或较大经济负债	投资方社会知晓度差,不了解社会文化发展趋势及社会服务需求,对文化版权行业不了解	信息技术服务能力不强,无相关版权投资领域信息化建设经验

分类	政治	经济	社会	技术
外部机会	版权投资相关政策出台,相关政策壁垒被打破	区域文化版权相关市场经济发展等	新的文化版权内容出现、新的文化版权服务需求出现等	国家对版权投资相关技术的支持力度加大、新的信息技术出现,社会技术转移和技术商品化进程加快等
外部挑战	行业政策转变或废除、政府投资方向转变	投资市场紧缩、整体经济衰退、垄断投资主体的出现等	社会突发事件出现、替代版权产品或服务出现、社会文化价值观念转变、群众文化偏好变化等	替代信息技术出现、政策支持力度减弱、社会技术转移和技术商品化进程较慢等

第四节 文化版权投资的控制

一、文化版权投资控制概述

(一) 基本内涵

1. 投资控制与文化版权投资控制

"控制"一词最早出于《魏书》,其释义是指掌握住不使任意活动越出范围,现代社会背景下,"控制"已被广泛运用于日常生产、生活中,且常常与计划等内容相互联系。所谓控制,是指行为负责人基于前期预设标准来对人或事物发展进行规制的过程。投资控制,则指对投资活动投入的资金、资源及投资过程所进行的调节和控制活动,而控制的内容多来源于监测阶段的实施内容,通过监测内容的纠偏,来实现投资行为规范化发展。

根据投资控制的一般逻辑,文化版权投资控制是针对文化版权投资活动的计划目标执行、投资实践风险等内容进行的控制管理工作。投资控制不是末端控制,而是全过程控制,是常态化、持续性的控制过程。文化版权投资控制的意义在于肯定成功经验,并予以标准化;总结失败教训,并加以改正,若有未解决的问题,提交到下一个质量管理循环中去解决,其最终的价值在于改进并优化当前投资行为,并为后续的文化版权投资项目提供实践依据。

2. 版权投资主动控制及动态控制

基于版权投资目标的设定,文化版权投资实践中可将版权投资控制分为事前控制和事中控制(投资过程),因投资控制强调的是全过程控制,事后控制便不具备较大的参考价值,一并融入事中控制中,此处便不详细赘述。基于项目目标等开展的事前控制,也可称为主动控制,即投资尚未真正落地前开展的控制工作,主要操作逻辑是找出可能导致项目目标偏离的各种影响因素,并针对这些影响因素采取有效的预防措施,由此进行风险规避。基于项目目标的过程控制,也可称为动态控制,其主要方式是通过计划值和实际值的比较,来发现其中的偏差点,并立即实施纠偏措施(图5-2)。

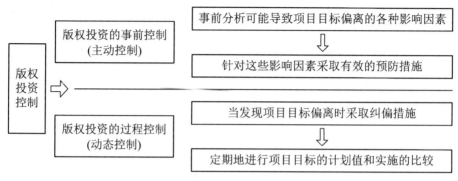

图5-2 版权投资控制主要分类

（二）主要作用

投资控制作为版权投资实施的重要环节之一,是计划的实施、执行的延续、监测结果的应用,对于整个版权投资实践的发展有着重大的推动作用。

一方面,投资控制的主要目的在于对版权投资行为实施纠偏,在正常投资情景下,可对一般投资偏差进行适当的调整,进而确保投资计划中相应战略目标的实现;而在内外投资环境发生较大变化的时候,要及时进行投资方向的转变,并配套完成投资规模、投资团队等调整,以确保能够有效适应外在环境变化,最大限度地降低投资风险。

另一方面,由于文化版权投资不是一次性投资,而是循环往复的投资过程,版权投资控制不仅是当前投资阶段的收官流程,其控制结果或相关经验还能够为下一个投资计划提供比较详细的参考,对于文化版权投资实践的整体改进和提升有着重要的作用。

（三）基本原则

1. 目标管理原则

文化版权投资的控制阶段依旧需要树立必要的目标意识,将目标管理的逻辑应用于整个投资行动的控制中去,其中目标管理应针对目标拟定、分解及具体责任的执行等情况进行明确,同时,在后续的工作执行中,应针对相应目标体系进行相应修正,并最终形成目标管理的闭环管理。

2. 全过程控制原则

文化版权投资的基本流程决定了版权投资是一个循序渐进的工作,而投资控制则需要针对版权投资的不同阶段进行基本情况的关照分析,此阶段要根据版权投资的不同阶段,设置明确的投资控制目标,通过阶段性的控制目标来实现对版权投资流程的把控。此外,版权投资的阶段性特征还在于强调投资控制应贯穿于以计划阶段为重点的建设全过程,即突出计划阶段在投资过程中的核心地位。此外,文化版权投资因受市场环境、文化环境等多因素影响,投资的过程容易产生不稳定的变化,由此版权投资的中间控制,即动态控制显得至关重要。

3. 成本优先原则

文化版权投资的控制目的在于通过各种成本管理手段,在保证项目进度和质量的前提下尽力降低版权投资成本。在优化成本控制的执行阶段,要明确合理成本及不合理成本的关系,在此基础上寻求更多成本控制的手段。成本优先原则不是一味强调成本的重要性,成本优先应是在确保投资质量基础上的成本优先。

4. 量化控制原则

作为控制工作的重要依靠,通过有效的定量信息比对来实现控制已经成为人们进行投资监测的重要工具,定量信息的可视化、强对比性给整个投资行动指明了方向,也更加清晰地界定了发展问题,为后续的控制手段给出了重要指引。此外,在投资控制阶段,技术与经济相结合促进了定量指标的运用,使其成为版权投资控制的有效手段之一。

二、文化版权投资控制对象

(一)投资主体控制

1. 主体职责

在具体的文化版权投资实施过程中,对于投资主体的主要控制体现在是否按照投资计划在执行投资工作,具体的工作职责是否达到要求,以及在具体的投资执行中是否存在不利于版权投资实施的其他负面行为。

2. 主体投资方向

一般在版权投资实施前,已经初步拟定基本的投资方向,比如影视、小说、动漫等,而在具体方向上,又会针对领域进行划分,比如动漫领域会划分为古装、现代等风格,形成这些实施版权内容投资的方向。在宏观层面的投资方向上,独家投资还是合众投资,也是版权投资需要考虑的重点方向。总的来看,在具体的版权投资实施过程中,要根据版权投资的实施过程和成效总结,强化投资主体的投资策略方向控制,为版权投资发展奠定良好的基础。

(二)投资成本控制

按照版权投资成本费用目标来细分,我们可将成本分为生产成本、质量成本、工期成本。

1. 生产成本的控制

版权投资的生产成本,一般是指与版权投资产品生产或服务开发阶段所涉及的成本,包括直接材料、直接人工和间接费用等,只涉及生产、制造及开发过程。生产成本核算的目的是计算各种版权产品或服务开发的实际成本,为投资方损益计算提供依据。

对具体的生产成本控制,应综合比对计划阶段相关资源的成本投入目标、执行阶段的工作程序执行以及监测阶段的成本收益等信息,具体的操作流程是依照实际投资情况做好监测信息的汇总和梳理,再以此信息为标准与计划阶段的相应生产成本目标形成关照,由此确定整体版权投资行为所能承受的生产成本区间,即确定目标成本并以此为准绳,积累经验,在后续的版权投资行动中加以运用,不断调整,不断实现生产成本的迭代优化,使之更具合理性及实操性。

2. 质量成本的控制

所谓质量成本,常指为了保证和提高产品质量而产出的一些费用,反之,未达到相关控制目的而造成的额外成本也属于质量成本范畴,包括预防费用、检验费用和内外损失等,涉及产品研制、生产、销售和服务过程。换言之,在版权投资中,因版权产品或服务质量提升所产生的费用或未达目的而造成的损失都算入版权投资的质量成本范畴内,但质量成本中的显见成本(账面成本)应包含于总生产成本中,是其组成部分。

在质量成本控制阶段,应严格制定相应计划并监督计划的执行,严格检查在设计变更等方面的工作是否贯彻了有关规定等;若是进行项目式版权投资工程开发,还应制定相关安全文明生产制度、加强图纸管理等工作。此外,版权投资行动对质量要求越高,投资总成本一般也就越高,当质量要求达到一定程度的时候,成本将成倍增加。但在一般投资实际工作中,任何投资行动都在计划和对应的规范和标准之下,版权投资的质量要求不是无限扩大的,总的来说,质量成本的控制是常态化、有限度地控制工作。

3. 进度成本的控制

在文化版权投资实践中,进度成本往往是指因版权投资进度出现偏差而对投资主体产生的一系列负面问题的统称。投资跨越周期过短或者过长都会造成投资成本大幅增加,往往会给投资者带来金钱损失、投资方向偏离等影响。投资周期缩短需要赶工、投资成本增加,投资周期延长则投资的固定费用会增加,也导致投资成本增加,合理的投资周期能取得最优的成本控制。一般而言,进度成本的控制,可从以下几点入手:首先,检查投资进度情况,对应投资计划的要求,检查特定时间点上投资任务的完成情况,找出影响当前进度的主要工序内容;其次,分析造成进度延误的工序对整个投资行动的影响程度及由此而产生的投资损失费用,对此工期保证措施涉及的投资行动预防措施费用与投资行动损失费用进行对比,得出二者的关系;最后,对投资计划进行调整,将损失的投资行动转移到以后工序中去,避免总投资行动的拖延。

(三) 投资变更控制

文化版权投资变更一般由投资的设计变更而发生,但进度计划变更、投资条件变更等也会引起投资的变更。版权投资变更的内容一般包括了以下几个方面:设计规范修改引起的投资行动变更;技术交底会上的投资变更;投资过程中遇到需要处理的问题引起的投资行动变更;发包人提出的投资变更;承包人提出的投资变更。

版权投资变更会增加或减少投资任务量,引起投资实施价格的变化,影响投资行动的顺利开展或质量,并造成不必要的损失,因而进行多方面严格控制时可遵循以下原则:不提高投资目标、不影响投资进度、不扩大投资范围、建立投资变更的相关制度、要有严格的程序、明确合同责任。

三、文化版权投资控制方法

(一)偏差控制法

所谓偏差控制法,是管理领域计划纠偏的一种方法,其基本的原理是基于计划与实际的偏差情况,找出偏差原因及偏差趋势,并针对实施纠偏措施。基于文化版权投资控制的实践工作,投资偏差主要是指投资策划阶段拟定的计划目标与实际投资达成效果的差异,同时,文化版权投资策划方向及具体策略也是版权投资实施中需要重点关注的问题,是否存在偏差对于版权投资的成功与否更是发挥着至关重要的作用。因此,做好版权投资的偏差管理,是版权投资控制工作的重要一环。一般而言,版权投资控制的最终目的是尽量减少目标偏差,偏差越小,则投资控制效果越好,也意味着版权投资的收益越大。具体来看,版权投资控制的主要步骤如下:

1. 找出偏差

在具体投资过程中,不断地寻找和计算两种偏差,并以目标偏差为对象进行控制。寻找偏差可用投资对比方法进行。通过不断记录投资实际发生的投资费用,然后将其与计划投资进行对比,从而发现目标偏差。但必须保证实际投资始终围绕计划投资波动,其差值才是有效的投资偏差。高于计划投资时,就意味着超支;低于计划投资时,就意味着盈利。

2. 分析原因

我们进行投资计划时,分析了人工费、材料费、间接费、质量投资和工期投资在不同时间段的具体表现,在进行投资控制时,必须分析计划值与实际值的偏差,找出具体是哪种费用引起了投资价值的变化,以便寻找具体对策。

(二)综合控制法

版权投资贯穿于项目建设全过程,投资实施的影响因素较多,为实现版权投资的有效投资,引入综合控制方法对版权投资的整体发展及危险预警等工作有着至关重要的作用。综合控制法意在通过梳理几大主要控制方向来实现对版权投资行为重要环节的控制管理、可能存在风险的及时干预。综合控制法主要包括以下几个方面:

一是组织措施。第一,进一步优化版权投资团队人员结构,尤其加强信息领域及投资领域等专业人才队伍的建设,法律、管理等领域人才同样可以在版权资产管理、版权保护等工作发挥重要作用,该类人才同样不可忽视;第二,明确管理职能分工,加强日常工作管理,并制定相应的奖惩机制进行工作约束;第三,编制投资控制计划和工作流程图。

二是经济措施。第一,采用市场竞标综合单价编制资金使用计划,确定、分解控制目标;第二,动态比较投资的计划值和实际值,在施工过程中进行投资跟踪控制。

三是技术措施。技术层面的介入对于版权投资控制工作意义重大,如技术手段的运用能够优化版权资源管理、加快信息资源体系构建、推动版权传播推广及强化版权维权力度,同时,技术的革新及介入也是提高版权管理绩效及降低人力成本的重要依托手段。所以,应加快推动版权投资应用设施布局建设,创新信息化智慧系统建设,以先进技术手段运用进一步赋能版权投资实践工作。

四、文化版权投资控制流程

文化版权投资控制一般包括比较、分析、预测、纠偏、检查五个步骤,而比较、分析和预测是基于控制基准对于投资现状进行的投资现状关照,投资控制的步骤可大体上分为投资现状的比对、实施偏差控制以及投资控制检查三大阶段。

(一) 投资现状比对

项目投资控制的对比分析主要包含三点内容:一是投资内容的现状对比,在进行现状比对之前,应针对不同控制对象,制定相应的控制基准,在控制基准明确的基础上,按照某种特定的方式将投资计划值与实际值逐项进行比较;二是结果分析,在对比的基础上,找出投资的偏差点及其背后原因,进行逐条罗列和优先级排序;三是进行结果预测,根据分析结果,预测可能发生的各种影响因素,并对后续工作开展进行有效指导。

(二) 实行变更调整

1. 优化版权投资流程

(1) 重新摸排资源现状。对于下阶段版权投资的投资调整,需要以资源发力,如资金状况如何,成本效益构成如何,优质版权资源分布如何,若需要实现进一步的投资发展,需要弥补哪些资源缺口,需要弥补多大的资源缺口,这些问题都是在投资变更调整中需要重点关注及优化的。尤其是影响前一轮投资工作的短板环节,要进行适度的资源倾斜配置。

(2) 优化调整投资计划。在摸清基本底数之后,则需要进入到投资计划的优化调整阶段,在此阶段中,应结合前一轮投资经验及所获信息,来进一步丰富当前投资计划,做好信息的筛选与剔除,做好计划指标的调整与替换,调整的尺度和替换的标准则主要来源于投资负责人的判断和现实情况的投资偏差情况。此外,在此阶段仍要注意投资新情况、新趋势的总结与预测,并加以提炼,形成标准化方案,作为下一轮投资计划制定的重要参考。

(3) 加强投资流程监管。在投资执行过程中,投资者应加强投资管理制度建设,确保投资执行过程规范化、有序化,若发现相关偏差情况,应首先开展相应工作的应对措施。同时,要处理好顶层设计与实际探索之间的关系,如针对投资执行的具体情况,应优先开展相对重要、紧急的事项,而不应完全拘泥于计划的安排。

（4）持续做好投资控制。投资过程控制的核心原则在于常态开展、真实有效，投资方按照定期排查的方式对风险事项进行反馈和更新，对实施、运营中的投资项目进行跟踪分析，针对外部环境和项目本身情况变化，及时进行再决策，以保证执行项目过程的风险可控。

2. 降低版权投资风险

（1）把握政策导向。中共中央、国务院印发《知识产权强国建设纲要（2021—2035年）》，是以习近平同志为核心的党中央面向知识产权事业未来十五年发展作出的重大决策部署，为新时期做好版权工作提供历史机遇、指明前进方向。随着政策环境的逐步明朗及信息化技术的不断发展，大版权时代即将到来。文化版权领域投资要紧跟政策导向，投资规划、投资计划、投资项目不得违反有关法律法规和国家宏观政策以及产业政策，优先投资政府支持发展的文化版权领域，通过借力顶层设计来实现资本的集聚。

（2）加强文化版权保护。首先，通过自主学习、对外交流等方式积极引导投资者自身及团队人员树立版权意识，尤其是注重版权投资实施过程中无意识的侵权现象出现。其次，加强重点版权的登记工作，以此确定维权的权属证据。再次，不断提高自身信息化防侵害技术能力，在信息端口拦截、信息使用隐私保护等方面加大投资力度，尤其是加强实时监测及阻断的信息化攻坚能力，进而不断提高信息化保障能力。最后，投资者要加强司法救济，对相关违规侵权行为应开展自主维权诉讼，或者采取风险代理诉讼等方式进行维权。此外，我们也可通过行业渠道的方式，凝聚行业力量，形成行业共识，继而打击违规行为。

（3）创新文化版权投资发展策略。首先，面临投资危机，投资方仍应回归初心，回归到版权投资的阶段化目标中去，做好版权内容开发、资产管理等工作，做好问题的排查工作。其次，结合作品特征、受众分析、载体评价等多方因素，兼顾不同年龄层、不同职业背景、不同教育背景的人群需要，探索式地推进文化版权投资工作，打造更为稳固的受众群体。最后，创新文化版权品宣发展，通过品牌化运营等方式优化IP运营管理，要避免IP过度开发，杜绝急功近利、粗制滥造现象，严防盲目消耗品牌价值。

（三）明确控制结果

投资者在决定进行投资时要结合自身的情况和风险负担能力，应选择合适的投资时机，调整对市场的预期，及时做出规避风险的决策。

1. 投资追加

对于现有投资环境良好，投资项目市场前景广阔，融资公司积累了融资、技术、监管、品牌、团队等优势资源，在区域或者细分市场的格局中具备一定的实力，且公司经营状况达到投资预期的情况下，公司应该考虑追加投资，并利用资本的影响力和带动力扩展投资"生态圈"。新的投资机会涌现，特别是"互联网＋"和泛娱乐时代到来，数字IP、潮玩等新的投资场景不断涌现，公司应该考虑追加投资。以融创文化为例，投资方可适时探索"IP＋内容＋新消费＋新场景"版权投资路径，创新探索"融创影视""融创动画"等内容厂牌，力争实现全品类、全年龄段、全产业链IP打造，不断拓展IP产业价值。

2. 投资转变

区别于投资追加,文化版权投资在具体的实施过程中,会因时机的转变而导致投资重心的偏离,引起投资方向的转变。具体来看,文化版权投资方向的转变可以是版权内容的调整更换、目标群体范围的变化,也可以是虚拟业务与实体业务转变。一般可根据社会环境、价值观念、消费习惯等发展趋势变化来明确投资转变的主要参考方向,即投资那些即将形成规模效益或流量市场的版权内容。例如,"沉浸式"消费观念的火爆,促使许多版权投资者转变投资观念,进而转变投资业务和具体服务业务方向,更有甚者直接将"沉浸式"观念融入消费场景中,因时因地实现投资转变。如河南印象系列,其多重场景"沉浸式体验"成了"印象系列"文创版权产品得以成功的助力之一。

3. 投资退出

对于投资主体而言,如果投资实施各项指标与计划阶段存在较大偏差,如变现效果不达预期、市场口碑不佳、用户规模小众等,且无法控制时,这意味着自身投资方向是错误的,投资运营也是失利的,或者意味着该投资不再具备投资价值,那么此时投资者应审慎考虑是否需要采取投资退出。

延伸阅读

序号	阅读主题	阅读文献
1	版权投资机制研究	陈清华.中国文化产业投资机制创新研究[D].南京:南京航空航天大学,2009.
2	版权保护	孙凤毅.我国政府文化投资行为的转变路径研究[J].学术论坛,2014,37(6):105-109.
3	版权运营实践	赵玉林.创新经济学[M].北京:中国经济出版社,2006.
4	数字版权发展	王喜军.论我国数字版权的困境、根源及出路:基于知识产权文化视角的分析[J].编辑之友,2012(11):91-93.

第六章　文化版权投资的评估

本章要点

版权投资评估是通过准确识别投资行为与投资环境信息,提供版权投资活动的技术分析结论和投资战略提示,为投资主体提供决策支持信息,它是投资方向选择、方案制定、计划执行、投资调整的基础和前提。

文化版权投资评估与文化股权投资评估和文化物权投资评估明显不同,其实质在于促进文化版权培育、版权创造、版权转化,以及版权价值的实现、延伸和重构。

文化版权投资评估的价值在于,分析机会优劣,保证在不断变化的环境中,版权投资活动与版权投资战略目标始终保持动态一致;预测经济社会效益,引导发展资源投入版权投资创新、创造和转化活动;研判投资风险,提高版权投资活动的成功率,减少版权投资失误和风险成本;总结经验教训,沉淀规范模式,提升版权投资主体的综合能力与核心竞争力优势。

按照不同划分标准,可将文化版权投资评估分为多种类型。按评估时点可以分为事前评估、事中评估和事后评估;按时间尺度可以分为短期投资评估和长期投资评估;按照评估内容不同可将其分为可行性评估、财务效益评估、项目风险评估等。版权投资评估的标准不仅关乎投资主体的利益,更关乎社会整体利益,既要包括投资活动经济效益的技术指标,又要包括社会效益的主流价值指标。

第一节　文化版权投资评估概述

一、文化版权投资评估内涵

随着社会主义经济迅猛发展,版权意识深入人心,文化版权项目投资日益增多,文化版权投资评估作为文化版权投资项目落地执行的关键环节,深刻影响文化产业发展。文化版权投资评估是在可行性研究基础上,从整体出发对文化版权投资的计划、组织、管理、实施等进行全面的技术经济论证和评价,确定文化版权投资的未来发展前景,动态评估投资实施过程,复盘总结项目投资效果等。

立足于文化版权投资评估概念及目的,从事前、事中、事后三个方面对文化版权投资进行评估,根据评估阶段差异,分别确定投资评估内容。在事前评估中,针对文化版权行业战略布局、产业规模、竞争环境、商业模式及投资企业相关情况等内容进行分析,依托现有评估模型预测文化版权的价值。在事中评估中,重点评估投资的阶段目标、进展状况、实施绩效、是否变更投资、是否变更实施等内容。在事后评估中,全面评估文化版权投资的运营管理过程、目标实现情况、经济效益、社会影响、可持续发展能力等(图6-1)。

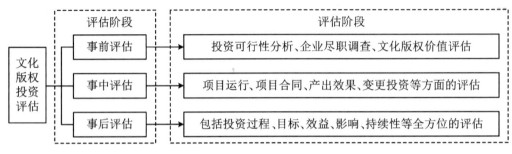

图6-1 文化版权投资评估内容

二、文化版权投资评估现状

目前,我国版权投融资的常见模式包括版权许可与版权转让、版权质押贷款及版权证券化融资,其中版权质押模式极大地促进版权投资评估的发展。1996年9月23日,国家版权局发布实施《著作权质押合同登记方法》,开启了质押版权的新篇章。同年,北京版权评估委员会成立,旨在为版权交易和质押融资提供专业评估的第三方平台。2009年,国务院颁布的《国家知识产权战略纲要》中指出,引导企业采用知识产权转让、许可、质押等方式实现知识产权的价值。近年来,质押融资方式成为文化企业解决投融资问题的良好方式。2020年,全国专利、商标质押融资总额达到2180亿元。基于版权投融资强劲的发展势头,2021年中共中央、国务院印发的《知识产权强国建设纲要(2021—2035年)》中明确提出:"健全版权交易和服务平台,加强作品资产评估、登记认证、质押融资等服务",为文化版权投资评估体系的建立健全奠定坚实基础。

版权产业的内容生态、商业生态、行业生态不断优化,极大增强了保险、风投、银行对版权及文化产业的发展信心。然而我国版权行业发展仍不成熟,融资难度较大,问题根源在于两个方面:一是文化版权难以评估,二是文化版权评估难。

版权难评估在于评估主体较为复杂。文化版权具备无形资产的特征和属性,区别于有形资产,其"看不见,摸不着"及较强隐形性,使得版权投资难度较大。另一方面,文化版权涉及多个行业,表现形式差异较大,固定的评估标准、指标及方法等无法与所有文化版权适配。

文化版权评估难在于:一是影响文化版权投资评估的因素众多,涵盖市场、文化、法律环境、社会及版权自身等,其中自身因素又涉及多方面。二是版权评估体系尚未有效构建,文化版权虽有较高价值,但不能以实物形态呈现,保值能力受外界的影响较大,社会影响力、经济效益等均无法准确预估,因此,在一定程度上文化版权投资属于"高风险"投资行为。三是企业在申请银行贷款时,银行需要聘请专家进行评估、遵循严格的程序,但目前国内市场上专业权威的文化版权投资评估机构较为匮乏,且在评估方法、标准、程序等尚未统一确定的前提下,相关机构出具的评估结果在金融机构的认可度不高,此外,文化版权特殊性使得其多以被"打包"的形式进行质押,独立向金融机构申请贷款的难度较大。

三、文化版权投资评估影响因素

(一) 外部因素

1. 法律因素

在版权投资评估过程中,对于法律因素的考量主要有三个维度:一是文化版权的相关法律状况,二是包括文化版权在内的著作权的法治环境,三是文化版权的剩余法定保护年限。文化版权相关法律法规越完备健全,版权权利人使用其财产权利的空间也愈大,社会公众对于文化版权的认识就越深,文化版权往往会得到更科学的评估,价值也会较高。版权监管因素也会影响投资评估结果,监管力度大小直接决定文化版权投资的外部风险水平,监管强度低将会导致文化版权价值实现不充分,甚至突然中断。基于剩余法定保护年限视角,法律对于不同的文化产品给予不同的权利,著作权法规定著作财产权以及应当由著作权人享有的其他权利的保护期为 50 年,文化版权作为著作权的一种,具有更新速度快的特点,故其法律保护期一般为 25 至 50 年。[①]

2. 社会因素

健康的法律环境有助于文化版权投资的科学评估,而相关政策指导以及社会意识的提升对于文化版权投资评估也具有非常大的意义。近年来,国家以建设版权强国为中心目标,版权社会服务能力明显提高,版权宣传教育持续深入开展,尊重版权的社会风尚更加浓厚,版权营商环境明显优化,版权保护社会满意度保持较高水平,良好的社会环境及氛围为版权价值实现奠定良好的基础。

3. 市场因素

文化版权投资评估受到市场供求关系及市场传播渠道的影响。在供求关系中,市场需求量显著影响文化版权投资评估,市场需求量越大,版权价值越高,版权交易投资的概率就越大。市场上同类替代产品会影响版权价值的评估,同类替代产品的出现会争夺市场份额,在一定程度上降低了市场需求,此外其他类型的文化版权热度提高,会改变市场流行趋势,从而对文化版权的价值造成影响。[②] 在文化版权的市场传播路径方

---

① 蔡尚伟,钟勤. 论文化产业发展中的版权评估问题[J]. 西南民族大学学报(人文社会科学版),2012,33(1):139-143.
② 高志英,王淑珍. 文化创意产业知识产权评估相关问题的研究[J]. 中国资产评估,2009(5):34-36.

面,不同类型的文化版权其发行路径不同,其收益方式也会有较大差距,传播途径越多,往往其后期产生的收益越多,评估结果越好,投资可能性越大。如摄影作品在线上展览和在线下场馆展览的传播效果、价值和收益有所区别,文学专著等相比较于美术作品,其通过广播、图书等方式传播的效果更好,价值更高,电影版权发行的窗口越多,其版权消费量及收益将会大大提升。

(二)版权自身因素

1. 文化属性

文化版权的文化属性是其核心所在,也是进行文化版权投资评估中首先需要考虑的因素。在文化版权投资评估中,文化属性符合社会主义核心价值观是进入市场的前提条件,在此基础上,文化底蕴越深厚的版权产品,其投资、开发、传播的价值就越高,获得投融资的概率就越大。而在衡量文化版权的文化属性时,可具体查看其是否获得过荣誉以及荣誉等级,如版权作品是否为人类非遗、国家级非遗、省级非遗等,荣誉等级越高,其价值越高,版权投资评估结果越好,后续交易及传播更加顺利。除通过查看是否获得相关荣誉外,我们还可以通过查看文化版权品相外观、完整度、效用度、传承性等,全方位衡量文化版权投资价值。

2. 类别属性

文化版权包含的类别较多,其相关的创作者、使用状态、登记情况、传播方式、收益方式等各有不同,不同类别的文化版权投资评估均有差异。通过对文化版权投资相关研究进行分析,梳理部分文化版权投资的影响因素,具体内容见表6-1。

表6-1 不同文化版权投资类型的影响因素

文化版权类型	文化版权名称	影 响 因 素
文学作品	网络文学版权	作品类型、题材、内容、作者、文化价值、网络阅读平台引流水平、内容平台核心算法、网络文学平台规则和资源分配等[1]
电影作品和以类似摄制电影的方法创作的作品	电影版权	导演的能力与地位、电影公司的实力、发行类别、演员知名度和号召力、续集、技术支撑、作品改编、作品题材等[2]
	电视剧版权	是否为小说、游戏、漫画改编成的影视剧、电视剧评分、播出频道、题材、主创阵容等[3]
	在线视频版权	内容载体(如电视剧、电影、动漫、综艺、体育等)、版权授权方式、版权期限[4]

---

[1] 王舒敏. 网络文学改编电影版权价值评估研究[D]. 南昌:江西财经大学,2021.
[2] 高慧敏. 基于B-S模型的电影版权价值评估研究[D]. 昆明:云南财经大学,2021.
[3] 李方丽,范宏达. 收益法在电视剧版权价值评估中的应用[J]. 中国广播电视学刊,2019(3):84-87
[4] 杨景海. 互联网在线视频版权价值评估方法探讨[J]. 现代商贸工业,2019,40(30):154-156.

文化版权类型	文化版权名称	影响因素
音乐作品	音乐版权	创作者的知名度、不同的音乐类型、创作投入、潜在听众、寿命周期方面、艺术水平、传播影响力、所属音乐平台①
美术与建筑作品	线上美术作品版权	美术作品的种类(包括绘画材料、表现形式、个人风格)、作品发表形式、个人作品偏好②
计算机软件	游戏版权	游戏产品吸引力因素(包括游戏类型/题材、游戏设计、游戏创作者影响力)、平台因素、监管因素、衍生转化因素(包括衍生产品类型、变现模式、产品能力)、衍生权利因素、衍生用户因素③

3. 认可度水平

(1) 政府认可程度。最简单的评估方式是通过查看社会主流媒体对于文化版权的关注程度及评价,判断文化版权的政府认可程度。具体而言,若以《人民日报》、新华社、中央电视台、中央人民广播电台、《经济日报》为代表的中央级新闻媒体对文化版权作品抱以肯定态度,说明该版权符合社会主流价值观,是受政府认可的。

(2) 市场认可程度。即是否符合社会大众的文化需求及偏好,具体可通过查看平台接纳文化版权的标准,来判断文化版权在市场上受欢迎程度。例如,2022年6月20日网易云音乐宣布获得时代峰峻旗下TFBOYS、时代少年团、TF家族等艺人作品版权,当日微博话题"时代峰峻版权回归网易云"阅读量达8779万,可见时代峰峻旗下的相关版权广受平台欢迎,市场热度较高。

(3) 学术认可程度。学术认可程度可通过查看文化版权作品是否获得专业奖项进行判断。目前,我国版权领域唯一的国际奖项是由世界知识产权组织和国家版权局共同主办的"中国版权金奖",该奖项是对在版权创作、推广、运用、保护和管理中做出突出贡献的个人和组织进行表彰和奖励,具体包括"作品奖""推广运用奖""保护奖"和"管理奖"四大奖项。此外,与文化版权作品相关的奖项也可以作为评估学术认可度的标准,如金鸡奖等专业电影奖项、诺贝尔文学奖等文学作品奖项、中国美术金彩奖等美术类奖项、戏剧文学奖等专业戏剧奖项等。

四、文化版权评估方法模型

(一) 评估方法

随着学界对文化版权研究的不断深入,成本法、期权定价法、层次分析法、结构方程

---

① 中都国脉.影响音乐版权价值评估的因素[EB/OL].[2020-7-22]. https://new.qq.com/rain/a/20200722A0OOGH00.
② 赵安然.线上美术作品版权价值评估市场法探析[J].商讯,2020(31):149-150.
③ 杨明轶.网络游戏版权价值评估研究及其应用[D].武汉:中南财经政法大学,2019.

模型、经验分析法、类比分析法、清算法、收益法等在文化版权价值评估领域的应用逐渐增多。综合来看,成本法、收益法、市场法更为简单、适用、有效,在我国文化版权价值评估应用中最为普遍。

1. 成本法

(1) 成本法概念。成本法是从成本构成的角度,通过核算资产购置过程中必要合理的成本和费用来确定资产价值的基本方法[①]。成本法以版权回购成本为基础,扣除估价评估基准日已经发生或可能导致著作权价值下降的因素。它不仅应用于版权资产,同时还可对其他无形资产进行评估。

(2) 成本法应用前提。被评价的版权项目仍然可行;被评价的版权项目预期未来现金流入支持其重建;历史数据全面准确,可用于计量成本;被评价版权项目具有可复制性和可更新性。

(3) 成本法的优势。成本法的基本思想是以回购成本为基础,确定文化版权的经济价值。该方法对于文化版权交易市场、交易制度等的依赖性较小。基于我国文化版权关联交易市场不完善、交易制度不健全的发展背景,很多文化版权的未来收益很难预测和衡量,精准找到相似文化版权投资案例进行类比估算也比较困难,而成本法评估文化版权投资可以有效避免以上问题。故成本法在我国的文化版权投资评估实务实践中应用场景较为广阔,具有较强的生命力。

(4) 成本法的局限。版权成本仅仅是版权价值的组成部分,版权作为一种无形财产权,是通过作品所产生的精神产品而存在的。在作品传播过程中,版权的载体形式发生改变时,版权也随之发生变化。版权的专有性和独占性使其难以依赖现价,评价者的评价具有很强的主观性,版权在创作过程中很大程度上依赖作者的灵感和才华,创作过程也具有独特性。因此,成本法在现行的文化版权价值评估方面具有一定的局限性。

(5) 应用成本法的注意事项。文化版权投资评估中,使用成本法时应该注意将形成版权作品的全部投入纳入考虑中,合理分析衡量文化版权的重置成本,包括合理的成本、利润、相关税费、未来增值及贬值情况。

2. 收益法

(1) 收益法的概念。收益法的评估方法就是合理评估对象未来每一阶段的预期收益,并且将预期收益折算成现值,最后进行累加,作为评估结果。[②] 在收益法的评估中,需要重点注意三个方面,一是预期收益额,二是折现率,三是合理确定受益年限。计算公式[③]为

$$P = \sum_{i=1}^{n} \frac{P_t}{(1+r)^t}$$

式中:P 为评估值;P_t 为未来第 t 个收益期的预期收益;n 为收益期;r 为折现率。

---

① 赵安然. 浅析有声读物版权价值评估应用[J]. 现代营销(经营版),2020(10):132-133.
② 徐墨清. 基于实物期权模型的电影版权价值评估研究[D]. 徐州:中国矿业大学,2019.
③ 杨景海. 互联网在线视频版权价值评估方法探讨[J]. 现代商贸工业,2019,40(30):154-156.

（2）收益法的应用前提。拥有该资产将来的利益必须能以货币来度量；用反映出实现该预计之利益所伴随的风险度的折现率，把用货币表示的将来利益折算成当前的价值。应该注意的是，应用收益法对文化版权投资进行评估时，需要保证文化版权投资后可以持续获取收益，若文化版权投资不以营利为目的、收益较少或者收益不稳定，均无法使用此方法进行评估。

（3）收益法的优势。收益法的出发点是资产的价值由所产生的效益大小决定，不考虑成本。根据版权特点，部分版权作品重新创作的可能性较小，其重置成本比较难以取得，以成本为导向评估价值较为困难，而收益法不考虑重置成本的优势突出；收益法需要参照类似版权交易价格，目前市场上大部分版权作品是有类似或者相关参照物的，故使用收益法对文化版权评估是有科学依据的；收益法最重要的优势在于将版权作品未来发展纳入考量中，预估在版权投资使用后其可能产生的经济收益情况，比较符合市场发展规律，比较适用于评估文化版权投资。

（4）收益法的局限性。文化版权所有企业的管理水平影响着文化版权收益现值法的评价结果，若文化版权所有企业管理得不好，其文化版权资产也会受到影响。收益法的现值最初将确定收益现值的参数，但随着时间的推移，环境会发生变化，有关参数也会发生变化，在收入流入期间忽视时间环境变化等参数的影响，只使用固定参数将影响数据的准确性。目前，国内文化版权市场不够成熟，文化版权资产不像一般商品在市场流通和普及，利用收益法进行文化版权投资评估时，新兴的版权作品难以在市场上寻找到相同或者类似的资产作为收益金额数额或者其他参数的参照物，在对未来收益合理估计时，对估价师的经验或技能要求很高，以确保估价尽可能准确，而有些单位可能无法满足条件。

（5）应用收益法的注意事项。在评估文化版权投资时，一是要注意选择类似及雷同的文化版权作为参考，并将实施投资的企业经营状况和经营能力纳入评估范围，结合市场发展趋势，前瞻性地做好文化版权的预期收益，提高准确性；二是要注意准确确定文化版权带来的收益，避免与其他文化版权或者资产产生的收益混淆，影响评估结果的准确性；三是要注意将文化版权投资的预期收益与折现率口径保持一致；四是估算折现率时要考虑文化版权投资实施过程中的货币时间价值因素和风险因素；五是要评估文化版权的剩余经济寿命等，从而确定文化版权投资的收益期限。

3. 市场法

（1）市场法的定义。市场法是以替代原则为基础的，比较和类比是市场规律的基本思想。具体而言，市场法就是使用与评估资产具有相同或类似效用的资产，并根据最近交易的资产的市场价格或根据可比较因素进行调整。①

（2）市场法的应用前提。交易市场建设得更加完善，相关规章制度更加健全，市场更加开放性透明；交易市场具有一定规模，有稳定可靠的投资者群体；公开市场交易具有可比的关联孪生资产。

---

① 金慧.基于市场法的电影版权价值评估研究[D].南京：东南大学，2017.

(3) 市场法的优势。市场法是目前我国传统的文化版权价值评估方法中较客观的方法之一。发达的市场经济体较广泛采用以市场行情为基础的评估资产价值的方法，因为它更能为交易双方所接受。

(4) 市场法的局限性。我国版权行业还处于起步阶段，版权交易市场、设施和制度还需完善。版权交易是一项涉及多方利益主体参与的复杂活动，其自身固有的特殊性决定了对该项业务进行估值时必然会受到多方面因素影响，从而形成不同的价格区间。版权的排他性和独占性使得版权项目难以在市场上自由流通，更难以获得数据，导致评估价值与其真实价值之间存在较大差距。

(5) 应用市场法的注意事项。应用市场法进行文化版权评估时，需要建立在该版权所在的市场环境较为活跃、行业发展良好的基础之上；在选择参考案例时，注意选择相似的、具有比较基础的文化版权；重视收集文化版权的相关信息，将评估对象与参照的案例版权进行比对，科学评估。

(二) 评估模型

1. 实物期权定价模式

(1) 模型概述。1997 年，麻省理工学院教授施特劳斯·迈尔斯首次提出实物期权概念，实物期权模型是可以用数学语言表示为一个关于标的资产价格变动的函数关系，其定价公式就是实物期权价值计算公式。将实物期权定价模式应用于文化版权投资评估中，可对文化版权的现实价值、潜在风险及预期收益进行综合分析，对文化版权投资项目的整体价值进行更全面、更科学的评估。

(2) 评估适用性。将实物期权定价模式应用到文化版权投资评估的过程中，适用性比较强。以文化版权中的电影版权为例，市场上多将票房收益的净现值作为版权投资评估的唯一方面，忽视文化版权后续运营产生的经济利益，如电影衍生的 IP 产品或者拍摄续集可能带来的收益，这些都属于电影版权价值的期权价值。在电影版权投资评估时，需对电影版权的使用价值及期权价值做全面评估，即电影版权价值＝电影版权的使用价值＋电影版权的期权价值。现实中，只有电影票房收入可观时，版权方才会考虑后续版权衍生产品开发及后续项目实施，电影版权后续价值的开发和实现也需要以前期版权投资效果来决定。

2. 布莱克-肖尔斯期权定价模型

(1) 模型概述。布莱克-肖尔斯期权定价模型，即 B-S 模型，是由美国教授费希尔·布莱克(Fischer Black)和迈伦·肖尔斯(Myron Scholes)在 20 世纪 70 年代提出的一种在连续状态下的期权定价计算方程[①]，该模型中，将股票价格行为服从对数正态分布、期权有效期内无风险利率和金融资产收益变量是恒定的、市场无摩擦、期权属于欧式期权、不存在无风险套利机会、证券交易是持续的等作为重点假设。

---

① Black F, Scholes M. The pricing of options and corporate liabilities[J]. Journal of Political Economy, 1973, 81(3): 637-654.

（2）评估适用性。文化版权项目开发有阶段性的特征，投资者可根据前一段投资成果好坏，选择是否进入下一阶段的投资。文化版权项目投资可以获得无封顶的报酬，而承担的成本是有限的，说明文化版权投资存在报酬无限性和风险有限性的特征。此外，文化版权资产易受到多重因素影响，其价值具有高度不确定性和高度波动性。文化版权投资的这些特征与 B-S 模型的应用条件相吻合，采用 B-S 模型对文化版权投资进行评估可以实现。

3. 品牌信用指数评估模型

（1）模型概述。品牌信用指数模型即为 TBCI 模型（Trademark's Brand Credit Index，以下简称 TBCI）[①]，该模型从市场用户的角度出发，认为高品牌信用度与用户的选择成本成反比，用户在选择、购买时对某一类产品的忠诚度及回购率越高，该产品的商标品牌溢价和投资价值就越高，投资及再投资的可能性越大，选择成本及品牌信用度的关系如下公式所示：

$$C_c = \frac{1-B_c}{B_c}$$

其中：C_c 为选择成本，B_c 为品牌信用度。

用 TBCI 衡量商标的品牌信用度 B_c 时，确定 10 个品牌信用度指标，具体包括目标顾客的精确性、利益承诺的单一性、单一利益的对立性、品牌建设的岗位性、单一利益的持久性、终端建设的稳定性、品类需求的敏感性、注册商标的单义性、媒体传播的公信性、质量信息的透明性，通过将这些指标分解为更细化的标准，以打分的方式累计各项指标总分，具体计算公式如下：

$$TBCI = \frac{(1+B_{10})\sum_{i=1}^{9}B_i}{9}$$

通过该公式计算出商标的品牌信用等级，对照商标品牌信用等级表，判定其信用程度。TBCI 值越大，投资价值就越高，投资的可能性也愈大。

（2）模型适用性。文化版权投资市场发展变化速度非常快，新兴的文化版权产品很难参照市场上现有的项目产品进行评估。TBCI 模型是一个相对量化的评估系统，将重点放置于评估标的的市场表现上，并强调目标顾客的重要性，其将各项指标量化，评估的结果可以较好的贴合现实情况，若进一步结合财务报表等相关材料，评估的科学、准确性将进一步提升。[②] 从产品终端来评估产品表现，很适合无形资产的评估，与文化版权投资评估有很高的契合性。

4. 股票价值折现分析模型

（1）模型概述。股票价值折现分析模型，即 DEVA 模型（下文简称 DEVA 模型），由玛丽·米克尔（Mary Meeker）于 1995 年在《互联网报告》中首次提出。在互联网行业快速发展的背景下，为了衡量互联网企业价值，玛丽·米克尔提出了 DEVA 模型，该模型

[①] 夏露露. 基于 TBCI 的影视版权质押研究[D]. 济南：山东大学，2019.
[②] 蒋昊原. 基于 TBCI 模型的游戏投资价值评估[D]. 济南：山东大学，2018.

首次将梅特卡夫定律应用于互联网企业估值,其数学表达式如下:
$$V = M \times C^2$$
式中,V 表示评估对象的价值,M 表示评估对象投入的初始投资金额,C 表示后期的用户资源价值。在此模型中,不仅强调了企业前期投入的重要性,还创新性地引入了用户资源价值,有效迎合互联网时代用户至上的思维,对于互联网企业、线上文化版权的评估具有突出的意义。

(2)模型适用性。DEVA评估模型将用户资源视为最重要的资源,这对将用户价值作为产品价值驱动因素的线上文化版权产品,如游戏版权、在线视频版权、网络文学版权及版权平台等,具有较强的参考意义。以游戏版权评估为例,可以通过参考未来用户价值贡献,评估游戏版权现值。具体可通过将文化版权资产所带来的现金流量与经营成本均摊到每位用户的方式,从而计算个体用户的价值贡献,量化用户群体之间互动带来的额外价值,从而完成游戏版权整体价值的评估。

五、文化版权投资评估原则及流程

(一)评估原则

文化版权投资评估应坚持独立性、客观性、科学性等原则。强调"目标导向、问题导向、效果导向、任务导向"四位一体有机统一,注重定性定量结合,"点、线、面"相辅相成,采用统计数据和问卷调查方式提供实证数据,通过实地调研挖掘案例,集成专家学者的经验和智慧,找准具有全局性的共性问题,深入分析原因,为未来切实做好文化版权投资评估工作提出对策建议。

1. 独立性原则

文化版权投资评估的独立性原则主要表现在两个方面:一是在于评估机构需要相关的评估资质,能够独立完成评估工作,同时可以承担与其相关的民事责任;二是在于评估工作必须以第三方视角,评估结果不能受到版权所属企业及版权投资企业的干扰,保持中立的态度。这就要求评估机构不能为版权所属企业及版权投资企业所有,以免与其中一方产生利益联系,影响评估结果的科学性和准确性。

2. 客观性原则

文化版权评估的客观性原则,要求评估机构、小组及成员实事求是,所有结论结果均建立在客观事实的基础上。这就要求在评估过程中,评估小组需要全程保持公平、公正的态度,收集相关材料和数据,支撑评估结论,在预测相关数据时,需要以市场、社会、环境的发展现状和趋势为基础,确保评估报告的准确性。

3. 科学性原则

科学性原则是指选择适用的价值类型,即用资产评估基本原理指导操作,既符合国家规范,又符合国际惯例。文化版权评估小组需要制定科学合理的评估方案,指导评估工作顺利展开。在评估方法的运用上,结合线上搜集与线下调研、定量分析与定性分析、动态分析与静态分析的方法,让评估结果更加准确合理、贴合实际情况。

(二)文化版权投资评估流程

围绕文化版权投资评估,立足事前、事中、事后等三个阶段,对投资各阶段评估的一般流程进行梳理,具体如图 6-2 所示。

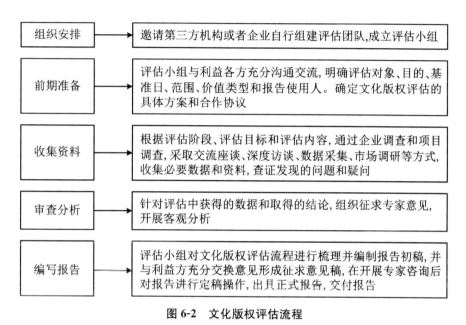

图 6-2　文化版权评估流程

第二节　文化版权投资事前评估

文化版权投资事前评估是在直接投资活动前,对版权投资的结构、功能、环境匹配性、可操作性、可持续性进行系统研判的活动。在投资可行性分析的基础上,我们对投资企业、文化版权价值、投资产出效益进行评估,力求将与文化版权投资执行有关的数据资料和实况真实、完整地汇集、呈现于决策者面前,为投资项目的执行和全面检查奠定基础。

基于事前评估的定义与目标,其评估过程与结果具备咨询性、公正性、现实性、预测性的特点。咨询性在于评估结果作为是否进行后续投资的主要依据,但值得注意的是,评估结果本身并没有强制执行的效力,它仅为投资方提供意见参考。公正性在于评估小组作为第三方,不偏袒文化版权所有者及投资方的任何一方,对文化版权投资评估结果负责。真实性在于评估将选择某一时间点作为基准日,全部数据及资料截至此时间点,根据此时间点的实际情况,分析得出事前评估结果。预测性则是指对文化版权投资潜能、未来发展情况进行预测,为现在的投资决策提供参考。事前评估内容有投资可行性分析、投资主体尽职调查、文化版权价值评估和投入产出效益评估。

一、投资可行性分析

围绕文化版权投资,做好行业战略布局、产业规模、竞争对手及商业模式分析,对于文化版权投资的行业发展战略重点、产业发展空间、竞争对手及文化版权项目的盈利方式有清晰的认识。

(一) 行业战略布局评估

战略布局是指基于当前经济政策环境及未来趋势,趋向性地规划布置未来产业结构、业务模块、人才储备及商业模式等,目的是保证实现既定环境和既定条件下的持续、稳定发展。在文化版权投资之前,立足消费升级、数字网络与结构变迁等背景,洞察文化版权发展内外环境,掌握国家层面的政策动向,预判文化版权产业未来发展趋势,从环境、效益、知识产权等方面入手,全局分析行业战略布局,从宏观层面判断文化版权投资的发展情况。

(二) 产业规模评估

产业规模是指一类产业的产出规模或经营规模。文化版权投资评估时,有针对性地收集行业及市场规模相关的一手数据资料,从产业规模角度,全面、准确地进行架构分析,对该类型文化版权的发展现状、发展规模、未来趋势、发展空间、发展潜力等做出科学合理的判断。例如,在评估文学作品著作权投资时,需对该细分市场进行深入探究,明确文学作品著作权的投资现状、发展水平、市场饱和度、产业链条及其衍生产品(包括电影、电视、游戏等)。

(三) 竞合关系评估

经济社会的快速发展使得企业之间的竞争加剧,但由于企业之间需要相互联系与交流,单纯的竞争已不能适应市场的发展,且文化版权投资具有较强的延续性,衍生的产品具有多样性,因此在文化版权投资评估时,必须充分分析竞合关系。

竞争分析包括竞争者分析及竞品分析。在竞争者分析方面,通过对竞争者的全面调查,识别出竞争者的优势与不足。竞争者调查分为以下几个阶段:一是确定目标市场;二是搜集资料,具体包括识别竞争者并估计其潜力、测定竞争对手的特征和能力、观察竞争者行为并判断其目标、评估竞争者的优势和劣势、判断竞争者的策略、判断竞争者的反应模式等。在竞品分析方面,对文化版权的竞争项目产品进行比较分析,通过对文化版权项目产品进行数据搜集、数据处理和数据分析,从主观层次和客观层次,评估文化版权投资项目的优势和劣势。例如,在分析网络文学作品版权时,在对作品本身进行分析基础上,收集同类型不同文学作品的数据信息,做相关比较分析,判断网络文学版权投资的可行性。

随着数字时代的发展,文化版权投资中新的连接有助于发现新的市场机会,扩展新的领域,创造更大的价值。以龙杰传媒为例,自2015年起,龙杰传媒作为中国最大的有声版权供应商、运营商,尝试着对有声版权进行金融化运作。一方面,龙杰传媒不断强化上游产业链条,签约作家以确保文化版权核心竞争力;另一方面,持续拓宽下游产业渠道,通过喜马拉雅、蜻蜓FM、企鹅FM等网络电台,以及全国260多家传统广播电台等渠道租赁版权,实现投资收益。至2020年,龙杰传媒版权投资年平均收益20%—30%,部分投资作品影视化之后还可产生后续的版权收益,获得爆发增长的机会,实现了版权投资投入少、增长性高且相对安全的创新模式。故在文化版权投资评估中,需强化合作分析,基于文化版权产业链条,明确产业链条上游及下游现有和潜在合作企业名单,掌握合作企业资源、规模、商业模式、企业核心竞争力等方面的信息,评估双方在市场进入、风险分担、技术互补和销售增长等方面带来的巨大协同效应。

(四)商业模式评估

商业模式指的是企业与企业之间、企业的部门之间乃至与顾客之间、与渠道之间存在的各种各样的交易关系和联结方式。通俗而言,商业模式就是公司通过什么途径或者方式来赚钱。文化版权商业模式受版权投资方影响,版权价值实现基于企业层面上商业模式的建构。基于文化版权的特殊性,确定其商业模式时需全面考虑企业营利性质、商业性质及文化特质。文化版权商业模式评估应基于客户、企业和盈利视角,充分分析战略定位、业务系统、关键资源能力、盈利模式、现金流结构和企业价值六大要素,明确版权企业如何利用文化版权创造价值、传递价值和获取价值。对商业模式的分析,对版权商品的定价、谈判过程及后续文化版权交易中的商业服务都有着直接意义。

(五)案例分析

以数字藏品投资为例,对数字藏品进行投资可行性分析,具体分析内容如下。

数字藏品是一种虚拟物品,它使用的是区块链技术,对应特定的作品或者艺术品生成唯一的数字凭证,每个藏品背后记录了上链信息、发行数量、编号、流转信息等,不能复制、篡改。数字藏品品类丰富,包括但不限于数字图片、音乐、视频、3D模型、电子票证、数字纪念品等各种形式,其收藏价值在于数字藏品是身份的象征,是一种全新的资产类别,具有唯一性和稀缺性。2022年以来,国内数字藏品行业野蛮生长、鱼龙混杂,炒作、虚假宣传等投机行为较多,数字藏品作为新兴市场存在一定的不确定性和风险性,故在数字藏品投资时须保持谨慎,认真做好投资可行性分析。

1. 行业战略布局分析

厘清数字藏品发展历程:数字藏品行业历经概念阶段、早期建设阶段、国外发展热潮阶段,现进入国内探索阶段(表6-2)。

表 6-2 数字藏品发展历程表

阶　　段	时　　间	重要事件
概念阶段	2014—2016 年	凯文麦考伊在纳米币区块链上推出了第一个 NFT； 区块链卡牌弹球游戏（《Spells of Genesis》）与区块链技术结合
早期建设阶段	2016—2019 年	NFT 项目加密朋克(CryptoPunks)将图像作为"加密资产"； 加密猫游戏(CryptoKitties)上线
国外发展热潮阶段	2019 年至今	美国职业篮球联赛(NBA)推出球星视频产品； 数字艺术家迈克·温克尔曼将作品 NFT 出售； 发售区块链游戏项目
国内探索阶段	2020 年至今	阿里拍卖聚好玩推出 NFT 数字艺术公益拍卖专场； 发布数字藏品合规发行体系"区块链数字出版发行交易平台矩阵"

　　2020 年起，中国数字藏品行业充分借鉴国外非同质化数字凭证发展规律，结合中国市场特征、法律环境等诸多条件，形成了中国特色的数字藏品产业及市场。国内数字藏品行业虽处起步阶段，但发展速度较快，并与国外数字藏品发展具有显著的差异，具体见表 6-3。由于国内对数字货币有较为严格的监管，因此数字藏品与国外 NFT 相比，其金融属性较弱，商品属性更强。尽管如此，国内数字藏品的发展浪潮并未减退，微信指数数据显示，近一年(2021 年 6 月 1 日至 2022 年 5 月 31 日)数字藏品微信指数呈现明显的爆发式递增态势。基于数字藏品发展阶段及现状研判可知：目前国内的数字藏品行业处于起步阶段，市场管理制度也在不断探索中，其市场机遇及发展潜力巨大，但投资风险也切实存在。

表 6-3 国内外数字藏品差异表

主要差异	国外 NFT	国内数字藏品
底层链	公链发行、可跨平台交易	联盟链发行，无法跨平台交易
对炒作的态度	未禁止炒作	禁止炒作
对用户的要求	要求较少，允许匿名购买	有一定要求，需实名认证，有年龄限制
支付方式	无限制，支持虚拟货币支付	有限制，禁止虚拟货币支付，人民币支付
能否流通	无限制	有限制，不允许转售，限制性转增
权益范围	购买获得所有权，可进行二次加工，可进行商业行为	购买无法获得所有权，具有观赏、学习等非商业性权益

　　(1) 分析数字藏品行业布局。目前我国数字藏品主要分为三类，依托传统文化的数字藏品，原创内容性藏品，以实体产业为载体的数字藏品。随着元宇宙的概念和空间的拓展，数字藏品的外延也在不断扩大，向体育、艺术、航天、影视、营销、教育等各行各业渗透融合。比如新华书店的"影像新华"，兴业银行的五款隶书"福"字组成的数字藏品，腾讯、阿里、网易的数字交易平台等。基于对数字藏品行业布局的了解，合理定位计划投资的数字藏品的行业类型，并展开深入分析，了解发展趋势、市场饱和度等相关信息。

(2)了解数字藏品政策环境。区块链作为支撑数字藏品发展的底层技术,已被写入"十四五"规划。2021年,工信部和网信办发布政策,推动区块链与数字藏品等领域的融合发展。

通过梳理相关政策(表6-4),可知国家层面充分关注到数字藏品行业,并致力于推动数字藏品行业健康可持续发展,这对于数字藏品行业的投资是一个利好消息。

表6-4 我国数字藏品相关政策

时间	颁布主体	政策文件名称	主要内容
2022年5月	国务院办公厅	《关于推进实施国家文化数字化战略的意见》	文化产权交易机构要充分发挥在场、在线交易平台优势,推动标识解析与区块链、大数据等技术融合创新,为文化资源数据和数字文化内容的确权、评估、匹配、交易、分发等提供专业服务
2022年4月	中国互联网金融协会、中国银行业协会、中国证券业协会	《关于防范数字藏品相关金融风险的倡议》	针对我国数字藏品市场中存在的炒作投机行为进行规范,为未来数字藏品的发展做出引导
2022年10月	国家版权交易中心联盟、中国美术学院、央视动漫集团、湖南省博物馆等	《数字文创产业行业自律公约》	建立以数字藏品为主的数字文创行业公约,助力数字藏品行业的良性发展
2021年6月	工业和信息化部、中央网络安全、信息化委员会办公室	《关于加快推动区块链技术应用和产业发展的指导意见》	我国将推动区块链技术的应用和相关产业发展其中,数字藏品可赋能实体经济发展,传承文化

(3)掌握数字藏品行业规范。目前国内关于数字藏品的法律法规还处于空白状态,官方文件主要以倡议和风险提示为主。现阶段国内对数字藏品的监管更多以行业自律公约的方式出现,如《数字文创行业自律公约》《2022中国数字藏品自律公约》《关于规范数字藏品产业健康发展的自律要求》《关于防范NFT相关金融风险的倡议》等,通过规范数字藏品的相关行为,维护行业合法发展和良性竞争。数字藏品相关标准的制定仍处于初期阶段,政企机构正积极合作建立相关标准。目前国内数字藏品的标准化工作主要从理论层面对数字藏品的技术和产品做出规范,如腾讯、蚂蚁等共同立项的首个区块链数字藏品国际标准《基于区块链的数字藏品服务技术框架》。基于对数字藏品政策及相关规范的掌握,可以初步判定目前数字藏品相关的政策、法律、行业规范和标准还处于起步阶段,投资时需要保持谨慎态度。

(4)了解数字藏品现实挑战。目前,数字藏品行业存在以下四个方面的问题。一是数字藏品定义和特征比较模糊,核验方式的缺乏导致其误导性较大,从而致使其在受众中产生信任危机。二是目前数字藏品市场上从业者的版权保护意识较为薄弱,投机行为普遍,数字藏品侵权案例屡见不鲜。三是相关法律法规政策不健全,数字藏品从业者缺少标准支撑,实质性的风险防控方法和手段单一且低效,从业者的合法权益暂不能得到全面保障。四是交易规则有待优化,目前市场上存在从业者集中交易、持续挂牌交易、标准化合约交易等违规数字藏品售卖行为,侵害了广大消费者的权益,不利于数字藏品的可持续健康发展。

2. 产业规模分析

目前,国内数字藏品领域涌现出了众多数藏新平台、各种各样的活动以及琳琅满目的藏品。国有单位、上市公司纷纷入局数字藏品平台,截至2022年7月,我国数字藏品平台超700家,基本布局在小程序、网页以及移动应用端上,其中移动端数字藏品开发数量达58个。2021年中国数字藏品销售额达1.5亿元,预计2026年销售额将达到151.12亿元。此外,目前我国数字藏品二级市场尚未开放,若政策监管有所放开,数字藏品的市场规模将是未开放二级市场的近5倍。根据国信证券数据,2026年,在开放二级市场后,我国数字藏品市场规模将达298.3亿元。基于目前数字藏品的产业规模数据及未来数字藏品的预测规模,数字藏品的投资潜力较大。

3. 竞合关系分析

目前数字藏品投资可大致分为藏品和平台两类。基于藏品的投资,目前发展较为突出,热度较高的藏品如表6-5所示。以目前热度较高的数字藏品为竞合对象,开展广泛调研及深度竞合分析,了解其商业模式等,学习借鉴先进经验,为藏品投资评估奠定基础。

表6-5 热门数字藏品分类一览表

品 类	具 体 内 容
文物类	多家博物馆推出"镇馆之宝"3D数字藏品 ① 湖北省博物馆镇馆之宝"越王勾践剑"数字藏品 ② 金沙遗址博物馆围绕镇馆之宝"太阳神鸟""大金面具"等推出"浮面""白藏之衣""虎虎生威""福泽满天"数字藏品 ③ 河南博物院"妇好鸮尊"数字藏品
收藏品类	多家旅游景点、制造业企业推出"纪念品"数字藏品 ① 陕西西安曲江大明宫国家遗址公园"O宇宙·千宫系列"数字藏品 ② 黄山在2022年新年前推出首款数字文创纪念门票 ③ 一汽大众-奥迪限量发行以全新奥迪概念车Skysphere为原型的33周年数字纪念藏品"平行幻象"
音视频类	唱片数字藏品,影视剧数字藏品 ① 歌手胡彦斌经典作品《和尚》20周年纪念数字黑胶唱片 ②《真三国无双》电影数字藏品
动漫类	头像、游戏等IP数字藏品 ① 蔬菜天团头像三国杀卡牌 ② 三国杀卡牌

在数字藏品发行平台方面,随着数字藏品市场火热,发行平台如雨后春笋般陆续出现。基于对各平台藏品的发行数量、质量与文化内涵,平台流量,区块链技术水平等的综

合考量,形成数字藏品发售平台的三级梯队,如图 6-3 所示。

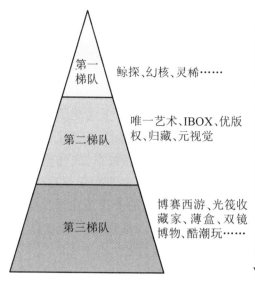

- 2021年5月20日,阿里拍卖节推出艺术家数字艺术品公益拍卖。
- 2021年6月23日,蚂蚁在支付宝"蚂蚁链粉丝粒"小程序(后发展为"鲸探")限量发售付款码皮肤数字藏品。
- 2021年8月10日,腾讯音乐开启首批数字藏品(胡彦斌《和尚》20周年纪念黑胶)预约。
- 2021年8月15日,腾讯PCG上线"幻核"数字藏品平台,联合艺术家周方圆,开启"万华镜"数字民族图鉴预约。
- 2021年12月17日,京东正式上线"灵稀"数字藏品平台。
- 2021年12月21日,网易严选推出首套数字艺术藏品盲盒"新年幸运多元宇宙"。
- 2021年12月26日,视觉中国旗下视觉艺术上线"元视觉"数字藏品平台。

图 6-3 数字藏品发行平台梯度图

以鲸探为例,鲸探依靠国内外领先的区块链技术服务,是很多头部数字藏品 IP 方进行数字化艺术探索的首选。基于此,普通用户不仅可以在鲸探上支持艺术家和数字藏品,还可以购买、收藏欣赏、向好友展示和赠送鲸探发售的数字藏品。若投资数字藏品发行平台,一方面,深层次研究头部企业,分析其核心竞争力,选择抢先、创新、紧跟或应变等发展策略,抢占市场份额;另一方面,积极开展上下游合作,面向市场需求,不断扩大供给,做好衔接工作,以提高自身的核心竞争力。

4. 商业模式分析

当前,数字藏品发展处于相对初级阶段,价值更多体现在与文娱、消费等领域的结合,发挥资产确权、内容 IP 运营、品牌营销、获客引流、元宇宙社交等作用,商业价值凸显。从应用场景来看,目前数字藏品的商业模式主要为:

资产确权:信息互联网时代,中心化机构为用户提供各种网络服务,消费者各项权益受到一定程度的限制,而基于区块链的数字藏品的技术特性,满足了用户对持有权益资产化,成为虚拟世界生产者和投资者的需求;内容 IP 运营:数字藏品为内容提供了新的变现方式,新的衍生思路,也让内容的生命力更持久;品牌营销:数字藏品是集多重功能于一体的新营销载体,与实体商品结合,打造线上线下一体化的交易体验,在营销获客、品牌传播、商品销售、建立私域流量等方面形成助力;获客引流:数字藏品所蕴含的内容 IP、附加的价值本身就自带流量,能够吸引更多的 C 端用户,强化用户黏性。若后续数字藏品成为用户群权益通证,可以实现粉丝由产品逻辑真正向生态逻辑升级;元宇宙社交:数字藏品可以作为社交资产,可让用户在元宇宙中实现娱乐、互动、交易等更多体验。目前国内数字藏品赛道中已出现多家互联网大厂身影,包括阿里巴巴、腾讯、百度、京东、网易等都基于自身区块链技术链,推出数字藏品交易平台以及藏品,期望通过提前卡位占据先发优势,开拓新场景、新需求,在保持自身现有行业地位的同时,也在合力塑造元宇宙的最终形态。

数字藏品的商业模式主要有以上5个方面,根据数字藏品的类型,合理评估其适合的商业模式,有的放矢,提高数字藏品的市场竞争力和商业价值。

二、投资主体尽职调查

文化版权投资前的尽职调查对象为投资该文化版权的主体,由于文化版权作为一种资产可以存在于个人或企业手中,故文化版权投资主体可以分为个人或企业。若文化版权投资主体为个人,其尽职调查包括可用于投资的资金、人际关系、文化版权投资管理能力等。若投资主体为企业,尽职调查内容相对复杂。基于企业视角,重点对文化版权投资企业尽职调查进行详细说明。企业尽职调查包括企业的资产负债情况、业务、财务、法律关系、发展机遇和潜在风险等,通过了解企业的经营业绩和价值,排查企业可能存在的经营风险,判断文化版权投资的效益及可持续发展能力。

(一) 资产和负债情况

针对文化版权投资的企业,对其进行资产和负债情况调查,明确资产负债关系,以保证后期版权商品的交易顺利进行,避免纠纷的发生。在资产和负债情况调查中,重点查看企业会计报表。会计报表分为资产、负债和业主权益,资产部分在表中左侧,反映了企业所有的财产、材料、索赔和权利;负债和业主权益部分在右边,反映了企业短期和长期的各种债务、自有资本和盈余。通过查看企业反映特定日期(例如月底、季度末、年底)财务状况的资产负债表,确定文化版权投资企业负债情况和拥有资产情况,包括企业是否存在隐形负债,资产权利是否完全等方面。

(二) 业务情况

通过调查文化版权投资企业业务情况,了解企业业务规模及可持续发展能力、企业内部治理、管理流程、业务量化的指标等。在业务调查中,明晰企业真实的业务情况、各类产品服务的比重情况、产品服务内容,熟悉企业采购、研发、生产、销售、售后等相关业务流程情况,确定该企业是否拥有文化版权业务所需的资质和许可,是否具备投资、管理、运营文化版权的条件。此外,对企业管理体制、内部控制体系、激励机制、技术研发等方面进行了解,可清楚文化版权投资企业的业务发展规划。

(三) 财务情况

财务状况指企业在一定时期内资产的来源和分布情况,反映商业活动以资金形式产生的结果。对文化版权投资企业的财务状况分析,目的在于摸清企业的经营业绩,确定其收入和利润等数据及其真实性;同时,了解企业财务管理的规范性和内部控制的有效性,判断文化版权投资企业的财务风险和税务风险。财务状况分析方法多样,其中较为常用的方法为比较分析法。在调查中,常根据不同项目之间的关系,对资金的用途和来源进行分析比较,观察项目的资金占用,分析来源渠道的合理性。

在调查文化版权投资企业财务状况时,可通过查看企业的资金平衡表及其附表,以掌握企业在一定时间内企业的资产来源和分配情况。如果企业的资金来源与相应的资金占用余额比较接近,那么企业的财务状况就比较好,合作的风险就比较小;反之,企业的财务状况就不好,不建议与之进行版权交易。

(四)法律关系

对文化版权投资企业法律关系尽职调查的目的在于了解企业是否存在历史遗留的法律问题,确定文化版权企业拥有完整的行业内相关业务所必需的资质和许可。在调查过程中,了解企业拥有法律权利的完整情况,查看企业签订的重大协议和有关合同情况、知识产权保护条款、商标备案情况、劳动关系是否存在劳务纠纷等,确定企业高管及核心人员是否符合资格要求,掌握企业现有和可能发生的法律诉讼以及仲裁情况,确定企业股东会、董事会、监事会管理和公司治理情况等。

(五)机遇和风险

文化版权市场瞬息万变,固定受众层次群偏窄,需要对目标企业面临的机遇和挑战进行全面评估。在交易前对文化版权商品及其企业的投资机遇及挑战进行全面评估,可以大大降低投资风险。在风险评估中,我们从投资外部风险及内部风险两个方面进行分析,其中外部风险包括市场同质化产品竞争、成本变动等因素,内部风险包括版权产品品质管理环节薄弱、品牌知名度不足等。在机遇分析中,基于政策背景、市场供求、消费趋势、行业发展等因素分析,对企业的可能发展机遇做全面评估。在对企业机遇与风险做评估的过程中,加深对该公司及相关版权的理解,有利于后期更好地发展。

三、文化版权价值评估

基于文化版权自身,评估文化版权价值可为版权投资提供重要参考。文化版权价值是依附于版权产品、版权企业、版权产业三个层次存在的,决定了版权价值必然表现出产品层次、企业层次和产业层次的内在格局。文化版权价值评估过程中,存在诸多因素影响其评估结果,具体包括以下几个方面。

(一)文化版权创作人

文化版权创作人(或所有人)可以分为自然人、法人及非法人团体,自然人主体与非自然人主体(法人及非法人团体)所掌握的版权价值会有较大差异。一般而言,非自然人主体所拥有的版权商业价值要大于自然人主体。另外,即使同为自然人主体,相关作者本身的社会地位、社会影响力及其学术与技术水平的高低,都会对其所有的版权商业价值产生相应影响。

(二) 文化版权类别

合理确定文化版权所属的版权类型,常见的文化版权类型包括文字作品,口述作品,音乐、戏剧、曲艺、舞蹈、杂技等艺术作品,美术、建筑作品,摄影作品,电影作品和以类似摄制电影的方法创作的作品,工程设计图、产品设计图、地图、示意图等图形作品和模型作品,计算机软件,法律、行政法规规定的其他作品。

(三) 版权财产权权利

文化版权因其具有财产性权利,故拥有价值,能够进行商业开发。评估文化版权价值时,应考察其所涉及的相关财产权利具体种类。按照我国著作权法的规定,版权财产权主要包括复制权、发行权、出租权、展览权、表演权、网络传播权、改编权、摄制权、翻译权、汇编权、放映权、广播权等,不同类型版权财产权的评估具有各自特点,其价值也各有差异。

(四) 版权的沉没成本

版权的沉没成本又称版权历史成本,是指在版权研发过程中所耗费的相关物料、人工、办公设备与场地费用等。版权的沉没成本与商业价值虽无直接关联,但相关成本价值的高低,对其商业开发会产生或轻或重的压力,对版权的后续商业开发的路径与方向造成影响,从而使版权商业价值产生变化。

(五) 生命周期因素

文化版权作为一种权利,拥有其固有的生命周期。不同文化版权其生命周期长短不同,生命周期越长,其价值实现的时间长度更大,一般可以产生更多的价值。同一个文化版权,其所处的产生、发展、成熟、衰退生命周期阶段不同,其价值差异也较大。

(六) 版权产品化形式及表现形式

文化版权不能脱离其具体产品形态而存在,具体文化版权产品不能脱离其具体表现形式而存在。故版权产品化表现形式是否适应特定或者普通消费者的审美口味,是否能够满足其特定消费需求,是否符合特定受众的消费习惯,都对其价值有较大影响。

(七) 垄断性程度

文化版权的稀缺程度、差异化水平决定了其在市场上的垄断性程度,对其价值评估造成重大影响。文化版权自身的独特程度,能够帮助它在重视个性化的时代脱颖而出,并攫取高于一般水平的超额价值。版权的垄断程度与其商业价值大体上呈非线性正相关关系。

四、投入产出效益评估

(一) 模糊指标评估

基于市场可行性分析及企业尽职调查,全面剖析文化版权投资可能面临的风险和挑战,合理设置文化版权外部行业政策、投资主体领导层的战略决策、投资主体的团队管理能力、项目落实的相关技术评估、文化版权产品发展方向与市场定位、文化版权项目融资方式等模糊指标,用于衡量文化版权投资的风险水平,指导文化版权投资决策。

(二) 社会效益分析

文化版权投资的社会效益评估是超越经济界限的宏观环境影响分析,着重对项目投资运营给社会带来的正负影响、既定的社会环境目标对文化版权投资运营的利弊作用做深入剖析。社会效益评估的内容十分广泛,在实际评估过程中,应该根据文化版权投资项目的特点和实际情况来确定评估的重点内容,内容一般包括以下几个方面:技术贡献、就业贡献、收益分配、产业结构调整、资源利用、环境影响、基础设施贡献等。

(三) 文化效益评估

基于文化产业视角,文化版权投资助推文化作品的创造与保护,对于完善文化产业政策、加强文化市场规范化建设和管理、推动文化相关产业发展具有重大而深远的意义。基于社会价值观视角,文化版权投资使得版权作品靠近人民群众,影响着社会价值观和公民行为方式,优秀的文化版权投资对于建设先进文化、和谐文化、传承优秀民族文化,具有重要作用。版权投资为坚持和发展中国特色的社会主义提供强大的精神动力和智力支持。故在文化效益评估时,可预判文化版权投资可能带来的文化影响作用,定性评估文化版权投资的文化效益。

(四) 财务效益评估

财务效益评估主要用以分析文化版权投资的盈利能力,主要包括文化版权投资回收期评估、借款偿还期评估、文化版权运营周期内资金流动性评估。在文化版权投资回收期评估中,结合动态及静态投资回收期计算的优劣势,衡量文化版权的投资回收期。合理选择等本偿还、等额偿还、最大可能还款等计算方法,根据文化版权的实际情况,应用合适的借款偿还期评估方法。文化版权项目运营期评估中,收集速动比率、流动比率、资产负债率等具体指标,用以衡量资金流动比率,从而测算出文化版权项目运营期内的资金流动性。

财务效益的评估是文化版权评估中重要的部分,相比较于社会、文化、生态效益评估,其侧重于评估文化版权在市场上的生命力和在经济上的可行性。财务效益分析常作为文化版权投资与否的关键,金融机构是否提供贷款的依据。但也需注意的是,部分文化版权投资目的在于发挥版权作品的社会和文化效益,对财务效益评估结果的重视程度较低。

(五) 国民经济效益评估

国民经济效益评估,是衡量文化版权投资对国民经济的贡献及需要国民经济付出的代价,评估代价与产出,从而分析文化版权投资行为的合理性。在国民经济效益评估中,重点关注国民经济盈利能力、辅助经济效益、经济外汇效果等方面,运用效益与费用分析方法,查看社会折现率、影子汇率、影子价格等指标,判断文化版权投资的国民经济效益。

(六) 生态效益评估

生态效益评估是在进行文化版权投资前,分析评估其对生态环境可能产生的正负面影响。部分文化版权项目投资可能会向社会传输环保价值观,有利于提升生态效益,但部分文化版权项目落地执行可能对环境造成不利影响,甚至破坏生态系统。以影视版权投资为例,2017年的《加勒比海盗5:死无对证》剧组在澳大利亚昆士兰拍摄时倾倒了化学废料,2015年《疯狂的麦克斯4:狂暴之路》拍摄时破坏了非洲大西洋海岸的敏感地表,2000年《海滩》拍摄时导致泰国玛雅湾海滩的破坏。故文化版权投资前,需对其可能产生的生态效益进行评估,避免项目实施对生态环境造成不利影响。

五、事前评估报告

对文化版权投资可行性、投资主体尽职调查、版权价值、投入产出效益等进行充分评估后,分析得出相关结论,提出意见建议,形成评估报告,以便相关主体查阅和理解。

我们需要在评估报告中明确说明下列内容:① 文化版权评估的价值类型及其内容;② 文化版权事前评估采用的方法及方法依据、各项参数指标选择、数据来源、分析过程及结果等;③ 文化版权类别、性质、权利种类及限制条件、沉没成本、生命周期、产品化形式、表现形式、垄断性程度等;④ 文化版权的宏观环境,包括文化版权投资实施的地域限制、领域限制及法律法规限制条件;文化版权的行业战略布局、产业规模、竞合关系、商业模式等,对于文化版权的现实状况和发展前景有预判;⑤ 投资主体的尽职调查情况,详细说明文化版权投资主体的资产负债情况、业务情况、财务情况、法律关系、企业发展的机遇和风险;⑥ 重点说明文化版权投资的社会效益、文化效益、财务效益、国民经济效益、生态效益等;⑦ 说明文化版权评估的依据;⑧ 对于文化版权投资进行建议,说明注意事项,以及其他必要信息。

第三节　文化版权投资事中评估

事中评估,又名中期评估,是对文化版权投资过程中的跟踪评估。事中评估不仅是一种阶段性绩效目标实现程度的动态反馈机制,也是一种过程监督机制,其重要目的在于审视正在实施中的项目发展现状,研判下一阶段的发展趋势,综合考虑需不需要增加投资,并在项目无法实施的情况下及时选择变更或终止。事中评估内容主要包括文化版权项目运行状况评估、项目合同评估、产出效果评估、投资变更评估,具体包括计划进度及阶段目标、项目进展状况、项目实施绩效、项目估值和业绩的评估优先序分析、项目变更投资评估、项目变更实施评估等细项内容。

一、事中评估特点

(一) 独特性

事中评估的独特性体现在评估时间节点、评估依据、评估作用上。评估节点处于项目实施过程中,既需对项目已完成部分进行总结分析,又需对未完成项目部分进行科学预测。事中评估的依据既有已经存在的实际数据作为支撑,也有市场预测数据作为发展展望。在评估作用上,事中评估旨在总结运行状况,发现存在的问题,制定解决办法,适时优化实施规划,使以后年度运营管理更科学高效,确保项目长期绩效目标的实现。

(二) 一致性

从目前中期评估的操作机制来看,一致性理论是其重要的理论依据之一,它重在衡量文化版权投资项目计划、政策等中长期决策成果的实施效果与预期目标的一致性程度,及时掌握因不确定性因素导致的偏差情况,发现问题,分析原因,提出对策。

(三) 时效性

及时发现并纠错是事中评估的核心,文化版权投资项目在实施过程中,同样会面临不同程度的潜在风险,如宏观政策、产出标准、市场环境等变化,尤其是版权价值本身就会受到法律因素、政策因素、社会因素等的影响,使其评估效果存在不确定性,因而在文化版权投资的事中评估中更加强调时效性。

(四) 客观性

客观性体现在事中评估需要真实反映当下的项目实际情况,通过实际数据支撑,查看目前项目进展、运行效果、成本投入等,准确判断目前项目的整体进展情况,同时要客观分析文化版权所处的市场环境、社会文化背景、法律环境等变化情况,综合两个方面作出下一步工作计划或工作调整。

二、事中评估意义

(一) 有助于优化过程管理

考虑到文化版权投资项目运行的长周期特征,每稳定运营一段时间,全面掌握项目的运行状况尤为重要。对投资主体来说,通过事中评估报告的分析结果,有助于掌握阶段性目标实现程度与预期效果的一致性情况,及时优化后续措施安排。此外,通过全面掌握当前阶段项目运行状况,有利于确定后续周期的监管重点,提高项目监管效率和针对性。

(二) 满足动态管理的要求

对于文化版权投资项目而言,前期稳定的合同安排与后期多变的内外部环境之间存在天然的矛盾,即使文化版权投资项目考虑再周全,也无法预测实施过程中所有不确定因素的变化。事中评估的反馈机制作用,有助于投资主体及时做好应对措施。针对确因宏观政策、产出标准、市场环境等发生变化,导致新的风险因素出现,或原合作条件在合规性、适用性上存在显著问题的,经评估后可做适度调整。

(三) 满足规范运作的要求

文化版权投资项目执行阶段需要进行信息公开的资料包括绩效监测报告、事中评估报告、项目重大变更或终止情况等。从文化版权项目的过程监管和信息公开角度看,事中评估是项目规范运作的必要环节。此外,事中评估对于指导以后年度绩效监测和项目移交的项目后评价均有积极作用。事中评估是文化版权投资项目全流程绩效管理体系中不可缺少的中间环节,通过中期评估,在文化版权投资项目实施过程中形成了分阶段分析问题、总结经验的滚动机制,有利于年度绩效监测和项目后评价之间的过渡,保持文化版权投资项目各阶段绩效管理工作的连续和一致。

三、事中评估内容

(一) 项目运行评估

运行状况评估是其他内容评估得以实施的基础和依据。该阶段要广泛收集项目实施过程中的各种资料和信息,除了文化版权投资项目前期审批环节的所有过程资料和合同文件之外,绩效考核方案、绩效监测结果、绩效月报/季报、运营管理过程记录以及其他往来文件资料等都属于需收集的资料范围,目的是全面了解项目当前的运行状态,特别是目前绩效目标完成的进度情况、资源消耗情况、成本支出情况等,据此判断项目运行情况,便于发现问题,及时做出分析并提出对策。在项目运行状况中,实施绩效评估是其重点评估内容。

文化版权投资实施绩效的评估可概括为根据客观事实和数据,遵循所建构的绩效评估指标体系,通过定量和定性分析,运用科学的评估方法,按照一定的评估程序,对版权投资的执行状态及其所产生结果的有效性是否符合预期目标作出综合评判。事中评估强调的是项目过程中的绩效评估,其评估的核心内容是评价和考核项目实施绩效,而不是项目在各个方面的可行性。文化版权投资实施绩效评估内容涉及投资执行中的项目进度、目标完成度、资源利用率、人力资源配比、宣传效果、阶段效益以及在投资项目执行过程中执行者管理与控制的情况等。实施绩效评估其重要性在于:

第一,为项目实施提供决策所需信息。文化版权投资项目在执行过程中由于存在高度不确定性以及风险性,需要通过实时事中跟踪评估,及时把握项目进程并及时纠偏。而事中评估中的重点内容即实施绩效的评估,其对于掌握项目执行过程中的信息起到关键性作用。实施绩效评估正是在项目执行过程中通过考核项目执行的绩效,不断反馈信息,达成填补项目执行过程中信息不对称的现状,从而全方位掌握整体发展现状,为下一阶段的执行决策提供充足的信息,为达成阶段目标以及最终实现预期目的提供决策支持服务。

第二,为项目管理过程提供支撑服务。任何一个投资项目的每一个阶段都存在起始过程和计划过程,两者均属于一个投资项目的管理过程,因此可以通过前一阶段反馈的信息积累,即实施绩效评估,为这些管理工作提供必要的信息支撑服务。虽然文化版权不具备实物形态但它能够带来预期收益,而预期收益的不确定性非常大,因此对于其价值的评估需要重视被市场认可的部分,而这部分正需要在投资项目执行过程中不断被发现,通过对项目实施绩效的评估,实时监控版权投资后市场接受现状,了解阶段进展,为更好地管理投资项目提供支撑服务。

(二)项目合同评估

合同评估要全面分析公共政策、市场环境、项目情况等方面的变化,评估项目合同在现阶段的合规性、适应性、合理性上是否存在问题。通过对内外环境变化情况的分析,一是找出原先未识别的新风险因素,研究降低新风险的建议;二是对原有的与宏观环境变化高度相关的合同条款(如调价机制)不再适用的,经充分评估后给出相关调整建议;三是评估对原合同约定内容和目标的完成情况,整体掌握现阶段合同履约情况和继续顺利履行的可能性。

(三)产出效果评估

文化版权投资产出效果评估是基于版权项目目前运行状况,总结分析文化版权项目的产出质量、效益及影响情况。产出效果评估重点在于对比分析既定目标与实际情况,具体评估的内容可以对照合同内容或者项目计划书中规定内容,从质量、效果、影响力、持续发展能力等角度进行分析。产出效果评估可通过对比分析、问卷调查、现场考核座谈、工程资料台账研究等途径进行分析。

（四）变更投资评估

1. 必要性评估

项目变更投资必要性评估，是指项目投资实施一段时间后，基于当前项目发展情况以及相关利益体的意愿，对项目变更的必要性进行的评估工作，比如考虑是否更改实施计划，是否增加投资等。

就文化版权投资项目而言，其考虑是否变更投资的因素在于市场认可度、社会影响力、传播效果以及该投资项目可能会因突发的社会事件而出现不可避免的损失等，故评估变更的必要性就在于发现投资项目下一阶段的机遇和风险，同时需要考虑当下的财务状况、技术状况、运作环境状况等。

2. 可行性评估

对项目变更投资必要性做出判断后，需要对项目变更能否顺利实施进行评估，即变更实施可行性评估。在项目变更的实施过程中，对变更投资的过程、要素和团队三个方面能否达到科学化配置、能否达到变更决策目标进行评估。变更可行性实施评估的主要内容就是，如果需要解决当前项目实施中的某些问题，需要哪些部分的配合，这些部分如何进行科学化配置才能真正完成变更实施的目标以及变更会对哪些部分的资源配置产生影响。

四、事中评估程序

事中评估符合"做出分析-发现问题-制定对策"三步走流程，评估过程按照既定程序，结合定性与定量方法，选择具有代表性和重要性的核心指标，反映文化版权投资项目情况和偏差，及时纠正偏差、改进绩效。具体流程包括计划、实施及产出阶段。

（一）计划阶段

1. 组建事中评估小组

由于文化版权投资项目评估设计的内容较广，建议根据项目情况选择第三方咨询公司协助进行，事中评估小组一般需要包括财务、法律、文化、市场、工程、环境等方面的专家。

2. 制定事中评估方案

首先确定事中评估框架体系，不同阶段的事中评估侧重点稍有不同，根据文化版权投资项目的进展情况确定事中评估的框架体系，制定材料清单；其次发出事中评估通知书，搜集相关资料，对投资主体及相关项目实施主体发出事中评估通知书，材料清单可作为通知书的附件，以供项目公司准备评估相关材料；最后制定详细的中期评估方案，组织专家对评估方案进行评审。

（二）实施阶段

针对中期评估方案中的内容，开展中期评估工作，分别评估文化版权投资项目的项目运行情况、项目合同情况、产出效果等。纵向对比衡量文化版权投资项目的总体发展进程及未来发展方向，横向对比同类标杆项目寻找发展差距。

（三）产出阶段

1. 形成事中评估报告

针对项目合同落实情况、项目运行情况、产出效果等分析结果进行总结，发现文化版权投资项目的问题，并提出针对性的纠偏路径，确定未来的版权投资的计划。评估报告初稿形成后，组织专家对评估报告进行评审，并经投资主体及相关实施方确认。以一般性版权项目为例（表6-6），事中评估报告内容主要包括总论、项目运行状况、项目合同情况、产出效果评估、变更投资评估等内容，可作为实际应用的参考。

表6-6 文化版权事中评估报告大纲（示例）

第一章 总论	第三章 项目合同情况
（一）评估目的	（一）形式审查
（二）评估工作组织管理	1. 合同结构的完整性
（三）报告编制单位	2. 合同条款用语的严谨性
（四）评估工作起止时间	（二）实质审查
（五）评估资料来源及依据	1. 合同条款当前的合规性
（六）评估方法	2. 合同条款当前的适用性
（七）项目总体情况	3. 合同条款当前的合理性
第二章 项目运行状况	第四章 产出效果评估
（一）实施与运营评估	（一）社会效益
1. 项目进度	（二）文化效益
2. 项目质量	（三）经济效益
3. 运营效果	（四）生态效益
4. 绩效评估	第五章 变更投资评估
（二）项目管理评估	（一）变更投资必要性评估
1. 人员组织架构	（二）变更投资可行性评估
2. 管理制度与文化建设	第六章 综合结论
3. 环境影响管理	对于项目运行、项目合同、产出效果及投资变更全面评估后，发现问题、形成结论，并基于问题，提供改进建议
（三）实施绩效评估	
1. 收益水平（如有）	
2. 资源消耗情况	
3. 成本支出情况	
4. 财务方案偏差	

2. 事中评估结果应用

文化版权投资主体及相关项目实施方,基于事中评估中出现偏差情况、解决路径等,落实具体的方案举措,及时调整不完善、不适当的部分。

第四节 文化版权投资事后评估

文化版权投资事后评估是相对于文化版权投资决策前的评估而言的,它是在文化版权投资项目验收完成并且继续运营一段时间后,对版权投资项目实际运营结果和落实情况所做的一种评估。

事后评估需将文化版权投资决策初期目标与投资后实施的具体情况进行对比考核,分析概括文化版权项目运行的成就、效益、影响力等方面,找到项目运行期间存在的问题,包括管理问题、进度问题、运行问题等,剖析问题根源,总结经验教训,提出意见建议,为后续文化版权投资新项目或修改本组织版权投资决策提供大政方针。相较于投资事前评估而言,事后评估是基于项目运营的全阶段发展情况,总结经验成果,发现项目问题,为改进现阶段已经完成的项目和完善今后的投资项目决策和管理提供支撑服务,其核心要点在于要同时进行项目的回顾总结和前景预测。

一、事后评估特点

现实性:文化版权投资的事后评估依据为项目执行落实的实际情况,相关结论产出均以实际数据为支撑,不同于版权投资决策前评估的预测数据[1];事后评估的重要意义在于发现项目执行期间切实存在的真实问题;事后评估提出的对策基于现实问题,问题导向性、针对性均较强。

全面性:事后评估需要对文化版权项目进行全方位评估,既要分析投资过程,又要分析项目运行实施的过程;既要分析版权投资的经济效益,又要分析其产业影响以及社会效益;既要分析文化版权项目,又要分析投资主体经营管理情况。总而言之,事后评估指标内容涵盖广泛,时间跨度较大,过程与结果均需兼顾,主体客体都要分析。

积累性:版权投资评估具有无形资产评估的特殊性,其价值体现存在引入期、成熟期、衰退期三个阶段。事后评估需要综合各个阶段的价值表现,对版权投资效果进行评价。

反馈性:事后评估的根本目的是将评估结果运用到未来的投资项目决策中,成为指导投资决策的重要思想,其关键步骤在于评估结果需要以合适的方式反馈到决策部门。事后评估结论的扩散和反馈机制成为影响事后评估效果的重要因素。

---

[1] 刘翠梅.旅游投资项目后评价[D].青岛:青岛大学,2004.

合作性：事后评估工作涉及面广、人员多、难度大，需各方面组织机构和有关人员通力合作。

探索性：事后评估基于文化版权投资评估的现状及问题，预测未来发展趋势，提出前瞻性的意见和建议。

二、事后评估意义

（一）积累文化版权投资实践数据信息

事后评估的重点在于反馈信息，利用事后评估来检验项目实施的成败，从中总结经验，发现现存的问题，并通过反馈来调整项目执行决策，从而实现投资项目的可持续发展。同时，文化版权投资评估实践偏少，利用事后评估积累相关评估实践数据，可为未来完善文化版权投资评估体系提供相关信息。

（二）提高版权投资评估的科学化水平

事前、事中、事后评估的关联性决定了评估体系的科学性，前评估的预测结果需要后评估来检验。完善的事后评估制度既是对整个评估体系完整性的体现，也会对事前评估起到督促作用。因此，要深化评估人员对前评估工作的尽责程度，提高整个项目评估的科学性、准确性。

（三）为未来文化版权投资决策提供参考意见

文化版权投资事后评估是对项目投资、实施、运营、管理整个生命周期各阶段工作进行的综合评价，其重点在于发现问题、总结经验、提供对策建议，深化文化版权投资主体及相关参与者对于项目的认识，系统梳理总结项目经验，再运用到未来文化版权项目的投资中。伴随事后评估制度不断完善，未来文化版权投资决策的参考资料将更加翔实。

三、事后评估内容

（一）过程后评估

过程后评估是对文化版权投资项目中投资项目筹备期、项目执行期、项目宣发期、项目收益期等一系列过程进行评估。项目筹备期的后评估包括项目立项、投融资方案等方面的后评估，主要分析这些工作是否适应后期执行需要；项目执行期的后评估包括执行情况分析、资金使用情况分析等，尤其需要与预期情况进行对比；项目宣发期的后评估包括宣发策略、发行布局等的过程分析。这些评估可以对投资决策组织的能力进行综合评判。通过过程后评估，可以查明投资项目成功或失败的原因。

（二）目标后评估

文化版权目标后评估在于查看项目立项时既定目标的实现情况，可以从数据角度直观反映文化版权投资的完成效果，也是事后评估主要的任务之一。项目投资决策前，将设定具体的目标体系，包括定量指标和定性目标。文化版权投资目标后将进行对照，评价各项定性目标和定量指标的实现程度，并分析实际指标发生变化的原因。在文化版权投资评估中，投资决策前设定的目标应包括相应的经济收益、社会满意度、服务质量、影响力、传播力等。针对未完成的指标，一方面判定原定目标的合理性和实践性，另一方面从项目运营中找到未实现的主观原因及客观原因。

（三）效益后评估

效益后评估的重点在于对投资项目的整体财务情况进行评估，站在投资者的角度上，对该投资项目执行过程中产生的实际投入产出数据进行梳理分析，根据现有数据对项目未来执行将要产生的财务数据进行预测，并与投资决策前的效益目标进行对比，来判定此版权投资项目的效益是否达标。文化版权投资的价值体现存在不同的时期特征，其投入成本以及效益也具有阶段性，需要综合考虑各个阶段的资金投入、人力资源投入等。

文化版权投资项目通常具有影响社会文化氛围的效益，即体现为此项目实施过程中的服务质量，需要通过了解在版权投资项目投入市场后消费者的使用态度及满意度来测定项目投资的服务质量，可以利用网络大数据平台调取消费者行为数据，或通过问卷调查实现服务质量指标的量化。

（四）影响后评估

影响后评估主要包括社会影响和经济影响两个方面。社会影响的评估基于社会发展视角，分析文化版权投资对所在地区以及文化产业产生的有形或无形的社会效益，不仅仅体现在对社会文化氛围的促进程度上，还包括社会参与度、平等性、持续性等，评估对象是否是该投资项目对所在地区以及产业发展目标的直接或间接的影响。经济影响不同于经济效益直接作用于国民经济，它侧重于分析文化版权投资对所在地区及所属行业的经济带动作用，这种作用往往是隐性的，无法用客观数据衡量。

影响后评估的目标在于对项目执行所产生的经济影响以及社会影响进行分析评估后，与投资决策前的预定经济影响和社会影响目标进行对比，对其产生的影响价值进行分析判定、总结经验、提出对策，充分发挥项目所产生的经济影响及社会影响的现实作用，同时为未来的文化版权投资项目决策提供相应的对策建议。

（五）持续性后评估

持续性后评估主要看文化版权项目在投资运营接近尾声或者某一运营阶段结束后，是否具有持续发展的潜力以及是否具有可重复性。持续性后评估的目的在于判定文化版权投资项目的生命力以及对未来项目投资的可参考性。文化版权投资不同于其他项目投资,其生命周期不确定性高,存在衰减快的现象。以电影版权为例,其收益集中于上映期间即档期内,持续时间短,价值波动大,还存在少数经典电影会随着时间的沉积而一直受到持续关注,因此,文化版权投资的持续性后评估存在较大的实操困难。

四、事后评估方法

根据文化版权投资事后评估特点、意义及内容,事后评估的评估方法主要有统计预测法、对比分析法、逻辑框架法、成功度评价法。

(一) 统计预测法

统计预测法在文化版权投资中的运用,主要在于对文化版权项目运营情况的总结和对版权项目未来发展的预测。统计预测法以统计学和预测学为理论基础,将文化版权投资项目评估点之前的数据作为统计基础,而将评估点之后的数据作为项目预测的基础。无论是统计还是预测,均以具有统计意义的数据作为分析基础,值得注意的是,不变价理论是版权项目统计方法的应用前提,它使得文化版权投资的前后数据等具有可比较性。

(二) 对比分析法

对比分析法以文化版权项目为主体,通过对投资前后的目标对比、与其他同类型文化版权项目对比等,纵向评价文化版权投资效果,横向分析与文化版权竞品的差距,明确版权投资问题,分析找到问题痛点。在运用对比分析法对文化版权投资进行事后评估时,主要包括三个方面:一是前后对比,二是横向对比,三是有无对比。

前后对比分析聚焦于研究文化版权投资前的目标设定与投资完成后的实际效果。横向对比则是以文化版权项目为主体,在行业市场中选择同类型、相似的文化版权作为对标,分析二者之间的发展情况及差距,找到文化版权的核心优势,其中标杆管理法作为一种常见的横向对比法,被广泛地运用到各行各业中,它以行业标杆为竞品,学习借鉴其发展经验,探索发现最优的投资运营方法和路径。有无对比法侧重于文化版权项目影响力、隐形效益等方面的评估,通过对比文化版权投资评估前后社会、文化、经济、生态等方面的变化情况。

(三) 逻辑框架法

逻辑框架法从思维逻辑角度系统分析文化版权投资项目发展脉络和前因后果,利用框架图理清多个内容相关、必须同步考虑的动态因素,通过分析其间复杂的因果关系,找到问题关键和根源。事后评估中应用逻辑框架法(表6-7),可根据特点和项目特征,调整通用逻辑框架的格式和内容,对文化版权投资项目的效率、效果、可持续性进行评估,并对文化版权投资项目中的关键指标完成情况和发展问题做出合理的逻辑判断。

表 6-7　文化版权投资项目事后评估的逻辑框架表（示例）

项目描述	客观验证的指标			原因分析		项目可持续能力
	原定指标	实现指标	变化/差别	内部原因	外部原因	
项目宏观目标						
项目直接目的						
项目产出/建设内容						
项目投入/活动						

（四）成功度评价法

成功度评价法将文化版权投资的定性指标，通过打分的方法进行量化，用以判断定性指标的完成度和成功度。应用成功度评价法时，首先须细化考核内容，制定成功度打分表（表 6-8），邀请专业领域专家组建打分小组，专家根据文化版权实际发展情况，按照自我判断为各项考核内容打分，收集专家小组的成功度打分表，系统讨论后形成打分结果。

表 6-8　文化版权投资项目成功度打分表（示例）

成功度		细化的考核内容			综合评分范围（分）	
		指标完成情况	效益情况	其他指标	十分制	百分制
A+	完全成功	全面实现或超过	巨大的效益和影响		分值≥9	分值≥90
A	基本成功	绝大部分完成	预期的效益和影响		7≤分值<9	70≤分值<90
B	部分成功	原定的一部分	一定的效益和影响		5≤分值<7	50≤分值<70
C	不成功	非常无限	几乎没有产生正效益和影响		2≤分值<5	20≤分值<50
D	失败	无法实现	不得不终止		分值<2	分值<20

五、事后评估程序

文化版权投资事后评估流程如图 6-4 所示。

（一）计划阶段

1. 成立评估小组

事后评估中，成立评估小组及专家小组。评估小组执行评估任务，专家小组指导评估工作进行，以确保评估工作科学、公正、客观。通常专家小组分为外部专家和内部专家，内外合作能够更好地得出项目评估的结论。

2. 拟定评估计划

事后评估作为投资评估全流程的最后一部分，需要贯穿整个项目评估流程。事后评估的计划需要在事前评估和事中评估的过程中拟定,以便于按照计划在项目实施过程中收集相应的资料和数据。

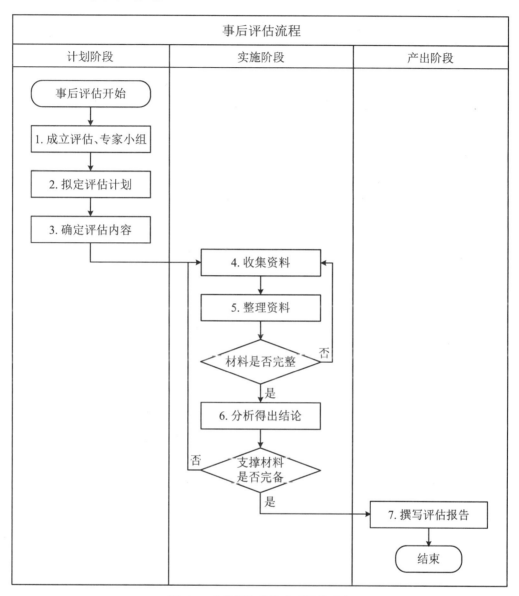

图 6-4　文化版权投资事后评估流程

3. 确定评估内容

事后评估基于全面性考虑,其评估内容复杂,评估范围广泛。在事后评估之前需要将评估内容具体化,且评估范围也应控制在可行范围内。

(二)实施阶段

1. 收集整理资料

文化版权投资的书面资料包括决策前的项目背景资料、市场分析资料、可研报告、各阶段评估报告、财务数据等,应对相关资料进行归纳整理。

2. 分析得出结论

以材料和数据作为支撑,分析文化版权投资的项目实施过程、目标实现效果、产出效益、影响力及可持续发展能力,并得出结论。

(三) 产出阶段

事后评估的最后一项工作为事后评估报告的撰写,是对整个事后评估结果的汇总与整理。评估报告需要切实体现评估的客观结果,总结实际存在的问题,提出具有实操意义的对策建议。

通常情况下,项目后评估应该按照国家发改委等相关部门规定的格式编写。以一般性版权项目为例(表6-9),事后评估报告包括总论、项目前期工作的事后评估、项目实施后评估、项目运行情况评估、项目效益后评估、综合结论等模块内容,可作为实际应用的参考。

表6-9 文化版权投资事后评估报告大纲(示例)

第一章 总论	(九) 合同执行情况
(一) 评估目的	(十) 实际产出能力
(二) 组织管理	第四章 项目运行情况评估
(三) 评估单位	(一) 项目投入所需的资源情况
(四) 评估起止时间	(二) 项目产出种类、数量及收益情况
(五) 资料来源及依据	(三) 投资企业性质、职权、主管机关情况
(六) 评估方法	(四) 企业经营管理
(七) 项目总体情况	(五) 劳动组织与人员培训
第二章 项目前期工作的事后评估	第五章 项目效益后评估
(一) 筹备工作	(一) 财务效益后评估
(二) 决策工作	(二) 国民经济后评估
(三) 投资与运营	(三) 社会效益后评估
(四) 物资及资金等落实情况	第六章 综合结论
第三章 项目实施后评估	综合以上各章节内容,总结得出项目前期、中期及后期各阶段的成效及问题,分析项目发展前景,提出可持续发展的对策和建议
(一) 项目启动	
(二) 运营准备	
(三) 项目变更	
(四) 项目管理	
(五) 项目资金供应情况	
(六) 项目执行及运营周期	
(七) 项目成本	
(八) 项目验收与试运营	

延伸阅读

序号	阅读主题	阅读文献
1	版权评估现状	宋戈.我国版权价值评估制度的建构[J].改革与开放,2015(1):63-65.
2	版权评估方法改进	张静.收益现值法评估演艺版权资产的改进意见[J].经济研究导刊,2020(36):86-87.
3	版权制度建构	杨雅坤.技术+平台,赋能版权保护与交易:专访马栏山视听节目国际版权交易中心总监李青穗[J].国际品牌观察,2020(36):45-48.
4	版权评估方法改进	贺光伟.体育赛事版权价值评估方法研究:以足球赛事为例[J].湘南学院学报,2021,42(2):73-77.
5	版权研究最新动态	刘玲武,曹念童.版权交易机制外部生态的内涵、构成因素及优化策略研究[J].出版与印刷,2021(5):1-8.

第七章　文化版权投资的迭代

本章要点

版权投资迭代是指版权投资行为持续的积累、创新、优化、升级和实现高质量发展的方式与过程。它包括版权投资的发展理念、战略框架、实现路径、操作技术、规制体系、政策措施和人才团队等诸多方面的迭代。版权投资是版权价值持续变现的系列行为，这既需要投资者对版权投资活动的系统思考，又需要投资者在版权投资实践过程中，结合新环境、新起点、新场景、新任务、新模式不断实现持续积累和系统跃升。版权投资相较于一般投资更需要迭代的加持。

版权投资迭代的重要前提是建构一个有效服务于投资目的，以及能够涵盖投资关键工作的基础制度框架。它应当兼具一定的制度刚性与制度弹性，能够助力投资者及时把握环境图景，拓宽行业视野，补救认知盲点，发现和拓展新的投资机会。版权投资制度框架建立得越早，越容易发挥迭代效应，其成效能够在价值创造的实践过程中得到检验和印证。

应当建构覆盖所有部门和全部工作的版权投资迭代机制。这个机制成功的重要标志包括：版权投资迭代工作任务能够逐级分解，工作责任能够层层传导，创新行为能够得到组织文化支撑，创新成效能够纳入基础框架。

第一节　概　　述

一、文化版权投资迭代的内涵

(一) 文化版权投资迭代的概念界定

迭代是重复反馈过程的一种活动，其目的通常是为了达到或靠近所设定的目标或所期望的结果，每一次对过程的重复称为一次"迭代"，而每一次迭代得到的结果会作为下一次迭代的初始值。① 迭代一词最初出现在数学计算领域,后被应用于其他领域中。

迭代法也称辗转法,是一种不断用变量的旧值递推新值的过程,跟迭代法相对应的是直接法,即一次性解决问题。迭代算法是用计算机解决问题的一种基本方法。它利用计算机运算速度快、适合重复性操作的特点,让计算机对一组指令(或一定步骤)进行重复执行,在每次执行这组指令(或这些步骤)时,都从变量的原值推出它的一个新值。②

投资是认知的变现,认知需要体系化思考,越早建立行之有效的投资框架、投资模式及团队、体制等,不断迭代升级,越容易发挥复利效应。新兴行业,新旧动能转换,在这个过程当中,需要跟时代同步。认知在不断累积、扩大和迭代,同时也不断把外部优秀的东西吸收进来,最终融合在投资体系里。在不断将投资策略与外部环境碰撞与磨合的过程中,常常是个循环往复的过程,直到充分磨合后变成体系中的一部分,成为迭代的一个周期。投资是搭建现在与未来的桥梁,需要不断地思考和对标,哪些领域在未来的占比会提高,哪些领域会减少。而领域又随着周期的变化而变化,如同季节变化一样。经济活动也有四季演变过程,市场的情绪也会经历起伏,导致定价体系出现周期性的变化,每一个投资方向,都会经历类似的变化。这就要求投资时不断进行迭代。投资需要因时而动,在行业发展中寻找机会。行业发展伴随着价值迁移,如果判断失误,那么投资就会陷入价值陷阱,因而投资需要不断迭代。③

文化版权投资核心是流程创新,包括对投资的整个流程的把控,所有这些都没有固有的技术创新,要么引入新的(更好的)过程,要么对现有过程进行优化,即是一种以技术创新为因子的流程迭代。文化版权投资迭代指版权投资领域中相关概念、流程、实践方式的发展变化,追求螺旋式上升和跨越式发展,指版权投资行为持续的积累、优化、创新、升级和实现高质量发展的过程,主要包括版权投资的发展理念、战略框架、实现路径、操作技术、规制体系和人才团队等诸多方面的迭代。文化版权投资的产业化通常划分为四个阶段:文化版权的酝酿与发明阶段、创新阶段、文化扩散阶段和大生产阶段。每一阶段的完成和向后一阶段的过渡,需要对每一阶段的内容和特征进行仔细把握,不断进行迭代,生成新的经验与模式。

(二) 文化版权投资迭代分类与功能

按照时间长短划分,文化版权投资迭代分为渐进式迭代与骤变式迭代。前者指迭代在较长时间内发生、完成,后者指的是在较短时间内迭代。这两种方式在当下文化版权投资中均较为常见。

按照外部力量介入与否,文化版权投资迭代分为被动型迭代与主动型迭代。前者指投资主体受到外在因素影响,如政策变化、制度变革、人事变动等,不得不对版权投资

---

① 赵珺,张香平.运用迭代式主题意义探究策略推动词汇由"被动"向"主动"转化[J].英语学习,2021(12):17-22.
② 百度百科.算法[EB/OL].[2022-10-30].https://baike.baidu.com/item/%E7%AE%97%E6%B3%95/209025?fr=aladdin
③ 上海证券报.投资要随着时代进步而不断迭代[EB/OL].(2021-03-01)[2022-10-03].https://news.cnstock.com/paper,2021-03-01,1434654.htm

进行迭代，后者指的是为了获取更多的收益，促进投资事业长足发展，主动采取一系列措施，对之前的投资理念、模式、人才团队、制度等进行改进。

按照体系化与否，文化版权投资迭代分为结构型迭代与非结构型迭代。前者指的是根据投资结构的特点进行的系统化迭代，后者指的是非系统化、不成体系的迭代。

按照迭代的范围，文化版权投资迭代分为局部迭代与整体迭代。前者指的是在文化版权投资的生命周期中局部环节进行迭代，如投资理念迭代或模式迭代等，后者指的是所有环节的迭代，贯穿文化版权投资策划、实施、评估、风险管理等全过程中。

近年来，我国的文化版权产业发展态势十分迅速，显示出了蓬勃的生命力。投资是经济发展的"压舱石"，在世界之变、时代之变、历史之变的百年未有之大变局下，文化版权投资需要直面新的发展需求，扩大有效投资。总体思路上，通过制度修订、流程再造、系统重构，迭代打造有效、高效投资，协同推动投资项目管理应用创新、理论创新、制度创新，推进投资领域治理体系和治理能力现代化。①

现代信息技术飞速发展，移动互联网、大数据、人工智能等技术极大地推动了社会进步，为文化版权使用形式的创新、版权保护和管理能力的提升以及文化版权产业的发展创造了良好的条件，同时也带来了诸多挑战，如国外版权投资输入挤压国内同类产业生存空间，盗版侵权现象屡禁不止，资本不正常涌入或大量流出等。在这种大背景下，需要通过迭代的方式建构文化版权投资良性生态。探究版权投资的迭代问题对行业发展具有重大意义，能够为评估行业成长提供理论和实践上的借鉴，推动版权投资领域稳步成长。

二、文化版权投资迭代的内容

版权投资理念迭代。文化版权投资理念是体现投资主体的投资个性特征，并在投资过程中促使投资主体开展分析、评判和决策，最后影响或指导投资主体的投资行为，并反映投资主体的投资目的和意愿的价值观。总而言之，文化版权投资理念是文化版权投资主体摆脱投资行为的盲目性而建立的经过实践检验的投资原则和投资方法。对版权投资理念迭代的探析，能够清晰地帮助投资主体建立自己的投资理念。

版权投资模式迭代。文化版权投资模式是根据文化版权投资行业的经验积累，分析和总结前人投资成功经验和失败教训，并从中抽象出共性内容，用于指导文化版权投资的分析和决策。通过对版权投资模式迭代的路径分析，可以纵观整个行业的成长脚步，吸取经验教训。

版权投资人才迭代。文化版权投资人才是具有一定的投资专业知识技能，能够进行创造性投资劳动并对文化版权投资领域做出贡献的人，是文化版权投资行业人力资源中能力和素质较高的投资劳动者。对版权投资人才迭代的探讨，可以获取行业持续成长的内生动力，也能够在人力资源争夺中占取先机。

---

① 林崇责.投资数字化改革的迭代路径[J].浙江经济，2022(5)：54.

版权投资制度与政策迭代。文化版权投资制度是指政府依法对文化版权投资活动采用各种手段进行规范和调控，使其符合计划要求的制度。文化版权投资制度的意义在于规范投资行为，包含投资主体的投资战略、投资体制、投资责任和投资程序等重要内容。这种制度规范有利于及时发现和纠正文化版权投资存在的不规范问题，防止不正确投资行为的发生和资金的流失，从而有效提高投资效益。政策是国家政权机关、政党组织和其他社会政治集团为了实现自己所代表的阶级、阶层的利益与意志，以权威标准的形式规定在一定历史时期内，应该达到的奋斗目标、遵循的行动原则、完成的明确任务、实行的工作方式、采取的一般步骤和具体措施。政策迭代意味着新旧政策交替，在针对旧政策的不足与修订之上衍生出新的政策方案，以更符合实际需求。

三、文化版权投资迭代的特点

文化版权投资的理念、人才、模式、制度与政策是文化版权投资领域的核心要素。在投资交易发生时，这几大要素之间相互影响、相互制约、相辅相成，共同构成文化版权投资的整体框架：投资制度是基础，是投资行为发生的背景要素；投资政策是支撑，为投资行为提供保障支持；投资理念和模式是指导投资的重要价值观；投资技术和人才是支撑投资成功的重要资源。因此，探究版权投资迭代对版权投资发展意义深远，是深耕版权投资领域的首要环节。

当下数字化社会的一个重要特点就是"反复的迭代与颠覆"，迭代再次被迭代，颠覆再次被颠覆，没有终极的迭代与颠覆。与之相应的，文化版权投资迭代的第一个特征是持续性。迭代是不断地升级的过程，并不会在某一个时间点或者环节停止。数字时代，进行决策和创新，因为各种不确定性因素，不可避免要允许试错，当然这种试错需要控制在一定的可承受范围内。而减少错误带来的不良后果的最佳方式即是常态化迭代。

文化版权投资迭代的第二个特征是动态性。资本的本性就是不断增殖，而资本只有在运动中才能增值，离开了运动，资本就丧失了生命。迭代的本质是不断更新升级。文化版权投资迭代是根据上一次的投资策略、投资经验与外部环境变化等，不断调整更新下一次的投资，以取得资本最大化增值。换言之，文化版权投资理念与行为处在不断变化之中。

文化版权投资迭代的第三个特征是情境性。投资迭代不存在普适性规律，只有在具体领域的具体项目、具体版权产品中才能体现出来。任何版权创意、技术优势等在未经过市场检验之前都是一系列未经测试的假设条件，只有靠快速的迭代才能发现消费者对产品的最终认知。与之相应的，文化版权投资也在根据具体投资场景不断地改变优化，适应市场的快速变化。

文化版权投资迭代的第四个特征是目标导向。文化版权投资迭代不是为了迭代而迭代，其有着鲜明的目标导向——实现资本的利益最大化。资本的本性是不断地增殖，带来新的社会财富价值。当投资者对未来的预测与客观实际相符合时，投资人可能获得可观的收益。但是如果二者不相符合，收益和本金都可能成为泡影。所以，对于资本来说,收益与风险并存。迭代的目的是减少风险,增加收益。

第二节 文化版权投资理念迭代

一、文化版权投资理念发展的概念

投资理念是一套指导投资主体决策过程的信念和原则的总和。投资理念不是一套正式颁布的法律,而是一套科学的指导准则,是投资主体对投资市场性质的主观看法和信念,并且隐含、反映在投资策略中,本身是不可观测的。[①]

不同的投资理念决定了不同的投资策略。投资策略是一种明确的投资方法,它决定了投资者对其投资组合的选择,投资策略是基于基本信念做出的特定的策略安排。投资理念是指导投资决策的一套核心的投资原则和信念,而投资策略则是投资理念在实践中的应用,主要反映在投资组合的构建和管理方式上。[②]

受到内部要素驱动加上外部因素复杂化影响,文化版权投资一直处在迭代之中。通过不断优化、创新、升级投资行为,以实现投资的稳健性、收益的可持续性。投资理念反映投资主体的投资目的和意愿以及核心价值观,并且在具体的投资实践中指导投资行为,不同的理念对投资内容的风险评估、预期收益、执行步骤等看法不同,有的重视价值投资,有的侧重风险投资,有的则偏向组合投资。尽管如此,投资主体均会对自己的投资理念进行迭代升级。这主要是因为:第一,文化版权产业发展太快,必须适时更新投资理念,才能根据市场变化进行战略性调整;第二,随着投资行为的增多,投资主体对文化版权投资的认知在不断深入,这势必会促使其优化投资理念;第三,投资理念的不断迭代会直接或间接影响投资回报率,这无疑提振了投资主体进行投资的信心。

从微观层面来看,投资主体的每次投资行为都是理念迭代的直接反映;从宏观来看,不同的政策制度变化以及产业层面的发展趋势,会影响投资主体的理念变化;从发生方式来看,投资理念迭代可以分为渐进式与骤变式。成熟的文化版权投资主体一般偏好渐进式迭代。例如,某文化版权投资企业坚持长期投资、价值投资、稳健投资的理念,建立与自身组织架构相适应的、科学有效的投资价值链及战略、战术与委托投资方法论和流程,以及与这些理念和方法相适应的投资决策机制。[③]

三大投资理念是引领,使得其投资风格行稳而致远、谋定而后动,但这并不代表投资理念的一成不变,其会在战略资产配置的引领下灵活进行战术资产配置,建立多措施平衡机制,从而确保投资业绩维持在一个较高的水平,积极把握结构性机会,建立覆盖

[①] 张宇.私募基金投资理念极化问题研究[D].沈阳:辽宁大学,2021:17.
[②] 张宇.私募基金投资理念极化问题研究[D].沈阳:辽宁大学,2021:20.
[③] 何奎.坚定三大投资理念,深挖三大投资机会[N].上海证券报,2022-05-05.

事前、事中和事后的信用风险管理流程①,精选优质投资标的,力争获取超越市场的长期收益回报。换言之,该企业的核心投资理念是处于相当稳定之中的,以其为核,再根据具体情况对理念和策略进行渐进式调整。处于成长初期的投资主体偏爱骤变式投资理念。由于在不断探索实践试错之中,投资主体在早期发展阶段会积极调整投资策略,修正投资理念,直至摸索出适合自身发展定位的核心理念为止,才会停止对理念与策略的大幅变动。

二、文化版权投资理念迭代的演进

文化版权投资理念往往无法直接观测但常常体现在投资策略中,因而第七章将文化版权投资理念迭代重心放在投资策略上。

(一) 版权的价值投资

价值投资理念可以追溯到20世纪30年代,由美国哥伦比亚大学的本杰明·格雷厄姆(Benjamin Graham)②创立,在沃伦·巴菲特的大力推动下,该投资理念自20世纪七八十年代开始走红美国乃至全世界。

这类投资主体主要依靠的是对投资客体的财务数据分析,等待客体价值低于其内在价值时买入,享受价值回归的过程;当其市场价值高于客体的内在价值时卖出,赚取当中的差价。

版权价值由产品、企业与产业共同构成,其中产品是版权价值的微观反映,版权企业是版权价值的创造者和拥有者,而版权产业是显示版权价值经济贡献的最高层次形态。③

我们在文化版权领域进行价值投资需要注意以下几点:

第一,必须深耕文化版权产业链,对产业链的内部及外部的相关主体做深度调研,主要包含:核心文化版权企业发展动态、公司产业链上下游利益相关方、相关第三方主要机构等,关注文化版权领域的发展进程、投融资情况、并购情况,并探讨可能的合作模式,最终优中选优。

第二,必须从风险控制角度进行分析,确保资金的安全性。文化版权的价值投资相对于其他类型的投资来说,风险较高,因此必须采用风险相对可控,后期增值潜力大的项目。

(二) 版权的量化投资

20世纪60年代,爱德华·索普④提出"科学股票市场系统"理论,并成立普林斯顿-

---

① 何奎.坚定三大投资理念,深挖三大投资机会[N].上海证券报,2022-05-05.
② 本杰明·格雷厄姆(1894—1976),证券分析师,代表作品有《证券分析》《聪明的投资者》等。
③ 段桂鉴,王行鹏.版权价值层次性的认识与解读[J].版权资产管理实务指南,2019:109.
④ 爱德华·索普(Edward Thorp),加州大学洛杉矶分校物理学教授、麻省理工学院教授,加州大学欧文分校教授,发展了现代概率论并应用于金融市场中,发明了科学股票市场系统。

纽波特基金,该基金是全世界第一个量化投资基金,并创下了成立11年没出现年度亏损的纪录,持续跑赢标普指数。① 从此,量化投资理念成功地吸引了投资界的强烈关注,成为投资领域的重要理念。

20世纪七八十年代量化投资理念进入高速迭代和发展期,90年代是量化投资发展黄金期。虽然受到2008年金融危机影响,但之后仍靠其自身的优势量化投资成为市场的主流,因为其收益稳定风险较低而受到市场的普遍推崇。

在量化投资理念中,投资主体通过买入一篮子股票(例如,购买指数基金)来降低个股风险,获得市场平均收益,即通过量化方式或计算机程序化,发出买卖指令,实行以得到稳定收益为目标的交易方式。

量化投资是一种定性思想的量化应用,它对大量的指标数据进行分析,得出有说服力的数据结论,然后进行数学建模,并通过计算机技术进行量化分析,从而得出一个比较契合实际的投资策略。其投资业绩稳定,市场规模和份额不断扩大,得到了越来越多的投资者认可。

在文化版权领域中,首先,通过数量化的方式以及计算机上的程序发出的买卖指令进行的交易操作叫作量化投资。② 量化投资较为严谨,因为决策是根据模型做出来的。量化投资有三个模型,分别为资产配置模型、行业模型、股票模型。根据这些资产配置决定股票以及证券投资的比例来完成一些超额或者低额的配置,这样就能够通过运行结果而做出决策,而不是凭文化版权投资主体的感觉做决策。

其次,文化版权量化投资具有系统性,系统性主要表现在多层次,这是大类的资产配置。它在行业选择以及精选个股方面存在三个层次,因此每个投资都是有一定模型的,而且是多角度的。

再次,文化版权量化投资具有非常大的数据,对这些海量数据进行处理的时候,能够获得更多的信息。这样的话,就能够使投资主体获得较大盈利。

(三) 版权的成长投资

早在20世纪50年代末期,菲利普·费雪③就注意到成长型投资的优势。费雪是长期持有成长股投资理念的倡导者,他强调注重研究投资对象的成长性,他认为投资想赚大钱,必须有耐性。因此,费雪被称为"成长型价值投资之父"。

在成长投资理念中,文化版权投资主体依靠的是通过长期持有优质投资客体的股权,与投资客体一起成长,获得投资客体成长的收益。即投资主体的目标应该是正在成长中的投资客体。

选择成长投资理念的投资主体更关注股价在较长时间内的上涨幅度,而价值投资

---

① 标准普尔指数是由美国的证券研究机构标准·普尔公司编制的股票价格指数。
② 邵波,李书涵,倪晨晨,吴旭婷.图绘信息数据,洞察投资本色:基于Python的金融数据可视化[J].现代营销(经营版),2021(10):31-33.
③ 菲利普·费雪(Philip A. Fisher),现代投资理论的开路先锋之一,教父级的投资大师,华尔街极受尊重和推崇的投资家之一。

更注重从股价上涨中获益。二者诉求不同,但是本质相同,都是在成长期以较为合理的价格买入。

在文化版权领域中,首先,贯彻成长投资理念要认识文化的重要性,每个文化版权投资主体都要增强发展文化使命担当意识。因为文化是"人文化成"一词的缩写,它的核心要素始终是人文的意识形态。文化之所以重要,在于文化的作用,文化的作用总结来说就是整合、导向、维持秩序、传续四个方面。

其次,贯彻成长投资理念要坚持长期管控,这是由文化的双重性决定的。文化是由人所创造的,但不是人所创造的都称之为文化,这要求文化版权投资主体要坚持"社会效益优先"的原则。这与文化企业内部运营时坚持的"经济效益优先"不一样,从事投资需要关注意识形态管控的问题,方向正确是投资成功的前提条件。只有符合宏观意识形态发展需要的文化,才能带来正向价值,从而延时增效提质。

(四)版权的技术投资

技术投资理念可以追溯到19世纪20年代,威廉·江恩①是技术分析行业的鼻祖,他创造的技术投资理念沿用至今。江恩认为,股价变动看似杂乱无章,其实是有内在规律可循的,可以依据对其过去表现的了解来预测其未来走势。通过引入数学、几何学等多学科的知识,江恩提出了多种理论,如波动法则、周期理论等。②

现行的技术投资理念认为,投资主体应该通过观察图表来判断市场未来的发展趋势,通过合理的盈亏比去获取收益,即通常认为图表能够反馈投资客体的总体心理状况,比如K线、成交量、趋势线等技术指标可以综合判断市场的交易心理。因此,在投资行为发生之前,投资主体应当通过技术分析判断投资行为的准确性。

在文化版权领域中,技术投资理念要求文化投资偏向于投资市场容量大、体量足的产业,因为只有具备一定的市场规模,才可能有积极正向的未来发展空间,投资的回报率才能有一定保证。随着互联网技术的发展,结合科技等创新要素,文化产业能够获得长足的发展和升级。

由于文化要素具有被可复制性,文化版权投资主体应尽可能提升文化的垄断性和独占性。文化可以通过与科技创新相结合,用新手段、新方法实现内容文化的长远生存和持续影响,文化要获得长足的发展绝不能拘泥于一时的娱乐。如利用3D投影技术构建的数字虚拟人初音未来、洛天依等独具特色发展模式就具有很广阔的市场前景。

(五)版权的组合投资

组合投资理念有狭义和广义之分,狭义的组合投资理念指的是美国经济学家哈里·马科维茨③于1952年首次提出的组合投资理念;广义的组合投资理念指若干个投资理念

---

① 威廉·江恩(William Dilbert Gann),20世纪著名的投资家,在股票市场上的骄人成绩无人可比。
② 陈焱.天津期货市场中的投资策略研究[D].天津:天津大学,2004:30.
③ 哈里·马科维茨(Harry M. Markowitz),1927年8月24日生于美国伊利诺伊州。1952年,马科维茨在他的学术论文《资产选择:有效的多样化》中,首次应用资产组合报酬的均值和方差这两个数学概念,从数学上明确地定义了投资者偏好。

的组合,其中以巴菲特的价值投资和成长投资两种理念的组合为代表。我们这里使用的是组合投资理念广义上的概念。

在组合投资理念中,多样化投资是必不可少的。投资主体为了避免将所有的鸡蛋放在一个篮子里,而把鸡蛋分在很多不同的篮子里。经过长时间的观察和研究,投资主体将多种投资理念集于一身,进行完善的资金配置,在市场中获取稳定的高额收益。这种投资理念意味着投资主体持有好几个投资客体的股票,可以促使投资主体非常认真地考虑是否需要进行某种投资,从而降低投资风险。也就是说,这种组合投资理念使得投资主体可以充分比较不同投资客体的优劣,约束投资行为使其更加合理规范,达到降低投资风险的目标。

在文化版权领域中,组合投资理念要求关注众多领域,并且与时俱进。投资的最终实现离不开相应资金的支持,因此在做文化投资时需要重视相应资金能否落实。再好的发展方向,没有现金流的支持,都是无法得到良好发展的。在筹集资金的过程中,我们还需关注项目的投入产出问题,投入产出比高的项目筹集资金的难度相对较低。

三、文化版权投资理念的应用

(一) 种子期:风险投资理念占主导

种子期是指该文化企业处于发展的初期,这时候文化版权产品增速非常快,属于成长股,处于红利期,即参与者能够享受到行业发展的红利。在整体市场,投资主体往往给予这类公司很高的估值溢价。

在文化企业发展的种子期[①],其投资特点主要是高风险伴随着高收益,因此风险投资占主导。风险投资是私人股权投资的一种形式,其主要通过提供资本或专业经验来投资初创企业,尤其是科技型公司,获得一定的股权,但并不直接介入其经营。由于初创企业管理经验不丰富,技术落地转化尚需要一定时间,因而对其进行风险投资存在一定的不确定性。

(二) 成长期:成长投资理念和价值投资理念并重

在种子期的机会出现后,其他资本会逐步进入这个行业,导致行业竞争加剧。这个阶段行业高速增长,但随之而来的是竞争激烈,利润率整体下降,缺乏竞争力的企业会逐渐主动退出或是被淘汰。

成长期投资是对风险投资客体在后期阶段的投资。成长前期属于投机机会,而在成长期后期,市场需求基本处于饱和状态,伴随着文化版权产业增长率的逐步减慢,则其赚取利润的机会大大减少,受优胜劣汰规律的作用,生产主体的数量在大幅度下降之

---

① 百度文库.风险投资进入企业的四个阶段:种子期、创建期、成长期、成熟期[EB/OL].[2022-10-03]. https://baike.baidu.com/item/%E6%94%BF%E7%AD%96/32783

后开始稳定下来。在这一阶段,投资客体已经形成了版权产品生产、营销、服务等相对稳定的运作模式,具备了一定的量产能力,然而由于快速发展,还需要对生产要素进行重组,增加投入,拓展生产力,组建更庞大、更专业的业务团队,开拓国内外市场,找准产品定位,树立品牌形象。① 另外,由于文化版权要求的质量高,投资客体应在提高产品质量、降低成本的同时,着手研发新的文化版权资源,以保证文化版权投资客体又好又快发展。

成长期的主要工作是进行资本市场与产品市场的开拓。② 一般包括第三轮融资和夹层融资。因此,在成长期阶段,除了获得投资客体成长的收益外,还要坚持价值投资理念。

(三) 成熟期:技术投资理念和量化投资理念成为主流

相较种子期与成长期,成熟期阶段,行业增速有所放缓,但存活下来的企业一般实力雄厚,占据较大市场份额,其所获得的利润率也较高。不过市场对其估值倾向于偏低,因为投资者通常会低估成熟期企业的盈利能力,高估其盈利周期。

文化版权产业投资发展到了成熟期后,其主要的投资特点是产业增长速度降到一个适度的水平,创新成为产业增长的重要因素。当原有较大的投资客体垄断了整个产业的市场,各自占有一定比例的市场份额后,就会使投资客体的利润升高,风险稳定,新的投资客体较难进入,最后使得厂家与产品之间的竞争手段逐渐从价格手段转向提高质量、改善性能和加强售后服务方面,投资风险较低,收益较稳定。

在此阶段,往往对应着相对稳定的市场环境。随着竞争的减缓,投资客体之间往往比较讲规矩,都会给彼此留下市场和利润空间。成熟期是长期投资者获取投资收益比较丰厚的一个时期。因此,在此阶段,投资主体会保持以往的投资力度,还会适量地加大投入资金。由于市场和利润相对稳定,技术投资理念和量化投资理念成为主流。在投资的过程中,以技术分析为依据来投资,采用技术图表的分析手段指导具体的投资,再加之量化的投资手段,能在此阶段增大获益的概率。

(四) 衰退期:谨慎投资

衰退期阶段,行业中的企业会出现负增长,甚至被其他新兴企业替代。很多价值陷阱往往出现在这个阶段。该阶段,特定的文化版权产品生产能力明显过剩,销售量却没有随之上升,抑或是由于国际形势变化、政策调整等不确定因素导致生产成本过高。③ 在这种情况下,整体营收甚至出现负增长。同类型企业甚至会使出恶意降价、污蔑打压对手等手段来争夺市场份额,抗风险能力差的企业随之倒闭,而存活下来的企业也因为收益率低艰难求生,从而导致该品类的版权投资低迷,资金大量外流。④

---

① 刘祖丽.风险投资企业项目中止决策分析[D].西安:西安理工大学,2004:50.
② 李作战.风险型中小企业融资的特征分析和国际经验借鉴[J].现代管理科学,2006(5):114-115.
③ 夏锦文,章仁俊,白秀艳.DEA方法在衰退产业识别中的应用[J].技术经济与管理研究,2005(3):25-26.
④ 顾朝林.南京制造业的基础与发展前景分析[J].南京社会科学,2003(S2):142-146.

文化版权产业衰退通常是指一个地区或一个国家的文化版权产业结构不再适应市场需求变化、不具备区位优势,因而缺乏竞争力,在产业结构中陷入停滞甚至萎缩状态。在这个阶段,产业发展进入衰退期。一个产业处于衰退期当然没有任何投资价值。

四、文化版权投资理念迭代的方式

单向迭代与多向迭代。理念迭代通常被认为是不断优化投资信念与原则,是单向上升的过程。例如,文化版权投资从早期的物权投资到股权投资再到现在的版权投资,该过程反映了投资理念渐趋成熟。然而,随着文化版权产业的发展,过去的一些投资原则与信念以及成功的经验和做法在当下并不一定代表着过时。我们需要根据实际情况,对理念进行多向迭代,以达到最优结果。

外力驱动与内力驱动。文化版权投资理念迭代是内外部力量共同作用的结果。国际形势、国内外相关政策变化、市场发展走向等外部力量促使文化版权投资主体不断调整投资理念。而自身的定位、利润最大化追求、可持续发展等内部需求也使得投资主体不断优化其投资理念,调整组织形式、投资框架与策略等。

累积与跃迁并重。理念演变受到变量因子累积与跃迁共同影响。投资主体在一次次投资实践中积累经验教训,又受到国内外大环境与新潮流的影响,从而在自身积累的基础之上,借鉴新思想、新模式,从而实现理念的跃迁。

第三节 文化版权投资模式迭代

一、文化版权投资模式发展的概念

文化版权投资模式迭代是实现文化版权产业发展的重要渠道和方式,也是促进文化版权产业发展的根本和支撑。

投资模式迭代指的是受到市场与政策影响以及实践积累,投资主体不断分析前人投资成功经验和失败教训,并从中抽象出共性内容,调整投资模式,以指导后续文化版权投资的分析和决策。从历史发展的角度来看,国际上主要国家和地区文化版权产业投资均经历了不同的投资模式迭代,形成了各自的特色。例如,中国的文化版权投资模式主要经历从债券市场模式、融资租赁模式、众筹融资模式向创新性投资模式转变的过程。这些模式并不存在严格意义上的先后顺序关系,抑或是替代关系。更多的时候,这些模式协同发挥作用,只是在投资的某一阶段某一种模式可能会占主导作用。

从宏观来看,当前我国文化版权在投资模式方面,还存在着很多问题,严重制约着其发展。一是融资渠道比较单一。虽然我国文化产业的投资方式种类很多,例如,私募基金、银行投资、风险投资、政府资助等,但是当前我国文化版权产业的发展还是比较依赖财政拨款,尚未形成多元化投资并重的格局。二是投资主体过分依赖政府。当前文化版权产业的投资中,国有企业方面的投资还占据着很大的份额。据相关统计,文化版权产业企业资金来源总体上可以分为国有投资、外资投资和非公有资本投资等。长期以来,财政投入成为我国文化版权产业投资的主要资金来源。三是服务保障机制缺失。在文化版权产业的各个发展环节中,如研发、生产等需要大量的资金,其在自身无法解决的时候,需要第三方担保。然而,当前我国文化版权产业的信用担保机制不健全,科学、完善的信用担保制度尚未确立,因此,如何在新形势下加快对文化版权产业金融服务机构的建设成为关键和重点。① 从中微观来看,我国文化版权投资企业尚未探索出一套科学化、具有普遍指导性的投资模式,更多的是依赖自身经验的积累与向国外借鉴学习,还在摸着石头过河。

在这样的大背景下,文化版权投资模式的发展迭代是非常必要的,它关系到文化版权产业的健康有序发展。降低市场准入,通过法律法规,构建多元化融资渠道和加强中介服务保障是构建良好投资模式的前提,也是根本的保障。② 政府应出台相关政策与税收优惠,建构配套性服务设施,鼓励企业与个人资本涌入文化版权行业,同时营造良好的投资环境,吸引国际资本注入,拓展投资主体,引入好的投资模式与经验做法,增加文化版权产业投资模式的多样性。③ 而对于投资主体来说,模式多样和迭代又提升了其对抗风险的能力。

二、文化版权投资模式迭代的变迁

文化版权投资模式主要经历从债券市场模式、融资租赁模式、众筹融资模式向创新性投资模式转变的迭代。值得一提的是,它们并不存在严格意义上的先后顺序关系,抑或替代关系,而是在某一时期某种模式的作用更加突出。更多的时候,几种模式是共存的,协同发挥作用。

(一)第一阶段:债券市场模式的兴起

债券市场模式主要有两种类型:一是以场外市场为主体,二是以场内交易所市场为主体。二者的主要区别体现在交易方式上。一般来说,场内市场以指令驱动为主,而场外市场是报价驱动型。④

以欧洲债券市场与美国债券市场为典型代表的债券市场的演变经历了这样一个过程:以个人投资者为主体转向以机构投资者为主体,从场内市场转向场外市场。⑤

中国的债券市场始于 20 世纪 80 年代,可以分为三个发展阶段:1988—1991 年,以

---

①② 祖令.我国文化产业投资模式探究[J].中小企业管理与科技(上旬刊),2016(1):149.
③ 吴佳晨,钭利珍.美国文化产业投资模式及其启示研究[J].商场现代化,2015(1):122-123.
④ 肖宇,罗滢.中国债券市场的发展路径[J].宏观经济研究,2009(2):71.
⑤ 肖宇,罗滢.中国债券市场的发展路径[J].宏观经济研究,2009(2):71-72.

柜台为主;1992—2000年,以场内市场为主;2001年至今,以银行间市场为主。①

随着运行模式的日渐成熟,我国债券市场形成了一个多层次的、良性运行的市场体系,核心为一级交易商、做市商、结算代理人和经纪公司(证券公司),主体为众多金融机构。②我国的债券品种主要分为:国债、中央银行票据、金融债、公司债券(含企业债券、短期融资券)、资产支持证券、商业银行次级债、国际开发机构债和境内美元债券等。③

债券市场较好地发展了资源配置作用,推动了文化版权投资事业的发展。但是相较发达国家,我国债券市场规模偏小,其推动力度有限,文化企业依旧面临融资难的困境。

(二)第二阶段:融资租赁模式受追捧

融资租赁是指出租方出资金购入承租方所需资产,再以租赁方式交给承租方使用,承租方按租赁期分期支付租金的一种租赁方式。④

相较债券市场模式,融资租赁使得企业无需购买价格高昂的固定资产,能够以较小的代价取得资产,从而保证正常运营所需要的资金流,促进资金流动;无需支付高昂的发行费用或进行财务抵押即可取得资产的使用权;承租方可以与出租方商定还租方式,根据实际情况来拟定租赁合同,具有一定的税收筹划空间,从而为企业发展争取最佳时机。⑤

当前,融资租赁公司的运作模式通常主要有11种:简单融资租赁、转租赁、回租式融资租赁、委托租赁、共享式结构化租赁、结构式参与融资租赁、销售式租赁、风险租赁、三三融资租赁、融资性经营租赁、项目融资租赁(表7-1)。

表7-1 融资租赁的11种常用运作模式⑥

模 式	特 点
简单融资租赁	出租人购买租赁物,租给承租人,承租人支付租金,期满结束后以名义价格将租赁物件所有权卖给承租人
转租赁	转租人从其他出租人处租入租赁物件再转租给第三人,以收取租金差
回租式融资租赁	承租人将自有物件出卖给出租人,同时与出租人订立融资租赁合同,再将该物件租回
委托租赁	没有租赁经营权的企业,委托有租赁经营权的企业完成租赁业务

---

① 肖宇,罗滢.中国债券市场的发展路径[J].宏观经济研究,2009(2):73.
② 冯光华.中国债券市场发展模式研究[D].成都:西南财经大学,2006:48.
③ 冯光华.中国债券市场发展模式研究[D].成都:西南财经大学,2006:71-72.
④⑤ 搜狐网.融资租赁解析[EB/OL].(2020-12-21)[2022-10-03].https://www.sohu.com/a/439521567_120857497.
⑥ 新浪财经.图解11种融资租赁模式[EB/OL].(2020-01-04)[2022-10-03].https://baijiahao.baidu.com/s?id=1654736045179970171&wfr=spider&for=pc.

模式	特 点
共享式结构化租赁	承租人向出租人缴纳一定的基本租金后,剩下的租金再根据营收情况支付租金
结构式参与融资租赁	出租人除了取得租赁收益外还取得部分年限参与经营的营业收入
销售式租赁	承租方通过自己所属或控股的租赁公司采用融资租赁方式促销自己的产品。这些租赁公司依托母公司能为客户提供多方位服务
风险租赁	出租人以租赁债权和投资方式将设备出租给承租人,以获得租金和股东权益
三三融资租赁	承租人的首付金不低于租赁标的价格的30%,厂商在交付设备时所得货款首批款大体上也是30%左右,而租赁公司的融资也控制在30%左右的比例。三方各承担一定风险
融资性经营租赁	在融资租赁的基础上计算租金时留有超过10%的余值,租期结束时,承租人对租赁物件可以选择续租、退租、留购
项目融资租赁	以项目本身的财产和效益为保证,与出租人签订项目融资租赁合同,出租人对承租人项目以外的财产和收益无追索权,租金的收取也只能以项目的现金流量和经济效益来确定

国内第一家文化融资租赁公司是北京市文化科技融资租赁股份有限公司,成立于2014年,由北京市国有文化资产监督管理办公室发起。首家合作企业为四达时代集团,其以在欧洲地区的部分电视转播权作为标的物,向该公司贷款1.068亿美元。这是全国第一笔文化融资租赁,在当时引起了不小轰动。[1] 融资租赁的出现符合以"轻资产"为主要特色的文化企业的发展需要,使得该类企业不再受困于必须用固定资产抵押融资。

鉴于租赁融资操作方便,其在欧美日等地区已经成为第二大融资主体,仅次于银行业,在我国也逐渐成为主流。

(三) 第三阶段:众筹融资模式引入

众筹融资首先出现在互联网金融领域,2009年诞生于美国,2011年进入中国。

众筹融资模式多以项目的方式运作,指筹资人在某个平台上以视频、文字、图片等多种方式展示自己的项目、进行融资,寻求潜在投资者的支持。投资方对项目进行评估,然后以资金或实物等方式进行支持,获得受益分红、股权或礼品作为回报。项目发起人通过介绍项目的创意、市场前景来吸引支持者,但也需将潜在风险提前告知。在通过众筹融资平台审核后,开始进入融资阶段。项目发起人需要保持一定程度的信息透明度,并接受投资方的监督,并在项目盈利后兑现自己当初的承诺。众筹融资模式对于文化企业来说,无疑是一种利好措施。它极大地分散了文化企业进行项目投资的风险。文化企业筛选出优质的文化项目,进行众筹,一来减少了企业资金投入的压力,二来为企业

---

[1] 中国债券信息网. 文化融资租赁开启"破冰"之旅,国内首家文化融资租赁公司在京成立[EB/OL]. (2014-09-03) [2022-10-03]. https://www.chinabond.com.cn/Info/19030852.

发展争取到更多的现金流。十多年来,众筹融资模式,尤其是文化影视作品,在我国方兴未艾。

中国最早在该方面进行探索的是影视领域。以电影《大圣归来》为例,2015年,该部电影成为国产动漫电影最大的黑马,创造了票房奇迹,不过最让它受到外界关注的不仅仅是因为高票房,还有它庞大的联合出品人群体,其数量高达89位。这89个人共为电影众筹了780万元资金,并相应分得了10%的利润,投资回报率在400%左右。

众筹融资中股权众筹在我国有着广阔的市场。文化企业融资难,渠道不多,股权众筹模式搭建了一个平台,使得文化企业与投资方能够直接对话,能够吸纳更多的社会资金。目前,股权众筹模式主要有三种类型:天使合投模式、个人直接股东模式、基金间接股东模式。①

众筹融资模式在助力文化产业发展的同时,也存在一些弊端。首先,国内尚没有制定完善的法律法规来对众筹进行规范;其次,众筹准入门槛低,众筹融资平台的审核并不能提供一个类似权威官方机构得出的结论,支持者需要根据自己的经验对项目进行评估。由于认知局限性与专业知识匮乏,支持者并不一定能够做出较为理性、科学的判断。此外,筹资方违约成本低,一旦失败,无需支付高昂的赔付。② 因而众筹模式经历了从边缘到主流再到边缘的过程。

(四)第四阶段:创新性投资模式发展势头强劲

无论是债券市场模式、融资租赁模式,还是众筹融资模式,都有各自的弊端。随着文化产业的快速发展,创新性投资模式开始兴起。该模式更强调根据具体使用场景,推出灵活的、符合文化产业成长规律的融资途径。

创新性投资模式具有以下特点:首先,参与主体众多。例如,文化版权项目和产品的投贷组合融资模式中,政府、银行、文化产业投资基金、证券公司、保险公司等有机协同,从最初的市场调研、价值与风险评估到政府扶持项目的确定、后期营销推广等全链条开展合作。③ 该模式的好处在于,文化项目和产品从创意到推出,涉及各方利益,多方共同发力,才能实现利益最大化、风险最小化。其次,更具针对性,方式更灵活。文化版权投资体系主要由政府财政补贴、银行信用贷款、企业债、企业股权融资、股票发行、信托基金、保险、担保等多要素构成。④ 该模式更强调根据具体场景,灵活组合各要素,为融资主体量身打造符合其特点的融资途径。例如,收入质押创新模式,银行、担保机构等根据文化企业未来预期收入或版权价值等,推出"私人订制"的贷款或投融资方式。比如上海东方惠金文化产业担保公司还设计了这样一款贷款方案——门票收益质押。银行直接收取公司未来的门票收入,以此为条件来提供贷款给文化公司。换言之,在目标驱动的前提下,文化版权投资可以使用强强组合、"无中生有"创造新形式来达到成功融资的目的。再次,效率更高。创新性投资模式的最新趋势是组建网络化、社会化高度协同的投

---

① 高敏学.浅谈互联网金融模式中的众筹融资模式[J].今日财富(中国知识产权),2021(1):60-61.
② 郭世昌,钟楼栋,张皓楠.众筹融资的模式分析[J].山西农经,2021(6):176-177.
③④ 刘德良,金晶,张毅.融资就像"谈恋爱"文化产业创新投融资模式[N].企业家日报,2013-02-25.

融资第三方服务平台,鼓励通过线上线下、网络上各节点联动,聚集要素资源来融资。例如,通过融资平台与协同网络,链接文化企业、银行、保险公司、信托公司、律师事务所、服务中介机构等文化版权投资全产业链主体,高效率完成资本对接。①

创新性投资模式也具有一定的不确定性。在版权金融领域,以版权质押融资和版权证券化模式最为常见。以前者为例,版权质押融资,顾名思义,指的是相关方将版权进行质押,向银行、担保公司、风险投资公司等申请融资支持。但是文化版权具有特殊性,以数字版权质押为例,当下的法律法规对该方面的操作还没有特别明确的规定,如何对抵押的版权价值进行动态追踪与评估还存在很大困难,这就直接影响金融机构的放贷数额以及风险管控。在实际操作中,除了版权,还需要相关方的信用保证以及作为补充的其他担保方式。因而如何客观确定文化版权的价值、保护质押权人的权益等,还有待理论探讨与实践探索。

三、文化版权投资模式迭代的方式

从单一路径转向复合路径。从债券市场模式、融资租赁模式、众筹融资模式,再到创新性模式,投资模式逐渐从单一走向复合,创新性模式兼具前三种模式的特征,并进行了升级。当下,由于文化版权投资的快速发展,单一路径已经无法满足实际需要,相较之下,复合路径更符合现代文化版权投资的实践操作需求。

从封闭式主体到开放式多元化参与。无论是债券市场模式还是融资租赁模式,参与主体基本上都是固定的。众筹融资模式的崛起极大地增加了参与的主体数量,而创新性模式又进一步拓展了主体的类型。文化版权投资越来越普遍,参与的人数与种类也随之增多。然而,众筹模式由于准入门槛太低,导致无法对参与主体的质量进行把控,同时参与力量过于分散,不利于形成合力,从而阻碍文化版权投资健康有序发展。创新性模式很好地克服了这一缺点,整合了参与的主体类型,促进了相关方的协同合作。

从自上而下、自下而上转向混合式路径。债券市场模式、融资租赁模式、众筹融资模式分别是自上而下与自下而上融资的探索,而创新性模式将二者很好地结合在了一起。自上而下模式的弊端在于参与主体有限,融资渠道有限;自下而上模式的弊端在于组织过于松散,不利于快速推进投资并对各环节进行有序管理。创新性模式则汲取了前两种模式的优点,通过多主体参与,多部门协同,多途径投融资,来盘活更多的社会资源。

---

① 人民网. 创新文化产业投融资[EB/OL]. (2013-02-21) [2022-10-03]. http://theory.people.com.cn/n/2013/0221/c49165-20552546-2.html.

第四节 文化版权投资人才迭代

一、文化版权投资人才发展的概念

人才是发展的第一要义，创投人才队伍的建设，是行业发展的核心竞争力。人才是在某一领域或某些领域内具有极强的才能与相对优秀的素养，能够或者已经取得一些成绩、为社会做出贡献的人。人才主要有三个方面主要特征：一是劳动成果的原创性与创新性。人类的劳动按其性质可分为模仿性劳动、重复性劳动和创造性劳动三种类型。前两种劳动是以继承性劳动为重要特征，一般人的劳动主要属于前两种。[①] 人才则不然，其更擅长完成"从无到有、从有到优、从优到强"的创造性劳动。二是做出贡献的超常性。人才凭借天赋与努力，其做出的贡献往往大于常人。三是有良好的个人基本素质。例如，有较高的思想境界，良好的知识储备，超强的意志力和缜密的思维能力。[②]

其中还包括善于运用迭代思维的人才由于迭代思维的核心是"微创新"与"速度快"，因此他们具有极强的洞察力与持续的创新驱动力：一是善于抓住痛点。善于观察细节，从细微处入手进行微创新，很快地抓住问题的"痛点"。二是时代的人才。基于现实，善于分析并利用其所处的时代背景和环境，因此他们设计出的产品是走在时代前沿的，是快速更迭功能吸引用户眼球的。三是反应敏捷。能够对外部环境作出迅捷、有效的反应。他们不仅可以走在时代的前沿，甚至可以引领时代潮流。他们能够快速地调度人、组织、技术并能够有机地结合起来，形成对自己有利的资源。四是用体制抗衡体制。善于用体制对抗体制，在团队和部门建立新的架构。对于旧的不合时宜的体制，勇于改革。通过持续的创新、迭代来保持自身的优势。[③]

人才的集聚形成了人才资源。然而，只有人才资源向人才资本转变，充分释放其创新潜能，才能实现价值放大与最大化。这是一个从"材"到"才"再到"财"的过程。人才作为自身人才资本的所有者，其素质的高低、自身能动性等直接关系转变价值的大小。[④] 人才迭代的本质是实现人才资源向人才资本的增值转变。

人才迭代是文化版权产业发展的必然要求。文化版权产业是知识密集型产业，对其进行投资，对投资人才来说是一种挑战。首先，要对某一特定版权的产业化有着敏锐

[①] 梁拴荣,贾宏燕.创新型人才概念内涵新探[J].生产力研究,2011(10):23-26.
[②] 张林祥.我国人才资源向人才资本转变的机理、策略与效益研究[D].成都:西南交通大学,2006:12.
[③] 迭代思维的人才特质[EB/OL].(2019-03-02)[2022-10-03]. https://mp.weixin.qq.com/s/sfnt4_hPUdVK0PRytIYTZQ.
[④] 张林祥.我国人才资源向人才资本转变的机理、策略与效益研究[D].成都:西南交通大学,2006:11.

的嗅觉;其次,需要对高风险进行科学预判,获得高价值回报;再次,需要了解文化版权市场的发展趋势,找到投资的机会点;最后,当下的文化版权产业处在不断创新变动中,其发展势必推动着人才链的纵向与横向延展。这些反过来又促使投资主体不断调整人才结构、各领域人才配比等。只有进行人才迭代,才能确保投资队伍的高水平,进而助力文化版权产业投资。

二、文化版权投资人才迭代的演进

(一) 国家推进人才迭代

国家借助行政力量,通过多种人才制度,来推动人才培养,建设人才"高地"(体现在人才队伍结构合理、人才发展平台能级较高、人才制度体系健全等多个方面)。人才制度中,人才投入制度是人才资本积累和实现创新绩效的前提条件,主要作用于人才资本形成的直接成本;人才流动制度通过对人才资本进行优化配置,实现人才资本创新绩效和创新价值的最大化,主要作用于人才资本优化配置的交易成本;人才创新制度对人才创新活动的环节流程、组织形式、创新环境等进行规范,主要作用于人才资本创新活动的交易成本;人才激励制度体现对人才创新成果的重视与评估,主要影响人才资本的物质收益;人才评价制度是对人才资本所具有的创新能力水平、创新业绩贡献作出评估衡量的制度,是对人才资本创新绩效或创新价值的确认,主要影响人才资本的精神收益。[①]

国家推进人才迭代的主要手段有:一是坚持人才资源优先开发。相对于物质资源、环境资源、资金资源以及其他资源来说,确立人才资源开发的优先地位;加大人才培养财政支持力度;因地制宜,通过开展多元化人才培养模式,提高人才培养数量与质量。充分发挥教育对人才培养的基础性、决定性作用,在提高全体人民的思想道德素质、科学文化素质和健康素质的基础上,重点培养人的学习能力、实践能力、创新能力,优先发展科学教育事业,加大教育培训力度,构建终身教育体系,推进学习型社会建设,实现人才资源的持续开发。[②]

二是坚持人才结构优先调整。根据文化版权投资发展的实际需要与潜在诉求,推进人才结构战略性调整,发挥市场在人才资源配置中的基础性作用,加强对人才资源开发的政策调控,适应产业结构优化升级的需要,推进人才的合理分布。[③] 适应中国式现代化的需要,引导人才在不同区域内合理流动。统筹兼顾各个层次、各个门类的人才需求,实现不同层次、不同年龄人才的协调发展。[④]

---

① 李勇. 人才制度体系与创新绩效关系研究[D]. 北京:中共中央党校,2019:44-45.
② 荣志远. 区域人才资源开发与经济增长关系的实证研究[D]. 兰州:兰州大学,2007:48.
③ 人民网. 吴江:人才优先是实施人才强国战略的核心思想[EB/OL]. (2012-11-15) [2022-10-03]. http://cpc.people.com.cn/n/2012/1116/c351901-19604949.html.
④ 王丽. 找准立足点,加快实施人才发展战略[J]. 兵团党校学报,2010(5):60-64.

三是坚持人才投资优先保证。同发达国家相比,我国人力资本投入水平总体来说较低。人才投资保证是促进人才迭代的基石,政府、社会、文化版权产业及相关产业共同发力,坚持战略眼光、全球视野,目标与问题导向,促进人才发展。①

总的来说,国家推进人才迭代的方式是优先支持,推动人才制度先行先试。破除文化版权投资人才引进、培养、使用、评价、流动、激励等方面的体制机制障碍。② 优先赋能,推动人才"磁场"聚变裂变。当下我国多省成立了多个文化产业园、版权创新基地等,筑巢引凤,内培外引,加快建设人才聚集高地。优先保障,推动人才投入高能高效。如同科技领域的人才引进政策,文化版权投资领域的高层次人才也享受"一人一策""一事一议"等待遇。以常州与合肥为例,为了增加对人才的吸引,两地提供了优厚的配套设施,搭建最优生态,提升对所需人才的吸引力与承载力。③

(二) 行业倒逼投资机构进行人才迭代

文化版权产业的发展带动了文化版权投资的兴盛,而投资生态圈的扩大又对人才有着强烈的需求。

人才是文化版权投资机构的灵魂,没有大批优秀专业人才的加持,投资业绩也就无从谈起。几乎所有文化版权投资机构都深谙团队成员的能力、彼此之间的配合及团队稳定性对机构发展的重要性,因此通常会把好员工招聘关。从另一个角度来看,文化版权投资机构开出的优厚薪酬也足以证明其对人才的重视程度。有别于其他行业与企业,机构投资者要想吸引顶尖人才,除了极具竞争力的薪资待遇,还有赖企业的特色文化、投资哲学及员工的职业发展前景等,而公司明星投资人的光环也通常具备超强的吸引力。

由于行业的特殊性,文化版权从业人员流动性较大,这给投资机构的人才管理工作带来了较大难度。这个时候需要建设具有凝聚力与向心力的企业文化,从战略高度看待人才管理。

麦肯锡的人才管理模型包括七个关键环节:人才规划、招聘与入职、绩效考核与奖励、领导者培养、学习与组织机构发展、参与联系以及人才文化。文化版权投资人才管理有以下几种方式:以投资及投后管理为核心,匹配优质人才。遵循人才至上、人才优先的理念,引进顶尖人才并匹配相应职位与待遇,以便为后续工作的开展奠定人力基础。领军人物全团队引入,及核心技能导向的团队培养。采用淘汰率极高的精英人才招聘模式,重点关注两类人才招募:从市场上定向招募领军人物及其整个团队成员,直接搭建核心投资团队;在补充团队初级力量的核心技能人才引进上,采用难度极高的笔试和密集的面试,设置建模分析及撰写商业建议书等测试环节,从具备3—5年顶级投行或咨询工作经验、综合素质高的"通才型"候选人中进行遴选,筛选出顶级精英。设置业绩导向激励机制。领先投资机构往往都奉行"业绩导向"的激励机制,通过设定超额收益分享,

---

①② 李智勇. 落实人才规划纲要 推进人才强国战略[J]. 行政管理改革,2011(1):29-33.
③ 江苏先锋. 人才优先驱动创新发展[EB/OL]. (2021-12-22) [2022-10-03]. https://mp.weixin.qq.com/s/88QqLflAhnkydWK3uyJ6LA.

最大限度激发人才的表现潜力。同时,对于达到一定级别的员工,也向其开放跟投机会。高盛就致力于打造结果导向型激励文化,进行差异化绩效评估,给予表现出色者快速升职和巨额奖金等实质性激励。以能力为导向的快速晋升机制,培养明星投资人。

"传帮带"打造卓越团队。强调人才的能力,而非资历,通过能者快速晋升打造明星投资人才;在内部团队建设上则强调上下级之间的"传帮带"制度,通过传承并强化团队的优秀素质,打造强劲可靠的人才梯队。积极引进外部研究成果,打造学习型组织文化。领先投资机构往往都崇尚不断学习、与时俱进;通过与外部研究机构、政府机关等建立紧密的合作机制,积极引进最新的研究成果,为团队认知快速注入新的信息;定期举行投资会议就是打造学习型组织文化的常见操作。打破组织架构壁垒,鼓励跨部门协同交流。着重在公司内部建立强大的社交及知识网络,旨在打破组织架构带来的障碍和壁垒,加强跨部门之间的交流与协同。例如,在不同资产类别团队之间定期举行知识共享和学习活动,在部门之间进行项目、资源和人脉的转介等。文化版权投资要求团队具备强大的独立思考以及敏锐的前瞻洞察能力;为了获得客户的长期信赖,投资机构在工作中还必须强调诚信,并时刻追求卓越,为客户提供最优质的服务。①

(三) 企业驱动人才结构演进

文化版权产业企业的组织形态与其他众多行业一样,经历了股东价值形态、精英价值形态、客户价值形态、利益相关者价值形态四种模式。不同的组织形态人才结构有所差异。文化版权物权与股权投资阶段部分文化企业组织形态为股东价值形态。股东的资本与市场中的独特资源结合为企业创造主要价值。企业向市场推出的版权产品较为单一、简单,这时只需要有限数量的管理者与群体庞大的普通员工,此种两极分化形成了花瓶的形状,因而人才结构被称为花瓶型人才结构。②

随着文化企业的发展成熟,组织形态开始演变为精英价值形态。在该阶段,岗位分工开始细化,出现了专家、业务骨干、普通员工、初学者等梯队式人才。随着业务规模的扩大,该种分化愈发明显,因而形成了钻石型人才结构。③

为了适应市场需要,文化企业从精英价值形态进化为客户价值形态时,主要致力于产品创新,为客户创造价值,这时人才结构演变成"中间大、两段小"的橄榄型人才结构。高级人才与一般人才居于两侧,骨干人才在中央。三者之间的边界处于流动状态。④

网络型组织结构奉行利益相关者价值形态,人才并没有具体职位与职级分类,都是价值创造者,其处于一种比较自由的状态。⑤

---

① 麦肯锡投资公司. 投资公司如何做好人才管理[EB/OL]. (2018-11-15) [2022-10-03]. https://mp.weixin.qq.com/s/VGJuYvW6tFxqdsZngoh-rw.

②③④⑤ 界面新闻. 新组织变革:从"钻石型"人才结构迈向"橄榄型"人才结构[EB/OL]. (2017-05-09) [2022-10-03]. https://m.jiemian.com/article/1305677.html.

现阶段文化版权投资从业人员结构从钻石型转向橄榄型,甚至是网络型。钻石型人才结构层级分明,上升通道有限,不利于人才的多渠道发展。橄榄型与网络型结构有利于人才能上能下、能进能出,充分调动人才积极性,在组织中发挥更大的价值。①

三、文化版权投资人才迭代的方式

人才资源向人才资本演进。人才迭代的本质是将人才从资源转变为资本,实现增值。人才资本是蕴藏或体现在人才本身用于与物质资本相结合、开展创造性复杂劳动、能够实现创新价值和经济社会效益的知识、技能、经验和能力的总和。从人才资本的表现形式来看,可以分为体现为劳动、学历、健康和迁移资本的显形资本,以及体现为学习能力和创新能力的隐形资本。前者具有一定可视性和可衡量性,属于硬性资本;后者具有潜在性和无法衡量性,属于软性资本。②

人才培养路径创新。强调人才团队,而不是单纯个体;强调整体效能建设,而不是单独个体的提升;强调人才发展新思维在注重个体人才发展的背景下,更加强调人才补短板;注重人才团队发展的背景下,更加强调补长板,或锻长板,集中版权投资人才团队的个体优势,打造强强联合的人才团队远比培养团队成员不擅长的能力更有效。依靠团队合作增强整个团队核心竞争力。首先是明确培养目标。文化版权投资需要跨领域、跨行业综合性人才,这就需要培养专才与通才,既懂国内市场,又有国际化视野与经验;既懂投资,又懂版权开发;既能够解读清楚政策,又能够对行业进行客观理性判断;既有管理能力,又有创新力与资本运作能力。其次是明确培养思路。兼顾内部培养与外部引进,打通多元化培养渠道,选择多种培养方式,整体提升团队素养。再次是明确培养内容。一是实战培养。例如,以重大版权投资项目为平台,采取项目培训合作、长中短期相结合的工作交流等方式,使人才能够亲身参与到投资项目工作实践中,拓展国际化视野,加强运营与管控能力。二是专项培训。开展语言培训,提升外语应用能力;开展管理方法培训,与高等院校合作,或邀请相关专家做讲座,提升管理科学化、国际化水平。最后是人才储备。有意识培养青年人才,制定培养计划,推出相关课程,建设结构合理的人才梯队。③

从人才培养模式来看,投资人才培养模式创新是在分析投资人才需求特征与市场、行业接轨基础上,以互联网信息化为依托,产、教、学、研有机结合,形成"教学场所与职场环境相融;专业教师与企业技术骨干相融;学校理论考核与企业实习评价相融;专业教学与创新教育相融"的"四融"培养模式,培养"精操作、会管理、懂经营、善营销"的"四型"

---

① 界面新闻.新组织变革:从"钻石型"人才结构迈向"橄榄型"人才结构[EB/OL].(2017-05-09)[2022-10-03].https://m.jiemian.com/article/1305677.html.
② 李勇.人才制度体系与创新绩效关系研究[D].北京:中共中央党校,2019:35-36.
③ 穆君."一带一路"倡议下境外基础设施投资人才培养路径[J].中国人才,2020(4):36-37.

复合型人才。①

第五节 文化版权投资制度迭代

一、文化版权投资制度发展的概念

目前关于制度还没有一个通用、统一的定义。然而，从制度形成的角度来说，公认的有两种途径：设计与演化。设计是从无到有的过程，演化则是从有到优的过程。制度的设计可以加速制度演化，丰富制度的内容，以适应社会发展的需要；演化则通过在理论与实践的检验中，对制度进行优化。二者相互作用，共同促进制度的完善。

制度有三大主要特点：稳定性、持久性与动态性。前两者便于政策的实施、工作的推进与成果的显现，使得制度具有一定时间与空间上的约束力。动态性指的是人们在实践过程中根据具体需要对制度进行修订的行为。该特点保证了制度的持续约束力。制度的动态性来源于制度变迁。制度迭代的主要目的是追求更好的效益，其主要演变阶段可以分为从均衡到非均衡再到均衡的过程。首先，宏观环境、中观实践与微观反馈等多因素相互作用，使得原本稳定的制度开始出现非均衡；然后，通过变更、重新构建等多种方式，将制度从非均衡态推向均衡态。②

文化版权产业投资制度是保证文化产业投资效率的一套体系，它包括制定相关的法律和政策来规定文化产业投资中各方的权利职责、投资机构设置、投资活动的实施以及政府等的监督管理，也包括这些法律和政策的相互关系和功能。一套完善的投资机制能够有效贯彻落实相关法律和政策，避免和纠正投资过程中产生的问题等。③ 文化版权产业投资体制主要包括文化版权产业相关的法律法规、版权投资相关机构的设置及其权责、整个投资预算制度、资金的收支程序、政府采购及相关招投标制度、投资的监管体系、投资效率的评价体系等。④⑤

文化版权投资制度是文化版权投资活动的运行机制、管理机制、保障机制、监督机制等的总称。首先，文化版权投资相较一般的投资行为具有特殊性，政治属性、意识形态属性甚至民族乃至国家的文化安全都需要政府介入，通过一系列手段，如使用法律、行政、经济等手段，来对其进行规范管理。其次，投资运营机制贯穿于项目寻找、评估筛选、融资等全过程，是文化版权投资的微观层面。再次，保障机制主要指的是打造文化版权

---

① 张延昕.基于现代学徒制"四融四型"投资与理财专业 人才培养模式探究［EB/OL］.(2019-11-08)［2022-10-03］.https://mp.weixin.qq.com/s/E1Ul_c4vyHaFSPSr5e5nhA.
② 莉姿.老挝吸引外商直接投资制度及其经济效应研究［D］.长春:吉林大学,2020:24-38.
③⑤ 乐祥海.我国文化产业投资模式研究［D］.长沙:中南大学,2013:25-26.
④ 李勇.人才制度体系与创新绩效关系研究［D］.北京:中共中央党校,2019:40-42.

投融资全产业链条,解决投融资问题,例如,引入中介机构与诸如评估、保险、担保等第三方服务机构,补齐产业链发展的短板。最后,监督机制指的是确保文化版权投资资金的来源、数额、投资方式、项目决策、投资步骤、投资担保等是否合理,如有漏洞,需及时解决,降低投资过程中的风险。

一般来说,文化版权投资制度可以分为三种:

(1) 市场主导型投资制度。投资主体依据市场规律做出投资决策,投资多少金额、哪些领域、哪些项目,都以满足市场需求、追求最大利益为出发点,投资主体独自承担由投资带来的风险与收益。政府在整个过程中所扮演的是监督管理者的作用,通过制定相关政策,促进投资行为的发生,规范投资活动。①

(2) 国家主导型投资制度。政府是主导者,通过政策导向、制定投资决策机制以及多种调控手段,来决定投资方向与数额。其最大的弊端在于,投资行为可能不符合市场规律,无法用经济效益来评判。国家主导型投资制度下,文化版权投资资金主要来自政府,参与主体多为国资公司,相关的制度迭代来自外界行政强力。②

(3) 国家-市场综合型投资制度。国家-市场综合型投资制度,顾名思义,投资行为受到国家意志与市场共同作用。该种制度避免了国家主导型投资制度的僵化,以及市场主导型投资制度的高风险,具有一定的灵活性。

二、文化版权投资制度迭代的演进

纵观全球,文化版权投资制度初期大多为政府主导,政府出台相关政策,进行财政补贴,有意识引导资本注入,对投资行为进行规范。但由于各个国家国情不同,在发展过程中又走上了不同的道路。例如,针对文化版权投资,美国政府主要采用经济、法律、行政手段来对其进行引导与管理,虽然政府在促进文化版权投资发展过程中扮演着重要角色,但其最主要的思路还是让市场说话。美国文化版权投资的资金来源是多样化的,有企业基金会捐赠、财团资金投入、外资介入、众筹等。美国文化版权投资引入了投资组合理论,旨在降低投资风险,最大化获得游资。以电影产业为例,其通过四种方式融资:分配股权、第三方担保、预收发行费、发行债券。在市场力量的推动下,美国的文化版权投资还积极涉足国际市场,主要通过两种方式:一是对国际上优质文化项目进行直接投资;二是在全球同步发行自有版权投资的文化产品以及利用 IP 发展周边产品。③ 韩国主要是政府主导,政府成立相关部门,加大财政投入,大力推动文化版权走出去,拓展海外穿透力,吸引国外资本对文化版权产业进行投资,并取得了显著效果。

中国文化版权投资制度在 1949—1977 年属于国家主导型,属于包办统管阶段,由于当时的文化产权供给有限,甚至可以说是严重不足,这一时期的投资主体主要为国有文化单位,投资行为主要是行政意志的体现。1978—1999 年进入调整改革期,开始逐渐重

---

①② 刘志阳,施祖留. 我国政府主导型风险投资机理分析:兼论与市场主导型的比较[J]. 经济体制改革,2006(6):103-106.

③ 李浩然. 美国文化产业的发展经验及其启示[J]. 人民论坛,2020(3):2.

视市场的力量。2000年至今,进入不断完善期。一方面,政府开始实施一系列推动政策,并注资文化版权产业;另一方面,资本的准入门槛开始降低,融资渠道迅速拓展,社会资本开始大量涌入。文化版权投资的吸引力来自政策导向与市场需求。尽管文化版权投资制度的改革调整确实在一定程度上推动了文化事业的繁荣,但是其还存在一定的问题。例如,相较发达国家,政府对文化产业的投入不足,还需推出更多的优惠政策,比如设置专项资金等;融资渠道还存在需要疏通的环节,针对文化版权的保护与投资相关的法律保障机制有待健全,信用机制有待完善,投资制度还需与国际进一步接轨。

制度作用于市场经济并由此带来的经济效益被称为制度经济效应。制度经济效应理论认为,制度覆盖社会博弈规则,能够界定人们的最大选择区域,能够平衡竞争与合作,从而稳定市场经济秩序。制度迭代对于一个国家或市场的正常运行都至关重要,制度经济效应与制度变迁息息相关。正向的、积极的制度迭代会使制度经济效应最大化,反之将阻碍社会进步。① 制度迭代的实质在于,企业家通过制度调整和变革,把握住新的盈利机会,实现预期的收益增长。制度迭代必须遵循"收益大于成本"的原则,主要有个人成本与收益、社会成本和收益、政治成本和收益等类型。制度迭代是行动集团在预期收益大于预期成本的情形下,对利益分配规则所做出改革,通过新的制度制定落实去影响其他的制度构建,即通过局部均衡带动制度扩散的过程。道格拉斯·诺斯(Douglass North)提出了制度迭代过程的主要步骤:① 成立推动制度迭代的第一行动集团;② 协商制定相关方案,基于行动集团的利益诉求,依据特定的原则对方案进行评估选择,形成推动制度迭代的第二行动集团;③ 两个行动集团根据相同或相似的目标共同推动实现制度迭代。②

三、文化版权投资制度迭代的方式

制度变迁就是新制度(或新制度结构)产生,否定、扬弃或改变旧制度(或旧制度结构)的过程。③ 从诱因来看,可以分为诱致性迭代与强制性迭代。前者指的是文化版权投资制度在各种因素的共同诱导作用下,自发地进行迭代;后者指的是行政强权或其他外部力量强制介入,对制度进行修订更改,以达到更新迭代的目的。从规模来看,可以分为整体性迭代与局部性迭代。前者指的是制度被整体上调整,后者指的是制度或大面积或小部分被调整。当文化版权投资制度不能很好适应实际需要时,或者从一个地区引入到另外一个地区时,一般会被整体或局部进行变更。从速度来看,可以分为渐进式迭代与突进式迭代。渐进式迭代强调时间上的累积作用,突进式迭代则指的是在较短时间内实现制度的更替。从实施步骤上,可以分为自上而下式迭代与自下而上式迭代。前者主要指强制性制度迭代,一般有行政强权,如政府介入,通过颁布法律法规与规章

---

① 莉姿. 老挝吸引外商直接投资制度及其经济效应研究[D]. 长春:吉林大学,2020:32-33.
② 李勇. 人才制度体系与创新绩效关系研究[D]. 北京:中共中央党校,2019:40-42.
③ 廖继胜,刘志虹. 关于我国文化产权交易市场制度的探讨[J]. 理论探索,2016(6):83-90.

制度、命令等形式来实行;后者主要指个人或群体自发地推动制度的迭代。① 从制度构成来看,可以分为交易制度迭代、监管制度迭代、组织制度迭代和信息披露制度迭代等。换言之,制度包括交易方式、监管方式、组织构成方式与信息披露的规定等②,当某一构成发生变动,则可以归结为某类迭代。

文化版权投资制度迭代兼具上述几大分类的特征,例如,既可以是自上而下强制性整体突进式迭代,也可以是自下而上局部的诱致性迭代。这些迭代模式能够同时发生。文化版权投资制度迭代的过程概括为"制度均衡—制度非均衡—制度均衡"几个演变阶段。③

整体迭代与局部迭代同时进行。纵观国内外文化版权投资制度,其迭代的轨迹基本都是整体与局部迭代并行。所不同的是,有的阶段是局部迭代引发了整体制度的变革,有的阶段是整体迭代带动了局部迭代的进一步推进。外在力量来自市场与行政导向,内在力量来自文化版权发展的内在需求。在内外双重因素的作用下,文本版权投资制度一直处在从平衡到失衡到再次平衡的不断发展变化的动态过程中。当然,在某一时间段内,制度还是具有一定稳定性的。

从多方探索转向理性建构。随着人们对文本版权投资规律了解的深入,制度也从一开始的摸着石头过河,逐渐转向理性建构。中国文化版权投资制度早期更多的是处于自我探索期,并没有成熟的适合我国国情的模式用来参考。不过,经过几十年的发展与经验积累,目前已经进入理性建构阶段。在该阶段,虽然还存在诸多需要克服的不足与短板,但是在制度的顶层设计层面,思路越来越清晰,在实践层面措施越来越系统化、科学化。

第六节 文化版权投资政策迭代

一、文化版权投资政策发展的概念

"产业政策"一词最早于1970年在日本提出。此后,有关产业政策的研究逐渐受到各国学者的关注。文化版权投资政策是文化版权产业政策的一种。④

投资政策主要通过立法与司法等法律性手段、财政与金融等经济性手段、审议会制与同行业组织协商等指导性手段、提供信息资料等服务性手段等政策手段加以推行。⑤

---

① 道格拉斯·C. 诺思. 制度、制度变迁与经济绩效[M]. 杭行,译. 上海:格致出版社,1994:148-149.
② 廖继胜,刘志虹. 关于我国文化产权交易市场制度的探讨[J]. 理论探索,2016(6):83-90.
③ 莉姿. 老挝吸引外商直接投资制度及其经济效应研究[D]. 吉林大学,2020:27.
④ 潘安. 贸易增长、环境效应与产业政策演变[D]. 武汉:武汉理工大学,2016:19-20.
⑤ 潘安. 贸易增长、环境效应与产业政策演变[D]. 武汉:武汉理工大学,2016:24-25.

投资政策是政府通过弥补或修正市场机制可能造成的失误,优化文化版权投资发展过程。从投资政策实施的目的来看,投资政策是为实现某种经济和社会目标,这些目标包括促进投资框架、模式调整和转换,促进行业发展,增强行业竞争力,合理资源配置,弥补市场失灵、提高生产率等。从投资政策的内容来看,其由多个维度的内容组成,具体包括对文化版权投资的保护、扶植、调整、限制等政策。政策实施的措施则主要包括经济计划、法律法规和行政手段措施等。①

不同的国家和地区因资源禀赋、发展水平、面临状况的不同,其投资政策是不同的;同一个国家和地区在不同时期,相关政策也不是一成不变的,而是随着经济发展水平的变化而不断加以调整和转变。文化版权投资政策与版权金融政策是指版权相关的投资、融资和金融活动及其机制体系,包括债权、股权、保险等版权投融资工具使用,版权投资与版权金融管理的政策工具和相关制度设计,以及相应的机构、市场和基础设施建设②。我国并未出台专门的版权投资和版权金融政策,大多分布在知识产权相关政策中,其迭代的核心内容包括政策理念、政策模式和政策工具。

二、文化版权投资政策迭代的演进

《国家知识产权战略纲要》指出,"把我国建设成为知识产权创造、运用、保护和管理水平较高的国家";《文化产业振兴规划》也提出,"推动文化大发展大繁荣,充分发展文化产业在调整结构、扩大内需、增加就业、推动发展中的重要作用。"加强版权产业发展,需要加强政策支持力度。③

我国文化产业政策演进呈现由笼统到具体、由单一到综合、由自立到开放的总体态势,对文化产业发展方向、体制改革深度广度、市场成熟规范等起到规范和引领作用。④文化版权投资政策亦是如此,其虽然散落在中央和地方文化产业政策中,却对文化版权产业的发展形成了强有力的支撑。文化版权投资政策迭代的基础是理念创新,理念创新驱动模式与工具创新,而模式与工具创新又会进一步带动理念创新。当下的理念创新坚持问题导向与目标导向,服务文化版权产业高质量发展。工具创新主要偏向复合方式,如我国出台了一系列政策鼓励版权质押贷款,鼓励版权资产证券化,鼓励借助集合信托计划、融资租赁、融资担保等有关政策规定中的金融工具支持版权投融资。模式创新则通过创新试点项目和试点单位来推进(绪论部分已详述)。

投资政策发展迭代有多种理论支撑。市场失灵理论认为实施投资政策主要为弥补市场机制的缺陷并完善资源配置;后发优势理论认为后发国家可以在一系列投资政策刺激和支持下可能快速推动文化版权产业质的发展跃升,通过获得"后发优势"实现产

---

① 潘安.贸易增长、环境效应与产业政策演变[D].武汉:武汉理工大学,2016:19-21.
② 金巍.版权金融机制、政策与创新实践简析[C].北京立言金融与发展研究院,2022-4-7.
③ 段桂鉴,王行鹏.版权价值层次性的认识与解读[J].版权资产管理实务指南,2019:108.
④ 赵学琳,李政锴.21世纪以来我国文化产业政策的演变与前瞻:基于文化产业政策文本的量化分析[EB/OL].(2022-02-14)[2022-10-03].https://mp.weixin.qq.com/s/TlQPvdOMC7ADsmFGM-x7OA.

业的赶超;国际竞争力理论则强调投资政策能够为不同国家的文化版权产业更好地参与国际竞争服务;[①]国家创新体系理论则认为通过文化版权投资政策的颁布与迭代,能够激活文化版权产业创新生态系统的活力,使其成为国家创新体系密不可分的组成部分。

虽然没有成体系,但是 21 世纪以来,我国文化版权投资政策面向现代化、面向世界、面向未来的不断改革、调整、传承和创新,收到较好的市场反响。从 2010 年至今,中央宣传部等九部委《关于金融支持文化产业振兴和发展繁荣的指导意见》(银发〔2010〕94 号)、国家版权局《版权工作"十四五"规划》(国版发〔2021〕2 号),以及北京市政府《北京市关于加强金融支持文化产业健康发展的若干措施》(京文领办发〔2020〕2 号)等国家和地方文件先后提出了完善版权质押融资相关体制机制,推动版权金融试点工作的要求。2017 年国务院《国家技术转移体系建设方案》明确提出要开展知识产权证券化融资试点。《陕西省文化金融融合发展三年行动计划(2019—2021 年)》提出,建立文化资产鉴定评估体系,探索文化资产标准化路径。

党的二十大提出,健全现代文化产业体系和市场体系,实施重大文化产业项目带动战略,更是为版权政策的迭代指明方向。[②] 当下文化版权投资政策大多散落在文化产业文件中,其迭代趋势呈现出综合拓展、协同联动、包容发展的特点。[③]

自"十一五"规划纲要颁布后,文化产业实施部门所颁布的与文化版权投资相关的政策数量高于法律法规制定部门,财政支持部门以及其他相关部门的政策数量显著提升。例如,文化部、新闻出版总署、广电总局、国家文物局等部门相继制定电影、新闻出版业、广播电视、文物博物馆事业的具体部署,财政部、商务部、国税总局等部门积极配合,加强政策扶持,设立专项资金,发挥品牌效应,并相继出台大量涉及文化版权投资的相关政策。文化版权投资政策发布主体呈现出多元协同趋势,联合发文的政策数量阶段性上升。从 2005 年开始,出现多部门共同参与文化版权投资政策制定,特别是财政部、国税总局、海关总署等开始介入到政策制定当中。政策的主要作用方式为通过行政手段直接干预型和利用政策间接引导型。文化版权投资政策在公共政策执行领域中的地位显著提升,实现从"边缘位置"到"中心关键"的转变。[④] 当然,当下的投资政策还需要向系统化、科学化继续推进,才能更好地适应当下文化版权投资市场的快速发展(绪论部分已详述)。

三、文化版权投资政策迭代的方式

从实际操作层面来看,政策迭代的推动因素之一是干中学。政策制定者们在实践中总结经验教训,优化已有政策,推出新的政策。在这个过程中有时候会出现"政策

---

① 潘安. 贸易增长、环境效应与产业政策演变[D]. 武汉:武汉理工大学,2016:21-23.
② 陈敏. 为推动文化事业繁荣发展鼓与呼[N]. 华兴时报,2022-10-28.
③④ 赵学琳,李政锴. 21 世纪以来我国文化产业政策的演变与前瞻:基于文化产业政策文本的量化分析[EB/OL]. (2022-02-14)[2022-10-03]. https://mp.weixin.qq.com/s/TlQPvdOMC7ADsmFGM-x7OA.

突变"现象,即并不是在现有政策基础之上推出一脉相承的文件,而是由于现有政策被证明无效抑或是效果有限,大幅转变思路。第二种常见现象是政策模仿。如果一项政策已经在别处发挥了作用,将会推动对该模式的复制。例如孟加拉国的小微金融、墨西哥有条件的现金补助等,都是在本国实施之后,在全球范围内引发一股借鉴潮。该种做法的好处在于,现成的政策已经经过实践检验并取得成功,可以大幅降低试错成本。当然,复制成功与否还需要看国情的适用性,否则将会产生水土不服、事与愿违的后果。①

我国文化版权投资政策迭代的主要方式依靠创新,即依靠新的政策理念拟定新的政策举措,通过有效的方式方法组织实施,以达成所需要实现的政策目标,并以此推动新的体制机制形成,最大化发挥政策的杠杆作用,推进文化版权产业的发展。② 具体来说,坚持市场化改革的政策取向,努力构建充满活力、富有效率、更加开放的体制机制。注重研究规律、把握规律、遵循规律,并根据发展阶段和客观实际的变化,及时制定、调整和完善有关政策,统筹协调各方面的利益关系,把握好政策出台的时机、方式、节奏和着力点,使各项政策举措符合客观规律、顺应发展趋势、切合实际,确保政策的科学性和可行性。③

例如,政策紧随科技发展趋势,开始关注版权数字化投资、数字藏品投资、版权投资＋区块链、元宇宙版权投资等,尤其是NFT(非同质化代币)。2021年10月14日,中国移动通信联合会、北京航空航天大学数字社会与区块链实验室、中国通信服务有限公司山东公司等单位联合发布了《非同质化权益(NFR)白皮书:数字权益中的区块链技术应用》,提出"虚实融合"的NFR(非同质化权益,Non-Fungible Rights)将代表数字资产领域发展"下半场"的趋势判断。2021年NFT数字藏品总销售额为249亿美元,相比2020年暴涨260倍,同期国内NFT市场从2021年下半年以来也迎来井喷式发展,国内数藏平台数量飞速增长,甚至出现市值近百亿的头部平台。NFT与NFR最核心的区别在于NFT突出代币的属性,而NFR强调的是权益,它不再是单纯的买卖虚拟资产,NFR构建的是真实的权益,或者说锚定真实世界里的权利,可以赋能实体经济,从而实现线上线下闭环,它有望成为探索数字权益确权、存储、转移、流通的合规手段。NFR的核心优势是具备法律监管框架,而且可以由科技执行,由法律框架赋权。NFR为艺术作品、表演权、品牌或其他有价值的财产创造了新的分销、授权、商业化渠道,是我国为解决以艺术品为代表的、多领域数字化交易的国内技术问题和法律问题而提出的数字交易新模式和新路径。

总的来说,中国文化版权投资政策迭代遵循的原则是根据国际化现状、国内发展形势以及未来趋势,不断调整政策内容,因势而谋、应势而动、顺势而为。

---

① 金融观察家. 政策创新观念从何而来?［EB/OL］.(2021-10-20)［2022-10-03］. https://mp.weixin.qq.com/s/Ad0_53eio8Jjg07j4czWNA.

②③ 李强. 地方政策创新的规律和重点[J]. 人民论坛,2010(6):8-10.

延伸阅读

	阅读主题	阅读文献
1	产业政策演变	潘安.贸易增长、环境效应与产业政策演变[D].武汉理工大学,2016.
2	制度变迁	道格拉斯·C.诺思.制度、制度变迁与经济绩效[M].杭行,译.上海:格致出版社,1994.
3	人才资本	张林祥.我国人才资源向人才资本转变的机理、策略与效益研究[D].成都:西南交通大学,2006.
4	人才制度	李勇.人才制度体系与创新绩效关系研究[D].北京:中共中央党校,2019:40-42.

第八章　文化版权投资风险管理

本章要点

文化版权投资过程中风险与收益始终并存,但在投资周期内高风险并不一定代表高收益,某一环节、某一主体等改变都会影响投资回报。在不确定的经营环境中,为将版权投资风险可能造成的不良影响减至最低,投资全生命周期的风险管理就显得尤为重要。文化版权投资风险管理的实质就是在降低风险收益与降低风险的成本之间做权衡,并决定采取何种应对措施。文化版权投资全生命周期风险管理起点在投资活动开始之前,而不是风险出现之后,其关键在于,配合投资战略目标建立科学的投资风险控制风险体系,包括风险信息采集、风险识别、风险度量、风险评估、风险预警、风险预案、风险报告和风险应对策略库等科学管理机制,以及无死角覆盖全部层级、全部工作、全部流程的投资风险管理责任体系。

第一节　文化版权投资风险概述

一、文化版权投资风险基本内涵

在古代,渔民们每次出海前都要祈求神灵保佑风平浪静、满载而归,在长期实践活动中,渔民们深深感受到了"风"给航海活动带来的无法预测的危险。对于渔民来说,"风"就等于"险","风险"一词便赋予了不确定危险的含义。经过百余年的发展,随着人类活动的复杂化和深刻化,现代意义上的"风险"一词,不仅仅是具有"危险"的狭义含义,有了更为广阔的延伸。风险,通俗地讲,就是指发生不幸事件的概率。一般来说,只要一件事会造成两种或两种以上的可能性,那么这件事就存在着风险。

文化版权投资风险也遵循"风险"一词本身的定义,另外还注入了版权产业的无形性、文化性、综合性等特点。文化版权投资是一个涉及多方主体参与的投资系统,投资所带来的收益与风险相互依存、不可分割,且因产品研制、生成和传播过程的可复制性,风险造成的亏损概率常常高于盈利或高盈利概率。当投资结果往受损方向发展,投资对象不能按照预期规划获得盈利目标时,投资主体将因此面临破产或亏损。

二、文化版权投资风险的特征

文化版权以商品形式进入市场,参与市场竞争,实际上是被赋予了资产化、产权化等私权,投资主体在一定时间内购买私权,对作品具有支配权。文化版权投资面临着文化资源"准公共财产"属性、版权"私权"属性、资本化运作确权[①]等所带来的风险特征。

版权是作为文化产业投资的重要核心内容,是促进文化产业发展的根本要义,因此文化版权投资具有知识产权性。版权属于知识产权的一种类型,文化版权产业的发展依赖于知识产权的保护。知识产权具有时间性、地域性,需要认识到文化版权投资时不确定版权法律保护的时间和地域范围而存在的风险。

消费者对文化的认知因自然环境与社会环境的不同具有较大差异性,投资版权项目的不确定性增强。文化版权项目一般投资金额比较大、回收周期长,且收益不确定。例如影视剧拍摄项目,影视剧项目的收益依赖于产品的质量和客户一次性消费偏好,易受到舆论及网络流行趋势的影响,因而投资者在投资一项文化版权项目中会出现很多不确定因素且无法根据过去经济发展形式进行判断文化版权产业是否会成功。

文化版权项目运营过程具有不可控性。目前,我国文化版权项目投资出现资本流入前重后轻的情况,作品进入市场没有全生命周期的运营、管理,只依赖一时热度带来的消费热潮,许多文化版权项目从最初的"高投入"沦落到"高负债"的境地。缺乏运营管理,导致投资主体无法控制风险。

文化版权投资风险具有潜在性。在历史漫长的发展进程中,一个地区的人群或者一个民族会逐步积累属于他们自身的、独特的、共有的文化资源,在差异化开发并向外传播过程中,消费者的认知影响着作品的价值,而各地域对移植到本土的文化也有不同程度的接受或排斥,投资过程很难对文化传播过程做到很好的预见。

市场主体投资存在不可避免的非系统性风险。投资风险的非系统性是指企业的特有事件造成的风险,指由于企业自身的因素引起的风险导致收益的不确定性。例如,新产品开发失败、诉讼失败、合同签订失败等,这类风险事件完全是非预期的,随机发生的。投资者在文化版权的用权过程中,不可避免地会产生非系统的风险。

三、文化版权投资风险管理的目标和作用

在任何投资领域,由于风险的客观性,投资主体在投资时必定需要付出风险成本,产生的风险会导致投资主体资金的损失。因此为了实现投资主体的收益最大化,需要对风险进行管理与控制。风险管理是指借助各种可以控制风险的工具、方法和策略,将可能存在的风险造成的不利影响降到最低的管理过程,从而降低损失。[②] 控制风险实际

[①] 陈端.推动传统文化的创造性转化与创新性发展:基于版权经济的视角[J].传播与版权,2015(5):189-190.
[②] 李世杰.ZY影视公司项目投资风险管理研究[D].株洲:湖南工业大学,2018.

是风险成本控制,而风险本身高低和会带来的损失大小是无法改变,管理目标最终指向最小化风险成本。

在文化版权投资风险管理过程中,风险管理的定义已经不是传统文化产业上的风险管理,而是具有现在版权意识下的风险管理。进入"十四五"时期,以习近平同志为核心的党中央把版权保护工作摆在了更加突出的位置,作出一系列重要部署。《版权工作"十四五"规划》提出,坚持推进版权治理体系和治理能力现代化,以建设版权强国为中心目标,以全面加强版权保护、加快版权产业发展为基本任务,以进一步完善版权工作体系为主要措施,不断提升版权工作水平和效能,为推动高质量发展、建设创新型国家和文化强国、知识产权强国提供更加有力的版权支撑。版权保护生态体系的不断优化,培养、发展出一批以版权为核心的中小企业,在优化产业结构、推动经济发展等方面具有举足轻重的作用。

当前我国文化版权产业的发展态势走向纵深,版权意识逐步增强,涌现出网络游戏、动漫、网络文化、数字艺术展示等多种业态形式。国家在推进文化版权投资业务的推广和发展中采取相关激励政策,并借助科技创新,为投资者提供了良好的文化版权投资环境。但实际发展情况并不乐观,由于我国版权工作起步晚、基础差,版权社会环境和保护现状与经济社会发展要求还不完全相适应,投资主体对文化版权业务投资持谨慎态度,投资积极性并不高,其原因在于文化版权投资过程中存在的潜在风险问题。文化版权投资作为一项系统工程,与国家政策紧密相连,涉及许可、转让、质押、担保、交易等各个环节和层面,与全周期关联的风险管理,对降低和防范文化版权投资风险、推动文化版权投资业务的发展、实现我国文化产业的发展尤为重要。

四、文化版权投资风险新动态

(一)影视

截至2020年,中国的影视行业处在一个高速发展期,版权费、收视率、电视剧平台播放量和点击率、电影票房等屡创新高,大量资本注入,文化影视作品创作、制作成本持续上升,融资额、股价、并购额的不断上涨。《影视风控蓝皮书:中国影视舆情与风控报告(2016)》指出,我国影视行业飞速发展的背后,一直伴随着高风险。影视产品的文化产业特征也使其风险更加难以把握与确认。[①]

随着互联网技术的不断提升,影视产业转型升级速度加快,网络剧、网络电影、网络综艺等新兴产业形态持续升温。据统计,2020年共上新网络电影769部,较2019年减少13部,其主要原因在于"提质减量"的大背景趋势下,各大平台更加注重网络电影内容的精品化。同时在电视剧产量减少的背景下,2020年获准发行的国产电视剧数量进一步下降。但短剧集、微短剧和新形态剧成了网络剧新风口,助推了影视产业的新发展,也

---

① 杨乃蕲.影视投资风险管理分析[J].企业改革与管理,2017(8):11.

为投资者开辟了新的投资方向。在电视剧行业通过优质内容创造差异性定价——超前点播,为用户提供了更加丰富多元的付费体验。根据《中国电视/网络据产业报告2021》,2020年超前点播剧集数共计123部,占比96%,成为视频平台集体选择的新播出方式。在平台与片方的博弈中,由于剧集高时间、高人力成本的属性,直接将制作成果投向用户端,对于片方而言风险太大,因此"部分版权+超前点播分成"或许是一个不错的选择。在"超前点播"模式下,投资方、片方与平台是否将诞生在版权、自制与分账之外的部分版权+超前点播分成的合作模式?如果加强版"分账"新模式形成,是否其至将对原有的分账剧市场带来冲击?在投资主体投资新方向下,风险不可避免地将隐藏在其中。同时投资方、片方与平台之间的利益如何分成或许会成为二者之间博弈产生的新风险点。

(二)游戏

目前,我国的游戏行业正在经历快速演变且发展迅速中。随着用户消费水平和对游戏产品质量要求逐渐提高以及版权意识的强化,同时在国家政策的扶持和指导下,特别是国家新闻出版署下发《关于进一步严格管理切实防止未成年人沉迷网络游戏的通知》中对未成年人保护的进一步强化和监管促进了游戏行业的规范和健康发展,推动了用户和市场规模稳步攀升。《中国网络版权产业发展报告(2020)》显示,2020年国产游戏的国内市场规模达2401.9亿元,同比增长26.7%,网络游戏产业精品化趋势增强,历史文化、科普教育类型凸显社会效益,自主研发产品国际国内竞争力进一步提升,产品流水聚集能力得到强化。

近年来我国游戏重视IP长线建设,不仅尝试在同一IP下构筑多样化的游戏类型,也加强与动漫、文学、影视的转换和联动,IP改编的游戏产品变得日益繁荣,成为支撑中国网络游戏市场增长的重要动力,但也增加了版权纠纷下的风险概率。另外,在用户需求多元化、成熟游戏类型市场趋于饱和形势下,"元宇宙"游戏成了投资的焦点,受到了资本市场的热捧。但目前区块链、新型互联网、人工智能等核心技术大部分并未成熟,对"元宇宙"完整发展的支撑显然不足,极易出现技术问题上的风险。因此在版权产业数字化发展背景下,游戏产业也将面临着技术迭代、IP改编下版权纠纷等新的风险点。

(三)音乐

音乐版权作为典型的版权作品,古代一般由乐谱的形式来完成音乐价值的转移。随着录音技术的出现及推广,版权交易途径由"谱"向"唱片"拓宽,版权实则未发生转移,投资回报实际是复制权带来的收益,此时投资风险多在销售环节。1982年国内颁布《录音、录像制品管理暂行规定》,1986年颁布《民法通则》,标志着我国在音乐版权的保护领域已经正式起步,同时音乐版权投资风险也有了客观评价依据。

进入"互联网"时代后,数字音乐打开了音乐免费试听的大门,同时也造成了盗版丛生的时代乱象。2013年,TME(腾讯音乐)与各大唱片公司签署音乐独家授权协议,网易等头部平台的版权争夺战迅速兴起,市场主体注资引发了一系列连锁反应,数字音乐市场进入"寡头时代",投资风险由销售端转变到版权获取的成本端。版权费在"独家"环境中升至"天价",2017年环球音乐的版权费在报价仅为3000多美元的情况下,最终被腾讯以3.5亿美元现金+1亿美元股权的价格购入3年。2021年,TME受"垄断"惩戒,以原创音乐人为核心UGC(用户原创内容)内容,为数字音乐市场带来新的变革,投资风险点也扩展到传播方式、内容创作、用户体验、平台生态等多层次多领域。

(四) 文学作品

中国网络文学行业用户规模在2019年达到4.6亿人,同时,免费阅读模式推行,对平台扩大增量用户群起到了助推作用。在付费阅读和版权增值运营下,2019年网络文学行业市场规模达到195.1亿元。在健康增长环境下,也存在着盗版问题,且较于过去"纸质时代"成本更低。2019年中国网络文学总体盗版损失规模为56.4亿元,数据背后潜藏着对权利主体的危险。

在数字化时代,互联网高效、便捷的传播优势让更多的作品能够在很短的时间传遍全球,新技术应用下的文学产业得到了进一步发展和转型升级,并深受投资方的关注和喜爱。但在数字化文学投资急速趋热的背后涌动着各种危机,例如,有声出版中文字有声化下的作品非法复制和演绎、数字出版下的盗版行为以及网络文学抄袭行为,都面临着版权侵权的问题。从目前形式来看,虽然我国版权保护体系日益完善,市场上也出现具有数字文学作品限制阅读内容复制与非法传播功能的相关举措,但由于国家法律在这一方面的滞后性,市场上仍然存在侵权现象,同时网络稿费标准和技术标准的不完善使投资者在投资过程中充满了不确定性,风险性大大增加,致使数字阅读领域的版权保护问题成为影响版权投资的严重阻碍。

第二节 文化版权投资风险识别

一、文化版权投资风险识别内涵

风险识别是基于投资目标对企业内外部环境中的风险事项进行的辨识。目标设定是风险识别、风险评估的前提,风险识别在目标设定的基础上在事项识别的过程中完成。[①] 投资风险识别是对风险的感知和发现,是投资风险管理的第一个环节。投资行为发生之前,对项目所处环境、发展趋势等开展研究,判断投资可行性。文化版权投资风险识别过程中,遵循风险识别一般规律,运用适宜方式、办法,明晰风险来源,找出投资风险点。

---

① 程福德.浅议风险识别方法及在境外建设项目投资中的应用[J].中国总会计师,2013(4):61-63.

(一) 文化版权投资风险识别的认知过程

感知是人类对外界事物反映的最后一个关键性链接。投资主体任何的投资行为都可能无法确定预期的结果正确与否,或者是某种投资结果是不愉快的,在以目标为导向时,投资主体主观中无法确定何种投资(价格、价值)最能配合或满足目标时,于是产生了感知风险。文化版权具有无形性、市场消费需求差异性,投资主体在面对形式多样的文化版权内容时会面临两难选择,从而产生了比投资有形资产更高的感知风险。因为投资主体在文化版权投资过程中也同样会有较高的感知风险,所以可从制度环境风险、文化环境风险、市场环境风险、社会环境风险四个维度进行分析研究。

分析风险即是分析引起风险事故的各种因素以及通过各种方法分析其严重程度。在感知风险后,为更加明确风险类别、来源等,会对风险进行更为细致的区分,这一过程也是风险识别的关键环节。文化版权项目的投资风险分析主要是测算各种不确定因素导致该投资收益水平减少程度或可能给投资者造成经济损失的程度。常见的方法有专家调查法、环境分析法、财务分析法、流程图法及事件树分析法等,由于文化版权产品的隐形性,对于其自身价值和带来的严重程度很难确定,因此应选择适当的方法,将风险出现的概率和严重程度进行量化。

(二) 文化版权投资风险识别的方法

投资风险识别是投资风险管理的首要环节。在文化版权投资领域中,通过对文化版权特征的了解,我们可以运用三种方法,对文化版权投资风险进行识别。

1. 决策树法

决策树分析法是进行风险性决策的常用方法,是用于评价项目风险,判断其可行性的决策分析方法。通过树状图结构,将多种风险画出来,进行多种可能性分析,通过分析对每种可能性风险给出概率,并根据可能存在的风险系统地列出各种备选方案,择优作出决策。此方法能够对产生的风险进行识别,有利于投资中减少风险,避免损失。

在文化版权投资领域,要运用各种方法找出影响投资项目进展和目标的有关风险,并识别出这些风险作用在从项目开发到完成整个阶段的哪些方面。通过决策树分析法在风险识别阶段将影响因素找出来提高关注度,并将识别的风险加以控制,以避免可能会对投资主体资产带来的巨大损失。

2. 财务报表分析法

财务报表法(Financial Statement Method)是由克里德尔(A. H. Criddle)于1962年提出的,报表内详细记录了企业经济活动。财务报表分析法具有客观、真实可靠的优点,可以通过相关财务指标分析来反映出企业的财务状况,以此来识别投资活动的潜在风险。[1]

企业财务报表有资产负债表、损益表、现金流量表等。在文化版权投资中,投资企业

---

[1] 曾莹. 浅析投资风险识别与衡量[J]. 经济研究导刊,2013(20):182-183.

通过资产负债表,可以得到损失暴露的信息,损益表中体现了公司业务盈亏风险的来源,现金流量表则可以反映每一项投资资金的流向动态。在文化版权投资风险识别中运用财务报表分析法,有利于找到损失暴露部分,便于追溯风险源。因此,投资企业需要从财务报表中筛选出正确、有用的信息,并密切关注和掌握企业盈利能力、运营能力状况,进而做出正确的投资决策。

3. 情景分析法

情景分析法(Scenario Analysis)又名为情景规划法(Scenario Planning),是一种灵活机动分析方法,其特点是多种方案性、系统性、动态性、智能性。① 情景分析法能够通过现有历史数据资料对未来发展的情况给出比较精确的模拟结果,能够更加系统、全面地识别风险,有助于企业分析风险来源形成决策,并通过企业内部化调整来实现资源的优化配置。

在文化版权投资风险识别中,一是确定投资主体和对象目标,明确的目标和路径可以提高投资效率和成本;二是通过头脑风暴法罗列出存在的风险因素,并选择分析出文化版权投资的主要风险因素;三是组合风险影响因素,对其进行情景描述,表述文化版权投资风险;四是映射情境,对情景中出现的风险点给出来源;五是通过模拟分析出投资之前所面临的风险,建立早期预警系统,加强防范。

二、文化版权投资风险的主要来源

(一) 制度环境

制度环境对文化产业发展具有重要影响。文化版权投资是加快我国文化产业发展速度、推动建设文化强国的具体应用之一,但投资成本高、利润不稳定、审核限制多、法律条文对相关权益和利益主体保护不足等问题对多样化文化版权投资产品在市场上流通和拓展造成了严重影响。制度环境是版权产业发展的边界,最直观的投资成功与否的条件,因此制度的准允是文化版权项目是否可投资、可进入市场的基础条件。

(二) 文化环境

文化是某一地域人类活动后对外部世界的认识理解、价值阐释、发展选择、结果预期,由文化影响下创作的作品应运而生的文化版权的核心实际上就是文化内容。文化产业的发展离不开文化内容的丰富和充实,文化内容中传达出不同的精神文化,包括宗教、价值观念、语言和风俗习惯等。因此,在文化版权的投资过程中要注意考虑所投资的内容是否符合我国多民族、多文化交融的文化背景,是否符合我国社会的主要价值观念、贴合消费人群的主流思想文化观念等,否则,投资风险就可能大大提高。电影《满江红》以戏说历史的方式,呈现一群正义之士刺杀秦桧的故事。电影本身前期完成了小成

---

① 孙斌.基于情景分析的战略风险管理研究[D].上海:上海交通大学,2009.

本投入、高票房回报,然而电影官方微博在电影宣传期,为用每一条微博中的字、词尴尬凑出所谓的诗句,频繁出现不知"靖康"年号等乱断句的情况,并使用了"莫须有,欲加之罪何患无辞"秦桧自辩的话为自己辩解。这种文化呈现,明显违背了消费者认知,导致原本好评高分电影,掀起网友狂嘲,影响后期电影观影数。

(三) 市场环境

在文化版权投资领域,文化版权项目的营收主要建立在市场消费预测基础上,文化产品是否符合市场需求,能否得到市场青睐从而成功回收资金并完成资产增值,在一定程度上来说都具有不确定性。市场上的文化热点在互联网环境下,高速传播,极易出现文化复制,消费者很难分辨原创与二次改创,文化IP的认可度极易降低。文化版权转化为产品时其价格变动以及文化版权难以进行价值评估的不确定风险,资金回报周期长、成长不确定性大等高市场风险属性也给投资者带来了巨大的投资压力。同时市场不正当竞争下的恶意抹黑、制造负面舆论、进行盗版侵权等行为也加大了文化版权投资的风险。

(四) 社会环境

社会环境的变动对于文化版权投资具有不可逆的影响,其主要特征在于其不可控性。通常社会环境的变动都是突发性的,常见的便是洪水、台风、火灾、大型传染性疾病传播等自然灾害。在2020年初,几部大投资大制作的春节贺岁档电影只能延期上映,如《唐人街探案3》《紧急救援》等,并且同为贺岁档电影徐峥导演的《囧妈》受疫情影响只能通过上线网络免费播出。2021年河南暴雨,400多处文博遗址如巩义市杜甫诞生窑、卫辉市镇国塔、郑州市商城遗址等遭受到了不同程度的损伤。这些突发风险带来的影响力和破坏性会完全超出投资者的预想。对投资主体而言,加强对文化产品呈现的社会环境内的突发风险认识十分有必要,应针对性地建立防范预警机制,降低和减少重大的财产损失。

三、文化版权投资风险识别内容

(一) 法律风险

文化版权投资的法律风险是指基于法律方面的原因而影响项目预期收益率的风险,主要包括法律法规还要覆盖到空白地带、制定条例不适用快速变化的社会环境、执法部门执法不力等。著作权法律体系不完善、市场交易机制的不规范以及技术标准的缺失都会导致文化版权的投资存在法律风险,如盗版侵权、投机行为等。一个新产业的出现并得到蓬勃发展时,往往也蕴藏着最普遍的问题——相关法律的滞后与产业发展存在冲突。当前文化版权产业发展受到制约发展的影响因素之一便是版权保护的相关法律的滞后与不完善,而这一影响因素往往会导致投资主体遭受巨大的经济损失。

随着技术的不断进步和文化产业的不断发展,往往出现一些不可忽视的风险。目前文化版权项目中较为显著的风险之一——IP版权的权属风险。改编作品享有著作权,但是进入市场竞争后,再创IP的使用受到原著作权人的版权影响。在文化IP投资与管理中,投资主体时常会在版权授权许可环节中产生版权纠纷,导致几千万或上亿资金投入后无法收回,造成严重经济损失,其原因在于企业往往容易忽略版权的双重授权许可。

(二)价值风险

文化产品多为书籍、报纸、音像制品、电子出版物、游戏软件等,消费者多为使用而不是占有,具有很强的轻资产特征。版权本身不具备任何实际价值,它所能代表的是人民大众的期待值,真正有价值的是版权的运营。2011年上映的《甄嬛传》因其优质的故事叙事内容以及能够折射当代现实现象的价值观,在播放之后便赢得了很好的口碑,即使过去十多年,其本身价值也依然在持续着,这也为乐视网、优酷等投资方带来了持久的"红利"。

文化版权产品不仅需要高质量的内容,还要有一定基础的粉丝经济。但是粉丝经济也存在不可控的一面,粉丝极易形成一个带有强烈主观色彩的群体,对自己反感的明星及其粉丝群体会进行恶意打压,饭圈习惯作用于市场经济中,加大了文化IP项目投资价值的评估难度,其价值变现能力则会存在很大的风险。版权经济能够孕育流量和偶像,也能够带来经济效益,但是由于版权经济背后的粉丝文化具有极强的个人喜恶和主观情感,因此一旦粉丝的行为出格,就会破坏IP产业歌舞升平的景象,出现反噬效应,也大大降低了版权本身的价值。

(三)回报风险

投资的收益与风险并存且成正比,风险减少的同时,预期的回报收益也将减少。投资要力争收益最大化,风险最小化。因此投资者在文化版权产业投资过程中如果没有做好投资前预判和预测,很容易造成投资后的资金无法回笼。即使在各种预测分析下,由于受到各种外在不可控因素的影响,也会造成资金投入的损失。比如在影视作品中出现的部分演员后续被爆出人设崩塌、不敬业、抠图等职业道德问题,造成一些作品因为演员自身的不良影响而直接被撤档或下架,给投资方和同行都带来了难以估量的损失。

由于文化版权产业具有投资回报高、周期短等特点,文化IP投资成为资本的热门标的。但作为投资者在投资版权项目时不仅要考虑版权项目的内容质量、类型,还要考虑受众群体以及演员自身的品德问题,而不是只注重演员自身所带有的粉丝流量。

(四)退出风险

投资者在投资一个项目时,为确保实现资本增值或者降低损失会选择一定方式将资本撤出。文化版权产业具有迭代的特点,再加上我国在其价值发现机制还不够完善、

IP产业链不健全、IP的生命周期较短,使得国内的IP产物如昙花一现,造成投资者在投资后期无法分析预测出适时的退出时机而面临重大的经济损失。2018年,奥飞娱乐投资的上海哈邻网络科技有限公司依靠"十万个冷笑话"这一IP推出同名手游,但由于公司经营不善和外界因素的影响,游戏上线后收入并未达预期,导致核心任职人员几乎全部离职,最终面临破产清算,而作为投资方的奥飞娱乐也亏损了巨大金额。由此可知,投资者投资时还需注意企业运营管理的持续性以及融资能力,以免企业面临资金链断裂造成的经济损失。

第三节　文化版权投资风险评估

一、文化版权投资风险评估概述

(一) 风险评估的认知

版权投资是对符合作品特征的智力成果的开发,开发过程中有多重主体参与,项目所在外部环境或者二次制作、营销发行、消费认知等都会发生变化,投资主体面临诸多不可控的、意外超预期的风险。为综合评判,尽可能认识与把握投资行为造成的损失承受程度,结合文化版权投资风险在新趋势新环境下的新旧问题,通过定性和定量的系统分析风险大小,以此采取相应对策、办法,有效地降低风险、减少损失、提高效益。针对这些改变形成的一系列风险分析、量测,确定风险,即为风险管理四个阶段中的风险评估。

在目前的市场,大部分文化版权实行IP化模式。对于IP的开发模式,马季(2016)在研究网络文学的IP价值时提到,现在全版权概念盛行,版权方控制品牌定位,引入不同的投资方和制作团队共同开发,IP开发的两端具有动态化的特征,其一端是IP所承载的用户,另一端则是开发IP的公司,IP开发是一个开放性的结构。[①] 那么文化版权投资风险评估,实则将"文化版权"具象为"文化IP",管理者基于投资方、制作团队、承载用户对项目的"文化版权"概念的认知,评估IP开发即制作、发行、宣传等动态过程中,版权纠纷带来的经济损失。

(二) 文化版权投资风险评估的必要性

文化流行现象,是文化IP强大商业逻辑和旺盛生命力的最好证明,当文化IP具有商业性、需求性,同时能兼顾可拍摄、可营销、可观赏、可融资等属性时,自然而然吸引资本投入,在开展金融投资活动的过程中,不可避免地会面对众多的投资风险,这也就使

---

① 马季.IP的实质:网络文学知识产权漫议[J].文艺争鸣,2016(11):66-73.

得对版权投资进行风险评估更具现实意义。

风险评估是文化版权投资项目风险管理的重要环节,是成功实施投资项目的重要前提。建立科学的风险评估模型,进行有效的风险评估将有助于评估人员根据文化版权投资项目自身的特性及其行业背景,对投资项目进行筛选和评估,排除掉相对风险过大或收益过低的项目,选择出最具有增值潜力的投资项目,从而从源头上降低投资风险,获得最大收益。

二、文化版权投资风险评估关键内容

(一)风险评估遵循原则

文化版权具有 IP 的转换性,拥有可衍生和再创作能力,这便意味着文化 IP 作为一种超级符号的存在价值需被引用、被解释、被持续创作,这是资本投入文化 IP 的重点,也是文化版权投资风险评估的聚焦点。风险评估过程要在小说、游戏、电影、电视剧、网络剧、舞台剧、漫画、动画、周边产品等各种文化形态里穿梭,遵循风险评估程序与原则,已寻求在更广、更深的环境中更准确、更全面地评估风险。

系统性原则,风险评估应是贯穿项目投资全生命周期,根据事前预防、事中控制、事后分担三个方面考虑文化版权投资风险类型和因素的权重值。科学性原则,评估模型应当覆盖各类环境下的风险来源,风险类型和因素的评估应当与评估方式方法相适应。代表性原则,从技术与文化两个角度考虑对版权投资产生的影响,指标设定应充分考虑政策环境、法律环境、市场环境、自然环境等,选取能集中反映某一类别风险特征、全面反映风险的指标。

(二)文化版权投资风险评估新趋势

《版权工作"十四五"规划》提出"进一步完善版权产业发展体系",其中强调了建设专门化、专业化全国版权交易中心,关注到游戏、影视、音乐、网络文学等重点行业,并由点及面带动全社会各领域加强版权资产管理。制度、市场、社会环境的整体进步,使得文化版权投资一定程度减少了法律、退出等风险。互联网发展对版权投资风险的评估也带来更多新的要求。政策制度的完善、各类社会主体版权意识的增强、投资主体与消费者认知的丰富等是一种新环境,区块链、数字藏品等新型概念的应运而生是一种新要求。风险评估则要紧跟投资过程的重点、文化项目的特征,于新趋势中,在全生命周期视角下,有效管理风险,维护文化版权投资项目良性发展的市场氛围。

1. 创作风险:价值变迁

文化版权价值是创作本身带给市场用户的情感承载,基于某一文化所创作的 IP 内核,实际上是由凝聚消费者情感的人物角色、故事情节等构成。风险本身是与主观价值判断相关联,文化版权投资风险的评估更需要关注到消费者的文化认知。

社会环境、国家政策、文化产业市场变迁,消费者价值观也随之变化。进入到 21 世纪,中国影视、文学作品更多聚焦于经济发展、科技创新、爱国主义、美好生活、独立个体、多元发展等,题材丰富鲜明,消费者得到更加充足的情感体验。豆瓣、猫眼等作品评价平台能在短时间内惠及大量用户的认知反馈,作品所传递的价值观在这一过程中也在快速传播,同时更容易被放大、讨论。文化版权投资项目的风险评估要持续关注市场舆论,充分考虑投资项目的价值导向,避免因创作本身的争议,失去凝聚用户文化认知与情感的力量,项目进入市场无人问津、无人付费,投资面临巨大风险。

2. 进度风险:项目时效

文化 IP 的创作、二次开发等本身具有时效性,同时 IP 的市场价值时效性更明显、更突出,版权投资时效性对风险评估影响比重愈来愈高。新媒体推动着文化传播方式持续变革,报纸、书籍等在传播速度与范围上有较大的局限性,微博、网络电视、移动视频等新媒体能有效补充人际、大众传播的信息互通渠道。新风向来也匆匆去也匆匆,一个文化 IP 的热度在互联网中能保留的时间与传播速度呈正相关关系。在风险评估过程中,较以往更需要考虑文化 IP 是否是"快文化"。

文化 IP 在创作后,经常会通过改编进入另一领域,"作品需要在获得改编权后一定时间内出作品,否则改编权将会收回",如果对该文化 IP 不能及时进行剧本创作、文创产品研发、影视剧制作等,不能妥善安排项目进度,将会面临由进度风险带来的改编权收回的风险。例如,作家马伯庸向凤仪影业所授予的《龙与地下铁》影视改编权期限届满,告知凤仪影业立即停止后续的影视改编及各类商业开发,影视项目的摄制和后续宣发流程面临极大的不确定性,片方不愿意主动释放授权情况下,意味着先期全部投入都将沦为沉没成本。

三、文化版权投资风险评估理论与方法

(一)文化版权投资风险评估方法介绍

1. 德尔菲法(Delphi)

德尔菲法又称专家调查法,美国兰德公司研究人员诺曼·达尔基(N. Dekey)和奥拉夫·赫尔默(O. Helmer)创立,后由该公司正式提出。德尔菲法引入国内,研究者将之应用风险分析,例如,国际工程项目风险[1]、知识管理创新风险评价[2]、设备应用风险评价等[3]。文化版权投资风险评估使用德尔菲法,主要步骤分为四步:第一,根据文化版权投资的项目制定评估主题与目标,收集整理相关信息与资料;第二,寻找具有相关背景、经验丰富的专家,成立专家小组,小组成员控制在 10—20 人,若投资项目涉及领域多而杂、投资金额庞大等可视情况增加一定专家人数;第三,将需要评估风险的文化版权投资项目资料发送给各位专家,征询专家意见,并声明意见反馈过程进行匿名处理;第四,

---

[1] 高晓琳.基于德尔菲法和模糊综合评价法的国际工程项目风险分析[J].项目管理技术,2018,16(8).
[2] 张伟,张庆普.基于模糊德尔菲法的企业知识管理创新风险评价研究[J].科技进步与对策,2012,29(12).
[3] 魏建新.医疗设备临床应用风险评价指标体系的建立[J].中华医院管理杂志,2016,32(2):4.

收集所有专家的反馈意见后,将所有专家看法汇总形成综合意见,各位专家再据此梳理个人意见。重点在于步骤四循环反复,直至所有专家对意见再无修改,由此得到统一的专家意见。

2. 模糊理论(Fuzzy Theory)

美国自动控制专家查德(L. A. Zadek)于1965年发表题为《模糊集》的论文,提出模糊集(Fuzzy Set)概念,指出:

U 为一给定论域,U 中任一元素 u,均有 $\mu_A \in [0,1]$ 对应

$$\mu_A : U \to [0,1]$$
$$u \to \mu_A(u)$$

则 A 为 U 上的模糊集,μ_A 为 A 的隶属函数,$\mu_A(u)$ 称为 u 对 A 的隶属度。隶属度 $\mu_A(u)$ 越趋近于 1,u 属于 A 的程度越高;反之,$\mu_A(u)$ 越趋近于 0,u 属于 A 的程度越低。故隶属函数描述的是差异程度,其中 $\mu_A(u)$ 的大小反映 u 对模糊集合 A 的隶属程度。

运用模糊逻辑进行文化版权投资风险评估方法步骤可分为四步:第一,建立各指标模糊隶属度函数,如下:

$$A = [x | \mu_A(x)]$$

其中,A 为风险指标的等级集合。将文化版权投资风险发生概率分为五个等级:低、较低、中等、较高、高,五个隶属度函数分别对应一个等级,即 x 为指标取值,$\mu_A(x)$ 为 x 对应的模糊隶属度。第二,转化数字描述,将相关专家、风险分析人员等对文化版权投资风险的语言描述性的评估结果与隶属度函数相对应。第三,风险度模糊逻辑数字描述,根据模糊关系的运算规则,将影响文化版权投资风险大小的各项因素排列组合。第四,比对上述结果与隶属度函数,根据结果将风险度的数字描述转换为文字语言描述。

3. 灰色系统理论(Grey System Theory)

灰色系统即为信息部分已知、部分未知,由控制论专家邓聚龙教授于1981年首次提出。胡国华等人用随机风险率量化风险性,将具体的数字描述改为灰色描述,用一阶二矩法计算项目风险[①];国内其他学者还将灰色系统理论引用于各类型风险分析,例如风险投资项目风险评价[②]、高新技术产品投资风险[③]等。

灰色模型实际上是时间序列建模,$GM(n,u)$ 即用个别变量解微分方程,其形式为

$$\frac{d^n x_1(t)}{dt^n} + a_1 \frac{d^{n-1} x_1(t)}{dt^{n-1}} + a_2 \frac{d^{n-2} x_1(t)}{dt^{n-2}} + L + a_n x_1(t) = b_1 x_2(t) + L + b_u(t)$$

对于文化版权投资风险评估,由于其文化属性的价值判断很难确定标准,对于风险的描述、预测等通常不是完全确知,因此灰色系统理论可以运用于风险评估。运用灰色模型进行文化版权投资风险评估方法步骤可分为四步:第一,处理白色数据,对原始获得的数据即白色信息,通过累加、累减等生成法,生成 $GM(n,u)$ 灰色模型。第二,进行精度检验,对白色信息与生成模型用残差检验法、后验差检验法或者关联度检验法进行精

---

① 胡国华,夏军.风险分析的灰色—随机风险率方法研究[J].水利学报,2001(4):1-5.
② 张禧.基于灰色理论的风险投资项目风险评价方法研究[J].重庆工学院学报,2002(4):82-84.
③ 吴明赞,陈淑燕,陈森发.高新技术产品开发投资风险的多层次灰色评价[J].科研管理,2001(5):5.

度检验和关联分析。第三,选定预测模型曲线,确定上下界的灰模块,使用 GM(n,u)模型进行风险分析。

(二) 文化版权投资风险评估方法比较

上述方法是目前对于投资风险评估来说较为成熟,且常用的方法。当然,在评估中,层次分析法(The Analytic Hierarchy Process)也常配合其他方法使用,还有蒙特卡洛(Monte Carlo)模拟法、障树分析法(Fault Tree Analysis)、影响图法(Influence Diagram)也在过往研究中被讨论过。表 8-1 针对上节具体讨论的方法,对比其在文化版权投资方面的优缺点。

表 8-1 评估方法比较

方法	特 点	优 点	缺 点
德尔菲法	专家匿名参与问卷调查,研究过程是一个重复过程,经过数次反馈,将整理的专家意见进行统计后处理,因此具有匿名性、重复性,且属于可控制反馈	文化版权投资是一多领域的项目投资,在国内市场发展不够成熟,某一领域专家给出的意见可能无法兼顾风险的方方面面,此时经过多轮反馈,专家在过程中不断糅合多领域内容,管理者进行评估时,得到的观点已经较为成熟,且风险评估的内容是不被控制的群体意志,重要观点在过程中均被保留	文化版权作为创新型研究领域,伴随时代特性变化,专家对其投资风险的纵向、横向的认知、分析多有不同,主要的评估建立在直观、主观上,具有不稳定、不集中、不协调,进而影响研究结果。在德尔菲法的应用过程中,针对此缺点目前没有具象的操作步骤,必备的统计指标暂时依靠方法学家的论证和研究者对方法本身的理解来操作
模糊理论	简化系统设计的复杂性,对评价对象逐一进行评判,特别适用于非线性、时变、模型不完全的评估中,被评价对象有唯一的评价值,不受被评价对象所处对象集合的影响	模糊数学作为一个新兴的数学分支,具有很强的生命力与渗透力①,模糊逻辑能够完成传统数学方法难以做到的近似计算,文化版权投资过程中,不同风险点的评判会存在一些模糊因素,在此基础上用数学隶属度问题解决其不确定性,能有效增强风险评估结果的可靠性和科学性	模糊理论实则为一种定量评估,作为状态集函数的模糊隶属度不满足"归一性条件"和"可加性原则"②,导致评价结果的可信度不高。而且,模糊集的"取大""取小",在整个运算过程中会损失部分有效信息,最后造成评价结果不合理
灰色系统理论	通过对系统某一层的观察资料加以数学分析和处理,而非从系统内部的特殊规律角度进行研究	文化版权投资风险分为技术层面与文化层面两种,文化取向由行为模式、流行风向、观念等主观价值联结构建,是一种繁复的社会化过程,因此存在信息不对程等问题。灰色系统理论可以解决信心流通较差情况下,风险数据不足的问题,通过小部分样本,排除人为因素,在有限的条件下归一化处理原始数据,得到可靠性较高的风险评估值	灰色模型通常具有振荡特征,然而根据预测的准确性需求,越多的影响因素介入,风险评估越全面。使用灰色系统理论,一般数据情况有限,如果某一变量取值范围超出序列范围,则只能忽略。因此,评估文化版权投资风险具有单一性,对于消费者认知等感性表述无法构建机遇振荡序列的预测模型

---

① 兰荣娟.动态联盟风险识别、评估及防控研究[D].北京:北京交通大学,2010.
② 王海宽,石全,王立欣,史宪铭.企业并购中风险的识别与评估研究[J].数学的实践与认识,2011,41(4):1-8.

在对比之后发现,德尔菲法与模糊理论结合使用,可以有效解决专家在评价过程中对于不好评判的风险,存在模糊的情况下,通过模型数学表达,客观反映风险评价结果。因此,模糊德尔菲法(Fuzzy Delphi Method)可以作为文化版权投资风险评估的重要办法之一。文化版权投资风险的评估,因人对风险的认知存在模糊性,所以风险发生的可能性和严重程度的评估也就具有了一定的模糊性。整个评估过程也会出现缺乏客观标准,如果有的专家未经过深入调查和思考,或者经过多轮反馈直接采用其他大多数、一致性的说法,会影响此次调查结果的准确性。因此为提高投资项目未来风险的可预测性,减少投资结果与预期之间的偏差,在德尔菲法的基础上引用模糊理论。模糊理论的使用,不仅可以用定量的方法、用数学的语言,精确地评估风险,还可以在德尔菲法的基础上,尽可能地统一不同专家给出风险评估的数学环境。

四、文化版权投资风险评估的数学模型构建

运用模糊德尔菲法对文化版权投资项目进行风险评估时,根据不同层级设置评价因子和评价规则,并设置对应权重,计算并综合评估文化版权投资风险。

定义风险值计算公式:

$$r = p \times l \tag{8.1}$$

其中,r 为文化版权投资风险因素的风险值,p 为风险因素发生概率,l 为风险因素发生导致的损失程度。

通过公式(8.1)计算得出文化版权投资风险因素的风险评估值,结合此公式与模糊德尔菲法,最终结算文化版权投资风险的整体评估矩阵,如表8-2所示。

表8-2 文化版权投资风险发生的可能性与严重程度评估表

风险发生可能性(p)	分值	风险发生损失程度(l)	分值
基本不发生	1	不太严重	1
较低概率发生	3	一般严重	3
偶尔发生	6	严重	6
较高概率发生	8	很严重	8
经常发生	10	灾难性质	10

利用德尔菲法进行问卷调查,搜集各类风险因素发生可能性和损失程度的专家评分表,利用模糊评价法对各风险进行计算,得到文化版权投资风险综合评估判断矩阵。

(一)确定文化版权投资风险因素集

U_i 为目标层,如下:

$$U_i = \{U_1, U_2, U_3, U_4, U_5\} \tag{8.2}$$

其中,U_i 为全部风险类型构成的指标集,$i=1,2,3,4,5$,U_1 为法律风险,U_2 为权属风险,U_3 为价值风险,U_4 为回报风险,U_5 为退出风险。

根据文化版权投资项目风险类型,确定各类风险下包含的风险因素,形成评价因素集,如下:

$$u_{ij} = (u_{i1}, u_{i2}, \cdots, u_{ij}) \tag{8.3}$$

其中,u_{ij}为隶属于目标层U_i的准则层,i为风险因素一级指标,j为风险因素数量。

(二)构建文化版权投资风险评价因子集

A_{ijm}为隶属于准则层u_{ij}的指标层。

$$u_{ij} = (A_{ij1}, A_{ij2}, \cdots, A_{ijm}) \tag{8.4}$$

其中,m大小依据准则层下属的指标层个数,即为参与评估的专家数。

(三)确定文化版权投资风险评价等级标准

文化版权投资风险评估的级别分为五个等级,如下:

$$V_n = \{v_1, v_2, v_3, v_4, v_5\} \tag{8.5}$$

根据公式(8-1),计算得出风险预估值,根据风险预估值分布建立风险评估集合,如下:

$$V = \begin{Bmatrix} v_1 \mid v_1 \in (1,3,6), \\ v_2 \mid v_2 \in (8,9,10), \\ v_3 \mid v_3 \in (18,24,30), \\ v_4 \mid v_4 \in (36,48,60), \\ v_5 \mid v_5 \in (64,80,100) \end{Bmatrix}$$

根据上述集合,处理数据得到v_1、v_2、v_3、v_4、v_5对应分值分别为6、10、30、60、100,其中,v_1为极低风险,v_2为较低风险,v_3为中等风险,v_4为中高风险,v_5为高风险。

(四)计算评价指标隶属于评价等级的隶属度

首先,确定隶属度矩阵,即建立$u_{ij} = (A_{ij1}, A_{ij2}, \cdots, A_{ijm})$到$P$的模糊映射:

$$f: u_{ij} \to f(v)$$

由f诱导出模糊关系R_f,从而得到单风险元素评价矩阵P_{ij}。

选用减函数的数学模型,即偏小型函数作为隶属度函数。

根据公式(8.4),评价指标因子集,如下:

$$A^T = (A_{ij1}, A_{ij2}, \cdots, A_{ijm}) \tag{8.6}$$

此处假设v_k和v_{k+1}为相邻两级标准,且$v_{k+1} > v_k$,a_m为指标因子集中任一风险值,隶属度函数如下:

$$p_1 = \begin{cases} 1, a_1 \leqslant v_1 \\ \dfrac{v_2 - a_1}{v_2 - v_1}, v_1 < a_1 < v_2 \\ 0, a_1 \geqslant v_2 \end{cases} \tag{8.7}$$

$$p_2 = \begin{cases} 1-p_1, v_1 < a_1 \leqslant v_2 \\ \dfrac{v_3-a_1}{v_3-v_2}, v_2 < a_1 < v_3 \\ 0, a_1 \leqslant v_1, a_1 \geqslant v_3 \end{cases} \tag{8.8}$$

$$p_n = \begin{cases} 1-p_n-1, v_k-1 < a_m \leqslant v_k \\ \dfrac{v_k+1-a_m}{v_k+1-v_k}, v_k < a_m < v_k+1 \\ 0, a_m \leqslant v_k-1, a_m \geqslant v_k+1 \end{cases} \tag{8.9}$$

根据公式(8.7)、(8.8)、(8.9),计算评价指标 u_{ij} 隶属于评价等级 V_n 的隶属度 p_{ij},生成隶属度函数,得到矩阵 P_{ij},如下:

$$P_{ij} = \begin{bmatrix} p_{11} & \cdots & p_{15} \\ \vdots & \ddots & \vdots \\ p_{m1} & \cdots & p_{m5} \end{bmatrix} \tag{8.10}$$

对 P_{ij} 矩阵(8.10)的行进行归一化处理,得到 R_{ij},如下:

$$R_{ij} = \begin{bmatrix} r_{11} & \cdots & p_{15} \\ \vdots & \ddots & \vdots \\ r_{m1} & \cdots & r_{m5} \end{bmatrix} \tag{8.11}$$

其中,$r_{ij} = \dfrac{p_{ij}}{\sum\limits_{j=1}^{4} p_{ij}}$,且 $r_{ij} \in (0,1)$。

(五) 确定文化版权投资风险指标权重

1. 对原始数据进行标准化处理

假设有 m 个专家参与指标评选,有 i 个评价指标,从而构成原始数据评价矩阵:

$$E = (e'_{yz})_{x \times i} \tag{8.12}$$

其中,e'_{yz} 为第 y 个专家对第 z 个指标的评价。

对矩阵 E 的 i 列指标进行标准化处理:

$$e_{yz} = \dfrac{e'_{yz} - \min(e'_{yz})}{\max(e'_{yz}) - \min(e'_{yz})} \tag{8.13}$$

其中,$e'_{yz} \in [0,1]$。

标准化处理后得到的新矩阵,$E = (e_{yz})_{x \times i}$。

2. 计算指标 i 的熵值

熵值计算,如下:

$$T_z = -k \sum_{y=1}^{m} t_{yz} \ln t_{yz} \tag{8.14}$$

$$(y = 1, 2, \cdots, m, \quad z = 1, 2, \cdots, n)$$

$$t_{yz} = \dfrac{r_{yz}}{\sum\limits_{y=1}^{m} r_{yz}}, \quad k = \dfrac{1}{\ln m} \tag{8.15}$$

其中，T_z 为信息熵；假定 $t_{yz}=0$ 时，则 $t_{yz}\ln t_{yz}=0$。

3. 计算指标 i 的权重

T_z 值越小，表明指标效用价值越高，在文化版权投资风险评估中该因素所起作用越大，其权重也就越高。

指标 i 的权重计算，如下：

$$\omega_z = \frac{1-T_z}{n-\sum_{z=1}^{n}T_z} \tag{8.16}$$

其中，$0 \leqslant \omega_z \leqslant 1, \sum_{z=1}^{n}\omega_z = 1$。

（六）形成文化版权投资风险判断指数集

根据公式(8.11)、公式(8.16)，建立模糊综合评价矩阵，如下：

$$B = W_{ijm} \times R_{ij} = \begin{bmatrix} \omega_{ij1} & \cdots & \omega_{ijm} \end{bmatrix} \cdot \begin{bmatrix} r_{11} & \cdots & r_{15} \\ \vdots & \ddots & \vdots \\ r_{m1} & \cdots & r_{m5} \end{bmatrix} \tag{8.17}$$

根据公式(8.17)和评价等级集(8.5)，计算得到各风险因素评价分值，如下：

$$u_{ij} = B_{m5} \times V^{\mathrm{T}} = \begin{bmatrix} b_{11} & \cdots & b_{15} \\ \vdots & \ddots & \vdots \\ b_{m1} & \cdots & b_{m5} \end{bmatrix} \cdot \begin{bmatrix} v_1 & \cdots & v_5 \end{bmatrix}^{\mathrm{T}} \tag{8.18}$$

根据公式(8.18)计算结果，计算得出目标层分值，如下：

$$u_i = u_{ij} \times \omega_{ij} \tag{8.19}$$

其中，u_i 为目标层分值，ω_{ij} 为准则层指标权重。

根据公式(8.19)计算结果，计算得出综合指数，如下：

$$CI = u_i \times \omega_i \tag{8.20}$$

其中，CI 为模糊综合评价指数，ω_i 为目标层指标权重。

按上述模糊德尔菲法，建立了文化版权投资风险评价模型，得到文化版权投资风险数学描述，从而便于判定文化版权投资项目中面临的风险类型和风险因素等级。

第四节 文化版权投资风险控制

投资过程中收益与风险往往是相伴而生。投资会有收益但也必然会有风险，风险固然会带来利益损失乃至破产的可能性，但企业与投资主体也必然需要从风险中获得经验，以培养面对复杂市场竞争的能力。在文化版权投资行业中，最大限度地减少以及规避风险，成为每一个投资者或企业追求的目标。风险控制就是通过采取各种措施与方法，最大限度地减少甚至消灭风险事件发生的可能性，或尽可能降低风险事件造成的损失。本节通过对文化版权风险控制内涵的说明和风险控制方法和机制的介绍并对文化版权的风险控制提出具有可行性的对策。

一、文化版权投资风险控制内涵

风险源于各主体之间的信息不对称以及风险收益运行机制等,投资风险控制的方法和机制应该随着市场环境的变化和技术的发展不断改进创新,用更为先进的市场化手段降低风险。文化版权投资风险控制是一个复杂的系统,包含众多主体要素,如投资机构、中介机构、被投资企业、政府等。在文化版权投资行业,文化版权投资系统中的各个组成要素都有可能是某一投资项目的风险来源,例如文化版权本身存在法律风险、文化企业存在经营风险、文化版权所有人存在道德风险等,这些潜在的风险都有可能在将来对投资活动造成影响,给投资者和企业带来损失。

在当前市场环境下,随着市场运营机制的发展,银行、担保机构等越来越多的主体要素逐渐纳入到文化版权投资系统中。随之而来的是系统内的风险种类和数量在逐渐变多,产生的不利后果也越来越严重,危及的主体范围也在扩大。而对于那些完全未知的风险,其出现可能会给投资者和企业带来沉重打击,应采取适当的措施减少或规避风险,最大限度地减少企业的损失。

(一) 外部控制要素分析

1. 政策导向

国家相关政策对文化版权企业或整个行业市场会带来不确定性影响,因此对文化版权投资既有正向也有负向影响。如果国家扶持特定产业的发展,则该产业内的企业获得较快的发展速度,有可能享受某些优惠政策,有利于企业的经营发展,文化版权投资的风险则相对较低;反之,风险相对较高。

近年来,随着国家对文化产业发展的重视和版权保护意识的提高,文化版权法律制度不断完善,版权认证公开与审查力度不断加大,为投资者营造了良好的投资氛围,也为投资者提供了关于版权的更多主要信息,包括版权所有人、合法状态、被使用情况、存续状态等,这些信息都对文化版权投资风险控制措施的制定起到重要的参考价值。

2. 市场前景

健全完善的文化版权交易市场对文化版权投资活动的进行具有正向意义,主要体现在能够增强文化版权的流动性。文化版权交易流动性增强,一方面可以增加文化版权的交易量,从而为文化版权投资价值评估带来更多的参考;另一方面,文化版权交易流动性增大将直接提高文化版权的价值,一般来说,流动性越大,风险越小。

在2020年到2022年疫情期间,人们线下活动受到很多限制,对于文化娱乐产品的消费需求便不断上升,从而促进了文化版权产业的发展。但由于文化版权行业进入门槛较低,企业数量较多,竞争强度大以及盗版侵权、投机行为时有发生,导致文化版权投资风险明显提高。另外,由于我国关于文化版权的运营起步较晚,经验积累不足,文化版权价值评估体系建设也尚不成熟,在实际运营过程中无法对文化版权价值进行评估,也就加大了投资企业的流动性风险和文化版权产品价格变动的市场风险。因此,文化版权风险控制任务也变得更为迫切和重要。

(二)内部控制要素分析

1. 文化版权投资活跃主体——企业

多数情况下的文化版权投资系统中,企业是文化版权的所有者,也是投资活动的接受者,更是市场活动的经营者。多种身份的叠加,使得其在文化版权投资系统中表现出极高的活跃性,其活动范围也较广,是系统内风险的主要来源。文化版权作为知识产权的一种,属于无形资产,企业无形资产价值计量结果的公开披露,特别是上市公司的无形资产公开披露,对后续相关文化版权的价值评估、吸纳投资有非常重要的参考作用,从而有利于文化版权投资活动的开展。但由于目前我国上市公司无形资产的公开披露没有严格规范的行业要求,使得各企业在公开程度上存在很大的差别,这也给文化版权投资风险评估过程中的样本选择、对标信息以及其他相关信息的获取带来很大的困难,相应地,风险控制过程也会有较大的困难。

2. 文化版权投资主体之一——银行

在文化版权投资业务中,银行作为企业融资渠道来源的主要主体为企业提供融资。银行会严格履行评估、审批、签订协议、登记、签订合同、放款等环节,银行操作人员必须认真审核企业提供的信息,严格履行贷款流程的每一个环节,以降低银行放贷的风险。而在这一过程中,银行面临的风险包括信贷人员的素质、贷款流程的严密性、企业信息的不对称性、跟踪系统完善程度、担保机构的实力、第三方监控平台的实力以及知识产权处置的难易程度等。其中企业信息的不对称性是文化版权风险控制需要最为关注的内容。

3. 文化版权投资业务担保方——担保机构

担保机构的担保对象大多是缺少高价值固定资产的中小型企业,并且这些企业不能通过常规的信贷标准从银行取得贷款,因此会大大增加担保机构的担保风险。担保机构的风险主要来源于企业能否按期偿还贷款,企业一旦违约,担保公司应按合同约定赔偿银行的贷款额度以及处置质押的文化版权得到金额的部分差额。另外,文化版权的处置受到文化版权交易市场活跃度强弱、交易手续繁杂及交易量的限制,难以像实物资产一样进行拍卖、转让等方式收回资金,变现能力响度较差,从而提高了风险概率,相应地,风险控制难度也会随之增加。

二、文化版权投资风险控制方法

(一)损失控制

损失控制是指当企业或项目已经处于风险之中,而投资者或企业又不愿放弃或变更原项目,但为了降低风险造成的损失,会采取合理的措施来最大程度降低因风险带来的损失,这种风险控制的方法就是损失控制。对于企业或项目主来说,制定损失控制措施必须以定量风险评估的结果为依据,确保损失控制措施具有针对性,才能取得预期的控制效果,而在进行风险评估时,必须考虑风险带来的间接损失和潜在损失。

一般来说,损失控制的措施可以分为损失预防和损失抑制。[①] 前者指在损失发生前,为了减少或消除可能引起损失的风险所采取的具体措施;后者是指在损失发生时或发生后,为了缩小损失幅度所采取的各项措施。

1. 损失预防

损失预防是指事先制定好面临的风险,在风险来临之时,直接采用已经设定好的措施,最大程度减少风险带来的损失。在可行的情况下,投资主体必须从面临的具体风险问题出发采取相应的措施,一般有三个方面:改变风险因素、改变风险因素所处的环境、改变风险因素与所处环境相互作用的机制。[②]

第一,改变风险因素。对文化版权投资主体而言,风险因素最主要来源于文化版权自身及其著作权人,在进行投资活动时,加大对文化版权及其著作权人的审查力度,可以有效识别风险因素并进行改变,极大地降低风险带来的损失。

第二,改变风险因素所处的环境。文化版权投资风险主要来源于市场和制度环境,包括金融市场、运营市场、用户市场和政策等。对于宏观的市场环境,企业或投资主体在短时间内是很难改变的,很多时候,还是适应市场环境来应对风险。对于制度环境,需要借助国家的力量制定相关政策来改善现有投资环境,以降低风险带来的损失。

第三,改变风险因素与所处环境的相互作用。在文化版权投资中,企业或投资者作为具有主观能动性的主体,在意识到风险之时,立足于自身所处环境,考虑风险因素与所处环境的关系,并对此积极应对,降低损失。例如,法律法规对于文化版权投资的保护机制尚未成熟,相关主体意识到这一点,积极推动法律保障体系的建设,以建立起更为完善的文化版权投资法律保护机制,从而降低风险带来的损失。

2. 损失抑制

损失抑制是指在风险发生时或发生后,采取适当的措施减少风险损失发生的范围或损失的程度。例如,在建筑物上安装消防、自动喷淋系统等就可减轻火灾损失的程度,防止损失扩大。[③] 在文化版权投资活动中,投资者对项目进行审查、评估、保险等一系列工作,能够产生有效的措施面风险。一般在进行损失抑制时,风险已经发生,此时投资者或企业的目标是最大限度地减少损失,这需要相关主体发挥主观能动性,积极应对风险带来的损失。例如,当投资的文化版权出现侵权行为时,企业应第一时间对市场上的产品进行下架处理,并联系法务开展协调,能够在最大程度上降低风险带来的损失。

无论是哪种损失抑制方式,在制定措施时必须考虑其付出的代价,有些代价主要是费用代价,其展现形式是显性的,而有些代价,例如时间代价,在短期内是无法估价的。

[①] 邹晓明. 投融资体制创新与风险管理:基于中国铀资源勘查视角的研究[M].北京:经济管理出版社,2012.
[②] 胡杰武,万里霜. 企业风险管理[M].北京:清华大学出版社,2009.
[③] 石大安. 风险保险学[M].成都:西南财经大学出版社,2009.

故具体的损失抑制策略的确定,需要综合考虑损失抑制措施的效果及其相应的代价。

(二) 风险转移

风险转移是指通过合同或非合同的方式将风险转嫁给其他主体的风险处理方式。风险转移是对风险造成的损失的承担转移,例如,在国际货物贸易中,原由卖方承担的货物的风险在某个时候改为由买方承担。一般在当事人没有约定的情况下,风险转移主要是将风险从卖方转移给买方。[①]

通过转移风险而得到保障,是应用范围较广、较有效的风险控制手段之一,例如,保险就是风险转移的具体实践之一。一般来说,风险转移的方式可以分为保险转移和非保险转移。

1. 保险转移

保险转移是指通过签订保险合同,将风险转移给保险公司或保险人,当企业在遭遇风险的时候,可以向保险公司或保险人缴纳一定的保险费,将风险转移给对方。一旦预期风险发生并造成了较大的损失,保险公司或保险人必须按照合同规定的责任范围之内进行经济赔偿。[②]

保险转移这种方式有很多优点,企业在项目实施的过程中,不需要因风险产生的可能性畏首畏尾而迟迟不愿意做出决定,一旦出现风险,有其他主体承担损失。但缺点也是显而易见的,尤其是在文化版权投资中更为显著。目前对文化版权保险的合同设定尚处于初步发展阶段,关于保险范围、免赔额、保险费率等内容的制定,都需要根据具体的文化版权项目进行考量;此外,保险谈判需要较多的时间与精力,如果项目在遭受风险后,不能在合适的时间内获得保险赔偿,下一阶段的工作就无法开展,对项目运营存在较大的阻碍。

2. 非保险转移

非保险转移是指将特定的风险转移给专门机构或部门处理,基于更专业的知识技能、更具备经验的专业人员和更先进的技术设备来处理特定的风险。例如,在对外投资时,企业可以采用联营投资方式,将投资风险部分转移给参与投资的其他企业。

非保险转移的优点主要有:一是可以转移某些保险条款内不设定的潜在损失;二是被转移者拥有更专业的知识,能较好地进行损失控制。但是,非保险转移也可能失败,包括因为双方当事人对合同条款的分歧而导致转移失效,或因被转移者无力承担实际发生的重大损失而拒绝风险转移。[③]

针对文化版权领域的投资,一些金融机构意识到文化产业可能带来巨大收益,但由于其对该领域相关信息和专业知识缺乏了解,直接投资某一具体的文化版权项目的风险较大。基于风险控制的考量,一些金融机构会与产业内更专业的企业进行合作,一旦产生风险,可根据事前签订的合同,由企业承担部分风险。

---

① 杨俊杰,陆总兵.建筑企业管理与操作手册[M].北京:中国建筑工业出版社,2015.
② 陆红.项目管理[M].北京:机械工业出版社,2009.
③ 崔武文.建设工程监理[M].北京:中国建材工业出版社,2007.

(三) 风险共担

早在1942年,经济学家舒彼特提出,将新的科研成果推向市场的过程中,风险由政府、企业、金融机构等多主体共同承担的机制,是一种鼓励创新的机制。

在文化版权投资领域,多元化的文化版权投资风险共担系统是在风险产生后控制并减少损失的有效途径。针对文化版权投资过程中存在的风险,我国部分地区对风险共担实践进行了尝试,目前风险共担的主要方法有联合担保、反担保、风险补偿、混合担保、政府担保和质押物置换。

1. 联合担保

联合担保是指两个及以上的担保机构对同一债权提供担保,在中小企业信用担保中,由多个担保机构对某项债权提供担保。[①] 这种担保方式能够分散风险,减少各个机构的责任,通过联合担保,扩大了保证人的范围,更有利于债权的实现。而具体运用到文化版权投资领域,联合担保指结合人保与财保,以降低投资者或企业面对的潜在风险。文化版权投资系统是一个多主体的系统,为尽可能地减少日后风险发生的可能性,投资者确定投资某一文化版权或某一文化企业之前,会委托评估机构对版权或企业的经济价值进行评估,委托律师事务所对版权或企业法律状态进行评估,基于二者得出的评估报告,对版权价值做出判断,以此来决定是否投资该项目以及投资多少金额。而在投资活动开始后,也会委托第三方风险监测平台,及时监测风险以减少损失。

联合担保过程中,参与到投资活动中的主体有评估机构、律师事务所、第三方风险监测平台等,评估机构对于其评估的经济价值予以担保,律师事务所对法律状态予以担保,第三方风险监测平台对投资过程中可能出现的风险进行担保,一旦出现风险,则根据风险来源判定承担风险的主体。在这样一个多主体的系统中,风险发生后,没有一个机构可以置身事外,风险需要"共同承担"。

目前,在文化版权投资项目运营中,通常是借助银行、评估机构、担保机构等力量为中小型文化企业提供贷款,政府对符合要求的企业提供政策、人才、公共服务等方面的支持,而不是直接以资金的方式为企业做担保,这种方式搭建起了一个较为和谐的文化版权投资生态系统,对文化版权投资的长远发展具有重要意义。

2. 反担保

反担保,是指债务人或第三人为确保担保人承担担保责任后实现对主债务人的求偿权而设定的担保。[②] 具体运用到文化版权投资系统中,它将文化版权投资贷款与中小企业信用担保体系相结合。企业向投资机构提出贷款请求,由信用担保机构给予信用担保,如果企业不能按期偿债,则由信用担保机构承担责任。信用担保机构作为信用担保主体,其前提必须是企业要用其所拥有的文化版权作为信用担保的反担保。也就是说,企业如果到期不能偿还贷款,信用担保机构帮助企业还清债款之后,可以优先获得

[①] 易建新,何杨平,陈友芳. 创新激励体系与创新型城市建设:以广州为例[M]. 北京:科学出版社,2015.
[②] 丁吟菲. 构建我国知识产权质押融资保险制度之研究[D]. 上海:华东政法大学,2014.

该企业文化版权的优先处置受偿权。在现实情况中,开展此类业务的信用担保机构主要由地方政府设立。①

3. 风险补偿

部分风险可能无法回避,投资者可以在交易价格中附加风险溢价,通过提高风险回报获得承担风险的价格补偿。在文化版权投资中,设立特定的转向基金,以承担文化企业在遭遇风险后的损失。当企业抵押文化版权向金融机构申请融资,审核通过后获得了贷款,但可能由于经营不善或遭遇风险,企业无法按期偿还债务,而企业的文化版权价值也无法抵偿贷款,此时则由专项基金予以补偿。一般来说,这一类专项基金由行业内的文化企业联合设立,或者企业与政府共同出资设立,通常都会实行会员制,需要缴纳一定费用才能拥有准入门槛。而对于成员企业,专项基金能够在其遭遇风险时提供补偿担保。

目前,风险补偿基金是推动文化版权投资发展的重要手段之一。2006年11月23日,国务院办公厅发布了《关于加强中小企业信用担保体系建设的意见》(国办发〔2006〕90号),提出建立健全担保机构的风险补偿机制,政府建立的专项基金一部分用于弥补无法偿还的风险,另一部分用于支持中小企业信用担保体系的建设。

4. 政府担保

政府担保是指由政府财政资金作为担保,为相关项目或企业承担担保责任,当合同到期而还款义务无法履行,由政府资金予以补偿。

目前,我国的政府担保机制分为间接担保机制和直接担保机制。② 例如,上海市由政策性担保机构(浦东生产力促进中心)提供企业贷款担保,企业以其拥有的知识产权作为反担保质押给浦东生产力促进中心,然后由银行向企业提供贷款。若知识产权质押贷款不获清偿,生产力中心为企业提供95%—99%的担保比例分担风险。而政府直接担保机制目前主要在体制较灵活的园区层面开展,如湘潭国家高新区以管委会为园区企业的版权质押融资担保,当贷款到期而债务人无法履行还款义务时,由园区的财政资金给银行补偿。

5. 质押物置换

质押物置换是指当企业以文化版权为质押物获得贷款后,对于该资金的用途都会受到限定,投资机构有权限制企业的资金用途,并在合同规定的期限内,企业要用固定资产换回作为质押物的文化版权。③ 在实际操作过程中,投资机构需要对出质人的经营状况、资信情况、资金流动状况进行充分调查;在贷款发放之后,还要做严格的贷后管理,限定企业所获贷款的用途,并在后期逐渐将作为质押物的文化版权置换为固定资产。但该机制存在大量的贷前调查与贷后管理工作,人工成本和时间成本花费较大,使得投资机构的成本大大提高。④

---

① ④ 鲍新中,尹夏楠. 知识产权质押融资:风险管理[M]. 北京:知识产权出版社,2018.
② 杨思超. 知识产权质押融资风险分散机制研究[D]. 湘潭:湘潭大学,2013.
③ 陈思洁. 知识产权质押融资法律风险控制机制研究[D]. 南京:南京理工大学,2014.

(四) 风险回避

风险回避是指完成对文化版权投资风险评估后,投资者发现该项目盈利的可能性较低,且产生的风险概率较高,会带来较大的损失,而根据现有的技术条件或市场环境,无法做出有效的对策来降低风险,便只好放弃原项目计划或改变目标,使项目不再发生或不继续发展,从而避免产生潜在的损失。

风险回避可以分为积极与消极的风险回避方式,积极的风险回避主要指通过调整改变项目的部分内容,而消极的风险回避则是直接终止项目。

1. 项目终止

项目终止是一种相对消极的风险回避方式,在项目终止之前必须对项目生命周期理论有一个了解。项目生命周期是指一个项目从概念诞生之初到完成需要经过的阶段,是一个线性的发展过程。根据项目周期理论,所有项目都可以分为若干阶段,且无论项目大小,都有一个类似的生命周期结构,其中最简单的形式主要由四个阶段构成:概念阶段、开发或定义阶段、执行(实施或开发)阶段和结束(试运行或结束)阶段。终止是投资最后阶段,标志着项目的目标已经完成,或该项目的目标已不再需要或不可能实现。[1]

对于投资者来说,一旦发现其投资的项目风险概率较高,而现有的技术条件、管理能力等无法提供行之有效的管理措施,为了最大限度地减少利益损失,只好及时终止项目,放弃原有计划,从源头上切断风险。当然,这种风险回避方式,也从源头上切断了企业获益的可能性,故属于消极的风险回避方式。

2. 项目变更

在投资活动进行的过程中,当投资者或企业能够及时识别到风险,并能够准确研判风险来源,在进行合理分析判断的基础上,对项目进行适当的调整以回避风险。这种调整依然能够保证项目获得预期内收益,故不必通过终止项目这种极端的方式来回避风险。这种风险回避的方式更为积极,也更能够体现投资者或企业在风险控制过程中的主观能动性。

无论是项目终止还是项目变更,风险回避的优点主要体现在以下两个方面:第一,风险回避在风险产生之前就可以将风险进行化解,大大降低了风险的发生概率,有效避免可能遭受的风险损失;第二,该方式节省了企业的资源,减少了浪费,使企业能够有的放矢,在市场竞争中有所为有所不为。[2]

但风险回避也存在一定的缺陷。企业生产经营活动的最终目标是为了获得价值或实现利益的最大化,而风险和收益往往是相伴相生的,一味地回避风险,尤其是消极回避风险会造成收益一并规避进而错过发展机会。且在实际情况中,风险是无处不在,无时不在的,绝对的风险回避难以实现。

---

[1] 池任勇. 项目管理[M]. 北京:清华大学出版社,2004.
[2] 石翔、杨伟明、张捷珊,等. 全国专业硕士考试(保险)核心教程[M]. 北京:北京理工大学出版社,2020.

三、文化版权投资风险控制机制

（一）风险预防机制

"将风险扼杀于摇篮之中"是预防机制最为形象的写照。在风险产生后，由于信息的不充分和不对称的情况，投资者或企业无法准确判定风险的来源以及危害程度。在此情况下，提前监控整个投资系统，找出可能出现的环节并加以预防，能够有效减少企业因风险造成的损失。

在实际情况中，文化版权投资活动的每一个环节都存在风险，需要根据国家法律、科技手段以及市场运营机制等，从源头抓起，建立起风险预防机制。首先要预防文化版权自身带来的法律风险。比如，在版权权利存续期间，存在权属不明确、有效期满等问题；再如，在投资过程中，要考虑标的物是否为本企业所有，是否存在权利纠纷或者权利无效，是否未经法定程序而获取等。而随着科学技术的发展，在进行版权投资时也应考虑出现的新型作品，例如数字作品、网络作品等，并考虑到这些作品的特性。其次要预防诸如技术授权专利、人工智能知识产权带来的风险，还要考虑互联网大数据环境中的风险问题。[①] 另外，由于存在一些无法构建起因果关系链的文化版权投资风险情形，需要在"预防原则"理念下设计出新的、合理的风险规制来预防文化版权投资风险。

（二）风险审查机制

根据"肇事者原则"，谁制造风险，就应由谁承担风险，这种文化版权投资风险的预防规制模式遵循了事先预防，从而降低风险的可能性。然而，文化版权投资风险是伴随着文化版权的诞生而产生的，极有可能在文化版权的权利诞生之初风险就已经产生或初现端倪。比如，当前版权市场中存在诸多的"垃圾文化版权""伪文化版权""假文化版权"等。如果投资这些质量低劣的文化版权，必然会给投资者或企业带来极大的风险损失。因而，在文化版权投资中，风险控制不仅要考虑事先预防，还要考虑事中防范。从现实情况来看，主要是在版权内容上加以审查。

版权作为知识产权的一种类型，其授权质量决定了知识产权保护法律基础的稳定性和确定性，也就是说，应重视版权的审查和授予工作。如果一项质量存在严重缺陷的文化版权，一方面可能面临无效的风险，另一方面也可能造成文化版权保护的法律基础不稳定和不确定。除此之外，严格的版权审查不仅可以过滤掉质量低劣的版权，提高版权品质，关键还可以防范一些潜在的"风险"专利。比如，一些带有暴力、淫秽或其内容不符合社会主义核心价值观的内容，以及一些实际转化效益较低、不能给投资者带来盈利价值的内容等，将这些版权排除在版权市场之外，对营造我国良好的版权生态环境具有重要意义。

---

① 彭飞荣. 知识产权融资风险规制研究：以专利权为中心[M]. 北京：法律出版社，2018.

目前,通过国家法律规章制度已经可以过滤掉一批不符合道德与法律规范的"问题版权",但过滤"无价值版权",依然是一个亟待解决的问题。在当前市场环境下,主要是通过价值评估来确定版权价值,而这方面的工作一般由第三方价值评估机构来完成。由于我国文化版权价值评估起步较晚,无论是机构的发展、专业人员的能力都存在很大程度的不足,而真正有价值的评估工作又需要耗费大量的人力财力,有些投资者为了降低投资成本,会选择对文化版权内容不进行评估,导致一些"垃圾文化版权"流入文化版权投资市场,从而埋下了难以化解的风险种子。

文化版权投资市场的复杂性、偶然性和功能分化,以及社会信息不对称现象日益突出,使文化版权审查以及价值评估机构所能获取的信息范围与其期待值产生较大差距,强化了版权审查的局限性。从国际经验来看,美国注重对审查人员的培训与指导,增加对版权审查质量的评价,并将"大数据"技术分析纳入版权申请和审查工作流程之中;欧洲建立版权审查保障体系、质量控制流程和质量保障活动;日本为加快版权审查速度,强化了版权审查质量。这一系列做法,都体现了各国对于版权审查效率与质量的重视,也为我国文化版权投资风险的事中防范,提供了一种较好的审查机制。

(三)风险分担机制

文化版权投资的不利结果主要体现在两个方面:一是风险后果,二是风险转移。"肇事者原则"能够解决的是文化版权投资过程中谁制造了风险谁就应承担责任的问题,往往以侵权损害赔偿的形式展现,比如版权侵权者依法赔偿版权所有者的损失。相应地,保险则是风险转移和分散的最佳管理机制,也是最佳的社会互助机制。从理论上说,版权与保险相结合、以保险的风险分摊机制化解版权投资,尤其是其中涉及版权诉讼的风险,具有一定的可行性。[①] 在实践中,随着全国版权保险试点工作启动,文化企业版权风险意识与版权保护观念的提高,以及政府的政策性金融支持方式多样化,对文化版权投资风险活动具有重要意义。

在全球化知识经济条件下,版权保险作为一项国家重点推进的政策,既是国家创新驱动发展战略的基本需求,又是促进文化创新中小企业技术与概念成果转化的有力保障。其中最为核心的,就是通过版权保险来化解版权投资风险。[②] 然而目前关于该方面的实践,在现实中却面临巨大挑战。就制度层面而言,主要有以下三个方面的问题:

第一,由于文化版权属于无形财产,与一般的财产保险不同,很难与《保险法》相衔接,在实际运行与操作过程中缺少现行的法律依据。第二,在执行程序上,版权执行险诉讼过程中,版权权利人既受民诉法举证规则的约束,又受到版权执行险条款的约束。双重约束下加重了版权人的举证压力。版权维权举证难、成本高现象突出,同时也抑制了中小型文化企业的技术创新动力。第三,目前的版权保险试点工作是以版权执行保险为主,险种过于单一,当前的版权保险制度体系依然难以满足中小型文化企业以及各方

[①] 彭飞荣.知识产权融资风险规制研究:以专利权为中心[M].北京:法律出版社,2018.
[②] 周佳婷.我国专利保险制度问题研究[D].杭州:中国计量大学,2016.

投资主体对文化版权投资风险防控的需求。

上述问题是当前及未来一段时间内我国建立完善的版权保险制度中需要探索的问题,也是当前文化版权投资保障体系亟须探讨并加以解决的问题,这对我国文化版权投资的发展具有重要意义。

四、文化版权投资风险控制对策

(一) 增强风险识别与分析能力,完善风险评估机制

文化版权投资的风险具有客观性、普遍性与非系统性,且风险类型繁多,因此在投资过程中风险不仅难以避免且难以识别,因此各投资主体及版权项目开发方等相关主体都需要重视产品开发中的风险管理。

首先需要增强风险管理人员的风险识别与分析能力,通过对文化版权产品的历史数据做详尽分析,对项目开发流程进行充分了解,对可能出现的风险进行有效识别,从而对投资风险进行分析评测,并对风险的危害程度做定量与定性分级。其次,根据风险等级的不同建立差异化的防范措施,在此基础上,构筑完善的风险管理体系,建立动态的风险预警机制,确保能及时发现风险,将风险造成的危害保持在可控的范围内,保证资金的流通性与回报率。

(二) 充分调研市场,合理制定投资方案

文化版权项目的制作周期普遍较长,导致投资主体的资金回收期长于一般的金融投资。因此,投资主体更应该在投入项目前做尽做透市场调研,或委托专业的第三方机构做市场调研,为投资方案奠定基础,尽可能地降低决策风险和风险成本。决策风险来源于投资盲目性和决策程序的不规范,因此在开始投资行为之前要对投资产品的开发期限、经济收益情况以及可能会出现的风险因素等进行数据收集和分析,通过分析结果为投资主体的决策提供有效参考,选取优质项目进行重点投资。

在形成了完善的投资报告的基础上,投资主体要基于自身的实际情况合理规划设计投资方案,综合考虑自身的运营需求、预期收益、风险承受能力等要素,做好对资金的控制与分配,提高投资流程的规范性、资金分配的合理性。同时,要重视文化版权项目的开发动态与市场变动,并根据市场的实际情况制定可行性方案与投资计划,达到最大程度降低风险的出现以及风险带来的经济损失。

(三) 推动文化版权投资第三方风险监控平台建设

长远来看,以市场为主的文化版权投资模式是未来的主要发展方向。当前,文化版权投资活动的落实不仅需要一批高质量的文化版权投资运营机构,还需要第三方风险监控平台。第三方风险监控平台能够营造受资企业、投资机构与中介平台等多方主体参与的稳定合作博弈关系,在市场自我调节作用下,形成风险共担、收益共享的文化版

权投资运行机制。

第三方风险监控平台能够有效收集、整理和积累文化版权投资交易信息,建立畅通的文化版权投资相关数据库与资源共享机制,对参与主体的准入条件做出严格限制,提高文化版权投资活动参与主体的质量,优化文化版权投参与主体并建立起丰富全面的资源数据库。

第三方风险监控平台能够帮助各个参与主体对投资活动中可能出现的风险进行及时预警、合理监控、科学管理,能够有效降低因风险带来的损失。同时,数据库还能大大降低投资机构和中介机构的文化版权处置后顾之忧,改变其对文化版权投资风险的谨慎态度,形成良性循环的文化版权投资运营环境。

(四)培育复合型文化版权投资专业人才队伍

在文化版权投资活动中,无论是对文化版权进行价值评估、权属界定还是对投资过程中的风险评估与风险管理,均离不开专业文化版权投资专业人才。这不仅要求投资人才掌握与投资相关的专业知识,还牵涉法律学、会计学、艺术学、高新科技等多个领域,仅掌握金融相关知识的投资从业者显然无法解决复杂的文化版权投资活动,只有涉猎多学科领域或多领域的专家共同参与,才能对文化版权投资活动有更为全面且专业的掌控,而当前我国文化版权投资专业人才尤其是复合型文化版权投资人才严重缺乏。

专业人才队伍的建设可分为两条路径:一是培育涉猎多学科的文化版权投资专业人才,即进行人才培养时,既要抓文化,又要抓投资,积极拓展具有行业、专业特色的文化版权投资人才培训渠道,培养或引进一批懂文化、懂投资、懂法律、懂经营的高端复合型文化版权投资专业人才。二是构建多学科融合的专业人才队伍,即在人才队伍建设中,纳入有法律学、投资学、文化产业等学科背景的人才,将不同领域的专家集合到一起,共同进行文化版权投资活动,通过培育复合的专业人才队伍,充实文化版权投资的人才队伍的多学科水平,为文化版权投资活动提供强有力的保证。

延伸阅读

序号	阅读主题	阅读文献
1	版权产业发展政策	版权工作"十四五"规划
2	数字化背景版权市场呈现特点	张颖,毛昊.中国版权产业数字化转型:机遇、挑战与对策[J].中国软科学,2022(1):20-30.
3	文化产业价值链中的版权保护	彭辉,姚颉靖.版权保护与文化产业理论与实证研究:基于价值链分析为视角[J].科学学研究,2012,30(3):359-365.
4	投资的技术创新	赵玉林.创新经济学[M].北京:中国经济出版社,2006.
5	版权在知识传播中扮演的特殊角色	罗纳德·V.贝蒂格.版权文化:知识产权的政治经济学[M].沈国麟,韩绍伟,译.北京:清华大学出版社,2009.

附录　中国版权产业分类[①]

附表 1　核心版权产业分类

主要产业组	子　组	行业代码	类别名称
文字作品	作家作者	8810	文艺创作与表演
	译者	7294	翻译服务
	报纸出版	8622	报纸出版
	新闻社等	8610	新闻业
	杂志/期刊出版	8623	期刊出版
	图书出版	8621	图书出版
	数字出版	8626	数字出版
	问候卡和地图,工商名录和其他印刷品	8629	其他出版业
	图书、杂志、报纸和广告材料的印前样、印刷样和印后样	2311	书、报刊印刷
		2312	本册印制
		2319	包装装潢及其他印刷
		2320	装订及印刷相关服务
		7293	办公服务
	报纸和文学作品的批发和零售(书店、报刊亭)	5143	图书批发
		5144	报刊批发
		5243	图书、报刊零售
		7124	图书出租
	图书馆	8831	图书馆

[①] 本分类标准来源于:中国版权产业的经济贡献:2018[R].北京:中国新闻出版研究院,2020.

续表

主要产业组	子组	行业代码	类别名称
音乐、戏剧制作、曲艺、舞蹈和杂技	曲作家、词作家、改编者、舞蹈指导、导演、演员和其他人员	8810	文艺创作与表演
		8870	群众文体活动
		9011	歌舞厅娱乐活动
		9012	电子游艺厅娱乐活动
		9019	其他室内娱乐活动
		9090	其他娱乐业
	音乐录音制品的制作和制造	2330	记录媒介复制
		8624	音像制品出版
		8625	电子出版物出版
		8770	录音制作
		9012	电子游艺厅娱乐活动
	音乐录音制品的批发和零售(销售和出租)	5145	音像制品、电子和数字出版物批发
		5244	音像制品、电子和数字出版物零售
		7125	音像制品出租
	艺术和文字创作的表述	8810	文艺创作与表演
	表演及相关机构(订票处、售票处)	8820	艺术表演场馆
电影和影带	编剧、导演、演员	8810	文艺创作与表演
	电影和影带的制作和发行	8730	影视节目制作
		8750	电影和广播电视节目发行
	电影放映	8760	电影放映
	影带出租和销售,包括点播	7125	音像制品出租
	相关服务	2330	记录媒介复制
广播电视	广播和电视制作和播出	8710	广播
		8720	电视
		8740	广播电视集成播控
	有线电视传输	6321	有线广播电视传输服务
	卫星电视传输	6331	广播电视卫星传输服务
	相关服务	6322	无线广播电视传输服务
摄影	摄影	8060	摄影扩印服务
软件和数据库	规划、编程和设计	6511	基础软件开发
		6512	支撑软件开发
		6513	应用软件开发

续表

主要产业组	子组	行业代码	类别名称
软件和数据库	规划、编程和设计	6519	其他软件开发
		6531	信息系统集成服务
		6532	物联网技术服务
		6540	运行维护服务
		6560	信息技术咨询服务
		6520	集成电路设计
		6571	地理遥感信息服务
		6572	动漫、游戏数字内容服务
		6579	其他数字内容服务
	批发和零售预装软件(商业程序、视频游戏、教育程序等)	5176	计算机、软件及辅助设备批发
		5273	计算机、软件及辅助设备零售
	数据库处理和出版	6421	互联网搜索服务
		6422	互联网游戏服务
		6429	互联网其他信息服务
		6550	信息处理和存储支持服务
		6431	互联网生产服务平台
		6432	互联网生活服务平台
		6433	互联网科技创新平台
		6434	互联网公共服务平台
		6439	其他互联网平台
		6440	互联网安全服务
		6450	互联网数据服务
美术与建筑设计、图形和模型作品	美术与建筑设计	3032	建筑用石加工
		5146	首饰、工艺品及收藏品批发
		5246	工艺美术品及收藏品零售
		7483	工程勘察活动
		7484	工程设计活动
		8810	文艺创作与表演
	图形和模型作品	7441	遥感测绘服务
		7449	其他测绘地理信息服务
		7483	工程勘察活动
		7484	工程设计活动

主要产业组	子 组	行业代码	类别名称
美术与建筑设计、图形和模型作品	图形和模型作品	7485	规划设计管理
		7486	土地规划服务
		7491	工业设计服务
		7492	专业设计服务
		7499	其他未列明专业技术服务业
广告服务	广告代理机构、购买服务（不包括发布广告费用）	7251	互联网广告服务
		7259	其他广告服务
版权集体管理与服务	版权集体管理与服务	7231	律师及相关法律服务
		7239	其他法律服务
		7520	知识产权服务
		7284	文化会展服务
		7295	信用服务
		7296	非融资担保服务
		7299	其他未列明商务服务业
		9053	文化娱乐经纪人
		9059	其他文化艺术经纪代理
		5181	贸易代理
		5183	艺术品、收藏品拍卖
		5184	艺术品代理
		8890	其他文化艺术业

附表2 依存版权产业分类

主要产业组	行业代码	类别名称
电视机、收音机、录像机、CD播放机、DVD播放机、磁带播放机、电子游戏设备及其他类似设备	2462	游艺用品及室内游艺器材制造
	2469	其他娱乐用品制造
	3922	通信终端设备制造
	3931	广播电视节目制作及发射设备制造
	3932	广播电视接收设备制造
	3933	广播电视专用配件制造

续表

主要产业组	行业代码	类别名称
电视机、收音机、录像机、CD播放机、DVD播放机、磁带播放机、电子游戏设备及其他类似设备	3934	专业音响设备制造
	3939	应用电视设备及其他广播电视设备制造
	3951	电视机制造
	3952	音响设备制造
	3953	影视录放设备制造
	5137	家用视听设备批发
	5149	其他文化用品批发
	5177	通讯设备批发
	5178	广播影视设备批发
	5249	其他文化用品零售
	5271	家用视听设备零售
	5274	通信设备零售
	7121	休闲娱乐用品设备出租
	8131	家用电子产品修理
计算机和有关设备	3911	计算机整机制造
	3912	计算机零部件制造
	3913	计算机外围设备制造
	3914	工业控制计算机及系统制造
	3915	信息安全设备制造
	3919	其他计算机制造
	3961	可穿戴智能设备制造
	3969	其他智能消费设备制造
	5176	计算机、软件及辅助设备批发
	5273	计算机、软件及辅助设备零售
	7114	计算机及通信设备经营租赁
	8121	计算机和辅助设备修理
乐器	2421	中乐器制造
	2422	西乐器制造
	2423	电子乐器制造
	2429	其他乐器及零件制造
	5147	乐器批发
	5247	乐器零售
	7123	文化用品设备出租

续表

主要产业组	行业代码	类别名称
照相和电影摄影器材	2664	文化用信息化学品制造
	3471	电影机械制造
	3472	幻灯及投影设备制造
	3473	照相机及器材制造
	5149	其他文化用品批发
	5179	其他机械设备及电子产品批发
	5248	照相器材零售
	7123	文化用品设备出租
	8199	其他未列明日用产品修理业
复印机	3474	复印和胶印设备制造
	3542	印刷专用设备制造
	5179	其他机械设备及电子产品批发
	5279	其他电子产品零售
	8122	通信设备修理
	8129	其他办公设备维修
空白录音介质	2664	文化用信息化学品制造
	5137	家用视听设备批发
纸张	2221	机制纸及纸板制造
	2222	手工纸制造
	2223	加工纸制造
	2231	纸和纸板容器制造
	2239	其他纸制品制造
	5191	再生物资回收与批发
	5141	文具用品批发
	5241	文具用品零售

附表3 部分版权产业分类

主要产业组	行业代码	类别名称
服装、纺织品和制鞋	1711	棉纺纱加工
	1712	棉织造加工
	1713	棉印染精加工

续表

主要产业组	行业代码	类别名称
服装、纺织品和制鞋	1721	毛条和毛纱线加工
	1722	毛织造加工
	1723	毛染整精加工
	1731	麻纤维纺前加工和纺纱
	1732	麻织造加工
	1733	麻染整精加工
	1742	绢纺和丝织加工
	1743	丝印染精加工
	1751	化纤织造加工
	1752	化纤织物染整精加工
	1771	床上用品制造
	1772	毛巾类制品制造
	1773	窗帘、布艺类产品制造
	1779	其他家用纺织制成品制造
	1761	针织或钩针编织物织造
	1762	针织或钩针编织物印染精加工
	1763	针织或钩针编织品制造
	1781	非织造布制造
	1811	运动机织服装制造
	1819	其他机织服装制造
	1821	运动休闲针织服装制造
	1829	其他针织或钩针编织服装制造
	1830	服饰制造
	1921	皮革服装制造
	1923	皮手套及皮装饰制品制造
	1931	毛皮鞣制加工
	1932	毛皮服装加工
	1942	羽毛(绒)制品加工
	1951	纺织面料鞋制造
	1952	皮鞋制造
	1953	塑料鞋制造
	1954	橡胶鞋制造

续表

主要产业组	行业代码	类别名称
服装、纺织品和制鞋	1959	其他制鞋业
	5131	纺织品、针织品及原料批发
	5132	服装批发
	5133	鞋帽批发
	5231	纺织品及针织品零售
	5232	服装零售
	5233	鞋帽零售
	8192	鞋和皮革修理
珠宝和硬币	2438	珠宝首饰及有关物品制造
	3399	其他未列明金属制品制造
	5146	首饰、工艺品及收藏品批发
	5245	珠宝首饰零售
	5246	工艺美术品及收藏品零售
其他手工艺品	2431	雕塑工艺品制造
	2432	金属工艺品制造
	2433	漆器工艺品制造
	2434	花画工艺品制造
	2435	天然植物纤维编织工艺品制造
	2436	抽纱刺绣工艺品制造
	2439	其他工艺美术及礼仪用品制造
	3057	制镜及类似品加工
	4119	其他日用杂品制造
	5146	首饰、工艺品及收藏品批发
	5246	工艺美术品及收藏品零售
家具	2110	木质家具制造
	2120	竹、藤家具制造
	2130	金属家具制造
	2140	塑料家具制造
	2190	其他家具制造
	5139	其他家庭用品批发
	5283	家具零售
	8193	家具和相关物品修理

续表

主要产业组	行业代码	类别名称
	1922	皮箱、包(袋)制造
	2031	建筑用木料及木材组件加工
	2032	木门窗制造
	2033	木楼梯制造
	2034	木地板制造
	2035	木制容器制造
	2039	软木制品及其他木制品制造
	2927	日用塑料制品制造
	3041	平板玻璃制造
	3042	特种玻璃制造
	3049	其他玻璃制造
	3051	技术玻璃制品制造
	3052	光学玻璃制造
	3053	玻璃仪器制造
	3054	日用玻璃制品制造
家庭用品、陶瓷和玻璃	3055	玻璃包装容器制造
	3056	玻璃保温容器制造
	3057	制镜及类似品加工
	3059	其他玻璃制品制造
	3061	玻璃纤维及制品制造
	3062	玻璃纤维增强塑料制品制造
	3071	建筑陶瓷制品制造
	3072	卫生陶瓷制品制造
	3073	特种陶瓷制品制造
	3074	日用陶瓷制品制造
	3075	陈设艺术陶瓷制造
	3076	园艺陶瓷制造
	3079	其他陶瓷制品制造
	3373	搪瓷卫生洁具制造
	3379	搪瓷日用品及其他搪瓷制品制造
	3381	金属制厨房用具制造
	3382	金属制餐具和器皿制造

续表

主要产业组	行业代码	类别名称
家庭用品、陶瓷和玻璃	3383	金属制卫生器具制造
	3389	其他金属制日用品制造
	3872	照明灯具制造
	3873	舞台及场地用灯制造
	5135	厨具卫具及日用杂品批发
	5136	灯具、装饰物品批发
	5139	其他家庭用品批发
	5165	建材批发
	5235	厨具卫具及日用杂品零售
	5236	钟表、眼镜零售
	5237	箱包零售
	5239	其他日用品零售
	5282	灯具零售
	5287	陶瓷、石材装饰材料零售
墙纸和地毯	2239	其他纸制品制造
	2437	地毯、挂毯制造
	5136	灯具、装饰物品批发
	5139	其他家庭用品批发
	5146	首饰、工艺品及收藏品批发
	5246	工艺美术品及收藏品零售
玩具和游戏用品	2451	电玩具制造
	2452	塑胶玩具制造
	2453	金属玩具制造
	2454	弹射玩具制造
	2455	娃娃玩具制造
	2456	儿童乘骑玩耍的童车类产品制造
	2459	其他玩具制造
	2461	露天游乐场所游乐设备制造
	2462	游艺用品及室内游艺器材制造
	2469	其他娱乐用品制造
	5149	其他文化用品批发
	5249	其他文化用品零售
	7121	休闲娱乐用品设备出租

主要产业组	行业代码	类别名称
建筑、工程、调查	E	建筑业
内部装修设计	5011	公共建筑装饰和装修
	5012	住宅装饰和装修
	5013	建筑幕墙装饰和装修
博物馆	8850	博物馆
	8860	烈士陵园、纪念馆

附表4 边缘支撑产业分类

主要产业组	行业代码	类别名称
一般批发和零售产业	51	批发业
	52	零售业
一般运输产业	53	铁路运输业
	54	道路运输业
	55	水上运输业
	56	航空运输业
	58	多式联运和运输代理业
	59	装卸搬运和仓储业
	60	邮政业
电话和互联网产业	631	电信
	6311	固定电信服务
	6312	移动电信服务
	6319	其他电信服务
	64	互联网和相关服务
	6410	互联网接入及相关服务

说明:上述各表根据《国民经济行业分类》(GB/T 4754—2017)编制。

后　　记

　　本书是中宣部"文化名家暨'四个一批'人才自主选题资助计划"项目研究成果。在项目研究过程中，中国版权协会、中国新闻出版研究院、中共安徽省委宣传部、安徽省广播电视局、合肥海关、安徽省统计局、安徽省科协、安徽省文化投资运营有限责任公司、安徽出版集团、安徽省文化产权交易所、安徽省媒资版权管理中心、安策智库、中国科学技术大学管理学院、南京理工大学知识产权学院、上海大学知识产权学院、安徽省工商艺术设计学院、安徽省博物院、安徽省工业和信息化研究院、哈工大芜湖机器人产业技术研究院、安徽省纺织服装协会、安徽省陶瓷协会、安徽省箱包皮具协会等机构给予了大力支持。中国科学技术大学出版社为本书出版给予了多方面的指导和帮助。项目成果于2023年8月21日通过了由中国科学技术大学、中共安徽省委宣传部、安徽省文化和旅游厅、合肥市科技局等有关单位专家的论证。谨此向上述关心、支持和帮助本项研究的领导、专家和有关单位表示衷心感谢！

　　本课题组主要成员分工如下：周玉任课题组组长，负责总体指导和组织协调，制定课题研究的框架和路径设计，统筹课题研究，联络版权主管部门、版权投资实践机构、版权相关高等院校、各级版权社会组织。康福升、陈新颖、赫英欣参与了课题研究计划和本书研究内容的设计。李宪奇起草了课题研究的总体思路和本书结构，并负责组织实施课题研究。司有和、赵定涛、杨多文审读了全部书稿，在本书的理论创新、逻辑结构和内容平衡等方面给出了大量的专业指导意见和建议。

　　本书的作者均为课题组主要成员。周玉撰写本书前言，李宪奇撰写绪论，骆翠萍撰写第一章，王娟撰写第二章和第七章，陈登航撰写第三章，朱涛撰写第四章和第五章，宋雨撰写第六章，刘琳钰和张雨林撰写第八章。

　　赵定涛、沈甜甜、王俊霞参与了课题的组织实施工作。郑斌、陈登航、秦庆、何勇参与了课题设计或前期调研。李燕燕、郭延龙、张啸宇、沈通、董梦苑、石燕芳、丁立群、柯安南、李雅彤、沈晓萱参与了课题研究资料的收集整理工作。